AF522876

Alex Ferguson

Meine Autobiografie

Alex Ferguson

Meine Autobiografie

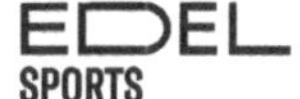

Für Cathys Schwester Bridget,
unsere beste Freundin und
ein Fels in der Brandung

INHALT

EINLEITUNG

Vor einigen Jahren begann ich, meine Ideen für dieses Buch zu sammeln und mir in der wenigen freien Zeit, die mir meine Arbeit ließ, Notizen zu machen. Ich hatte schon lange den Plan, ein Buch zusammenzustellen, das Menschen innerhalb und außerhalb der Welt des Fußballs interessieren könnte.

Auch wenn mein Rücktritt die Fußballwelt überrascht hat, trug ich mich bereits seit Jahren mit dem Gedanken, diese Autobiografie zu verfassen. Sie ist eine Ergänzung zu *Managing My Life*, meiner ersten Autobiografie, und konzentriert sich nach einem kurzen Rückblick auf meine Jugend in Glasgow und die guten Freunde, die ich in Aberdeen gefunden habe, auf meine märchenhaften Jahre in Manchester. Da ich selbst ein begeisterter Leser bin, wollte ich unbedingt ein Buch schreiben, das einige der Geheimnisse meines Metiers lüftet.

Im Laufe einer jahrzehntelangen Spieler- und Trainerkarriere erlebt man zwangsläufig Höhen und Tiefen, Niederlagen und Enttäuschungen. Schon während meiner frühen Jahren bei Aberdeen und Manchester United erkannte ich sehr bald, dass ich, wollte ich das Vertrauen und die Loyalität der Spieler gewinnen, ihnen beides zunächst einmal selbst entgegenbringen musste. Es ist die Grundlage für jenen Zusammenhalt, auf dem große Vereine zu ihrer vollen Blüte gelangen. Dabei half mir immer wieder meine Beobachtungsgabe. Manche Menschen betreten einen Raum und bemerken absolut nichts. Aber man muss einfach nur genau hinschauen, denn alles ist zu sehen. Ich habe diese Gabe und nutze sie, um die Trainingsgewohnheiten, Stimmungen und Verhaltensmuster der Spieler einzuschätzen.

Selbstverständlich werde ich die Späße in der Umkleide und alle meine Gegenspieler im Trainerlager vermissen: Diese wunderbaren Typen der alten Schule, die 1986, als ich zu United kam, zu den Großen der Branche zählten. Ron Atkinson zeigte keinerlei Verbitterung, als er den Club verließ, und er hat uns immer mit viel Lob bedacht. Jim Smith ist ein fantastischer Mensch und ein guter Freund. Seine Gastfreundschaft führte stets dazu, dass man bis in die frühen Morgenstunden blieb, und wenn ich dann nach Hause kam, war mein Hemd immer voller Zigarrenasche.

Der große John Sillett, Trainer von Coventry City, war ein weiterer guter Weggefährte, und ich werde den verstorbenen John Lyall nie vergessen, der mir in meinen Anfangsjahren zur Seite stand und mir so viel Zeit opferte. Meine erste Begegnung mit Bobby Robson fand 1981 statt, als Aberdeen Ipswich aus dem UEFA Cup warf. Bobby kam in unsere Kabine und schüttelte jedem einzelnen Spieler die Hand. Er war einsame Spitze, und seine geschätzte Freundschaft bleibt unvergessen. Sein Tod war für uns alle ein großer Verlust.

Es gab aber noch andere Männer der alten Schule, die quasi Relikte vergangener Zeiten waren, weil sie eine Arbeitsethik besaßen, die man nur bewundern kann. Wenn ich zu Amateurspielen ging, waren John Rudge und Lennie Lawrence immer da. Außerdem eine der ganz großen Persönlichkeiten des Fußballs, dessen Teams von Oldham Athletics eine einmalige Frische ins Spiel brachten. Ich meine den großen Joe Royle. Oldham hat uns das eine oder andere Mal wirklich Furcht eingeflößt. Ich werde das alles vermissen. Harry Redknapp und Tony Pulis sind weitere großartige Menschen meiner Generation, und Sam Allardyce ist einer meiner besten Kumpel geworden.

Ich hatte das Glück, bei United wunderbare, loyale Mitarbeiter zu haben. Einige von ihnen arbeiteten mehr als 20 Jahre für mich. Meine persönliche Assistentin, Lyn Laffin, ist mir in den Ruhestand gefolgt und noch immer meine persönliche Assistentin, jetzt in meinem neuen Büro. Des Weiteren Les Kershaw, Dave Bushell, Tony Whelan und Paul McGuinness. Kath Phipps vom Empfang, die im Old Trafford auch meine Lounge für die Treffen nach den Spielen managte, hat über 40 Jahre United die Treue gehalten. Außerdem möchte ich Jim Ryan, der inzwischen im Ruhestand ist, meinen Bruder Martin, der mehr als 17 Jahre als Spieler-Scout im Ausland unterwegs war (ein ungeheuer schwieriger Job) und Brian McClair nennen.

Und natürlich Norman Davies. Ein treuer Freund, der leider schon vor einigen Jahren verstorben ist. Sein Nachfolger als Zeugwart, Albert Morgan, ist ebenfalls eine hervorragende Persönlichkeit, die in ihrer Loyalität nie ins Wanken gerät. Nennen möchte ich auch unseren Mannschaftsarzt, Steve McNally, unseren Chefphysiotherapeuten, Rob Swire, und seinen ganzen Stab, Tony Strudwick und sein tatkräftiges Team aus Sportwissenschaftlern, unsere Wäscherinnen, die ganze Küchenbelegschaft; die Zentrale mit John Alexander, Anne Wylie und all die jungen Mitarbeiterinnen. Mein Dank gilt auch Jim Lawlor und seinem Scouting-Stab, Eric Steele, dem Torwarttrainer, Simon Wells und Steve Brown vom Team für Videoanalyse, unseren Platzwarten unter Leitung von Joe Pemberton und Tony Sinclair sowie unserem Wartungsteam mit Stuart, Graham und Tony: alles hart arbeitende Männer. Vielleicht habe ich den einen oder anderen vergessen, aber ich bin mir sicher, sie wissen, wie viel Respekt ich ihnen entgegenbringe.

Die ganzen langen Jahre haben mich Assistenten und Trainer fantastisch unterstützt. Archie Knox, in meinen Anfangsjahren ein echter Verbündeter, Brian Kidd, Nobby Stiles und Eric Harrison, ein wirklich hervorragender Jugendtrainer. Steve McClaren, ein sehr innovativer und tatkräftiger Coach. Carlos Queiroz und René Meulensteen – zwei fabelhafte Trainer – und mein Co-Trainer, Mick Phelan, ein wirklich gewitzter, aufmerksamer und echter Mann des Fußballs.

Die Grundlage für meine lange Karriere legten Bobby Charlton und Martin Edwards. Ihr größtes Geschenk an mich war die Zeit, die sie mir ließen, einen Fußballverein und nicht nur ein Fußballteam aufzubauen. Auf ihre Unterstützung folgte die wunderbare Verbundenheit, die sich in den vergangenen zehn Jahren zwischen David Gill und mir entwickelte.

Es gibt also jede Menge Stoff für dieses Buch. Ich hoffe, es macht Ihnen Freude, sich meinem Rückblick anzuschließen.

VORWORT

Als ich vor fast 30 Jahren für mein erstes Heimspiel durch den Tunnel aufs Spielfeld schritt, war ich nervös und fühlte mich sehr unter Druck. Ich hatte zur Fankurve am Stretford End hinübergewinkt und war im Mittelkreis als neuer Trainer von Manchester United vorgestellt worden. Jetzt ging ich voller Selbstvertrauen auf das gleiche Spielfeld, um mich zu verabschieden.

Meinen Job bei United machen zu dürfen, war ein Privileg, das wahrscheinlich nur wenige vom Schicksal bevorzugte Trainer erleben dürfen. So sicher ich mir meiner Fähigkeiten im Herbst 1986 beim Umzug von Aberdeen in den Süden auch war, niemand konnte vorhersagen, wie gut sich das alles entwickeln würde.

Nach meinem Abschied im Mai 2013 dachte ich an die vielen Schlüsselmomente zurück: den Gewinn jenes FA-Cup-Drittrundenspiels gegen Nottingham Forest im Januar 1990, bei dem uns ein Tor von Mark Robins ins Finale brachte und mein Job wahrscheinlich gerade am seidenen Faden hing, denn wir hatten einen ganzen Monat lang kein einziges Spiel gewonnen, und das hatte heftig an meinem Selbstvertrauen genagt.

Ohne den Sieg im FA Cup gegen Crystal Palace, knapp vier Jahre nach meinem Start, wären gewiss erhebliche Zweifel an meiner Eignung für diesen Job laut geworden. Vermutlich werde ich nie rausfinden, wie nahe ich meiner Kündigung war, weil diese Entscheidung dem Vorstand von United nie abverlangt wurde. Doch ohne diesen Triumph in Wembley wäre die Zuschauerzahl sicherlich gesunken, und wahrscheinlich hätte sich im Club viel Unzufriedenheit breit gemacht.

Bobby Charlton hätte sich jedem Versuch, mich zu entlassen, widersetzt. Er kannte die Arbeit, die ich leistete, und wusste, wie gut wir auf dem Gebiet der Nachwuchsförderung vorankamen, wie viel Mühe ich investierte und wie viele Stunden ich damit verbrachte, den Verein umzugestalten. Auch der Vorstandschef Martin Edwards wusste das, und es wirft ein gutes Licht auf diese beiden Männer, dass sie den Mut hatten, in diesen düsteren Zeiten an mich zu glauben. Martin wird wohl jede Menge wütender Briefe erhalten haben, in denen meine Entlassung gefordert wurde.

Der Gewinn des FA Cups von 1990 sorgte für eine Verschnaufpause und bestärkte mich in meiner Überzeugung, dass dies ein wunderbarer Club war, mit dem man Titel holen konnte. Der Gewinn des FA Cups in Wembley läutete die guten Zeiten ein. Aber am Morgen nach unserem Sieg hieß es in einer Zeitung: »O.K., Sie haben gezeigt, dass Sie den FA Cup holen können, gehen Sie jetzt nach Schottland zurück.« Das ist mir im Gedächtnis geblieben.

KAPITEL 1

ÜBERLEGUNGEN

Wenn ich ein Spielergebnis anführen müsste, das am besten versinnbildlicht, worum es bei Manchester United geht, dann wäre es das Spiel Nummer 1500, mein letztes. West Bromwich Albion gegen Manchester United 5:5. Verrückt. Wunderbar. Unglaublich.

Wann immer man zu einem Spiel von United ging, erwartete man Tore und Emotionen, und das Herz wurde oft auf eine harte Probe gestellt. Auch an diesem Tag war das so. Wir hatten innerhalb von neun Minuten eine 5:2-Führung gegen West Bromwich aus der Hand gegeben, und ich machte in der Umkleide meiner Verärgerung über die verschenkte Führung Luft. Aber die Spieler durchschauten mich, denn ich konnte meine verhohlene Begeisterung über das spannende Spiel mit dem historischen Unentschieden wohl nicht richtig verbergen. Also sagte ich einfach: »Danke, Jungs. Ihr habt mir einen verdammt guten Abschied geschenkt!«

David Moyes war bereits zu meinem Nachfolger ernannt worden und als wir nach dem Spiel in der Kabine saßen, witzelte Ryan Giggs: »David Moyes hat gerade sein Amt niedergelegt.«

Trotz unserer Abwehrschwächen an diesem Tag war ich stolz und erleichtert, dieses tolle Team von Spielern und den ebenso tollen Trainerstab in Davids Obhut zu übergeben. Meine Arbeit war getan. Meine Familie wartete in der Regis Suite auf dem Gelände von West Brom auf mich, und ein neues Leben lag vor mir.

Es war einer jener Tage, die einem wie ein Traum erscheinen. West Brom hatte alles erstklassig organisiert und sich bestens um mich gekümmert. Später schickten sie mir die von sämtlichen Spielern unterschriebenen Listen mit den Mannschaftsaufstellungen. Fast meine ganze Familie war bei mir: drei Söhne, acht Enkel und etliche gute Freunde. Ich freute mich, dass sie da waren und dass wir alle gemeinsam dieses letzte Spiel erleben konnten.

Als ich auf dem Gelände von West Brom aus dem Teambus stieg, wollte ich jeden Augenblick bewusst genießen. Das Loslassen fiel mir nicht schwer, weil ich wusste, dass der richtige Zeitpunkt gekommen war. Am Vorabend vor dem Spiel hatten die Spieler bekannt gegeben, dass sie mir zu meinem Ruhestand etwas überreichen wollten. Ihr besonderes Geschenk bestand aus einer schönen Rolex aus dem Jahr 1941, meinem Geburtsjahr, bei der die Zeit auf 15:03 Uhr eingestellt war, also genau jenen Zeitpunkt, an dem ich am 31. Dezember 1941 in Glasgow das Licht der Welt erblickte. Dazu überreichten sie mir ein Fotoalbum, das meine Zeit bei United Revue passieren ließ – mit Bildern meiner Enkel und meiner Familie auf der Mittelseite. Es war der Uhrennarr Rio Ferdinand, der die Idee für dieses Geschenk hatte.

Nachdem man mir das Album und die Uhr überreicht hatte und heftig applaudiert wurde, bemerkte ich auf den Gesichtern einiger Spieler einen besonderen Ausdruck. Manche waren sich wohl nicht ganz sicher, wie sie mit diesem Moment umgehen sollten, weil sie mich ja immer in ihrer Nähe gehabt hatten; einige seit 20 Jahren. Ich bemerkte den fragenden Gesichtsausdruck, der zu sagen schien: Wie wird es jetzt wohl weitergehen? Manche hatten nie einen anderen Trainer als mich.

Trotzdem war noch ein Spiel zu machen, und ich wollte, dass es gut wird. Schon nach einer halben Stunde lagen wir 3:0 in Führung, aber West Brom war nicht bereit, mir den Abschied zu versüßen. John Sivebæk erzielte am 22. November 1986 das erste Tor für United in meiner Zeit als Trainer. Den letzten Treffer landete Javier Hernández am 19. Mai 2013. Beim Spielstand von 5:2 hätte daraus auch 20:2 für uns werden können. Beim Stand von 5:5 hätten wir auch 20:5 verlieren können. Die Abwehr war das reinste Chaos. West Brom erzielte innerhalb von fünf Minuten drei Tore, alles Treffer von Romelu Lakaku, also ein Hattrick.

Trotz des späten Ansturms auf unser Tor war die Stimmung in der Umkleide ausgelassen. Nach dem Abpfiff blieben wir noch auf dem Spielfeld, um uns bei den United Fans zu bedanken. Giggsy schob mich nach vorn, und die Spieler hielten sich im Hintergrund. Ich stand allein vor einem Mosaik glücklicher Gesichter. Unsere Fans hatten den ganzen Tag über gesungen, skandiert und waren rumgehüpft. Wie gern hätte ich 5:2 gewonnen, aber das 5:5 war in gewisser Weise ein passender Abschluss. Es war das erste 5:5-Unentschieden in der Geschichte der Premier League und das erste in meiner Karriere: Ein abschließendes kleines Stückchen Geschichte in meinen letzten 90 Minuten als Coach.

Wieder zurück in Manchester erwartete mich in meinem Büro eine Flut von Post. Real Madrid schickte ein schönes Geschenk: eine Kopie des La Plaza de Cibeles aus massivem Silber, also jenes Platzes mit dem berühmten Brunnen in Madrid, auf dem die Madrilenen traditionell ihre Meister feiern. Dabei lag ein netter Brief von Florentino Pérez, dem Präsidenten von Real. Auch Ajax Amsterdam und Edwin van der Sar schickten Präsente, und Lyn, meine Assistentin, musste sich durch Berge von Briefen arbeiten.

Beim Heimspiel gegen Swansea City am Wochenende zuvor – meinem letzten Spiel im Old Trafford – hatte ich keine Ahnung, was mich außer einer Ehrenformation noch erwarten würde. Es war das Ende einer arbeitsreichen Woche, in der wir der Familie, unseren Freunden, den Spielern und dem Mitarbeiterstab beibringen mussten, dass ich beschlossen hatte, eine neue Lebensphase einzuläuten.

Der Keim meines Entschlusses, zurückzutreten, war im Winter 2012 gelegt worden. Um die Weihnachtszeit nahm ein Gedanke in meinem Kopf immer klarere und deutlichere Züge an: Ich werde aufhören.

»Warum hast du das vor?«, fragte Cathy.

»So etwas wie das Versemmeln des Titels im letzten Spiel, wie in der vergangenen Saison, halte ich nicht noch mal aus«, erklärte ich ihr. »Ich hoffe nur, wir gewinnen dieses Mal die Meisterschaft und erreichen das Finale der Champions League oder des FA Cups. Das wäre ein großartiger Abschluss.«

Cathy, die im Oktober ihre Schwester Bridget verloren und damit zu kämpfen hatte, über den Verlust hinwegzukommen, stimmte mir bald zu und hielt meine Entscheidung für richtig. Ihrer Meinung nach war ich noch immer jung genug, um in meinem Leben andere Dinge anzupacken, falls ich das wollte. Mein Vertrag verpflichtete mich, den Club bis zum 31. März in Kenntnis zu setzen, falls ich im Sommer zurücktreten wolle.

David Gill hatte mich an einem Sonntag im Februar spontan angerufen und gefragt, ob er bei mir zu Hause vorbeikommen könne. Am Sonntagnachmittag? »Ich wette, er legt sein Amt als Geschäftsführer nieder«, sagte ich. »Entweder das, oder du wirst gefeuert«, meinte Cathy. Tatsächlich hatte sich David entschlossen, am Ende der Saison zurückzutreten. »Mensch, David«, sagte ich. Und ich beichtete ihm, dass ich das Gleiche vorhatte.

An einem der folgenden Tage rief mich David an, um mir zu sagen, dass ich mich auf einen Anruf der Glazers, den amerikanischen Eigentümern des Clubs, die auch die beiden Vorstandsvorsitzenden von United stellten, gefasst machen sollte. Als es so weit war, versicherte ich Joel Glazer, dass meine Entscheidung nichts mit Davids plötzlichem Rücktritt zu tun habe. Ich sagte ihnen, dass mein Entschluss bereits zu Weihnachten festgestanden habe und legte ihm ausführlich meine Gründe dar: Nach dem Tod von Cathys Schwester im Oktober hatte sich unser Leben verändert, und Cathy fühlte sich einsam. Joel zeigte dafür viel Verständnis. Wir vereinbarten, uns in New York zu treffen. Dort versuchte er dann, mir meinen Rücktritt auszureden. Ich sagte ihm, dass ich seine Bemühungen zu schätzen wisse und dankte ihm für seine Unterstützung, und er brachte seine Dankbarkeit für meine Arbeit zum Ausdruck.

Da ich von meinem Entschluss nicht abzubringen war, drehte sich das Gespräch bald um die Frage, wer mein Nachfolger werden könnte. Wir waren uns einig: David Moyes war der richtige Mann.

David Gill kam bei mir zu Hause vorbei, um über die Verfügbarkeit von David Moyes zu reden, denn die Glazers legten großen Wert darauf, dass nach meinem Rücktritt, sobald dieser öffentlich gemacht wurde, keine lange Phase der Spekulationen über meine Nachfolge entstehen sollte. Sie wollten, dass mein Nachfolger sein Amt innerhalb weniger Tage antrat.

Vielen Schotten wird eine gewisse Sturheit und ein starker Wille nachgesagt. Wenn Schotten ihrer Heimat den Rücken kehren, dann meist nur aus einem einzigen Grund, der Suche nach Erfolg. Schotten verlassen das Land nicht etwa, um die Vergangenheit hinter sich zu lassen. Sie ziehen fort, um sich selbst zu verwirklichen. Das kann man auf der der ganzen Welt feststellen, vor allem jedoch in Amerika und Kanada. Das Verlassen ihrer Heimat ist für die Schotten fast immer mit dem Entschluss verbunden, etwas zu erreichen.

Diese schottische Sturheit, von der häufig die Rede ist, zeigt sich auch bei mir.

Dem im Ausland lebenden Schotten mangelt es nicht an Humor. Und auch David Moyes fehlt es nicht an ausgeprägtem Witz. Doch wenn es um ihre Arbeit geht, nehmen die Schotten die Sache sehr ernst – eine Eigenschaft von unschätzbarem Wert. Häufig bekam ich deshalb zu hören: »Während eines Spiels sieht man dich nie lächeln.« Darauf antwortete ich immer: »Ich bin nicht da, um zu lächeln, sondern um das Spiel zu gewinnen.«

David besaß einige dieser typischen Wesenszüge. Ich kannte seinen familiären Hintergrund. Sein Vater, David Moyes senior, war Trainer bei Drumchapel, wo ich als junger Bursche gespielt hatte. In seiner Familie gibt es ein starkes Zusammengehörigkeitsgefühl. Ich will nicht behaupten, dass dies ein Grund wäre, jemanden zu engagieren, trotzdem möchte man sich bei jemandem, der für einen so wichtigen Job vorgesehen ist, einer guten Basis sicher sein. Ich verließ Drumchapel im Jahr 1957, als David senior noch ein junger Typ war. Es gab also keine direkten Berührungspunkte, aber ich kannte die Familiengeschichte der Moyes.

Die amerikanische Eigentümerfamilie Glazer mochte David. Sie waren von Anfang an von ihm beeindruckt. Das Erste, was ihnen gewiss an ihm aufgefallen war, war die Tatsache, dass er kein Blatt vor den Mund nimmt. Es ist eine Tugend, aufrichtig über sich selbst zu reden. Und um jeder Befürchtung zuvorzukommen: Ich werde David auf keinen Fall reinreden. Weshalb sollte ich nach 27 Jahren als Trainer den Drang haben, mich da einzumischen? Ich hatte den für mich richtigen Zeitpunkt gewählt, um diesen Abschnitt meines Lebens abzuschließen. Und David würde keine Schwierigkeiten haben, unsere Traditionen weiterzuführen. Er kann Talente gut beurteilen und hat in Everton wunderbaren Fußball gezeigt.

Ich bin mir sicher, dass ich meinen Rückzug nicht bereuen würde. Daran wird sich auch nichts ändern. Wenn man die 70 erst mal erreicht hat, kann es leicht passieren, dass man körperlich und geistig rasch abbaut. Aber ich war vom Augenblick meines Rücktritts an sehr beschäftigt und habe Projekte in Amerika und andernorts übernommen. Es bestand also keine Gefahr, dass ich mich dem Müßiggang hingeben würde.

In den Tagen rund um die Ankündigung meines Rückzugs bestand natürlich das großes Problem, meinen Entschluss den Leuten unseres Stabs in Carrington, dem Trainingsgelände des Clubs, beizubringen. Ich erinnere mich noch daran, dass, wenn ich von den Veränderungen in meinem Leben und vom Tod von Cathys Schwester gesprochen habe, ein mitleidvolles »Aaah« zu hören war. Das ging mir sehr nahe. Ich war wirklich sehr gerührt.

Am Vortag der offiziellen Ankündigung hatten erste Gerüchte die Runde gemacht. Zu diesem Zeitpunkt musste ich es noch immer meinem Bruder Martin beibringen. Das war kompliziert zu organisieren, vor allem mit Blick auf die New Yorker Börse. Deshalb brachte mich die Tatsache, dass die Nachricht langsam durchsickerte, wegen einiger Leute, die ich persönlich ins Vertrauen setzen wollte, in gewisse Schwierigkeiten.

Am Mittwochmorgen, es war der 8. Mai, trommelte ich den ganzen Trainerstab und getrennt davon in der Umkleide die Spieler zusammen. Ich ging in die Kabine, um dem Team mitzuteilen, dass wir die Ankündigung zuerst über die Website des Clubs laufen lassen würden. Keiner durfte sein Handy benutzen. Ich wollte nicht, dass irgendjemand die Nachricht verbreitete, bevor ich Gelegenheit hatte, jeden auf dem Trainingsgelände darüber zu informieren. Doch angesichts der kursierenden Gerüchte wussten sie bereits, dass etwas Wichtiges im Busch war.

Ich sagte zu den versammelten Spielern: »Ich hoffe, ich habe keinen von euch enttäuscht, weil ihr vielleicht geglaubt habt, ich würde ewig bleiben.« Ich hatte nämlich Robin van Persie und Shinji Kagawa bei ihrer Verpflichtung versichert, dass ich nicht so bald in Ruhestand gehen würde, was zum damaligen Zeitpunkt auch stimmte.

»Die Dinge verändern sich«, fuhr ich fort. »Der Tod der Schwester meiner Frau war ein dramatischer Einschnitt für uns. Außerdem möchte ich als Gewinner vom Platz gehen. Und ich werde als Gewinner gehen.«

Von einigen Gesichtern konnte man ablesen, wie schockiert sie waren. »Geht heute zu den Pferderennen und amüsiert euch«, sagte ich. »Wir sehen uns am Donnerstag.« Ich hatte den Spielern diesen Mittwochnachmittag bereits Tage zuvor frei gegeben, damit sie nach Chester fahren konnten. Alle wussten das. Es gehörte zum Plan. Ich wollte nicht, dass die Leute die Spieler für herzlos hielten, weil sie sich an dem Tag, an dem ich mit der Nachricht an die Öffentlichkeit ging, bei den Pferderennen in Chester vergnügten. Deshalb hatte ich großen Wert darauf gelegt, schon eine Woche zuvor anzukündigen, dass sie in Chester sein würden.

Dann ging ich zum Trainerstab hinauf und teilte ihnen meine Entscheidung mit. Alle applaudierten. »Gut, dich loszuwerden«, meinte der eine oder andere.

Von allen Beteiligten waren die Spieler wohl am stärksten vor den Kopf gestoßen. Ihnen werden sicherlich sofort solche Fragen durch den Kopf gegangen sein, wie ›Ob der neue Trainer mich wohl mag?‹ oder ›Ob ich in der nächsten Saison wohl noch hier bin?‹ Die Trainer werden gedacht haben: ›Das könnte für mich das Aus bedeuten.‹ Für mich rückte aber die Zeit näher, in der ich mich von der Bühne des Ankündigens und Erklärens zurückziehen und meine Gedanken ordnen konnte.

Ich hatte im Voraus beschlossen, direkt nach Hause zu fahren, da ich wusste, dass in den Medien ein Riesenwirbel losbrechen würde. Ich wollte Carrington nicht umringt von einer Pressemeute und im Blitzlichtgewitter verlassen.

Zu Hause schloss ich mich ein. Jason, mein Anwalt, und Lyn schickten gleichzeitig SMS, als die Ankündigung veröffentlicht wurde. Lyn schrieb eine Viertelstunde lang eine SMS nach der anderen. Offenbar brachten 38 Zeitungen weltweit, einschließlich der *New York Times*, die Nachricht auf der Titelseite. Britische Blätter planten zehn- bis zwölfseitige Beilagen.

Der Umfang und die Ausführlichkeit dieser Berichterstattung waren schmeichelhaft. Ich hatte im Laufe der Jahre mit der schreibenden Zunft so manchen Kampf ausgefochten, aber ich hegte nie Groll gegen sie. Ich weiß, dass die Leute von den Printmedien unter großem Druck stehen. Sie müssen gegen das Fernsehen, das Internet, Facebook, Twitter und viele andere Medien antreten und haben darüber hinaus womöglich ständig die Herausgeber im Nacken. Es ist eine harte Branche.

Die Berichterstattung bewies, dass auch die Medien trotz all unserer Konflikte keinen Groll gegen mich hegten. Sie hoben den Wert meiner Karriere hervor und wiederholten, was ich bei Pressekonferenzen gesagt hatte. Ich bekam von den Pressevertretern sogar Geschenke: einen Kuchen mit einem Föhn obendrauf und eine gute Flasche Wein. Beides wusste ich zu schätzen.

Beim Spiel gegen Swansea erklang im Stadion Sinatras *My Way* und Nat King Coles *Unforgettable*. Wir gewannen das Spiel so, wie wir so viele der 895 Spiele gewonnen hatten, in denen meine Teams siegreich vom Platz gingen: mit einem späten Tor von Rio Ferdinand.

Meine Rede auf dem Spielfeld hielt ich aus dem Stegreif. Ich hatte mir keine Notizen gemacht. Ich wusste nur, dass ich nicht jeden

Einzelnen lobend hervorheben würde. Es ging nicht um die Vorstände, die Unterstützer oder die Spieler: Es ging um Manchester United.

Ich forderte die Fans auf, zu meinem Nachfolger David Moyes zu stehen. »Ich möchte euch daran erinnern, dass wir hier auch schlechte Zeiten hatten«, sagte ich über die Stadionsprechanlage. »Der Club hat zu mir gehalten. Deshalb ist es jetzt eure Aufgabe, zu unserem neuen Trainer zu halten. Das ist wichtig.«

Hätte ich David nicht erwähnt, dann hätten die Leute sich vielleicht gefragt: ›Wie? Wollte Ferguson Moyes nicht als Nachfolger haben?‹ Wir mussten unsere vorbehaltlose Unterstützung für ihn demonstrieren. Der Club muss weiterhin gewinnen. Das war der Wunsch, der uns alle verband. Wie alle anderen wünsche ich mir, dass er weiterhin erfolgreich bleibt. Jetzt kann ich die Spiele so genießen, wie Bobby Charlton es nach seinem Rücktritt konnte. Wenn man Bobby nach einem Sieg trifft, funkeln seine Augen und er reibt sich die Hände. Er freut sich. Dieses Gefühl möchte auch ich verspüren. Ich will in der Lage sein, Champions-League-Spiele anzuschauen und den Leuten zu sagen: Ich bin stolz auf diese Mannschaft, das ist ein großartiger Verein.

Bei dieser Gelegenheit ertappte ich mich dabei, Paul Scholes herauszuspicken. Ich wusste, dass er darüber nicht erfreut sein würde, aber ich konnte nicht anders. Auch Paul war im Begriff, seine Karriere zu beenden. Außerdem wünschte ich Darren Fletcher, der an einer Darmerkrankung litt, gute Besserung, was aber nur wenige mitbekamen.

Ein paar Tage später trat auf einem Flughafen ein Mann mit einem Couvert in der Hand auf mich zu und sagte: »Das wollte ich gerade an Sie einwerfen.« Es handelte sich um einen Artikel aus einer irischen Zeitung, in dem festgestellt wurde, dass ich den Club auf die gleiche Weise verlassen hätte, wie ich ihn gemanagt hatte: In meinem ganz eigenen Stil. »Typisch Ferguson eben«, hatte der Journalist geschrieben. Mir gefiel dieser Artikel. Genau so sah ich meine Zeit bei United, und ich war stolz, dass sie so beschrieben wurde.

Als ich von der Bühne abtrat, brachte David drei Männer seines eigenen Trainerstabs mit – Steve Round, Chris Woods und Jimmy Lumsden. Darüber hinaus übernahm er Ryan Giggs und Phil Neville, was bedeutete, dass René Meulensteen, Mick Phelan und Eric Steele ihre Jobs los waren. Das war Davids Angelegenheit. Ich hatte ihm gesagt, dass ich mich freuen würde, wenn er meine Leute übernehmen würde. Es war aber nicht meine Sache, mich hier einzumischen oder ihn zu hindern, seine eigenen Co-Trainer mitzubringen.

Jimmy Lumsden arbeitete schon lange mit David zusammen. Ich kannte ihn aus meiner Zeit in Glasgow. Jimmy kam etwa eine Meile von meinem Zuhause entfernt, in dem an Govan grenzenden Stadtviertel, auf die Welt. Er ist ein guter Kerl und ein großartiger Fußballspieler. Dennoch fand ich es schade, dass bewährte Männer ihre Jobs verloren, aber so ist das im Fußball eben. Die Angelegenheit wurde jedoch recht gut geregelt. Ich sagte allen dreien, wie leid es mir tue, dass sie nicht bleiben konnten. Mick, mit dem ich 20 Jahre zusammengearbeitet hatte, meinte, ich bräuchte mich für nichts zu entschuldigen, und er dankte mir für die großartige Zeit, die wir miteinander verbracht hatten.

Im Rückblick konzentrierte ich mich nicht nur auf die Triumphe, sondern auch auf die Niederlagen. Ich habe drei FA-Cup-Finales verloren – gegen Everton, Arsenal und Chelsea. Ich habe Ligafinales gegen Sheffield Wednesday, Aston Villa und Liverpool verloren und bin zweimal im Europapokalfinale gegen Barcelona gescheitert. Auch das gehört zur Komplexität von Manchester United: die

Wiederauferstehung. Ich war mir stets bewusst, dass es nicht immer nur Siege und Triumphfahrten im offenen Wagen geben würde. Als wir 1995 im FA-Cup-Finale gegen Everton eine Niederlage einstecken mussten, sagte ich mir: ›Das war's, jetzt werde ich hier einiges verändern.‹ Und das geschah dann auch. Wir stellten junge Spieler des sogenannten Jahrgangs '92 auf. Wir konnten sie nicht länger zurückhalten. Es handelte sich um eine ganz besondere Gruppe von Spielern.

Wenn man mit dem Club verliert, wirkt das in einem nach. Sich eine Weile darüber zu ärgern und dann genauso weiterzumachen wie gehabt, das kam für mich nie infrage. Wenn man in einem Finale scheitert, trifft einen das tief, vor allem, wenn man 23 Torschüsse aufs Tor hatte und der Gegner gerade einmal zwei, oder wenn man am Ende im Elfmeterschießen unterliegt. Mein erster Gedanke war jedes Mal: ›Überleg dir schnell, was du in Zukunft machst.‹ Gedanklich konzentrierte ich mich sofort auf Maßnahmen zur Verbesserung und Neubelebung unseres Spiels. Ich wollte immer in der Lage sein, mir schnell neue Möglichkeiten auszudenken, während es natürlich viel bequemer gewesen wäre, einfach nur niedergeschlagen zu sein.

Manchmal sind Niederlagen das Beste, was einem passieren kann. Auf Widrigkeiten reagieren zu können, ist eine Gabe. Damit zeigt man selbst in den schlimmsten Phasen Stärke. Bei uns gab es einen großartigen Spruch: Es ist ja nur ein Tag in der Geschichte von Manchester United. Mit anderen Worten: Wieder zurückzukommen ist ein Teil unserer Identität. Wenn man auf Niederlagen lustlos reagiert, kann man sicher sein, dass weitere folgen werden. Häufig verloren wir in einem Match zwei Punkte, weil der Gegner mit der letzten Ballberührung zum Ausgleich kam, und gewannen dann aber sechs oder sieben Spiele in Folge. Das war kein Zufall.

Viele Fans gehen mit den Eindrücken des Spiels am Wochenende am Montagmorgen zur Arbeit. Im Januar 2010 schrieb mir ein Mann und forderte: »Bitte erstatten Sie mir die 41 Pfund, die ich am Sonntag für mein Ticket bezahlt habe. Sie haben mir gute Unterhaltung versprochen. Am Sonntag bin ich aber wirklich nicht gut unterhalten worden. Kann ich also meine 41 Pfund zurückhaben?« Ein schöner Fan war das! Ich überlegte mir, ob ich ihm antworten sollte: »Können Sie die 41 Pfund bitte von meinen Gewinnen der letzten 24 Jahre abziehen?«

Da gewinnt man all diese Spiele gegen Juventus Turin und Real Madrid, und einer verlangt nach einem etwas ruhigeren Sonntag sein Geld zurück! Gibt es irgendeinen Verein auf der Welt, der einem mehr Momente des Schreckens liefert als Manchester United? In jedem Programmheft hätte ich die Fans warnen können: Falls es 20 Minuten vor Spielschluss 1:0 gegen uns steht, gehen Sie lieber nach Hause, sonst könnten es am Ende sein, dass sie hinausgetragen werden müssen und im nächsten Krankenhaus landen.

Ich hoffe, dass mir keiner widerspricht, wenn ich sage: Niemand wurde übers Ohr gehauen. Langweilig war es jedenfalls nie.

KAPITEL 2

WURZELN IN GLASGOW

Das Motto des schottischen Ferguson-Clans lautet: *Dulcius ex asperis*, was sinngemäß so viel heißt, wie »Süßer nach Schwierigkeiten«. Dieser Wahlspruch leistete mir in meinen 39 Jahren als Fußballtrainer immer gute Dienste. In der gesamten Zeit, von den kurzen vier Monaten 1974 bei East Stirlingshire bis zu Manchester United im Jahr 2013, sah ich trotz vieler Widrigkeiten den Erfolg am Horizont immer aufscheinen. Mich Jahr für Jahr immer wieder neuen Aufgaben zu stellen, war von der Überzeugung getragen, dass wir jeden Herausforderer besiegen würden.

Vor Jahren las ich einen Artikel über mich, in dem es hieß: »Alex Ferguson hat es im Leben wirklich zu etwas gebracht, obwohl er aus Govan stammt.« Man beachte den herabwürdigenden Halbsatz! Aber eben weil ich im Werftenviertel von Glasgow aufgewachsen bin, habe ich im Fußball so viel erreicht. Die Herkunft sollte niemals ein Hindernis für den Erfolg sein. Ein bescheidener Start ins Leben kann sogar eher eine Hilfe sein als ein Hemmnis. Wenn Sie sich erfolgreiche Menschen ansehen, werfen Sie auch einen Blick auf deren Elternhaus und suchen dabei nach Hinweisen auf ihre Energie und ihre Motivation. Die Herkunft aus einer Arbeiterfamilie war für viele meiner besten Spieler im Verlauf ihrer Karriere keineswegs ein Hindernis. Im Gegenteil, sie war häufig der Grund für ihre hervorragenden Leistungen.

In meiner Zeit auf der Trainerbank stieg ich auf vom Trainer von Jungs, die in East Stirling sechs Pfund pro Woche verdienten, bis ich schließlich Cristiano Ronaldo für 80 Millionen Pfund an Real Madrid weiterreichte. Meine Mannschaft in St. Mirren verdiente 15 Pfund in der Woche, und die Spieler mussten sich im Sommer selbst über Wasser halten, weil sie befristete Verträge hatten. Die Höchstsumme, die in Aberdeen ein Spieler der ersten Mannschaft in meinen acht Jahren bei Pittodrie verdiente, waren 200 Pfund pro Woche. Diese Obergrenzen hatte Dick Donald, der Vorstandsvorsitzende, festgelegt. Die Einkommensspanne der vielen tausend Jungs, die ich in beinahe vier Jahrzehnten trainiert habe, reichte also von sechs Pfund pro Woche bis zu sechs Millionen Pfund im Jahr.

Vor längerer Zeit erhielt ich einen Brief von einem Mann, der mir schrieb, dass er in den Jahren 1959/60 in Govan in den Docks gearbeitet hatte und damals immer in ein bestimmtes Pub gegangen war. Er erinnerte sich daran, dass eines Tages ein junger Typ mit einer Sammelbüchse in das Lokal kam und für eine Streikkasse sammelte und dabei eine recht aufwieglerische Rede hielt. Das Einzige, was er von diesem jungen Mann wusste, war, dass er bei St. Johnstone Fußball spielte. Der Brief schloss mit der Frage: »Waren Sie das?«

Zunächst konnte ich mich an diesen kurzen Ausflug in die Politik gar nicht mehr erinnern, doch mir ging der Brief nicht aus dem Kopf, und schließlich fiel mir ein, dass ich in unserem Viertel tatsächlich durch die Pubs gezogen war, um für den Streik Geld zu sammeln. Ich hatte es nicht etwa auf ein politisches Amt abgesehen und mein Gebrüll als »Rede« zu bezeichnen, hieße, ihm rhetorische Qualitäten zuzuschreiben, die es mit Sicherheit nicht besaß. Ich erinnere mich dass ich wie ein Idiot wirres Zeug geredet hatte, nachdem man im Pub meinte, ich sollte meine Bitte um Geld doch begründen. Wahrscheinlich waren alle bereits ordentlich angetrunken und in der Stimmung, den wirren Erklärungen des jungen Spendensammlers zu den Gründen seiner Aktion zuzuhören.

Pubs spielten in meinen jungen Jahren eine ganz wesentliche Rolle. Meine erste Geschäftsidee bestand darin, mein sehr bescheidenes Einkommen dafür zu nutzen, mir als Absicherung für die Zukunft eine Konzession für ein Pub zu beschaffen. Mein erstes Lokal befand sich an der Kreuzung Govan Road und Paisley Road West und wurde meist von Hafenarbeitern besucht. In den Pubs lernte ich sehr viel über Menschen, ihre Träume, ihre Wünsche und ihre Frustrationen, und das half mir später, die Welt des Fußballs besser zu verstehen, auch wenn ich das damals noch nicht wissen konnte.

In einem meiner Pubs gab es beispielsweise einen *Wembley Club*, deren Mitglieder über zwei Jahre kleine Beträge einzahlten, um zum Spiel England gegen Schottland nach Wembley fahren zu können. Ich würde am Ende den Betrag, der sich angesammelt hatte, verdoppeln, und sie konnten dann für vier oder fünf Tage nach London fahren. So war zumindest die Theorie. Ich selbst würde dann am Tag des Spiels zu ihnen stoßen. Mein bester Kumpel Billy fuhr meist am Donnerstag nach Wembley und kam erst nach sieben Tagen wieder zurück. Diese ungeplante Verlängerung seines Aufenthalts führte bei ihm jedes Mal zu einem ausgewachsenen Familienkrach.

Eines Donnerstags nach einem Samstagsspiel in Wembley läutete bei mir zu Hause, als das Telefon. Anna, Billys Frau, wollte wissen, wo Billy steckte. Ich stellte mich ahnungslos. Etwa 40 unserer Kneipengäste waren in London unterwegs, und ich konnte unmöglich wissen, warum Billy weggeblieben war. Doch für die einfachen Leute meiner Generation war die Fahrt zu einem großen Fußballmatch nach London so etwas wie eine kleine Pilgerreise, und allen ging es sowohl um den Kameradschaftsgeist als auch um das Spiel selbst.

Das Pub, das wir an der Main Street führten, lag im Stadtteil Bridgeton, einem der größten Protestantenviertel Glasgows. Am Samstag vor dem Oraniermarsch kam der große Tam, ein Postbote, zu mir und sagte: »Alex, die Jungs wollen wissen, um welche Zeit du am Samstag aufmachst. Wegen des Marsches. Wir fahren nämlich nach Ardrossan« (an der schottischen Westküste; A.d.Ü.). »Die Busse fahren um zehn Uhr los«, erklärte Tam. »Alle Pubs haben geöffnet. Du musst unbedingt auch aufmachen.«

Ich war perplex. »Wann soll ich denn aufmachen?«

»Um sieben«, meinte Tam.

Ich war also am Samstagmorgen um 6:15 Uhr zusammen mit meinem Vater, meinem Bruder Martin und dem kleinen italienischen Barkeeper vor Ort. Wir hatten uns reichlich mit Getränken eingedeckt, weil mir Tam geraten hatte: »Deck dich mit reichlich Vorrat ein, du wirst jede Menge Getränke absetzen.« Ich öffnete also um sieben Uhr. Bald war das Pub berstend voll mit gut gelaunten, lärmenden Oranieren. Sogar die Polizei kam vorbei, sagte aber kein Wort.

In der Zeit von sieben bis halb zehn hatte ich 4000 Pfund eingenommen – mit doppelten Wodkas und ähnlichem. Mein Vater saß da und schüttelte den Kopf. Ab halb zehn waren wir dann damit beschäftigt, das Lokal für unsere Stammgäste herzurichten. Wir mussten das Pub regelrecht sauber schrubben. Aber immerhin hatten wir zusätzlich 4000 Pfund in der Kasse.

Ein Pub zu führen, war harte Arbeit. Aber im Jahr 1978 war für mich Schluss damit. Als Trainer von Aberdeen blieb mir keine Zeit, mich mit Betrunkenen herumzuschlagen oder mich um die Buchhaltung zu kümmern. Viele gute Geschichten aus jener Zeit sind mir in lebhafter Erinnerung geblieben. Man könnte ein ganzes Buch darüber schreiben. Die Hafenarbeiter kamen am Samstagvormittag mit ihren Frauen ins Pub, nachdem sie am Freitagabend ihren Lohn bekommen hatten, und deponierten das Geld in meinem Safe hinter der Theke. Am Freitagabend fühlte man sich vorübergehend irgendwie als reicher Mann. Schließlich wusste man nicht, ob das Geld im Safe oder in der Kasse deines war oder es ihnen gehörte. In der Anfangszeit zählte Cathy das Geld immer auf dem Teppich. Am Samstagvormittag war es dann wieder verschwunden, denn die Männer kamen und holten es wieder ab. Die Notizen zu diesen Transaktionen bezeichneten wir als Schuldbuch.

Eine Stammkundin, sie hieß Nan, war besonders geschickt darin, die Wege des Geldes ihres Mannes zu verfolgen. Sie redete wie die Hafenarbeiter. »Du hältst uns wohl alle für blöd?«, sagte sie und fixierte mich dabei.

»Wieso?«, fragte ich, um Zeit zu gewinnen.

»Du hältst uns wohl für blöd? Das Schuldbuch, ich will es sehen.«

»Nein, du kannst das Schuldbuch nicht sehen«, improvisierte ich. »Es ist tabu. Der Steuerprüfer hat was dagegen. Er prüft es jede Woche. Du kannst da nicht reingucken.«

Nan drehte sich, inzwischen etwas kleinlaut, zu ihrem Mann und fragte: »Stimmt das?«

»Hm, weiß nicht«, antwortete er.

Der Sturm hatte sich inzwischen etwas gelegt. »Wenn ich herausfinde, dass der Name von meinem Mann da drin steht, komme ich nie mehr hierher«, verkündete Nan schließlich.

Das sind so kleine Erinnerungen aus meinen jungen Jahren, die ich oft in Gesellschaft von rauen, aber häufig charakterstarken Leuten verbrachte. Von taffen Leuten eben. Hin und wieder kam ich mit einer Beule am Kopf oder einem blauen Auge nach Hause. So war das Kneipenleben nun mal. Wenn es zu wild wurde und es zu Handgreiflichkeiten kam, musste man dazwischen gehen und für Ordnung sorgen. Wenn man versuchte, die Kontrahenten zu trennen, kassierte man hin und wieder auch mal einen Kinnhaken. Im Rückblick war es dennoch ein wunderbares Leben – voller Dramen und Komödien.

Ich erinnere mich noch heute an einen Mann namens Jimmy Westwater, der hereinkam und nach Atem rang. Er war schon ganz fahl im Gesicht. »Um Himmels willen, ist alles in Ordnung?«, rief ich. Jimmy hatte sich in Schantungseide gewickelt, um sich aus den Docks zu schleichen, ohne erwischt zu werden. In einen ganzen Ballen Schantungseide. Aber er hatte sich darin so fest eingewickelt, dass er kaum noch Luft holen konnte.

Ein anderer Jimmy, den ich eingestellt hatte und der das Lokal tiptop in Ordnung hielt, tauchte eines Abends mit einer Fliege um den Hals auf. Einer meiner Stammgäste konnte es nicht fassen: »Eine Fliege in Govan? Das muss ein Scherz sein!« Eines Freitagabends kam ich ins Pub und stellte fest, dass jemand in der Bar tütenweise Vogelfutter verkaufte. In diesem Teil von Glasgow hielt jeder Tauben.

»Was ist das denn?«, wollte ich wissen.

»Na Vogelfutter, was sonst.« Als wäre die Antwort das Selbstverständlichste von der Welt.

Ein junger Ire namens Martin Corrigan brüstete sich gerne damit, jede Aufgabe im Haushalt perfekt erledigen zu können. Geschirr und Besteck spülen, den Kühlschrank reinigen – alles, was eben so anfällt. Ein anderer kam hereinspaziert und fragte: »Brauchst du ein Opernglas? Ich bin absolut pleite.« Er zog ein schönes, in Pergamentpapier eingewickeltes Opernglas hervor. »Einen Fünfer«, meinte er.

»Unter einer Bedingung«, antwortete ich. »Einen Fünfer, wenn du hier was trinkst. Und nicht zu Baxters rübergehst.« Er war ein netter Kerl, der einen Sprachfehler hatte. Ich bekam also das Opernglas, und er gab drei Pfund gleich wieder an der Theke aus.

Wann immer ich eine meiner Neuerwerbungen mit nach Hause brachte, drehte Cathy fast durch. Ich erinnere mich, dass ich einmal mit einer sehr hübschen italienischen Vase heimkam, die Cathy später in einem Laden für zehn Pfund entdeckte. Das Problem bestand darin, dass ich für unsere 25 Pfund bezahlt hatte. Ein andermal kam ich in einer nagelneuen, wirklich gut aussehenden Wildlederjacke heim.

»Wie viel?«, fragte Cathy.

»Sieben Pfund«, antwortete ich strahlend.

Zwei Wochen später wollten wir zu einer Party ihrer Schwester gehen. Ich schlüpfte also in die Jacke, stellte mich ganz stolz vor den Spiegel und bewunderte meine neue Anschaffung. Man kennt das ja, wie Männer an den Ärmeln ziehen, damit die Jacke auch richtig sitzt. Genau das machte ich auch – und hatte die beiden Ärmel plötzlich in der Hand. Da stand ich nun mit einer ärmellosen Jacke.

Cathy krümmte sich vor Lachen, während ich brüllte: »Den bringe ich um!« Die Jacke war nicht einmal gefüttert.

In meinem Billardzimmer hängt ein Bild von Bill, meinem besten Freund. Das war vielleicht ein Typ, dieser Billy! Er konnte nicht einmal eine Tasse Tee kochen. Als wir einmal, nachdem wir auswärts essen waren, zu ihm nach Hause kamen, sagte ich: »Stell doch mal den Wasserkessel auf den Herd, wir machen uns einen Tee.« Er verschwand und blieb eine Viertelstunde weg. Als ich ihn suchen ging, fand ich ihn beim Telefonieren mit seiner Frau, die er fragte: »Anna, wie geht das mit dem Teekochen?«

Eines Abends ließ Anna eine Fleischpastete für ihren Mann im Ofen, während Billy sich den Film *Flammendes Inferno* anschaute. Als Anna nach zwei Stunden wiederkam, quoll Rauch aus der Küche.

»Um Himmels willen, hast du denn den Herd nicht ausgeschaltet? Hier ist alles voller Qualm!«, schrie sie.

»Ich dachte, der käme aus dem Fernseher«, brüllte Billy. Er hatte es für einen Spezialeffekt des Films gehalten.

Billys Haus war ein beliebter Treffpunkt, wo sich früher oder später jeder einfand. Doch er war nicht als Billy bekannt. Alle nannten ihn McKechnie. Seine beiden Söhne, Stephen und Darren, waren tolle Jungs, und sie haben mit meinen Söhnen noch immer engen Kontakt. Billy gibt es nicht mehr. Aber ich denke noch oft an ihn und an den Spaß, den wir hatten.

Ich habe noch immer einen harten Kern von Freunden aus jener Zeit. Duncan Petersen, Tommy Hendry und Jim McMillan waren vier Jahre alt, als sie mit mir zusammen in den Kindergarten gingen. Duncan wurde Klempner, arbeitete für Imperial Chemical Industries in Grangemouth und ging sehr früh in Rente. Er besitzt ein hübsches, kleines Haus in Clearwater, Florida, und bereist mit seiner Frau gern die Welt. Tommy, der in jüngster Zeit ein paar Probleme mit dem Herzen hatte, war ebenso wie Jim Ingenieur. Der vierte aus unserer Runde, Angus Shaw, pflegt jetzt seine kranke Frau. John Grant, dem ich ebenfalls sehr nahe stehe, ist in den 1960er-Jahren nach Südafrika ausgewandert. Seine Frau und seine Tochter betreiben dort einen Großhandel.

Als ich als junger Mann das Team von Harmony Row verließ, waren die Jungs aus Govan sauer auf mich. Sie fanden es blöd, dass ich die Mannschaft verließ und zu den Amateuren von Drumchapel wechselte. Mick McGowan, der Harmony Row damals leitete, sprach nie mehr ein Wort mit mir. Er trug mir den Wechsel ewig nach. Er war ein eingefleischter Harmony-Row-Fan und ignoriert mich seither. Aber wir Jungs aus Govan gingen bis zum Alter von 19 oder 20 noch immer zusammen aus, und alle hatten zu dieser Zeit die erste Freundin.

Allmählich lebten wir uns aber auseinander. Ich heiratete Cathy und zog nach Simshill. Auch die anderen heirateten. John und Duncan spielten von 1958 bis 1960 mit mir zusammen bei Queen's Park. Doch als Trainer blieb mir neben dem Job nur noch wenig Zeit für andere Dinge. Das war jedenfalls beim St. Mirren FC so. Aber die Verbindung riss nicht komplett ab. Etwa zwei Monate, bevor ich Aberdeen 1986 verließ, rief Duncan an und sagte, dass er im Oktober seine Silberhochzeit feiern würde. Ob Cathy und ich kommen wollten? Natürlich nahmen wir die Einladung gerne an. Das war zu jener Zeit, als ich an einem Wendepunkt meines Lebens stand. Die ganzen Jungs waren zum Fest gekommen, und wir fanden wieder zusammen. Alle hatten inzwischen Familien gegründet, und wir hatten uns zu reifen Männern entwickelt. Ich ging einen Monat später zu United, aber wir sind seither in engem Kontakt geblieben.

Mit 19 oder 20 kommt es ganz allmählich zu Veränderungen in den Lebensgewohnheiten, aber die Jungs aus Govan hielten weiterhin zusammen. Zwar führte ich inzwischen ein komplett anderes Leben, doch ich habe mich nie von ihnen abgewendet. Mein Leben hat sich einfach nur anders entwickelt. Ich betrieb zuerst zwei Pubs, war dann Trainer von St. Mirren und schließlich kam 1978 der Job bei Aberdeen.

Diese Freundschaften gaben mir bei Manchester United Kraft. Alle Freunde versammelten sich in unserem Haus in Cheshire, wir aßen ausgiebig, sangen und legten schließlich die alten Platten auf.

Sie alle waren gute Sänger. Doch als ich an die Reihe kam, hatte der Wein schon dazu geführt, dass ich meine Sangeskünste stark überschätzte und meinte, Frank Sinatra beinahe das Wasser reichen zu können. Ich hatte keinerlei Zweifel, dass ich meine Zuhörer mit einer schönen Interpretation von *Moon River* erfreuen würde. Nachdem ich kaum zwei Takte gesungen hatte und die Augen aufmachte, war keiner mehr im Zimmer. »Ihr kommt her und schlagt euch mit meinem Essen den Bauch voll, und dann haut ihr ab, während ich singe, und schaut im Zimmer nebenan fern«, nörgelte ich. »Das hören wir uns nicht an. Das ist Scheiße«, war die Antwort.

Sie sind alle ganz normale, bodenständige Männer. Die meisten sind seit über 40 Jahren verheiratet. Gott, wie die mich runterputzen und fertig machen können. Ich nahm es ihnen aber nicht übel, weil sie mir so ähnlich sind. Sie sind vom gleichen Schlag. Sie sind mit mir aufgewachsen. Und sie haben mich auch unterstützt. Wenn sie zu einem Spiel kamen, waren wir meist die Sieger. Doch wenn wir ein Spiel versemmelten, dann sagten sie verständnisvoll: »Das war ein hartes Stück Arbeit«, nicht etwa »Das war Mist«, sondern »Das war ein hartes Stück Arbeit«.

Meine Freunde aus Aberdeen bleiben mir immer sehr nahe. Wenn ich eines über Schottland gelernt habe, dann dies: Je weiter nach Norden man kommt, umso verschlossener werden die Menschen. Sie brauchen länger, um Freundschaften zu schließen, aber dann ist diese Verbindung sehr tief.

Je mehr ich mich in den Job bei United hineinkniete, desto weniger Zeit blieb mir für mein privates Umfeld. Ich ging am Samstagabend kaum mehr aus. Der Fußball war für mich anstrengend genug. Wenn die Spiele um 15 Uhr angepfiffen wurden, kam ich meist erst gegen Viertel vor neun heim. Das war der Preis des Erfolgs: 76 000 Menschen, die alle zur gleichen Zeit nach Hause fuhren. Der

Wunsch auszugehen ließ nach. Dennoch gewann ich ein paar gute neue Freunde: Ahmet Kurcer, Manager des Alderley Edge Hotels, Sotirios, Mimmo, Marius, Tim, Ron Wood, Peter Done, Jack Hanson, Pat Murphy und Pete Morgan, Ged Mason, den wunderbaren Harold Riley und natürlich die Leute aus meinem Stab, die immer loyal zu mir hielten. James Mortimer und Willie Haughey waren alte Kumpel aus meiner Heimatstadt, dann gab es Martin O'Connor und Charlie Stillitano in New York und Eckhard Krautzun in Deutschland. Das waren alles gute Menschen. Wir verbrachten gemeinsam schöne Abende, wenn wir noch Energie zum Ausgehen hatten.

Zu Beginn meiner Karriere in Manchester freundete ich mich mit Mel Machin an, der Trainer von Manchester City war und schon bald, nachdem sie uns 5:1 besiegt hatten, gefeuert wurde. Als Grund wurde angeführt, wenn ich mich recht entsinne, dass Mel nicht freundlich genug in die Kameras gelächelt habe. Mir wäre schon längst gekündigt worden, hätte so etwas bei United je eine Rolle gespielt. John Lyall, der Trainer von West Ham, war in jenen Tagen für mich ein Fels in der Brandung. Ich kannte bei Weitem nicht alle Spieler in England und war mir auch nicht sicher, wie gut die Scouting-Abteilung von United tatsächlich arbeitete. Häufig rief ich John an, und er schickte mir Berichte über Spieler, die meine eigenen Unterlagen oft gut ergänzten. Ich konnte mich auf ihn verlassen und vertraute ihm selbst vieles an. Wenn er mir sagen wollte, dass United gerade nicht gut spielte, dann mahnte er: »Ich sehe keinen Alex Ferguson in dieser Mannschaft.«

Jock Wallace, der temperamentvolle ehemalige Trainer der Rangers, sagte mir eines Abends etwas Ähliches: »Ich sehe keinen Alex Ferguson in dieser Mannschaft. Du solltest Alex Ferguson besser wieder zurückholen.« Diese Männer boten mir ihren Rat an, weil sie wussten, dass man auf unsere Freundschaft bauen konnten. Solche Freundschaften sind für mich die besten und wichtigsten im Leben. Bobby Robson war Trainer der englischen Nationalmannschaft, deshalb war unsere Beziehung am Anfang etwas anders, doch auch wir freundeten uns an. Lennie Lawrence war ein weiterer Freund aus dieser Zeit und ist es immer noch.

Bobby Robson und ich nahmen in Portugal, wo er zunächst Porto und dann Sporting Lissabon trainierte, anlässlich Eusébios Abschiedsspiel wieder engen Kontakt auf. Éric Cantona hatte bei diesem Spiel sein Debüt. Bobby kam aus unserem Hotel, und ich werde nie vergessen, wie er sich an Steve Bruce wandte und zu ihm sagte: »Steve, ich habe eine falsche Entscheidung getroffen. Ich hätte dir eine England-Kappe aufsetzen sollen, und ich entschuldige mich dafür.« Und das im Beisein aller Spieler.

Vieles von dem, was ich am Ende meiner Laufbahn wusste, habe ich in jener Anfangszeit gelernt, manchmal ohne es zu merken. Lange bevor ich mich in Richtung Süden zu United aufmachte, hatte ich bereits viel über die Menschen gelernt.

Häufig betrachten Außenstehende die eigene Branche oder die Welt drum herum anders als man selbst, und manchmal muss man sich der Realität anpassen. Bei Davie Campbell war es so ein Fall. Ich hatte den Spieler beim St. Mirren trainiert. Er konnte zwar laufen wie eine Gazelle, aber kein Kaninchen in die Falle locken. Als ich ihn mir eines Tages in einer Halbzeitpause deshalb gerade zur Brust nehmen wollte, ging die Tür auf und sein Vater erschien: »Davie, mein Sohn, du spielst hervorragend, gut gemacht!«, verkündete er und verschwand wieder. So unterschiedlich kann der Blick auf die gleiche Sache sein.

Eines Tages waren wir mit der Mannschaft von East Stirling in Cowdenbeath, hatten aber vor der Abfahrt nicht auf die Wettervorhersage geachtet. Das Spielfeld war hart wie Beton. Also fuhren wir ins Zentrum von Cowdenbeath und kauften zwölf Paar Baseballstiefel. Damals hatten die Fußballschuhe noch keine Gummisohlen. Zur Halbzeit lagen wir bereits 3:0 im Rückstand. Während der zweiten Spielhälfte klopfte mir plötzlich Billy Renton, ein ehemaliger Mannschaftskamerad, auf die Schulter und sagte: »Alex, ich will dir nur kurz meinen Sohn vorstellen.« Völlig entgeistert raunzte ich ihn an: »Billy, um Himmels willen, wir verlieren gerade 3:0.«

Genau an diesem Tag war der gegnerische Trainer Frank Connor, ein Typ mit sehr eigenem Temperament, bei einer Spielsituation der Meinung, dass der Schiedsrichter parteiisch gegen seine Mannschaft gepfiffen hätte und schleuderte deshalb voller Wut die Trainerbank aufs Spielfeld. Darauf ich: »Verdammt noch mal, Frank, ihr gewinnt doch gerade 3:0!«

»Eine Sauerei ist das!«, gab Frank zurück. Das war die Art von Emotionen, mit denen ich es oft zu tun hatte.

Dabei fällt mir die Geschichte von Jock Stein und seinen Streitereien mit Jimmy Johnstone ein. Jimmy war ein hervorragender Spieler und legendärer Trinker. Eines Nachmittags nahm Jock Stein Jimmy zur Strafe dafür, dass er nicht in einem europäischen Auswärtsspiel spielen wollte, aus dem Match. Als Jimmy vom Platz kam, schrie er ihn an: »Du einfüßiger Bastard, du dämlicher«, kickte gegen den Unterstand und rannte durch den Tunnel. Der große Jock hinterher. Inzwischen hatte sich Jimmy in der Kabine verbarrikadiert.

»Mach die Tür auf!«, brüllte Jock.

»Nein, dann verdrischt du mich«, heulte Jimmy.

»Mach diese verdammte Tür auf!«, brüllte Jock weiter. »Ich warne dich.«

Jimmy riss die Tür auf und sprang direkt in eine Wanne, die dort rumstand und voll heißen Wassers war.

Jock: »Komm raus da!«

»Nein, ich komme nicht raus.«

Unterdessen lief draußen auf dem Spielfeld das Match weiter. So ist das.

Die Arbeit als Trainer ist eigentlich eine niemals endende Folge von Herausforderungen. Ein großer Teil davon besteht im Umgang mit diversen menschlichen Schwächen. So zum Beispiel, als einige Spieler der schottischen Nationalmannschaft nach einem feuchtfröhlichen Abend beschlossen, einige Boote zu kapern und loszurudern. Das endete damit, dass Jimmy Johnstone, dem kleinen Jinky, die Ruder abhanden kamen und er von der Ebbe aufs Meer hinausgetragen wurde, während er noch immer vor sich hin grölte. Als die Nachricht schließlich Celtic Park erreichte, wurde Jock Stein darüber informiert, dass Jinky von der Küstenwache im Firth of Clyde aus einem Ruderboot gerettet worden war. Darauf Jock scherzhaft: »Hätte er nicht ersaufen können? Wir hätten ihm einen ehrenvollen Abschied verpasst, uns um Agnes gekümmert, und ich hätte immer noch Haare auf dem Kopf.«

Jock war einfach urkomisch. Ich erinnere mich noch, wie wir während unserer gemeinsamen Zeit bei der schottischen Nationalmannschaft im Mai 1985 England im Wembley-Stadion mit 1:0 besiegten und dann nach Reykjavik flogen, um gegen Island anzutreten, und wir sehr zufrieden mit uns waren. Nach unserer Ankunft fand sich der Trainerstab zu einem Festessen zusammen, das aus Garnelen, Lachs und Kaviar bestand. Big Jock trank niemals Alkohol, aber ich drängte ihn, zur Feier unseres Sieges über die Engländer wenigstens ein Glas Weißwein zu trinken.

Beim Spiel gegen Island schafften wir gerade einmal ein 1:0. Unsere Leistung war eine einzige Katastrophe. Danach kam Big Jock mit einem vorwurfsvollen Blick zu mir und meinte: »Siehst du? Das lagt nur an dir und deinem blöden Weißwein.«

Obwohl ich mich auf all diese Erfahrungen stützen konnte, tastete ich mich in meiner Anfangszeit bei Manchester United vorsichtig voran. Meine Temperamentsausbrüche waren dabei mitunter hilfreich, denn wenn ich die Beherrschung verlor, kam meine Persönlichkeit erst richtig zum Tragen. Ryan Giggs ist ebenfalls ein aufbrausender Mensch, aber eher langsam. Meine Hitzköpfigkeit war häufig ein recht nützliches Instrument. Sie sorgte dafür, dass ich respektiert wurde und half mir, meine Autorität durchzusetzen. Sie machte den Spielern, aber auch dem Trainerstab klar, dass ich mich nicht an der Nase rumführen lasse.

Es gibt immer Leute, die gegen dich antreten und dir die Stirn bieten wollen. Schon in den ersten Tagen bei East Stirling hatte ich eine eindrucksvolle Auseinandersetzung mit unserem Mittelstürmer, der der Schwiegersohn von Bob Shaw war, einem der Vereinsbosse.

Einer meiner Spieler, Jim Meakin, kam zu mir, um mich darüber zu informieren, dass seine ganze Familie an einem Septemberwochenende verreisen würde. Das sei so Tradition.

»Was meinst du damit?«, fragte ich.

»Na ja, dass ich am Samstag nicht spielen werde«, kam von Jim zurück.

»Tja, ich sag dir was«, erwiderte ich, »wenn du am Samstag nicht antrittst, brauchst du dir erst gar nicht die Mühe machen wiederzukommen.«

Also spielte er und fuhr direkt danach zu seiner Familie nach Blackpool.

Am Montag bekam ich einen Anruf: »Boss, ich habe eine Panne und bin liegen geblieben.« In Carlisle, wenn ich mich recht entsinne. Er muss mich wohl für blöd gehalten haben. Ich schaltete blitzschnell und sagte: »Ich kann dich nicht gut verstehen, gib mir deine Nummer, ich rufe zurück.«

Schweigen.

»Du brauchst gar nicht erst wiederzukommen«, bekam er dann noch von mir zu hören.

Bob Shaw vom Vorstand war richtig sauer auf mich. Und das wochenlang. Sogar der Vorstandsvorsitzende bekniete mich: »Alex, bitte, schaff mir Bob Shaw vom Hals und lass Jim wieder spielen.«

Darauf ich: »Kommt nicht in Frage, Willie, er ist draußen. Du willst mir doch nicht etwa sagen, dass ich meinen Job vernünftig machen kann, wenn die Spieler selbst entscheiden, wann sie in Urlaub fahren?«

»Ich sehe das Problem, aber sind drei Wochen nicht genug?«, fragte er.

In der darauf folgenden Woche kam er in Forfar nach mir auf die Toilette, stellte sich neben mich und grummelte: »Bitte, Alex, wenn du nur einen Funken christliches Mitgefühl im Leib hast.«

Nach kurzer Überlegung antwortete ich: »In Ordnung.«

Spontan gab er mir einen Kuss. »Was machst du denn da, du alter Sack?«, rutschte es mir raus. »Gibst mir in einer öffentlichen Toilette einen Kuss!«

Im Oktober 1974 begann für mich der nächste Abschnitt meiner Lehrzeit, als ich beim St. Mirren FC zu arbeiten begann. Gleich am ersten Tag entdeckte ich ein Foto im *Paisley Express*. Ich bemerkte, dass der Mannschaftskapitän auf dem Bild eine Geste hinter meinem Rücken machte. Am folgenden Montag zitierte ich ihn in mein Büro und verkündete ihm: »Du kannst ablösefrei zu einem anderen Verein wechseln, wenn du willst. Hier ist kein Platz mehr für dich. Du wirst nicht mehr aufgestellt.«

»Warum?«, wollte er wissen.

»Wenn du das Victory-Zeichen hinter einem Trainer machst, sagt mir das, dass du weder ein erfahrener Spieler noch eine reife Persönlichkeit bist. Wenn ich nach einem Mannschaftskapitän suche, dann halte ich nach einem reifen Kerl Ausschau. Was du veranstaltet hast, war einfach kindisch. Also verschwinde.«

Es ist unabdingbar, sich Respekt zu verschaffen. Schon Big Jock sagte mit Blick auf die Spieler zu mir: »Schließe sie nie ins Herz, weil sie dich bescheißen werden.«

In Aberdeen hatte ich es mit allen möglichen Regelverstößen zu tun. Ich habe viele dabei erwischt, und im Nachhinein lacht man sich über ihre Reaktionen halb tot.

»Ich?«, fragten sie dann meist und guckten dich dann ganz beleidigt an.

»Genau du.«

»Ach, ich habe einen Kumpel besucht.«

»Tatsächlich? Drei Stunden lang? Und warst am Ende besoffen?«

Mark McGhee und Joe Harper stellten mich mehrfach auf die Probe. Und dann war da beim St. Mirren FC noch Frank McGarvey. Eines Sonntags im Jahr 1977 kamen 15 000 Fans zu einem Pokalspiel in den Fir Park, das wir aber 2:1 verloren. Motherwell warf uns aus dem Pokalwettbewerb, und der SFA, der Scottish Football Association, wurde zugetragen, ich hätte behauptet, dass der Schiedsrichter überfordert gewesen wäre.

An diesem Sonntagabend läutete bei mir zu Hause das Telefon. Mein Freund John Donachie war am anderen Ende der Leitung und sagte: »Ich wollte es dir vor dem Spiel nicht erzählen, weil ich wusste, dass du ausflippen würdest, aber ich habe McGarvey am Freitagabend im Pub gesehen, sternhagelvoll.« Ich rief bei ihm zu Hause an. Seine Mutter war am Apparat. »Ist Frank da?«

»Nein«, antwortete sie, »er ist in der Stadt. Kann ich Ihnen irgendwie helfen?«

»Sie können ihm ausrichten, dass er mich anrufen soll, sobald er nach Hause kommt. Ich bleibe auf. Ich gehe erst ins Bett, wenn ich mit ihm geredet habe.« Um 23:45 Uhr klingelte das Telefon. Es piepte in der Leitung, deshalb wusste ich, dass er von einem Münzapparat aus anrief. »Ich bin zu Hause«, sagte Frank. »Aber es piept in der Leitung«, erwiderte ich.

»Ja, wir haben in unserem Haus ein Münztelefon«, erklärte er mir. Das entsprach zwar der Wahrheit, aber ich glaubte ihm nicht, dass er von dort aus anrief.

»Wo warst du am Freitagabend?«

»Daran kann ich mich nicht erinnern«, antwortete er.

»Ich sag es dir. Du warst in der Waterloo Bar. Dort warst du. Du bist gesperrt, und zwar auf Lebenszeit. Du brauchst gar nicht erst wiederzukommen. Du bist raus aus dem schottischen U21-Team. Ich streiche dich. Du wirst in deinem ganzen Leben nie mehr auflaufen.« Und damit legte ich auf.

Am folgenden Morgen rief mich seine Mutter an. »Mein Frank trinkt nicht. Sie müssen ihn verwechselt haben.«

Ich erwiderte ihr: »Das glaube ich nicht. Ich weiß, dass jede Mutter immer nur das Beste in ihrem Sohn sieht, aber fragen Sie ihn doch mal selbst.«

Drei Wochen lang ließ ich ihn auf Lebenszeit gesperrt, und die anderen Spieler murrten heftig.

Wenig später stand ein entscheidendes Ligaspiel gegen Clydebank auf dem Plan, und ich sagte zu meinem Assistenten, dem großen Davie Provan: »Ich brauche ihn für dieses Spiel.« In der Woche vor dem Spiel gegen Clydebank fand das Vereinsfest im Rathaus von Paisley statt. Als ich mit Cathy reinkam, sprang Frank plötzlich hinter einer Säule hervor und bettelte: »Geben Sie mir noch eine Chance.« Das war ein Geschenk des Himmels, denn ich hatte mich schon gefragt, wie ich ihn wieder in die Mannschaft holen konnte, ohne mein Gesicht zu verlieren, und da kommt er plötzlich hinter einer Säule hervor. Ich sagte zu Cathy, dass sie schon einmal weitergehen solle, während ich Frank gegenüber meinen strengsten Tonfall anschlug: »Ich habe dir gesagt, dass du in deinem Leben nie mehr spielen wirst.« Tony Fitzpatrick, der uns beobachtet hatte, kam hinzu: »Chef, geben Sie ihm noch eine Chance, ich garantiere, dass er sich in Zukunft benimmt.«

»Sprechen wir morgen früh darüber«, blaffte ich. »Das ist jetzt nicht der richtige Zeitpunkt.« Und ich schritt triumphierend in den Saal, um mich zu Cathy zu gesellen. Das Spiel gegen Clydebank haben wir dann 3:1 gewonnen, und Frank erzielte zwei Treffer.

Wenn man es mit jungen Leuten zu tun hat, muss man versuchen, ihnen Gefühl für Verantwortung zu vermitteln. Falls es ihnen gelingt, ihrer Energie und Begabung noch Charakterstärke hinzuzufügen, kann das der Anfang einer großartigen Karriere sein.

Als ich als Trainer zu arbeiten begann, war mir meine Entschlussfreudigkeit immer eine große Hilfe. Ich hatte nie Angst davor, Entscheidungen zu treffen, selbst als ich als Schuljunge eine Mannschaft aufstellen sollte. Schon damals legte ich fest: »Du spielst hier, du spielst da.« Willie Cunningham, einer meiner ganz frühen Trainer, stöhnte immer: »Du weißt, dass du echt nervig bist.« Dabei wollte ich mit ihm nur über Taktiken reden und fragte ihn deshalb: »Sind Sie sicher, dass Sie wissen, was Sie da tun?«

»Eine Nervensäge, das bist du«, antwortete er.

Die anderen Spieler saßen drum herum, hörten sich meine Einwände an und rechneten damit, dass ich wegen Aufmüpfigkeit gleich rausfliegen würde. Ich konnte aber immer eine Entscheidung fällen. Ich weiß nicht, woher das kommt, aber Tatsache ist, dass ich schon als Junge Organisator, Ausbilder und Mannschaftsaufsteller war. Mein Vater war ein einfacher Arbeiter, sehr intelligent, aber bei Weitem keine Führungspersönlichkeit, deshalb kopierte ich auch nicht etwa ein elterliches Vorbild.

Andererseits weiß ich, dass ein Teil von mir einsam und verschlossen ist. Als ich im Alter von 15 Jahren nach einem gewonnenen Spiel der Glasgower Schülermannschaft gegen ein Team aus Edinburgh als stolzer Torschütze heimkam – der damals schönste Tag meines Lebens –, berichtete mein Vater, dass ein großer Verein Interesse an mir hätte und mit mir reden wolle. Meine Antwort verblüffte uns beide: »Ich will jetzt ausgehen. Ich will ins Kino.«

»Was ist los mit dir?«, fragte er.

Ich wollte mich einfach zurückziehen. Und ich weiß bis heute nicht, weshalb ich so reagiert habe. Ich musste für mich allein sein. Mein Vater war so stolz, und auch meine Mutter hatte sich riesig gefreut und meinte: »Das ist so fantastisch, mein Sohn.« Sogar meine Großmutter war ganz aus dem Häuschen. Gegen die Schülermannschaft von Edinburgh ein Tor zu machen, war eine große Sache. Trotzdem musste ich mich erst mal in mein eigenes kleines Reich zurückziehen.

Von damals bis heute habe ich ein langes Stück Weges zurückgelegt. Als ich 1986 bei Manchester United anfing, war Willie McFaul Trainer von Newcastle United. Manchester City wurde von Jimmy Frizzell trainiert, und George Graham saß bei Arsenal auf der Bank. Ich mag George. Er ist ein guter Mann, ein großartiger Freund. Als ich mit Martin Edwards Probleme wegen meines Vertrags hatte, war Sir Roland Smith Vorsitzender des Ligaausschusses. Hin und wieder konnte der Ausschuss Schwierigkeiten machen. Man musste warten, bis bestimmte Themen auf die Tagesordnung gesetzt wurden. Eines Tages schlug Sir Roland vor, dass Martin, Maurice Watkins, der Vereinsanwalt, und ich uns auf der Isle of Man treffen sollten, um meinen neuen Vertrag auszuhandeln. George erhielt bei Arsenal ein Salär, das doppelt so hoch war wie meines.

»Ich gebe dir meinen Vertrag, wenn du willst«, sagte George.

»Bist du sicher, dass dir das nichts ausmacht?«, fragte ich.

Und so fuhr ich mit Georges Vertrag in der Tasche auf die Isle of Man. Martin Edwards war in meinen Augen ein guter Vorstandschef. Er war stark. Sein Problem bestand jedoch darin, dass er meinte, jeder Penny, den er ausgeben musste, wäre sein eigener. Er bezahlte einen nur so, wie er es für angemessen hielt. Das ging nicht nur mir so, sondern auch allen anderen.

Als ich ihm Georges Vertrag zeigte, wollte er es nicht glauben. »Rufen Sie David Dein an«, schlug ich ihm vor. Das tat er, und David Dein, der Chairman von Arsenal, bestritt, dass George die im Vertrag genannte Summe bekam. Es war eine Farce. George hatte mir seinen von David Dein unterzeichneten Vertrag gegeben. Wären Maurice und Roland Smith nicht gewesen, hätte ich den Job an diesem Tag hingeschmissen. Ich war schon fast im Begriff abzureisen.

Die Geschichte hat natürlich ein Fazit, wie alle anderen Geschichten in meinen 39 Jahren an vorderster Front: Man muss für sich selbst eintreten. Es bleibt einem nichts anderes übrig.

KAPITEL 3

RÜCKTRITT VOM RÜCKTRITT

Am ersten Weihnachtsfeiertag 2001 war ich auf dem Sofa vor dem Fernseher eingenickt, während in der Küche eine Rebellion angezettelt wurde. Der traditionelle Versammlungsraum unserer Familie war Schauplatz eines Gesprächs, das das Leben von uns allen verändern sollte. Schließlich kam die Anführerin der Rebellion ins Zimmer und stupste mir leicht gegen den Fuß, um mich zu wecken. Im Türrahmen erblickte ich drei Kerle: meine Söhne, die sich im engen Schulterschluss aufgereiht hatten.

»Wir haben gerade eine Familienkonferenz abgehalten«, erklärte Cathy. »Und wir haben einen Entschluss gefasst. Du trittst nicht zurück.« Während ich mir das eben Gehörte kurz durch den Kopf gehen ließ, merkte ich, dass ich ihnen eigentlich gar nicht widersprechen wollte. »Erstens: Du bist gesund. Zweitens: Ich möchte dich nicht die ganze Zeit hier im Haus haben. Und drittens: Du bist dafür sowieso noch zu jung.« Zunächst führte Cathy das Wort. Aber unsere Söhne standen unmittelbar hinter ihr. Die Truppe hatte die Reihen geschlossen. »Das ist dumm von dir, Dad«, meinten meine Jungs. »Mach es nicht. Du hast jede Menge zu bieten. Du kannst bei Manchester United eine neue Mannschaft aufbauen.« Wenn ich aus diesem Komplott eine Lehre gezogen haben, dann die: nie wieder für fünf Minuten einzunicken. Das kleine Schläfchen hatte nämlich zur Folge, dass ich noch elf Jahre weitermachte.

Einer der Gründe, warum ich mich überhaupt zum Rücktritt entschlossen hatte, war eine Bemerkung von Martin Edwards nach dem Champions-League-Finale von 1999 in Barcelona. Damals hatte man ihn gefragt, ob es für mich nach dem Verzicht auf den Trainerjob im Verein einen anderen Platz geben würde, und er hatte geantwortet: »Na ja, wir wollen natürlich keine Situation wie bei Matt Busby.« Mich beeindruckte diese Antwort nicht, denn Matt Busbys und meine Zeit im Traineramt waren miteinander nicht zu vergleichen. In meiner Ära musste man an viel mehr Fronten kämpfen und sich mit Agenten, Verträgen oder Medien auseinandersetzen. Kein vernünftiger Mensch würde damit freiwillig zu tun haben wollen, nachdem er seinen Job als Trainer an den Nagel gehängt hatte. Es bestand also nicht die geringste Gefahr, dass ich mir das noch weiter antun oder als graue Eminenz im Hintergrund die Fäden ziehen würde.

Was sonst ließ mich damals überhaupt an Rücktritt denken? Nach diesem einzigartigen Abend in Barcelona hatte ich das Gefühl, den Gipfel erreicht zu haben. Zuvor hatte mein Team bei der Champions League regelmäßig versagt, doch ich hatte diesen Sieg immer vor Augen. Sobald man sich seinen Lebenstraum erfüllt hat, fragt man sich, ob man einen solchen Höhepunkt noch einmal erreichen kann. Als Martin Edwards seine Bemerkung über das Matt-Busby-Syndrom machte, war mein erster Gedanke: ›Das ist Blödsinn‹. Mein zweiter war: ›60 ist ein gutes Alter, um seinen Abschied zu nehmen.‹

Mir gingen also drei Dinge durch den Kopf: die Enttäuschung darüber, dass Martin Edwards das Thema Matt Busby überhaupt zur Sprache gebracht hatte, die Unwägbarkeit, ob ich zum zweiten Mal mit meinem Team die Champions League gewinnen könnte, und die Zahl 60, die mich allmählich verfolgte.

Der 60. Geburtstag kann einen sonderbaren Effekt haben. Man denkt, man betritt einen anderen Raum. Mit 50 Jahren hat man eine Art Schlüsselmoment erreicht. Ein halbes Jahrhundert ist rum. Aber man fühlt sich nicht wie 50. Mit 60 sagt man sich: ›Herrje, ich fühle mich wie 60. Ich bin 60!‹ Doch man muss da durch und übersteht das auch. Recht schnell wird einem bewusst, dass es sich um eine gedankliche, abstrakt rechnerische Veränderung handelt. Jetzt stehe ich dem Alter anders gegenüber. Aber damals manifestierte das Alter von 60 Jahren eine psychische Barriere in meinem Kopf. Es war für mich wie ein Hindernis, mich noch jung zu fühlen. Es veränderte das Gefühl für meine eigene Fitness, meinen Gesundheitszustand. Der Gewinn der Champions League ließ in mir das Gefühl hochkommen, dass sich meine Träume erfüllt hätten und ich jetzt zufrieden von meinem Amt zurücktreten konnte. Er war der Katalysator meiner Gedanken. Aber als ich mitbekam, dass Martin mich als lästiges Gespenst auf der Schulter des neuen Trainers sah, grummelte ich in mich hinein: ›Das ist ja lächerlich!‹

Ganz tief im Inneren war es für mich natürlich eine Erleichterung, vom Rücktritt zurückzutreten, aber ich musste dennoch mit Cathy und den Jungs über die praktische Umsetzung reden.

»Ich glaube nicht, dass ich das rückgängig machen kann. Ich habe den Verein ja schon informiert.«

»Na ja«, sagte Cathy, »meinst du nicht, dass sie dir so viel Respekt entgegenbringen und dir erlauben sollten, es dir noch mal anders zu überlegen?«

»Sie könnten den Job inzwischen ja einem anderen gegeben haben«, gab ich zu bedenken.

»Aber so gut, wie du deinen Job gemacht hast … Meinst du nicht, sie sollten dir die Chance geben weiterzumachen?«, beharrte Cathy eisern.

Am nächsten Tag rief ich Maurice Watkins, den Vereinsanwalt, an. Der lachte, als ich ihm von meiner Kehrtwende erzählte. Die Headhunter sollten sich eigentlich schon in der folgenden Woche mit einem ersten Nachfolgekandidaten treffen. Ich glaube, sie hatten Sven-Göran Eriksson als neuen Trainer von United im Visier. Das war jedenfalls meine Interpretation, die Maurice jedoch nie bestätigte. »Warum Eriksson?«, fragte ich ihn später einmal.

Er darauf vage: »Vielleicht täuschst du dich, vielleicht aber auch nicht.«

Als Nächstes nahm Maurice Kontakt zu Roland Smith auf, dem damaligen Vorsitzenden des Ligaausschusses. Als wir dann miteinander telefonierten, lautete dessen Antwort: »Ich habe es Ihnen ja gleich gesagt. Habe ich Ihnen nicht gesagt, wie dumm Ihre Entscheidung war? Wir müssen uns zusammensetzen und das durchdiskutieren.«

Roland war ein erfahrener, schlauer Fuchs. Er hatte ein außergewöhnliches, sehr ereignisreiches Leben geführt, viele interessante Begegnungen gehabt und konnte die eine oder andere Geschichte zum Besten geben. Einmal erzählte er uns von einem Dinner, bei dem Margaret Thatcher und die Queen zusammentrafen. Ihre Majestät äußerte dabei den Wunsch, dass das königliche Flugzeug aufgemöbelt werden sollte. Roland kam vorbei und bemerkte, dass die beiden Damen einander den Rücken zukehrten.

»Roland«, rief die Queen, »sind Sie so nett und sagen Sie dieser Dame, dass mein Flugzeug generalüberholt werden muss?«

»Madam«, antwortete Roland, »ich kümmere mich umgehend darum.«

Etwas Ähnliches sagte er mir angesichts meines Sinneswandels jetzt ebenfalls, denn für mich war es wichtig, dass er sich sofort darum kümmerte.

Der erste Punkt, der geklärt werden musste, war mein neuer Vertrag. Mein bisheriger würde im Sommer auslaufen, und die Sache musste schnell in die Wege geleitet werden.

Um ganz ehrlich zu sein, wusste ich schon in dem Augenblick, als ich meinen Rücktritt und das Datum meines Abschieds verkündete, dass ich gerade dabei war, einen großen Fehler zu machen. Auch andere sahen das so. Bobby Robson hatte immer gesagt: »Wage es ja nicht zurückzutreten.« Bobby war ein wunderbarer Mensch. Eines Nachmittags läutete bei mir zu Hause das Telefon.

»Alex, hier ist Bobby. Störe ich?«

»Wo bist du?«, fragte ich.

»Ich bin in Wilmslow.«

»Dann komm doch einfach vorbei«, sagte ich zu ihm.

»Ich stehe schon vor deiner Tür«, antwortete er.

Bobby war ein so erfrischender Kerl. Selbst mit über 70 wollte er noch immer seinen Trainerposten bei Newcastle zurückhaben, den er bereits während der Saison 2004/05 abgeben musste. Es entsprach nicht Bobbys Wesen, dem Müßiggang zu frönen, und er weigerte sich zu akzeptieren, dass der Job bei Newcastle plötzlich jenseits seiner Fähigkeiten liegen sollte. An dieser Trotzhaltung hielt er bis zum Ende fest, und sie war Ausdruck davon, wie sehr er den Fußball liebte.

Nachdem ich mich zum Rücktritt entschlossen hatte, stoppte ich alle meine bisherigen Planungen. Doch von dem Augenblick an, als ich diesen Entschluss zurücknahm, schmiedete ich umgehend Pläne. Ich sagte mir: ›Wir brauchen eine neue Mannschaft.‹ Neue Energie durchströmte mich und ich begann sofort zu agieren. Den Scouts übermittelte ich: »Wir müssen schnell in die Gänge kommen.« Wieder mobilisierten wir unsere Kräfte, und das fühlte sich unheimlich gut an.

Ich hatte keine gesundheitlichen Probleme oder Einschränkungen, die mich am Weitermachen gehindert hätten. Als Trainer ist man manchmal verunsichert. Man fragt sich, ob man auch wirklich akzeptiert und geschätzt wird. In diesem Zusammenhang fällt mir die dreiteilige Fernsehdokumentation *Arena* meines Freundes Hugh McIlvanney über die drei schottischen Trainerlegenden Jock Stein, Bill Shankly und Matt Busby ein. Ein Thema in Hughs Dokumentation war das Phänomen, dass diese drei Männer für ihre Clubs allmählich zu übermächtig geworden waren und jeder auf seine Weise in seine Schranken gewiesen wurde. Ich erinnere mich, was der große Jock mir einmal über Vereinseigner und Vorstandschefs sagte: »Alex, denk immer dran, dass wir nicht sie sind. Wir sind nicht sie. Sie leiten den Verein. Wir sind ihre Angestellten.« Big Jock war sich dessen stets bewusst. Da gab es sie und da gab es uns, die Landbesitzer und die Leibeigenen.

Was sie bei Celtic mit Jock Stein veranstaltet hatten, war nicht nur widerlich, sondern lächerlich dazu. Sie verlangten von ihm, dass er sich um die Schwimmbecken kümmern sollte. Fünfundzwanzig Pokale für Celtic holen, und dann als Poolwart des Clubs enden! Ähnliches spielte sich bei Bill Shankly ab. Er wurde nie gefragt, ob er in den Vorstand von Liverpool aufrücken wollte, und in der Folge verbitterte er mehr und mehr. Er fing sogar an, zu den Spielen von Manchester United zu kommen oder sich die der Tanmere Rovers anzusehen. Er tauchte auf unserem alten Trainingsplatz, *The Cliff*, auf, ebenso auf dem von Everton.

Ganz gleich, wie beeindruckend deine Laufbahn auch ist, es gibt Momente, in denen du dich verletzlich und schutzlos fühlst. Allerdings war die Basis, auf der ich in meinen letzten Jahren mit David Gill zusammengearbeitet hatte, erstklassig. Wir verstanden uns ausgezeichnet. Aber ein Trainer wird stets von der Angst des Versagens begleitet und ist oft auf sich allein gestellt. Manchmal würde man alles dafür geben, mit seinen Gedanken nicht allein zu sein. Es gab Tage, da saß ich nachmittags in meinem Büro, aber niemand klopfte an meine Tür, weil alle davon ausgingen, ich wäre beschäftigt. Hin und wieder hoffte ich auf dieses Klopfen. Ich wünschte mir, Mick Phelan oder René Meulensteen würden reinschauen und sagen: »Hast du Lust auf eine Tasse Tee?« Ich musste manchmal losgehen und jemanden suchen, mit dem ich reden konnte. Als Trainer muss man sich dieser Isolation bewusst sein. Man braucht den Gedankenaustausch. Aber alle anderen denken, du bist mit wichtigeren Dingen beschäftigt und wollen deshalb nicht stören.

Bis etwa 13 Uhr kamen ständig Leute zu mir ins Büro. Die Jungs von der Nachwuchsakademie, Ken Ramsden, der Sekretär, und viele Spieler der ersten Mannschaft, die häufig über familiäre Probleme mit dir reden wollten. Für mich war das immer erfreulich, war es doch ein Ausdruck dafür, dass sie mir vertrauten. Ich sah es stets als positives Zeichen, wenn Spieler sich mir anvertrauten, selbst wenn es um die Bitte nach einem freien Tag wegen Überlastung oder um das Besprechen von Vertragsfragen ging.

Wenn ein Spieler mich um einen freien Tag bat, musste es dafür einen triftigen Grund geben, denn wer wollte schon eine Trainingseinheit bei United verpassen? Ich sagte immer ja. Ich vertraute ihnen. Denn wenn man sagte: »Nein – weshalb willst du überhaupt einen Tag frei haben?«, und der Spieler antwortete: »Weil meine Großmutter gestorben ist«, dann steckte man in der Klemme. Wenn es ein Problem gab, war ich immer bestrebt zu helfen, eine Lösung zu finden.

Ich hatte viele Mitarbeiter, die zu hundert Prozent hinter mir standen. Beispiele dafür sind Les Kershaw, Jim Ryan und Dave Bushell. Les Kershaw holte ich 1987 ins Team. Seine Verpflichtung war eine der allerbesten, die ich je vornahm. Ich stellte ihn auf Empfehlung von Bobby Charlton ein. Weil ich die Fußballszene in England nicht so gut kannte, waren Bobbys Tipps für mich immer von unschätzbarem Wert. Les hatte an Bobbys Charltons Fußballschulen gearbeitet und war als Talent-Scout für Crystal Palace tätig. Außerdem hatte er mit George Graham und Terry Venables gearbeitet. Bobby war der Meinung, Les würde liebend gern für Manchester United tätig werden. Deshalb holte ich ihn als Chefscout an Bord. Er war überschäumend und derart begeistert bei der Arbeit, dass er unentwegt redete. Er rief mich jeden Samstagabend um 18:30 Uhr an, um mir sämtliche Scouting-Berichte durchzugeben. Nach etwa einer Stunde kam Cathy meist herein und fragte: »Telefonierst du immer noch?«

In dem Augenblick, in dem man Les unterbrach, sprach er noch schneller. Was für ein Arbeitstier! Eigentlich war er promovierter Chemiker und hatte an der Universität von Manchester als Wissenschaftler gearbeitet.

Dave Bushell war ursprünglich Schuldirektor und gab für unter 15-Jährige Englischunterricht. Ich holte ihn, als Joe Brown in den Ruhestand ging. Jim Ryan zählte seit 1991 zum Stab. Mick Phelan war zunächst einer meiner Spieler und wurde schließlich mein geschätzter Co-Trainer. Er verließ uns 1995, kehrte jedoch 2000 als Trainer zurück. Paul McGuinness war seit meiner ersten Stunde bei Manchester United an meiner Seite. Er war der Sohn des ehemaligen United-Spielers Wilf McGuinness und selbst Spieler. Ich ernannte ihn zum Nachwuchstrainer.

In der Regel bringt ein Trainer seinen Assistenten mit, und dieser Assistent bleibt dann meist bei ihm. Bei United war die Situation eine andere, weil meine Assistenten im Fokus der Öffentlichkeit standen und so ins Visier anderer Vereine gerieten. Meinen Assistenten Archie Knox verlor ich 1991 zwei Wochen vor dem Finale des Europapokals der Landesmeister an die Rangers, und in Archies Abwesenheit nahm ich Brian Whitehouse mit zum Spiel nach Rotterdam.

Später ging ich auf die Suche nach einer neuen Nummer zwei. Nobby Stiles sagte: »Warum beförderst du nicht Brian Kidd?« Brian kannte den Verein und hatte das regionale Scouting-Netzwerk umgekrempelt, indem er ein paar seiner früheren Kumpel engagierte – Männer von United und Lehrer an der Akademie, die sich auf den Fußballplätzen der Umgebung gut auskannten. Das war das Beste, was Brian je auf die Beine stellte. Das Netzwerk war unglaublich erfolgreich. Deshalb gab ich Brian den Job. Er machte sich insofern gut, als er sich mit den Spielern bestens verstand und gute Trainingseinheiten zusammenstellte. Er hielt sich in Italien auf, um die Teams der Serie A zu beobachten, und kam mit jeder Menge neuer Erkenntnisse zurück.

Als er 1998 zu Blackburn wechselte, sagte ich zu ihm: »Ich hoffe, du weißt, was du da tust.« Wenn ein Trainer geht, fragt er erfahrungsgemäß immer zurück: »Was meinst du?« Im Fall von Archie Knox konnte ich Martin Edwards nicht dazu bewegen, das Angebot der Rangers zu überbieten. Was Brian Kidd anbelangte, war ich der Meinung, dass er sich nicht für den Trainerjob eignete. Steve McClaren besaß hingegen zweifellos Trainerbegabung. Zu ihm sagte ich: »Du solltest unbedingt darauf achten, dass du den richtigen Club findest, den richtigen Boss. Das ist ganz wichtig. Immer.« West Ham und Southampton waren diejenigen Clubs, die ihn damals haben wollten.

Aus heiterem Himmel bekam Steve McClaren ein Angebot von Steve Gibson, dem Vorstandsvorsitzenden von Middlesbrough, und ich gab ihm den Rat: »Keine Frage, greif zu.« Obwohl Bryan

Robson seinen Job dort verloren hatte, sprach er immer in den höchsten Tönen von Steve Gibson, der jung, frisch und stets bereit war, sein Geld in den Club zu stecken. Sie hatten dort ein fantastisches Trainingsgelände. »Das ist genau der richtige Job für dich«, sagte ich deshalb zu Steve.

Steve, organisiert, taff und immer auf der Suche nach neuen Ideen, war wie gemacht für einen Trainerposten. Er war eine starke Persönlichkeit, temperamentvoll und energiegeladen.

Carlos Queiroz, ein weiterer meiner Co-Trainer, war brillant. Einfach brillant. Ein intelligenter, akribischer Mann. Die Empfehlung, ihn zu engagieren, stammte von Andy Roxburgh, und zwar zu jener Zeit, als wir begannen, nach Spielern aus südlichen Ländern Ausschau zu halten und möglicherweise einen Trainer brauchten, der nicht aus Nordeuropa stammte und der eine oder zwei andere Sprachen beherrschte. Andy war absolut überzeugt von seinem Vorschlag. Carlos Queiroz war herausragend. Er war Coach der südafrikanischen Nationalmannschaft gewesen, und deshalb bat ich Quinton Fortune eines Tages um sein Urteil. »Fantastisch«, sagte Quinton. »In welcher Hinsicht meinst du das?«, erkundigte ich mich. »In jeder Hinsicht«, antwortete Quinton. »Na ja«, dachte ich, »das soll mir genügen.«

Als Carlos 2002 nach England kam, um mit uns zu verhandeln, erwartete ich ihn in meinem Trainingsanzug. Carlos war dagegen makellos gekleidet. Er hat diese weltmännische Art an sich. Auf mich machte er einen solch umwerfenden Eindruck, dass ich ihm den Job sofort anbot. So viel Einfluss auf das Trainingsgeschehen von Manchester United hatte zuvor niemand, ohne tatsächlich Trainer des Clubs zu sein. Er übernahm Verantwortung für viele Bereiche, mit denen er sich eigentlich gar nicht hätte befassen müssen.

»Ich muss dringend mit dir reden!« Carlos hatte mich 2003 in Südfrankreich angerufen, als ich dort gerade Urlaub machte. Was war los? Hatte es jemand auf ihn abgesehen? »Ich muss einfach nur mit dir reden«, wiederholte er.

Und so flog er nach Nizza, während ich mich ins Taxi zum dortigen Flughafen setzte, wo wir uns ein ruhiges Eckchen suchten.

»Mir ist der Job bei Real Madrid angeboten worden«, sagte er.

»Ich muss dir zwei Sachen dazu sagen: Erstens, du kannst das Angebot nicht ablehnen. Zweitens, du verlässt einen wirklich guten Verein. Vielleicht bist du nicht länger als ein Jahr bei Real. Bei Man United könntest du für den Rest deines Lebens bleiben.«

»Ich weiß«, antwortete Carlos. »Ich halte es nur für eine so tolle Herausforderung.«

»Carlos, ich kann dir das nicht ausreden. Denn wenn ich es tue, und Real Madrid gewinnt nächstes Jahr die Champions League, dann wirst du sagen – da hätte ich dabei sein können. Aber ich sage dir nur, dass es ein Albtraumjob werden wird.«

Nach drei Monaten wollte er Madrid wieder verlassen. Ich erklärte ihm, dass er das nicht tun könne. Ich flog nach Spanien, um mich mit ihm zu treffen, und wir gingen zusammen zum Essen. Bei der Gelegenheit sagte ich ihm sinngemäß Folgendes: »Du kannst nicht gehen, halte durch und komm im nächsten Jahr wieder zu uns zurück.« In dieser Saison hatte ich keinen Co-Trainer engagiert, weil ich mir sicher war, dass Carlos zurückkommen würde. Ich setzte an seiner Stelle Jim Ryan und Mick Phelan, zwei gute Trainer, ein, aber ich wollte mit Blick auf eine eventuelle Rückkehr Carlos' keine überstürzte Entscheidung treffen. Etwa eine Woche, bevor Carlos anrief und sagte, dass es bei Madrid nicht gut lief, führte ich ein Gespräch mit Martin Jol. Er hatte außerordentlich guten Eindruck auf mich gemacht, und ich war geneigt, ihm den Job zu geben, doch dann kam der Anruf von Carlos, der mich veranlasste, mich nochmal mit Martin Jol zu treffen, um ihm zu sagen: »Ich lasse es vorläufig sein.« Den Grund konnte ich ihm damals natürlich nicht nennen.

Assistent des Trainers von Manchester United zu sein, ist eine herausragende Position. Sie ist im Fußball so etwas wie ein Sprungbrett. Als Carlos uns im Juli 2008 zum zweiten Mal verließ, zog es ihn in seine Heimat, und ich konnte verstehen, dass er nach Portugal zurückkehren wollte. Aber Carlos war einfach fantastisch. Er besaß fast alle Qualitäten, die ein Trainer von Manchester United braucht. Manchmal konnte er emotional werden. Doch von allen, mit denen ich je zusammengearbeitet habe, war er der Beste, daran besteht kein Zweifel. Carlos war absolut geradlinig und konsequent. Er war in der Lage dir direkt ins Gesicht zu sagen: »Ich bin mit diesem oder jenem unzufrieden.«

Er war auch gut für mich, denn er war ein Rottweiler. Er konnte in mein Büro kommen und mir sagen, dass wir etwas unternehmen müssten. Dann skizzierte er es auf dem Flipchart. »Gut, okay, Carlos, genau«, sagte ich dann oft und dachte: »Mensch, ich bin hier eigentlich beschäftigt.« Aber es ist ein guter Wesenszug bei einem Menschen, wenn er diesen Drang hat, die Dinge anzupacken.

In jenem Jahr, als ich beschloss, meine Rücktrittspläne zurückzunehmen, war die Struktur unserer Mannschaft eigentlich gut, obwohl wir Peter Schmeichel und Denis Irwin verloren hatten. Denis Irwin war ein toller Spieler. Wir nannten ihn immer Acht-von-Zehn-Denis. Denis war flink, behände und geistig rege. Er enttäuschte einen nie. Nie gab es irgendwelche negative Pressemeldungen über ihn. Ich erinnere mich an ein Spiel gegen Arsenal, bei dem Denis es zuließ, dass Dennis Bergkamp ein Treffer gelang, und ein Reporter zu mir kam und sagte: »Sie werden von Denis gewiss enttäuscht sein«, und ich erwiderte: »Na ja, er spielt jetzt schon jahrelang für mich, und er hat nie einen Fehler gemacht. Ich denke, wir können ihm diesen einen verzeihen.«

Die größte Herausforderung stellte die Position des Torwarts dar. Von dem Augenblick an, als Peter Schmeichel 1999 zu Sporting Lissabon wechselte – und wir van der Sar nicht zu uns holen konnten –, jonglierte ich herum und hoffte, dass sich der Richtige schon finden würde. Raimond van der Gouw war ein hervorragender, verlässlicher Keeper und ein sehr loyaler und gewissenhafter Trainer, aber er wäre nicht die erste Wahl gewesen. Mark Bosnich war meiner Meinung nach ein fürchterlicher Profi, was wir eigentlich bereits im Vorfeld hätten wissen müssen. Massimo Taibi bewährte sich einfach nicht und ging nach Italien zurück, wo er seine Karriere fortsetzte. Fabien Barthez war zwar Weltmeistertorwart, aber möglicherweise hatte die Geburt seines Kindes daheim in Frankreich Auswirkungen auf seine Konzentrationsfähigkeit, weil seine Leistungen enorm schwankten. Er war ein guter Kerl, ein prima Schlussmann und ein guter Ballfänger. Doch wenn bei einem Torwart die Konzentration nachlässt, dann hat er ein Problem.

Als die Mannschaft mitbekam, dass ich mich zurückziehen würde, ließ sie es langsamer angehen. Meine Taktik war immer, meine Spieler nervös zu halten, sie in dem Glauben zu lassen, dass es stets um eine Frage von Leben und Tod ging. Der Ansatz war das Gewinnen-Müssen. Ich ließ den Ball aus den Augen, weil ich zu weit vorausdachte und mich fragte, wer mein Nachfolger sein würde. Es ist in dieser Situation nur menschlich, dass man sich ein wenig entspannt und sich sagt: »Nächstes Jahr werde ich ja nicht mehr hier sein.«

Manchester United war an meine Anwesenheit so gewöhnt, dass nicht klar war, wie es weitergehen sollte. Das war ein Fehler. Dies wusste ich bereits im Oktober 2000. In dieser Phase sehnte ich das Ende der Saison herbei. Ich konnte sie nicht mehr genießen. Ich verwünschte mich: »Das war dumm von mir. Warum habe ich es überhaupt erwähnt?« Die Leistung, die auf dem Spielfeld geboten wurde, war nicht mehr die Gleiche. Zweifel an meiner eigenen Zukunft begannen an mir zu nagen. Wohin würde ich gehen, was würde ich machen? Ich wusste, dass ich den anstrengenden Job bei United vermissen würde.

Die Saison 2001/02 lief schlecht für uns. Wir landeten in der Meisterschaft auf dem dritten Platz und erreichten das Champions-League-Halbfinale, wo wir gegen Bayer Leverkusen den Kürzeren zogen, aber im Jahr meines Rücktritts vom Rücktritt gewannen wir keinen einzigen Pokal. Und das nach drei Premier-League-Titeln hintereinander.

Im folgenden Sommer verpflichteten wir für viel Geld Ruud van Nistelrooy und Juan Sebastián Verón. Auch Laurent Blanc kam dazu, nachdem Jaap Stam zu Lazio Rom wechselte. Sein Verkauf war jedoch ein echter Fehler, wie ich seither schon des Öfteren betont habe. Meine Entscheidung für Laurent Blanc hatte viel damit zu tun, dass wir jemanden brauchten, der mit den jüngeren Spielern gut zurechtkam und ihnen gegenüber eine gewisse Autorität besaß. Der Beginn dieser Saison war insofern höchst bemerkenswert, weil Roy Keane bei unserer 4:3-Niederlage gegen Newcastle Alan Shearer anging, was ihm einen Platzverweis einbrachte, und wir dann am 29. September einen unglaublichen 5:3-Sieg gegen die Spurs errangen, nachdem Dean Richards, Les Ferdinand und Christian Ziege Tottenham in Führung gebracht hatten, und wir zu einer unserer großartigsten Aufholjagden ansetzten.

Dieses Match habe ich noch sehr lebhaft in Erinnerung! Als die Spieler bei einem Rückstand von 3:0 in die Kabine schlichen, waren sie auf eine Standpauke gefasst. Stattdessen setzte ich mich hin und sagte: »Also, ich erkläre euch jetzt, was wir machen. Wir schießen das erste Tor in der zweiten Hälfte und schauen, wie weit wir dann kommen. Wir greifen sie sofort an, und wir machen das erste Tor.«

Teddy Sheringham war damals der Kapitän von Tottenham, und als die Mannschaften wieder durch den Korridor auf den Platz gingen, sah ich, wie Teddy stehen blieb und zu seinen Jungs sagte: »Lasst es auf keinen Fall zu, dass sie ein frühes Tor machen.« Diese Bemerkung werde ich nie vergessen. Wir schossen das Tor in der ersten Minute der zweiten Halbzeit.

Man konnte danach geradezu sehen, wie die Spurs in sich zusammenfielen, während wir uns zusehends aufplusterten. Es blieben noch 44 Minuten der zweiten Halbzeit. Wir kämpften weiter und schossen noch vier Tore. Einfach unglaublich! Und Tottenhams Status im englischen Fußball verlieh diesem Sieg noch mehr Glanz, als dies nach einer Fünf-Tore-Aufholjagd gegen den FC Wimbledon beispielsweise der Fall gewesen wäre. Einen großartigen Club auf diese Weise zu schlagen, hat Auswirkungen von geradezu historischer Bedeutung. Nach dem Spiel ging es in unserer Kabine hoch her: Die Spieler schüttelten die Köpfe, weil sie gar nicht recht fassen konnten, was ihnen da gerade gelungen war.

Teddy Sheringhams kurzer Appell an seine Spieler vor Beginn der zweiten Halbzeit spiegelte in gewisser Weise unseren Erfolg bei starken Gegnern durch gut getimte Gegentore wider. Es wurde auch darüber spekuliert (was wir selbst gern befeuerten), dass Treffer gegen United eine Art Provokation für unsere Mannschaft wären, die unweigerlich eine schreckliche Vergeltung nach sich ziehen müsse. Die meisten Teams konnten sich bei Spielen gegen uns deshalb nie entspannen, denn sie mussten immer mit einem Gegenschlag rechnen.

Ich tippte während der Spiele gern auf meine Uhr, um die gegnerische Mannschaft zu irritieren, nicht etwa um mein Team anzufeuern. Wenn ich für mich heute ein Fazit ziehen sollte, was das Einzigartige an meinem Trainerjob bei Manchester United gewesen ist, dann würde ich immer auf unsere letzten 15 Spielminuten verweisen. Manchmal geschah in den letzten 15 Minuten etwas geradezu Verblüffendes, so als würde der Ball förmlich ins Netz gesogen. Häufig schienen die Spieler regelrecht zu wissen, dass er in den Kasten gezogen würde. Sie wussten, dass sie einen Treffer landen würden. Es passierte zwar nicht immer, aber die Mannschaft hörte nie auf, es für möglich zu halten. Ein ungeheurer Vorteil.

Ich war immer bereit, das eine oder andere Risiko einzugehen. Mein Grundsatz war: Gerate bis zur letzten Viertelstunde nicht in Panik, bleibe bis 15 Minuten vor Schluss gelassen und dann leg dich ins Zeug.

Beim FA-Cup-Spiel gegen den FC Wimbledon verließ Peter Schmeichel kurzzeitig sein Tor, um nach vorne zu gehen, und wir ließen Denis Irwin als Bewacher einer der Wimbledon-Stürmer an der Mittellinie. Schmeichel war etwa zwei Minuten in der gegnerischen Hälfte. Wimbledon flankte den Ball übers Spielfeld auf einen ihrer großen Stürmer, und der kleine Denis lief ihm den Ball ab und schoss ihn in den Strafraum zurück. Großartig! Peter Schmeichel war sportlich überaus fit. Er und Fabien Barthez spielten gern außerhalb des Sechzehners. Vor allem Barthez war ein recht guter Spieler, hielt sich allerdings für besser, als er tatsächlich war. Auf einer Tour durch Thailand lag er mir andauernd in den Ohren, ihn als Stürmer einzusetzen, und ich gab ihm über eine Halbzeit eine Chance. Die anderen Spieler schlugen den Ball ständig in die Ecken, und Barthez kam mit hängender Zunge zurück, nachdem er dem Ball immerzu nachgerannt war. Er war völlig erledigt.

Keine Mannschaft, die den Rasen des Old Trafford betrat, kam mit der Vorstellung ins Stadion, United würde ihr dort kampflos das Feld überlassen. Man konnte uns auf heimischem Boden einfach nicht demoralisieren. Auch wenn die Gegner 1:0 oder 2:1 führten, wusste der Trainer der gegnerischen Mannschaft, dass ihm noch die letzte Viertelstunde bevorstand, in der wir wie vom Teufel besessen alles was wir hatten in die Waagschale werfen würden. Diese latente Angst vor den letzten 15 Minuten war immer präsent. Dann setzten wir alles auf eine Karte, drängten in den Strafraum und stellten die gegnerische Mannschaft gewissermaßen vor die alles entscheidende Frage: Könnt ihr damit umgehen? Jede kleine Schwäche in ihrer Abwehr vergrößerte unsere Chancen. Und das wussten sie.

Nicht immer hat das funktioniert. Doch wenn es klappte, war die Freude über den späten Sieg doppelt so groß. Dieses Risiko einzugehen hat sich immer gelohnt. Wenn wir nach der Halbzeitpause einen Rückstand aufholen wollten, kam es selten vor, dass wir geschlagen wurden, denn meist war es so, dass die gegnerische Mannschaft so viele Spieler zur Verteidigung abstellen musste, dass es ihnen schwerfiel, wirksame Konter auf die Beine zu stellen.

Zur Halbzeit gegen die Spurs sah es für uns finster aus. Aber wie ich am Ende jener Saison sagte: »In einer Krise sollte man die Jungs am besten beruhigen.« Wir erzielten fünf Treffer und gewannen das Spiel, wobei Juan Sebastián Verón und David Beckham die letzten beiden Tore schossen. Zu jener Zeit hatten wir allerdings erhebliche Torwartprobleme. Im Oktober unterliefen Fabien Barthez zwei grobe Schnitzer. Darüber hinaus verloren wir gegen Bolton 2:1 und gegen Liverpool 3:1, als Fabien den Ball mit der Faust abwehren wollte, ihn aber verfehlte. Am 25. November schlug unser französischer Torwart den Ball direkt zu Thierry Henry ab, der ins Netz traf, und verließ dann die Linie, um einen hohen Ball zu halten, den er nicht zu fassen bekam. Wieder kam Henry, und es stand 3:1.

Der Dezember 2001 begann nicht besser, denn wir verloren zu Hause gegen Chelsea 0:3. Es war unsere fünfte Liga-Niederlage in 14 Spielen. Von da an lief es aber besser. Ole Gunnar Solskjær verstand sich gut mit van Nistelrooy (Andy Cole sollte im Januar nach Blackburn wechseln), und wir eroberten Anfang 2002 die Tabellenspitze. Bei dem 2:1-Sieg über Blackburn traf van Nistelrooy zum zehnten Mal in Folge, und Ende Januar führten wir die Tabelle mit vier Punkten Vorsprung an.

Im Februar 2002 nahm ich dann meinen Rücktritt offiziell zurück.

Als das Thema Rücktritt endgültig vom Tisch war, verbesserte sich unsere Form beträchtlich. Wir gewannen 13 von 15 Spielen. Ich wünschte mir inständig, das Champions-League-Finale 2002 in Glasgow zu erreichen. Ich war mir derart sicher, dass wir so weit kommen würden, dass ich bereits nach geeigneten Hotels in der Stadt Ausschau hielt. Ich versuchte, das Thema runterzuspielen, war aber von dem Wunsch wie besessen, unsere Mannschaft in Hampden Park auf den Platz zu führen.

Im Halbfinale rettete Bayer Leverkusen drei Mal auf der Linie. Zwar stand es nach dem Hin- und Rückspiel gegen Bayer 3:3 unentschieden, doch nach der Auswärtstorregel lagen wir zurück, denn Michael Ballack und Oliver Neuville hatten im Old Trafford jeweils einen Treffer erzielt. Bei Leverkusen spielte damals auch der junge Dimitar Berbatov, der später von den Spurs zu uns wechselte.

Aber ich hatte meinen Job noch. Am Silvestertag, meinem Geburtstag, traf sich die ganze Familie im Alderley Edge Hotel. Es war das erste Mal seit längerer Zeit, dass wir alle wieder zusammen waren. Mark, der sich gewöhnlich in London aufhielt, war gekommen, ebenso Darren, Jason und natürlich Cathy. Alle Rebellen hatten sich um den Tisch versammelt.

Nachdem die Spieler die Nachricht erfuhren, dass ich doch bleiben würde, war ich auf allerlei bissige Kommentare gefasst. Schließlich konnte ich keine Ankündigung von dieser Tragweite machen, ohne dafür ungeschoren davonzukommen, und so durfte ich mir eine ganze Menge Sticheleien anhören.

Ryan Giggs war mit seinem Spott besonders hintersinnig: »Oh, nein, das darf doch nicht wahr sein!«, frozzelte er. »Ich habe doch gerade einen neuen Vertrag unterschrieben.«

KAPITEL 4

NEUSTART

Die Saison 2002 stand vor der Tür. Ich war voller Energie und Tatendrang und hatte das Gefühl, einen ganz neuen Job anzutreten. Sämtliche Zweifel, die mit meinem geplanten Rücktritt verbunden waren, schienen plötzlich wie verflogen.

Seit 1998 hatte Manchester United erstmals keinen Pokal nach Hause gebracht, und so war ich fest entschlossen, die Mannschaft zu verjüngen. Phasen umwälzender Veränderungen haben mich seit jeher gereizt, zumal ich wusste, dass wir eine solide Basis hatten, auf der wir ein neues erfolgreiches Team aufbauen konnten.

Die Jahre von 1995 bis 2001 hatten uns goldene Zeiten beschert. Wir holten uns fünf von sechs Meistertiteln und sicherten uns die erste meiner beiden Champions-League-Trophäen. Zu Beginn dieser sechs Jahre währenden Erfolgsserie hatten wir aus unseren eigenen Reihen eine schlagkräftige Elf aufgebaut. David Beckham, Gary Neville und Paul Scholes stiegen zu Stammspielern auf. Daran änderte auch die 1:3-Niederlage gegen Aston Villa nichts, die Alan Hansen in einem Fernsehinterview zu der denkwürdigen Aussage verleitete: »Mit Kindern kann man nichts gewinnen.«

Nach dem Meisterschaftshattrick haben wir leider den Fehler gemacht, Jaap Stam ziehen zu lassen. Der Verkauf erwies sich als einer meiner größten Fehler. Doch ich möchte an dieser Stelle noch einmal deutlich klarstellen, dass es zwischen den Äußerungen in seiner umstrittene Autobiografie und meiner Entscheidung, ihn zu verkaufen, keinerlei Zusammenhänge gab, wenngleich ich ihn nach der Veröffentlichung des Buches sofort zu mir zitierte. In seiner Autobiografie warf er uns illegale Methoden im Transfer-Business vor und behauptet, er sei von uns konspirativ auf einen vorzeitigen Clubwechsel hin angesprochen worden, ohne dass wir vorher seinen damaligen Arbeitgeber, den PSV Eindhoven, kontaktiert hätten, was so einem Rechtsbruch gleichgekommen wäre.

»Was hast du dir dabei gedacht?«, fragte ich ihn. Aber das Buch spielte bei meiner Entscheidung absolut keine Rolle. Kurz darauf berichtete mir ein Agent, dass ein Vertreter von Lazio Rom versucht habe, Kontakt zu uns aufzunehmen. Lazio bot uns für Jaap 12 Millionen Pfund. »Kein Interesse«, sagte ich. In der folgenden Woche erhielten wir von Rom ein offizielles Angebot. Ich zeigte mich wiederum nicht interessiert, bis das Angebot auf 16,5 Millionen Pfund stieg. Damals war Jaap 30 Jahre alt, und wir waren uns nicht sicher, ob er sich von einer Achillessehnenverletzung jemals wirklich erholen würde. Jedenfalls erwies sich das Ganze als katastrophale Episode. Dass ich ihm das ausgerechnet an einer Tankstelle mitteilen musste, war fürchterlich, gerade weil ich weiß, dass er ein wirklich anständiger Kerl ist, der sehr gern für den Club spielte und von den Fans verehrt wurde. Es war eine der Entscheidungen, bei der ich wohl altersbedingt nicht ganz auf der Höhe war. Zwei Tage vor Fristablauf hatte ich noch vergeblich versucht, ihn auf dem Trainingsgelände abzupassen. Als ich ihn dann endlich auf seinem Handy erreichte, war er bereits auf dem Heimweg. So blieb mir nichts anderes übrig, als mich auf halber Stecke mit ihm zu treffen. Und das war diese Tankstelle an der Autobahn.

Ich wusste, dass ich Laurent Blanc ablösefrei bekommen konnte. Ich hatte ihn immer bewundert und hätte ihn schon viel früher zu uns holen sollen. Er strahlte eine unglaubliche Ruhe aus und konnte gut mit dem Ball aus der Abwehr heraus nach vorne gehen. Außerdem dachte ich, dass er mit seiner Erfahrung auch John O'Shea und Wes Brown in ihrer Entwicklung deutlich voranbringen würde. Dennoch, Jaap gehen zu lassen, war es ein kapitaler Fehler.

Die Innenverteidiger spielten in meinen Planungen als Trainer immer eine wichtige Rolle, und so war Rio Ferdinand unser großer Zukauf im Sommer 2002, als wir eigentlich das Champions-League-Finale in meiner Heimatstadt Glasgow hätten erreichen sollen.

Für mich wäre es etwas ganz Besonderes gewesen, in meiner Geburtsstadt gegen Real Madrid zu spielen, dort, wo ich mein allererstes Europapokalfinale gesehen hatte, nämlich den 7:3-Sieg von Real über Eintracht Frankfurt. Ich erinnere mich noch gut, wie ich damals im Sektor für Schüler stand, weil ich für Queens Park spielte und deshalb durch den Haupteingang in diesen Stadionbereich gehen durfte. Kurz vor Spielende musste ich das Stadion jedoch verlassen, um den Bus nach Hause zu erwischen, denn ich musste ja morgens arbeiten. Deshalb konnte ich den großen Trubel nach dem Abpfiff nicht miterleben, der zu jener Zeit im Fußball so noch ungewöhnlich war. Real hatte eine große Parade organisiert, und im Stadion gab es eine Riesenparty. Als ich am nächsten Morgen die Zeitungen aufschlug und mir die Fotos davon ansah, dachte ich: ›Verdammt, das ist dir alles entgangen.‹ Mit 128 000 Zuschauern war der Hampden Park damals ausverkauft. Um nach großen Spielen dem gewaltigen Zuschauerstrom zuvorzukommen, waren wir auch dieses Mal wieder die fünf bis sechs Kilometer von Hampden bis zur Bushaltestelle gerannt, um vor allen anderen den Bus zu erwischen. Wir hätten es auch anders machen können, um den kilometerlangen Warteschlangen nach Spielende zu entgehen. Wenn man es geschickt anstellte, konnte man sich auf die Ladefläche eines der Lastwagen quetschen, die vor dem Stadion warteten. Man drückte dem Fahrer ein Sixpence-Stück in die Hand und kam so prima nach Hause.

An all das kann ich mich bis heute noch gut erinnern. Es wäre für mich natürlich ebenso unvergesslich geworden, für das Finale von 2002, das Real Madrid 2:1 gewann, nach Hampden zu fahren und meine Manchester-United-Spieler auf diesen heiligen Rasen zu schicken.

Die Berufung von Carlos Queiroz zu meinem Co-Trainer war ein weiteres wichtiges Ereignis in jenem Jahr. Arsenal hatte in der vorherigen Saison das Double gewonnen, und Roy Keane war während der WM 2002 suspendiert und nach Hause geschickt worden – es gab also jede Menge Themen, die mich beschäftigten, während wir uns auf die kommende Saison vorbereiteten. Als Roy vom Platz gestellt wurde, nachdem er in Sunderland mit Jason McAteer aneinander geraten war, genehmigte ich ihm eine längere Pause für eine Hüftoperation, die ihn vier Monate außer Gefecht setzte. Bald darauf hatten wir eine regelrechte Pechsträhne. Zu Hause unterlagen wir gegen Bolton und auswärts gegen Leeds. In sechs Spielen gelangen uns lediglich zwei Siege. Wir standen auf Platz neun der Tabelle, als ich eine riskante Entscheidung traf. Ich schickte mehrere meiner Spieler zu notwendigen chirurgischen Eingriffen, und zwar in der Hoffnung, dass sie uns nach ihrer Genesung in der zweiten Saisonhälfte neuen Schwung verleihen würden.

Im September 2002 hatten sich die Medien auf mich eingeschossen. Es liegt in der Natur meines Jobs, dass man öffentlicher Kritik ausgesetzt ist, wenn die Dinge allem Anschein nach falsch laufen. Außerdem hatte ich nie ein besonders gutes Verhältnis zur Presse und konnte nicht auf deren Unterstützung zählen. Zu den Medien hatte ich nie großartige Kontakte gepflegt. Ich habe den Journalisten keine Geschichten geliefert und ihnen auch sonst nicht in die Hände gespielt – mit der gelegentlichen Ausnahme von Bob Cass von der *Mail on Sunday*. Die Presse hatte also keinen Anlass, mich zu lieben oder mich in schweren Zeiten zu unterstützen. Andere Trainer zeigten da mehr Geschick. Sie erkauften sich so vielleicht etwas mehr Zeit, aber nur in einem sehr begrenzten Rahmen. Letztendlich sind es die Ergebnisse, die entscheiden, ob das Fallbeil fällt oder nicht.

In aller Regel machen die Medien dann ordentlich Druck. Wann immer ich eine Pechsträhne hatte, las ich die Schlagzeile: »Deine Zeit ist um, Fergie; es ist Zeit zu gehen.« Das ewige Gerede über das Verfallsdatum. Man kann darüber lachen. Auf keinen Fall darf man sich aber darüber aufregen, weil man sonst nur noch hysterisch reagiert. Das liegt in der Natur der Sache. Gott sei Dank hatte ich im Laufe der Jahre so viele positive Schlagzeilen, weil ich genug Erfolge vorzuweisen hatte, und die Presse so nicht umhin kam, positiv darüber zu berichten. Doch wenn man als Genie gelobt wird, muss man damit leben, dass man irgendwann auch als Dummkopf bezeichnet wird.

Matt Busby meinte immer: »Warum sollte man nach einem schlechten Ergebnis die Zeitung lesen? Das habe ich nie getan.« Und er lebte in einer Zeit, als die Presse noch keinen so großen Einfluss auf die öffentliche Meinung hatte wie heute. Matt nahm Lob und Kritik immer zur Kenntnis, ohne sich besonders darum zu scheren.

Sowohl in guten als auch in schwierigen Zeiten bemühten wir uns, das Trainingsgelände soweit es ging vor der Öffentlichkeit abzuschirmen. Unsere Arbeit dort sollte möglichst wenig beeinträchtigt werden, denn wir waren uns sicher, dass sich unsere beharrliche Arbeit auf dem Platz auszahlte, auch wenn unsere Spieler manchmal ein schlechtes Ergebnis einfahren und dann unzufrieden sein würden. Für sie sind Niederlagen immer unerträglich. Auch die besten Spieler verlieren mitunter an Selbstvertrauen, und selbst Cantona war davor nicht gefeit. Doch wenn die Atmosphäre rund um das Trainingsgelände gut ist, wissen die Spieler, dass sie sich auf die Kompetenz unseres Trainer-Stabs verlassen können.

Von den Spielern, die ich trainiert habe, war David Beckham der einzige, der sich von seinen Fehlern nicht im Geringsten beeindrucken ließ. Er konnte ein grottiges Spiel machen und wollte dann trotzdem nicht glauben, dass er mit seiner Leistung hinter den Erwartungen zurückgeblieben war. Er ließ jeden abblitzen und behauptete, alle würden sich irren. Er besaß eine unglaubliche Fähigkeit, sich selbst zu schützen. Ob dies auf die Leute in seinem Umfeld zurückzuführen war, kann ich nicht sagen. Aber er war nie bereit einzugestehen, dass er schlecht gespielt hatte.

Man konnte das fast bewundern, und in gewisser Weise ist so etwas ein großartiger Wesenszug. Ganz gleich, wie viele Fehler er machte (in meinen Augen, nicht in seinen!), er wollte immer am Ball bleiben. Sein Selbstvertrauen hatte nie auch nur den geringsten Schaden genommen. Bei vielen Spielern und auch Trainern ist das anders, und ihr Selbstvertrauen ist besonders nach Niederlagen mehr oder weniger stark angegriffen. Die öffentliche Kritik, sei es durch die Medien oder die Fans, führt zwangsläufig zu einer gewissen Dünnhäutigkeit.

Den Tiefpunkt hatten wir wohl im November mit unserem Spiel in der Maine Road erreicht, das mit einem 3:1-Sieg für Manchester City endete. Denkwürdig war dieses auch wegen eines groben Fehlers von Gary Neville, der mit dem Ball so herumtrödelte, dass ihn Shaun Goater abnehmen und dann den zweiten Treffer für City erzielen konnte. Danach begann ich kurz am Kampfgeist meiner Spieler zu zweifeln – was bei mir nur selten vorkommt.

Hat man gerade ein Derby verloren, herrscht in der Umkleide eine furchtbare Atmosphäre. Vor dem Spiel hatte mich Keigh Pinner, ein alter Freund und City-Fan, gefragt: »Kommst du danach zu einem Drink rauf? Schließlich ist es das letzte Derby-Spiel im alten Stadion an der Maine Road.«

Ich fand die Einladung zwar etwas verwegen, antwortete dennoch amüsiert: »Ja, falls wir gewinnen.«

Als ich nach unserer 1:3-Niederlage gerade in den Bus stieg, summte mein Handy. Pinner war dran.

»Wo bleibst du denn?«, fragte er. »Kommst du nicht rauf?«

»Lass mich in Ruhe«, erwiderte ich. »Ich will dich nie mehr sehen.«

»Du bist also ein schlechter Verlierer?«, lachte Pinner. Und schon war ich auf dem Weg zu ihm.

Am Ende dieser Saison meinte Gary Neville: »Das Derby war für uns ein echter Wendepunkt. An diesem Tag dachte ich, die Fans würden auf uns losgehen.«

In bestimmten Situationen kommt ein Trainer nicht mehr umhin, den Fans gegenüber seine Karten offen auf den Tisch zu legen. Sie sind nicht dumm und merken genau, wenn etwas nicht stimmt. Solange man einzelne Spieler nicht öffentlich kritisiert und dabei bleibt, dass die Mannschaft gut ist, hat man damit keine Probleme. Mit berechtigter Kritik können in der Regel alle Beteiligten leben: der Trainer, sein Stab und auch die Spieler. Richtig formuliert kann Kritik oft hilfreich sein.

Unter dem Druck der schlechten Ergebnisse veränderten wir unsere Spielweise. Wir trieben den Ball schneller und konsequenter nach vorn, statt uns nur auf den Ballbesitz zu konzentrieren. Wann immer Roy Keane im Spiel war, war das Halten des Balls nie ein Problem. Als Roy zu uns kam, sagte ich zum Trainer-Stab und zu den Spielern: »Dieser Kerl gibt den Ball nie ab.« Die Ballkontrolle ist bei Man United oberstes Gebot. Doch Ballbesitz ohne Vorstoß ist Zeitverschwendung. Uns mangelte es an solchen Vorstößen in den gegnerischen Strafraum. Wenn wir schon einen Spieler wie van Nistelrooy im Sturm hatten, mussten wir ihn auch schnell mit Bällen versorgen. Frühe Pässe, weite Flanken oder Pässe zwischen Verteidigern. Hier musste es Veränderung geben.

Wir versuchten, Diego Forlán als hängende Spitze einzusetzen, spielten aber häufig mit Verón, Scholes und Keane im Mittelfeld. Verón hatte mehr Freiheiten, und Scholesy konnte in den Strafraum gehen. Beckham spielte als rechter Außenstürmer, Giggs als linker. Es gab fantastische Talente in unserer Mannschaft, und wir hatten die richtigen Stürmer, um Tore zu machen. Van Nistelrooy war in seinem Drang aufs Tor unermüdlich. Beckham würde pro Saison etwa zehn Tore schießen, Scholes noch mehr.

Auch Phil Neville machte sich als zentraler Mittelfeldspieler hervorragend. Er war ein Traum. Phil und Nicky Butt waren für mich das perfekte Duo. Sie wünschten sich nichts anderes, als für Man United zu spielen. Nie wollten sie den Club wechseln. Doch diesen Typ Spieler muss man ziehen lassen, wenn man merkt, dass man ihn, indem man ihn als Ersatz oder Reserve einsetzt, mehr schadet als dass man ihm hilft. Solche Spieler sind am Ende zwischen extremer Loyalität und Frustration darüber, dass sie bei Spielen der ersten Mannschaft nicht mehr zum Einsatz kommen, hin- und hergerissen. Das ist für jeden hart. Doch während unserer Stabilisierungsphase spielte Phil eine großartige Rolle. Er besaß enorme Disziplin und war einer jener Spieler, zu denen man sagen konnte: »Phil, ich will, dass du diesen Hügel raufrennst, wieder runterkommst und diesen Baum umlegst.«

Und er würde antworten: »Okay, Boss, wo ist die Säge?«

Ich hatte nur wenige Männer von diesem Schlag. Für das Team würde Phil alles tun und immer an die Mannschaft denken. Und wenn er im Spiel nur eine untergeordnete Rolle bekam, fand er für sich meist einen Weg, auch damit zufrieden zu sein. Doch schließlich kam Gary zu mir, um mit mir zu reden und herauszufinden, was ich von Phils nachlassender Leistung halte.

»Ich weiß nicht, was ich tun soll, er ist ein so großartiger Kerl«, sagte ich zu Gary.

»Das ist das Problem«, antwortete er. »Er traut sich nicht mit dir darüber zu reden.« Phil besaß halt nicht Garys Direktheit.

Ich lud Phil zu mir nach Hause ein. Er kam mit seiner Frau Julie. Zuerst bemerkte ich gar nicht, dass sie mit im Auto war. »Cathy, bitte geh und hol Julie rein«, bat ich schließlich meine Frau. Doch als Cathy zum Auto kam, begann Julie zu weinen. »Wir wollen nicht von Man United weg«, sagte sie. »Wir gehören doch hierher.« Cathy brachte ihr eine Tasse Tee hinaus, weil sie partout nicht ins Haus kommen wollte. Ich denke, sie hatte Angst, die Fassung zu verlieren und ihren Mann in Verlegenheit zu bringen.

Ich machte Phil klar, dass ich ihm so, wie ich ihn einsetzte, eher schaden als nützen würde. Im Laufe des Gesprächs stimmte er mir zu und sagte, dass er sich weiterentwickeln müsse. Ich überließ es ihm herauszufinden, wie er das seiner Frau beibringen sollte.

Als sie gegangen waren, sagte Cathy: »Du wirst ihn doch nicht etwa wechseln lassen, oder? Du kannst Leute wie ihn doch nicht ziehen lassen.«

»Cathy«, erwiderte ich, »es ist zu seinem eigenen Vorteil. Verstehst du das denn nicht? Es fällt mir viel schwerer als ihm.«

Ich ließ ihn für eine geringe Ablösesumme, nämlich für 3,6 Millionen Pfund, wechseln. Er war doppelt so viel wert, weil er auf fünf Positionen spielen konnte – auf jeder Außenverteidigerposition und im gesamten Mittelfeld. Bei Everton spielte er sogar als Innenverteidiger, als Phil Jagielka und Joseph Yobo verletzt waren.

Nicky Butt wechseln zu lassen, war ähnlich unangenehm, wobei Nicky keine Probleme damit hatte, für sich selbst einzutreten. Nicky war ein frecher Kerl, ein echtes Gewächs aus dem Manchester Stadtteil Gorton. Ein wunderbarer Junge. Manchmal konnte er ein richtiger Wadenbeißer sein.

Eines Tages kam er zu mir und fragte: »Warum spiele ich nicht?«

Das war typisch Nicky. Mir gefiel das. Und ich antwortete ihm: »Nicky, du spielst nicht, weil ich glaube, dass Scholes und Keane im Augenblick besser sind als du.« Gelegentlich bevorzugte ich ihn bei Auswärtsspielen gegenüber Scholesy. Im Champions-League-Halbfinale gegen Juventus stellte ich zum Beispiel Nicky Butt anstelle von Scholes auf. Scholes und Keane hatten beide schon Gelbe Karten gesehen, und ich konnte nicht das Risiko eingehen, im Finale auf sie verzichten zu müssen. Allerdings fehlten am Ende beide dann doch wegen einer Sperre. Ich stellte Scholes für Butt auf, als Nicky sich verletzt hatte – und Paul bekam seinen Stammplatz. Schließlich verkaufte ich Nicky Butt für zwei Millionen Pfund an Bobby Robson, also an Newcastle. Das war wirklich ein gutes Geschäft für ihn.

Ende November 2002 begannen sich nach dem 5:3-Sieg über Newcastle die Wolken über uns allmählich zu lichten. Diego Forlán, der 27 Spiele gebraucht hatte, bis er seinen ersten Treffer für uns landete – einen Elfmeter gegen Maccabi Haifa –, entschied unseren 2:1-Sieg in Liverpool. Nachdem Jamie Carragher den Ball zu Jerzy Dudek zurückgeköpft hatte, versenkte er ihn im Netz. Danach schlugen wir Arsenal mit 2:0 und Chelsea mit 2:1, wobei Forlán erneut das entscheidende Tor erzielte. Im Winter arbeiteten wir während des Trainings intensiv an unserer Abwehrstärke.

Im Februar 2003 verloren wir in der fünften Runde des FA Cups gegen Arsenal mit 0:2. Es war das Spiel, in dem Giggs das unbewachte Tor verfehlte und den Ball mit dem rechten Fuß über die Latte hob. »Tja, Giggsy«, sagte ich zu ihm, »du hast das beste Tor aller Zeiten im FA Cup geschossen, und jetzt hast du den besten Fehlschuss aller Zeiten hingelegt.« Dabei hatte er alle Zeit der Welt. Er hätte den Ball sogar im Gehen ins Netz schieben können.

Dieses Spiel, das mich so richtig auf die Palme brachte, sollte ernsthafte Auswirkungen auf mein Verhältnis zu einem anderen Mitglied jener Mannschaft haben, die 1992 den FA Youth Cup gewonnen hatte. Zwei über Kreuz geklebte Streifen Zugpflaster spielten dabei eine Rolle. Doch sie konnten die Wunde nicht heilen. In meiner Wut hatte ich einen Stollenschuh durch die Luft gekickt und damit David Beckham unbeabsichtigt genau an der Augenbraue getroffen.

Nachdem wir das Finale des Carling Cups gegen Liverpool verloren hatten, mussten wir gegen einen weiteren unserer damaligen Hauptrivalen antreten. Am Ende meiner Zeit als Trainer spielte Leeds United zwar auf der Liste ernsthafter Konkurrenten keine Rolle mehr, aber im Frühjahr 2003 waren sie eine reale Gefahr. Doch wir gewannen dieses Spiel 2:1.

Ich sollte an dieser Stelle vielleicht noch ein paar Worte zu unserer erbitterten Rivalität mit Leeds verlieren. Als ich in Manchester ankam, wusste ich natürlich sowohl über die Derbyspiele gegen City als auch über die Zusammenstöße von United mit seinen Rivalen aus Nordwestengland, den FC Everton und den FC Liverpool, Bescheid. Doch ich hatte keine Ahnung von den Feindseligkeiten zwischen Man United und Leeds. Archie Knox und ich hatten das Spiel der ehemaligen ersten Liga gesehen, bei dem Crystal Palace Leeds besiegte.

Zur Halbzeit stand es 0:0. In der zweiten Hälfte war fast nur Leeds am Ball. 20 Minuten vor Schluss wurde Leeds ein Elfmeter verweigert, und die Zuschauer drehten durch. Ein Leeds Fan hinter mir brüllte mich an: »Du, du Manchester Bastard!«

»Archie, worum geht es hier eigentlich?«, fragte ich.

»Keine Ahnung«, antwortete er.

Deshalb hielt ich es für angebracht, schon mal nach einem Ordner Ausschau zu halten. In Leeds ist die Vorstandsloge sehr klein, und man ist in enger Tuchfühlung mit den Fans. Palace überrollte sie in ihrer eigenen Spielhälfte und erzielte einen Treffer. Jetzt rasteten die Zuschauer endgültig aus. Archie meinte, dass wir besser gehen sollten, doch ich bestand darauf zu bleiben. Palace traf erneut ins Netz, und in diesem Moment rammte mir unser neuer »Freund« seine Thermoskanne in den Rücken. Diese Aggressivität war einfach unglaublich. »Lass uns von hier verschwinden«, sagte ich zu Archie.

Am folgenden Tag unterhielt ich mich mit unserem damaligen Zeugwart, Norman Davies. Er sagte: »Ich hab dir doch von Leeds erzählt. Das ist der reine Hass.«

»Woher kommt der?«

»Aus den 60er-Jahren«, antwortete Norman.

Leeds hatte eine Art Empfangschef namens Jack, der meist zum Bus kam, wenn wir an der Elland Road vorfuhren, und wie ein Marktschreier rief: »Ich heiße Sie im Namen der Direktoren, Spieler und Fans von Leeds United in der Elland Road willkommen.« Ich murmelte dann immer: »Ist schon in Ordnung.«

Einige der Leeds-Fans, manche sogar mit einem Kind auf den Schultern, strahlten einen unglaublichen Hass aus. Im Halbfinale des Ligapokals von 1991 setzte uns Leeds in der zweiten Hälfte schwer unter Druck, doch hatte sich Lee Sharpe beim Spielstand von 0:0 zwei Minuten vor Abpfiff noch lösen können und ein Tor gemacht. Es sah so aus, als hätte er meterweit im Abseits gestanden. Ich stand am Spielfeldrand, während Eric Harrison, der mir ein klein bisschen ähnlich sah, auf der Trainerbank saß. Ein Anhänger von Leeds stürmte auf ihn los und prügelte auf Eric ein, schlug ihn buchstäblich zusammen. Der Kerl glaubte, er hätte es mit mir zu tun und würde mich vermöbeln. Die Fans meldeten sich lautstark zu Wort. Es war einfach nur die Hölle. Und dennoch hatte die feindselige Atmosphäre an der Elland Road etwas, was mir trotz allem gefiel.

In den Jahren, die Peter Ridsdale, der damalige Vorstandsvorsitzende von Leeds, als »Traumphase erlebte«, wie er es später einmal ausdrückte, hatte ich das Gefühl, der Verein wäre rein auf Sand gebaut. Als ich hörte, welche Gehälter da gezahlt wurden, schrillten bei mir die Alarmglocken. Ich glaube, dass sie Lee Sharpes Gehalt, als wir ihn an Leeds verkauften, verdoppelt haben – und das bei durchschnittlich gerade einmal 35 000 Zuschauern im Stadion.

Aber Leeds stellte eine brauchbare Mannschaft zusammen: Alan Smith, Harry Kewell, David Batty. Im Jahr 1992 gewannen sie die Meisterschaft mit einem der durchschnittlichsten Teams, das je den Titel errang, aber die Spieler kämpften so leidenschaftlich wie nur möglich. Und sie wurden von Howard Wilkinson hervorragend trainiert.

Zehn Jahre später hörten wir von einer bezeichnenden Episode: Seth Johnson, ein junger Spieler von Derby County, der von Leeds unter Vertrag genommen werden sollte, hatte gemeinsam mit seinem Agenten überlegt, wie viel sie verlangen könnten. Der Legende nach forderten sie eine Summe von 25 000 Pfund. Das Angebot von Leeds lag offenbar bei 35 000 Pfund pro Woche und stieg dann noch auf 40 000 bis 45 000 Pfund.

Etliche Vereine ziehen aus so etwas aber keinerlei Lehren. Die Emotionen, die beim Fußball eine große Rolle spielen, hindern sie offenbar daran.

Ich erinnere mich an einen Geschäftsmann aus Manchester, der zu mir sagte: »Ich überlege mir, ob ich Birmingham City kaufen soll. Was halten Sie davon?«

»Wenn Sie 100 Millionen Pfund aufs Spiel setzen wollen, nur zu«, antwortete ich.

»Nein, nein«, erwiderte er, »die haben nur elf Millionen Pfund Schulden.«

»Aber haben Sie sich das Stadion angeschaut?«, fragte ich. »Sie werden ein neues Stadion für vielleicht 60 Millionen bauen müssen und dann 40 Millionen brauchen, um den Verein in die Premier League zu bringen.«

Einige Leute versuchen, übliche Geschäftsprinzipien auf den Fußball anzuwenden und vergessen dabei, dass sie es nicht mit Drehbänken oder Fräsmaschinen zu tun haben, sondern mit einer besonderen Konstellation von Menschen. Darin besteht der Unterschied.

Vor Saisonende hatten wir ein paar wichtige Spiele. Der 4:0-Heimsieg über Liverpool – Sami Hyypiä wurde in der fünften Minute vom Platz gestellt, nachdem er van Nistelrooy im Sturmlauf zu Fall gebracht hatte – führte uns zu der Champions-League-Begegnung mit Real Madrid. Im ersten unserer beiden Spiele gegen Madrid schoss nur van Nistelrooy ein Tor. Luis Figo und Raul trafen für Real, Raul gleich zweimal. Das brachte uns einen 1:3-Rückstand für das Rückspiel ein, für das ich Beckham auf der Ersatzbank ließ. Es war ein unglaubliches Spiel, das sich, so wird kolportiert, auch Roman Abramovich ansah, der sich von unserem 4:3-Sieg und dem Hattrick des brasilianischen Stürmers Ronaldo anregen ließ, selbst im großen weltweiten Fußball-Drama mitzumischen und Chelsea zu kaufen.

Obwohl wir zwischendurch neun Punkte von der Tabellenspitze entfernt waren, hatten wir nach dem 4:1-Sieg über Charlton im Mai 2003, bei dem van Nistelrooy drei Treffer erzielte, acht Punkte Vorsprung. Damit hatte Ruud in der Saison insgesamt 43 Tore gemacht. Am vorletzten Wochenende musste Arsenal Leeds in Highbury besiegen, wollten sie noch eine Chance haben, uns einzuholen. Doch Mark Viduka half uns mit einem späten Tor für unsere Rivalen aus Yorkshire. In seinem letzten Spiel für United verwandelte David Beckham bei unserem 2:1-Sieg über Everton einen Freistoß. Zum achten Mal in elf Jahren waren wir wieder Meister geworden. Die Spieler jubelten und waren völlig aus dem Häuschen: »Wir haben unsere Trophäe zurück.«

Wir hatten die Meisterschaft gewonnen, nahmen aber von David Beckham Abschied.

KAPITEL 5

BECKHAM

Vermutlich schon beim ersten Mal, als David Beckham gegen einen Ball trat, war er wild entschlossen, das Beste aus sich und seinem Talent zu machen. Er ging im selben Sommer von der großen Bühne ab wie ich, wobei sein Name im europäischen Fußball noch immer sehr viel gilt und ihm viele Wege offen stehen. David Beckham verließ Paris St.-Germain so wie ich United: zu eigenen Bedingungen.

Manchmal muss man jemandem etwas wegnehmen, damit er erkennt, wie sehr er es eigentlich liebt. Als Beckham in die Staaten zu LA Galaxy wechselte, wurde ihm wohl allmählich bewusst, dass er sich von einem Teil seiner Karriere verabschiedet hatte. Er arbeitete unglaublich hart, um wieder das spielerische Niveau zu erreichen, das er zu seinen besten Zeiten hatte.

Beckham hatte 2007, zum Zeitpunkt seines Transfers von Real Madrid zur Major League Soccer, nur wenige Alternativen. Zudem konnte ich mir gut vorstellen, dass er durchaus damit rechnete, dass sich mit Hollywood Möglichkeiten für eine neue Phase seiner Karriere auftun würden. Fußballerisch gesehen bestand für ihn kein Grund, nach Amerika zu gehen. Er gab damit den Fußball in einem Spitzenclub und auch die internationalen Spiele auf, obwohl er sich in die englische Nationalmannschaft zurückgekämpft hatte. Ich bin mir ziemlich sicher, dass er eigentlich vom Verlauf seiner Karriere in ihrer Spätphase enttäuscht war und deshalb mit eisernem Durchhaltevermögen versuchte, wieder auf Topniveau zu kommen.

Ich sah, wie David zusammen mit Giggs und Scholes zu großen Talenten heranreifte, und so war er für mich auch ein bisschen wie ein Sohn. Er kam im Juli 1991 mit 16 aus London zur Jugend von United. Innerhalb eines Jahres gehörte er zum legendären 92er-Jahrgang, dieser starken Gruppe besonders talentierter Spieler, und gewann zusammen mit Nicky Butt, Gary Neville und Ryan Giggs den FA Youth Cup. Er lief 394-mal mit der ersten Mannschaft auf und erzielte 85 Treffer, darunter einen von der Mittellinie, und zwar gegen Wimbledon. Dieses Tor machte ihn weltberühmt.

Als ich im Mai 2013 die Trainerbank von United räumte, waren Giggs und Scholes noch immer bei United. Es waren aber schon zehn Jahre vergangen, dass uns David verlassen hatte und nach Spanien gegangen war. Am Mittwoch den 18. Juni 2003 hatten wir der Börse bekanntgegeben, dass Beckham für eine Ablösesumme von 24,5 Millionen Pfund zu Real Madrid wechseln würde. Damals war er 28 Jahre alt. Die Nachricht verbreitete sich wie ein Lauffeuer, und für unseren Club war das einer der Momente, in denen wohl die gesamte Weltöffentlichkeit auf uns blickte.

Ich hege keinerlei Groll gegen David. Ich mag ihn und halte ihn für einen wunderbaren Menschen. Aber bei ihm denke ich: ›Man sollte das, was man gut kann, keinesfalls aufgeben.‹

David war unter den Spielern, die ich trainiert hatte, der einzige, der für sich beschloss, nicht nur im Fußball berühmt zu werden, sondern alles daranzusetzen, um auch außerhalb des Platzes eine Celebrity zu werden. Auch Wayne Rooney, der schon als Teenager ins Blickfeld der Werbeindustrie geraten war, bekam Angebote, die jedes Vorstellungsvermögen sprengten. Jenseits des Fußballplatzes verdiente er doppelt so viel, wie wir ihm zahlten. Die Vermarktungsstrategen hätte ebenso Giggsy liebend gern vereinnahmt, aber dafür war er nie zu haben.

Während Davids letzter Saison bei United war nicht zu übersehen, dass seine Leistungen nachließen. Zudem kamen uns Gerüchte von einem Flirt zwischen Real Madrid und Davids Beratern zu Ohren. Das Hauptproblem war jedoch, dass sein spielerisches Niveau, welches früher geradezu stratosphärische Höhen erreicht hatte, deutlich abnahm.

In der Auseinandersetzung zwischen uns, die in der Fußballwelt auch einigen Wirbel auslöste, ging es um die 0:2 verlorene Partie im FA Cup gegen Arsenal im Old Trafford im Februar 2003.

David war beim zweiten Tor für Arsenal, das Sylvain Wiltord erzielte, nicht am Mann geblieben. Er joggte nur. Und der Junge lief ihm einfach davon. Nach Spielende stellte ich Beckham in der Umkleide zur Rede. Wie es bei David damals üblich war, tat er meine Kritik rundweg ab. Vielleicht glaubte er allmählich, dass er hinten nicht mehr mitzuarbeiten und zu laufen braucht, obwohl genau das die Qualitäten waren, die ihn zu dem gemacht hatten, der er war.

Er saß etwa sechs Meter von mir entfernt. Auf dem Boden lag ein Haufen Fußballschuhe. David fluchte. Ich ging auf ihn zu und trat einen Schuh nach ihm, der ihn direkt über dem Auge traf. Er sprang auf und wollte auf mich los, wurde aber von den Spielern zurückgehalten. »Setz dich«, schnaufte ich. »Du hast dein Team im Stich gelassen. Da kannst du sagen, was du willst.«

Am nächsten Tag rief ich ihn dann zu mir, um gemeinsam die Videos vom Spiel anzuschauen. David wollte seinen Fehler aber noch immer nicht einsehen. Während er da saß und mir zuhörte, sagte er kein Wort. Kein einziges Wort.

»Begreifst du, worüber wir reden, was wir meinen?«, fragte ich.

Er würdigte mich nicht einmal einer Antwort.

Am nächsten Tag stand die Geschichte in allen Zeitungen. Sein Haarreif machte die durch den Fußballschuh verursachte Wunde vor aller Welt noch besonders sichtbar. An einem der folgenden Tage erklärte ich dem Vorstand, dass David gehen müsse. Man kannte mich nur allzu gut, um darüber nicht überrascht zu sein. Wenn ein Spieler von Manchester United meint, sich über den Trainer stellen zu können, muss er gehen. Ich sagte nicht zum ersten Mal: »In dem Augenblick, in dem der Trainer seine Autorität verliert, habt ihr keinen Club mehr. Die Spieler werden das Sagen haben, und ihr habt dann richtige Schwierigkeiten.«

David hielt sich für mächtiger als Alex Ferguson. Das steht für mich zweifelsfrei fest. Es spielt aber keine Rolle, ob der Trainer nun Alex Ferguson heißt oder irgendwie anders. Der Name ist irrelevant. Es geht um Autorität. Man darf keinesfalls zulassen, dass ein Spieler in der Kabine das Kommando übernimmt. Das haben schon viele versucht. Das Zentrum der Autorität ist bei Manchester United ein für alle Mal der Trainer. Dass David sich für mächtiger hielt, war für ihn der Todesstoß bei Man United.

Nachdem wir in der Champions-League-Gruppenphase Erster wurden, bekamen wir Real Madrid zugelost. Beim Hinspiel in Spanien schien David besonders wild darauf zu sein, Roberto Carlos, dem Linksverteidiger von Madrid, die Hand zu schütteln. Nach unserer 1:3-Niederlage im Bernabéu Stadium klinkte sich David vor dem Spiel gegen Newcastle am folgenden Samstag unter dem Vorwand, er sein nicht fit genug, aus. Ich setzte Ole Solskjær ein, der bei unserem 6:2-Sieg mit einer fantastischen Leistung für die Mannschaft glänzte.

Davids Form war meiner Meinung nach nicht gut genug, um Solskjær beim Rückspiel gegen Real im Old Trafford aus einem winnig Team zu nehmen. Während einer Runde Fußballtennis, die wir vor dem Rückspiel angesetzt hatten, nahm ich David zur Seite und sagte ihm: »Ich werde Ole zu Beginn das Spiels einsetzen.« Er schnaubte wütend und ging.

Am Abend des Rückspiels herrschte ein furchtbares Tohuwabohu. Beckham kam in der 63. Minute als Ersatz für Verón ins Spiel und lieferte den Zuschauern im Old Trafford eine super Vorstellung, die wie ein Abschied wirkte. Ihm gelang mit einem Freistoß ein Treffer, und in der 85. Minute erzielte er das Tor zum Sieg. Wir gewannen zwar 4:3, doch Ronaldos wunderbarer Hattrick und die Niederlage in Spanien warfen uns aus dem Wettbewerb.

David rechnete zwar mit dem Zuspruch und der Unterstützung der Fans, doch stand für sie zweifelsfrei fest, dass es von ihm einen direkten Angriff auf mich gegeben hatte. Der Wechsel zu Real Madrid gewann an Dynamik. Soviel wir wussten, hatten bereits Gespräche zwischen Davids Berater und Real Madrid stattgefunden. Den ersten offiziellen Kontakt hatten wir Mitte Mai, als unsere Spielzeit beendet war. Unser Geschäftsführer, Peter Kenyon, meldete sich bei mir mit der Nachricht: »Real Madrid hat angerufen.«

»Na ja«, sagte ich, »das haben wir ja erwartet.« Wir verlangten 25 Millionen Pfund. Ich war im Urlaub in Frankreich und saß gerade mit Jim Sheridan in einem Restaurant beim Essen, als mich Peter auf dem Handy anrief. Ich wollte das Gespräch aber lieber in Ruhe und nicht in aller Öffentlichkeit führen. Und wie es der Zufall wollte, hatte Jim ein Apartment genau über dem Restaurant. »Geh hoch in mein Apartment und benutze dort mein Telefon«, schlug Jim vor. Das machte ich dann auch.

»Wir lassen ihn erst gehen, wenn wir die 25 Millionen kriegen«, erklärte ich Peter. Ich glaube, am Ende erhielten wir knapp 18 Millionen Pfund, inklusive etlicher Zusatzzahlungen.

David war aber noch nicht völlig aus dem Team verschwunden. Wir sicherten uns am 3. Mai 2003 im Old Trafford die Meisterschaft mit einem 4:1-Sieg über Charlton. Bei diesem Spiel erzielte er einen Treffer und schoss auch am 11. Mai gegen Everton ein Tor, als unsere Spielzeit mit einem 2:1-Sieg endete. Ein Freistoß aus 18 Metern Torentfernung war für ihn keine schlechte Art, sich zu verabschieden. Unsere Abwehr wurde dabei von einem jungen Evertoner Talent mit Namen Wayne Rooney stark gefordert. David hatte seinen Teil zu unserem Titelgewinn beigetragen, und deshalb gab es für mich keinen Grund, ihn im Goodison Park nicht zu berücksichtigen.

Vielleicht war David damals einfach nicht reif genug, um mit all dem, was auf sein Leben einstürmte, vernünftig umzugehen. Heute scheint er die Dinge besser im Griff zu haben. Inzwischen hat er seinen Platz gefunden und alles besser unter Kontrolle. Aber damals begann mich sein Promi-Gehabe zunehmend zu nerven.

Ein Beispiel: Als ich vor einer Fahrt nach Leicester City an unserem Trainingsgelände ankam, sah ich, wie am Straßenrand Richtung Carrington schon eine Meute von Presseleuten wartete. Es mussten etwa zwanzig Fotografen gewesen sein.

»Was ist hier los?«, fragte ich.

»Beckham präsentiert offenbar morgen seine neue Frisur«, erfuhr ich.

David erschien mit einer Beanie auf dem Kopf. Auch beim Abendessen trug er sie. »David, nimm deine Mütze ab, du bist in einem Restaurant«, sagte ich. Nichts dergleichen. »Sei nicht albern«, beharrte ich, »nimm sie ab.« Aber das tat er nicht.

Ich tobte, hatte aber keine Handhabe, auf ihn einzuwirken. Viele Spieler hatten auf dem Weg zu Spielen oder sonst wo Baseballkappen getragen, aber keiner war je so unverschämt gewesen, sie während eines Mannschaftsessens nicht abzunehmen.

Als am nächsten Tag die Spieler zum Aufwärmen die Umkleide verließen, hatte David wieder seine Beanie auf. »David«, sagte ich, »du gehst nicht mit dieser Mütze auf den Platz. Du spielst nicht. Ich nehme dich augenblicklich aus dem Team.«

Er rastete aus. Nahm die Mütze ab. Zum Vorschein kam ein kahler Schädel, komplett rasiert. Ich sagte: »Darum geht es die ganze Zeit? Um eine Glatze, die niemand sehen soll?« Seine Idee war, die Mütze auf dem Kopf zu lassen und sie erst unmittelbar vor dem Anstoß abzunehmen. Damals begann ich, an ihm richtig zu verzweifeln. Mir war aber klar, dass er genau so von den Medien und Werbeleuten geliebt wurde.

David spielte bei einem großartigen Club. Er hatte eine außerordentlich erfolgreiche Karriere. Er erzielte pro Spielzeit 12 bis 15 Tore für United und rackerte sich wirklich ab. Das alles gab er jetzt, ohne es zu merken, aus der Hand und vertat die Chance, ein wirklicher Spitzenspieler zu werden. Meiner Meinung nach erreichte er nach dem Wechsel nie wieder das hohe Niveau eines wirklichen Topspielers.

Die Entwicklung begann, als er etwa 22 oder 23 Jahre alt war. Damals fing er an, Entscheidungen zu treffen, die es ihm immer schwerer machten, sich zu einem Spitzenfußballer zu entwickeln. Mich enttäuschte das. Zwischen uns gab es keine Animositäten, nur Enttäuschung auf meiner Seite. Vielleicht auch Bedauern. Ich sah ihn an und dachte: »Was machst du da?«

Als er zu uns kam, war er einer dieser jungen, naiven Kerle. Absolut fußballverrückt. Mit 16 war er ständig im Kraftraum und konnte gar nicht aufhören zu trainieren. Er liebte das Spiel, und er machte seinen Traum wahr. Dann wollte er das alles aufgeben für eine neue Karriere, für einen neuen Lifestyle und ein Leben im Glamour.

In finanzieller Hinsicht wäre es Unsinn zu behaupten, er habe die falsche Entscheidung getroffen, denn er ist inzwischen sehr wohlhabend und geradezu eine Ikone. Die Leute reagieren auf all seine Stilwechsel. Sie kopieren sie. Aber ich bin Fußballer und glaube nicht, dass es gut ist, den Fußball irgendetwas Derartigem zu opfern. Natürlich soll man Hobbys haben. Ich besitze Pferde, Michael Owen besitzt Pferde. Scholes hatte auch welche. Und der eine oder andere Spieler umgibt sich mit schöner Kunst. Sogar ich hatte in meinem Büro ein Bild von Kieran Richardson hängen. Doch dafür habe ich nie die Sache des Fußballs aufgegeben.

Im Jahr vor seinem Wechsel war David natürlich beim WM-Turnier in Japan und Südkorea dabei. Wenige Wochen zuvor hatte er sich beim Champions-League-Spiel im Old Trafford einen Mittelfußknochen gebrochen. Das war ein richtiges Drama.

Zwar hatte sich David die gleiche Mittelfußverletzung zugezogen, mit der auch Wayne Rooney vier Jahre später zu kämpfen hatte, doch gab es Unterschiede bei der Genesung. David war ein von Natur aus fitter junger Typ. Wayne hingegen musste härter daran arbeiten, wieder in Form zu kommen. Deshalb ging ich davon aus, dass David für die Weltmeisterschaft O.K. wäre und sagte das auch offen.

Es kann sein, dass er seine Verletzung noch immer ein wenig spürte, als die englische Nationalmannschaft in Japan ankam. Bei manchen Spielern lässt sich das in einer so speziellen Situation schwer beurteilen, weil sie natürlich unbedingt bei dem WM-Turnier dabei sein wollen und deshalb verkünden, alles sei top. Es zeigte sich jedoch, dass David noch nicht ganz wiederhergestellt war. Der Beweis, dass er die Verletzung immer noch im Kopf hatte, zeigte sich in der Viertelfinalbegegnung gegen Brasilien in Shizuoka, als er einem Zweikampf aus dem Weg ging, über eine Grätsche sprang und den Ball an den Gegner verlor. Das Resultat war das brasilianische Ausgleichstor. Er konnte also noch nicht wirklich fit gewesen sein, weder körperlich noch mental.

Etliche Leute unterstellten mir damals, ich würde England kein gutes Abschneiden wünschen, da ich Schotte sei. Würde England heute gegen Schottland spielen, ja verdammt, dann würde ich England keinen Erfolg wünschen und mich auf die Seite Schottlands schlagen. Aber ich hatte in meinen Teams mehr Spieler, die aus England stammten als von irgendwo anders her, und ich wollte immer, dass sie die Besten waren.

Hat man einen Spieler von Beckhams Prominenz unter Vertrag (und ich hatte später noch so einen, nämlich Rooney), gibt es jede Menge medizinisches Personal, das ständig mitmischen möchte. Die Sportmediziner der englischen Nationalmannschaft wollten sogar auf unser Trainingsgelände kommen. Meist empfand ich das als Beleidigung und fragte mich manchmal, ob meine schottische Herkunft ein Grund sei, mir nicht zu vertrauen.

Wayne Rooney stieß erst kurz vor der Weltmeisterschaft 2006 in Deutschland zur englischen Nationalmannschaft. Die Engländer schickten uns buchstäblich jeden Tag Mails mit der Frage, wie es ihm ginge, so als ob wir uns nicht selbst um uns kümmern könnten. Es herrschte absolute Panik. Sie waren vor Angst wie paralysiert. Ich hatte mit meiner Einschätzung jedoch hundertprozentig recht: Wayne Rooney hätte im WM-Turnier von 2006 nicht mitspielen dürfen. Er war noch nicht so weit.

Er hätte niemals nach Baden-Baden in das Quartier der englischen Nationalmannschaft geholt werden dürfen. Das war ihm, den anderen Spielern und den Fans gegenüber einfach unfair. Wayne war natürlich die große Hoffnung der englischen Nationalelf, was die Neigung, die Augen vor der Realität zu verschließen, noch verstärkte. Bei David war ich damals recht zuversichtlich, dass er in guter Form antreten würde, denn ich kannte seine Werte und hatte sämtliche Berichte eingesehen. Er war im Old Trafford der bei weitem fitteste Spieler. Auch beim Training zur Saisonvorbereitung und bei den Fitness-Tests war er allen anderen haushoch überlegen. Wir teilten den englischen Nationaltrainern mit, dass wir sicher seien, dass David rechtzeitig wiederhergestellt sein würde.

Der Rummel um Davids Heilungsprozess war vorhersehbar. Wir hatten in Carrington ein Sauerstoffzelt aufgestellt, mit dem wir schon bei der Heilung von Roy Keanes Kniesehnenverletzung vor einem Champions-League-Spiel gut gefahren waren. Aber Knochen sind etwas anderes. Ein Bruch muss ruhig gestellt werden, und die Heilung braucht einfach seine Zeit. Meist sechs bis sieben Wochen.

Bei der Weltmeisterschaft von 2002 war für England im Viertelfinale Schluss. Gegen die zehn Mann von Brasilien war das Team unterlegen. Im ersten Gruppenmatch hatten sie gegen die Schweden, die das englische Spiel kannten und deshalb kaum durch direktes Zuspiel überrascht werden konnten, lange Bälle gespielt.

Es ist ein einziges Armutszeugnis für den englischen Nachwuchsfußball, dass so viele Trainer auf eine längst überholte Taktik setzten. Bei einem Spiel der U21-Mannschaft gegen Griechenland waren unsere Scouts vor Ort, um Tom Cleverley zu beobachten. Sie berichteten, dass England mit einem Mittelstürmer und zwei offensiven Außenstürmern spielte. – Cleverley war einer dieser Außenstürmer, bekam aber keinen einzigen Ball. Chris Smalling spielte hinten mit und drosch das Leder immer wieder nach vorn in den Bereich, in dem die Engländer beständig Gefahr laufen, überrumpelt zu werden. Weil sie zu wenig technische Fähigkeiten und Trainer-Know-how haben, werden die Nachwuchsspieler im Alter von neun bis 16 einfach nicht richtig gefördert.

Und wie kompensieren die Nachwuchsspieler das? Indem sie körperlich wetteifern. Sie haben eine tolle Einstellung. Legen sich voll ins Zeug. Aber die Engländer bringen keine echten Spieler hervor. Mit ihrem System und ihrer Mentalität gewinnt man keine Weltmeisterschaft. Aus Brasilien kommen dagegen junge Spieler, die den Ball aus jeder Position, in jedem Winkel annehmen können. Ihre Bewegungen sind fließend. Das sind Männer, die ein Gespür für Fußball haben, weil sie damit groß werden und schon im Alter von fünf oder sechs Jahren Fußball spielen.

David feilte unermüdlich an seiner Technik. Außerdem war er ein fantastischer Netzwerker. Als er im Sommer 2012 nicht für die englische Olympiamannschaft nominiert wurde, kamen die Nachrichten aus seinem Lager und nicht etwa von der FA. Die Kommentare waren zwar überaus wohlwollend. Aber ich bin mir sicher, dass er sich furchtbar geärgert hat.

Ich erinnere mich, dass mir Mel Machin einmal sagte: »Giggs und Beckham – das sind Weltklassespieler, und trotzdem schaffst du es, dass sie von Strafraum zu Strafraum rennen. Wie machst du das?« Ich konnte nur antworten, dass sie neben ihrer natürlichen Begabung auch das Durchhaltevermögen hätten, auf dem Platz ständig hin und her zu rennen. Die beiden waren schon etwas Besonderes.

Das änderte sich bei David, und zwar weil er es so wollte. Er hatte nicht mehr den Ball im Blick. Schade eigentlich, denn er hätte zur Zeit meines Rücktritts durchaus noch bei Manchester United spielen können. Er wäre eine der größten United-Legenden geworden. Das Einzige, was ihn jedoch bei LA Galaxy und darüber hinaus zu einer Legende machte, war, dass er ein Idol geworden ist. Irgendwann in seinem Leben wird er vielleicht sagen: Ich habe da einen Fehler gemacht.

Nach wie vor halte ich viel von David Beckhams fußballerischem Können. Seine Ausdauer und sein Durchhaltevermögen sind immer noch bemerkenswert. Das stellte er einmal mehr unter Beweis, als er im Januar 2013 zu Paris St.-Germain wechselte. Bei United war er immer der fitteste Spieler auf dem Platz. Das half ihm, auch noch im Alter von 37 Jahren weiterzuspielen. Sein Durchhaltevermögen, das er von Kindesbeinen an besaß, hat er immer noch.

Die Major League Soccer ist keine Mickeymaus-Liga, sondern eine sehr fitnessbetonte Liga. Ich schaute mir Beckham im Finale des MLS Cups an und sah, wie gut er war, wie er hinten mitarbeitete und die Seiten wechselte. Auch während der Zeit, als er an Mailand ausgeliehen war, blamierte er sich nicht. Bei Paris St.-Germain spielte er im Champions-League-Viertelfinale über eine Stunde lang. Er kam nicht häufig an den Ball, machte seine Sache aber gut. Er arbeitete hart und schlug in der Anfangsphase des Spiels ein paar gute Flanken.

Ich fragte mich: ›Wie macht er das nur?‹

Ausdauer, war meine erste Antwort. Aber darüber hinaus wollte David auch verblüffen. Und er konnte noch immer gute Flanken schlagen, einen guten Querpass spielen. Das sind die Fähigkeiten, die er nie verloren hat, die ihm als Athlet in Fleisch und Blut übergegangen sind. Nach bald fünfjährigem Aufenthalt in den Staaten und mit fast 38 Jahren in der Endrunde der Champions League zu spielen, ist eine beachtliche Leistung. David mischte wieder mit. Davor kann man nur den Hut ziehen.

Nachdem er Los Angeles verlassen hatte, wurde ich ab und an gefragt, ob ich ihn wieder zurücknehmen würde. Da er bereits 37 war, hätte das wenig Sinn gehabt. Für Paris St.-Germain spielte jedoch die öffentliche Aufmerksamkeit, die man mit seiner Verpflichtung erlangte, eine große Rolle. Doch diesen Aspekt ignorierte David vollkommen. Er fühlte sich noch immer als großartiger Spieler. Schon immer hatte er das Talent, schlechte Leistungen ganz einfach auszublenden. Wenn ich ihn kritisierte, ging er meist wutschnaubend davon und dachte wahrscheinlich: »Der Trainer spinnt doch, ich war doch gut heute.«

Ich glaube, dass er ein genaues Ziel und einen Plan hatte, als er nach LA wechselte. Vielleicht eine Anschluss-Karriere in Hollywood? Man muss schon seine Beharrlichkeit bewundern. Damit erstaunte er nicht nur mich, sondern wohl jeden bei Manchester United. Egal welches Ziel er im Leben verfolgt, er behält es unbeirrt im Auge und arbeitet hart daran.

KAPITEL 6

RIO

Rios achtmonatige Sperre war ein Schock, der Manchester United bis ins Mark erschütterte, und meine Empörung darüber hält bis zum heutigen Tag an. Ich habe kein Problem mit Dopingtests und ihren Regeln, aber sehr mit dem Fall von Rio Ferdinand, der auf unserem Trainingsgelände einen Dopingtest machen sollte.

Am 23. September 2003 kam ein Dopingkontrollteam von UK Sport in Carrington an, um von vier willkürlich ausgewählten Spielern unseres Teams Proben zu nehmen. Was als normaler Trainingstag begann, sollte für Rio, seine Familie, Manchester United und England weitreichende Folgen haben. Rio, einer der Kandidaten, verließ Carrington, ohne zuvor eine Probe abgegeben zu haben, und bis wir es schafften, ihn zu kontaktieren, waren die Dopingkontrolleure schon wieder weg. Rio gab die Probe zwar am nächsten Tag, am 24. September, ab, doch wurde ihm mitgeteilt, dass er gegen die »strenge Verfügbarkeitsvorschrift« bei Dopingkontrollen verstoßen habe und dafür belangt werde.

Das Ergebnis war, dass Rio vom 20. Januar bis zum 2. September 2004 gesperrt und mit einer Geldstrafe von 50000 Pfund belegt wurde. Abgesehen von den vielen Man-United-Spielen, die er versäumte, bedeutete dies auch, dass er bei der Europameisterschaft 2004 in Portugal nicht spielen konnte. Auch für das wichtige EM-Qualifikationsspiel gegen die Türkei im Oktober 2003 wurde

Englands Nationalspieler von der FA vorläufig suspendiert, was fast zu einem Streik der englischen Auswahl führte.

An diesem verhängnisvollen Vormittag im September tranken die Kontrolleure Tee, anstatt ihre Arbeit zu machen. Sie bemühten sich überhaupt nicht, Rio zu finden. Ich bin der Meinung, dass die Kontrolleure auf dem Spielfeld hätten warten müssen, bis der Spieler sein Training beendet hat, um ihn dann in die Kabine zu begleiten. Etwa zur gleichen Zeit standen Kontrolleure beim Wrexham Football Club vor der Tür und testeten meinen Sohn Darren und zwei andere Spieler. Sie blieben auf dem Spielfeld, begleiteten die Spieler in die Umkleide und nahmen die geforderten Urinproben. Warum war das bei Rio in Carrington nicht der Fall?

Wir wussten, dass sich die Kontrolleure in unserem Trainingszentrum aufhielten. Mike Stone, der Mannschaftsarzt, hatte uns informiert, dass die Anti-Doping-Leute auf dem Gelände waren. Mike trank mit ihnen eine Tasse Tee, während die betroffenen Spieler unten in der Kabine benachrichtigt wurden. Auch Rio wurde informiert, aber wenn man sich seine lockere Art vor Augen führt, ist es wenig überraschend, dass er sich nicht übermäßig bemühte, Leute zu finden, die nirgends zu sehen waren.

Rio Ferdinand war kein Dopingsünder. Das hätten wir bemerkt. Man sieht es an den Augen. Er versäumte keine einzige Trainingseinheit, während Dopingsünder chaotisch und unzuverlässig sind. Er konnte kein Dopingsünder sein, weil sein Verantwortungsgefühl angesichts seiner prominenten Rolle im Fußball viel zu groß ist. Rio ist ein intelligenter, wenngleich ein unbekümmerter Kerl. Gut, er hatte einen Fehler gemacht, aber die Dopingkontrolleure ebenfalls, denn sie unterließen alles, was die Krise hätte verhindern können.

Mir war bewusst, dass es einen ernsten Verstoß gegen die Dopingkontrollregeln gegeben hatte, aber dennoch konnte ich kaum glauben, dass Rio am Ende eine derart harte Strafe aufgebrummt würde. Als Trainer neigt man ja dazu, sich ebenso schützend vor seine Spieler zu stellen wie vor seine eigenen Kinder, wenn man von außen kommende Vorwürfe für unberechtigt hält. Auch der Einspruch unseres Anwalts, Maurice Watkins, konnte die Sperre nicht verhindern.

Meiner Meinung nach wurde an Manchester United häufig ein Exempel statuiert. Der erste Aufsehen erregende Fall betraf Éric Cantona, der 1995 wegen eines Kung-Fu-Tritts gegen einen Zuschauer zu zwei Wochen Gefängnis verurteilt und für neun Monate gesperrt wurde (seine Gefängnisstrafe wurde später in 120 Stunden gemeinnützige Arbeit umgewandelt). Dann wurde Patrice Evra 2008 vom englischen Fußballverband FA wegen eines Gerangels mit dem Platzwart auf dem Spielfeld an der Stamford Bridge diszipliniert, indem man ihn mit einer Sperre für vier Spiele belegte. Die Leute vermuteten oft, Man United würde bevorzugt behandelt. In Wahrheit war häufig das Gegenteil der Fall.

Nach langem gerichtlichem Hin und Her fand Rios Anhörung schließlich im Dezember 2003 vor einem Disziplinarausschuss der FA im Reebok Stadium der Bolton Wanderers statt und dauerte 18 Stunden. Seit der versäumten Kontrolle waren 86 Tage vergangen. Ich war einer derjenigen, die zugunsten von Rio aussagten. Aber der dreiköpfige Ausschuss befand Rio des Dopingvergehens für schuldig.

Maurice Watkins bezeichnete das Urteil als »brutal und unerhört«, und David Gill sagte, man habe Rio zum »Sündenbock« gemacht. Gordon Taylor vom Verband der Profifußballer (PFA) nannte das Urteil »drakonisch«.

Ich sprach sofort mit Rios Mutter. Die arme Frau war am Boden zerstört. Wir waren wegen des Ausfalls eines unser wichtigsten Spieler verärgert und empört, doch in dem Fall hatte vor allem Rios

Mutter die wahre Last dieser drakonischen Bestrafung zu tragen. Janice weinte am Telefon, als ich ihr erklärte, dass unsere hohe Wertschätzung von Rio durch die Ereignisse der vergangenen vier Monate nicht getrübt sei. Wir wussten, dass er unschuldig war, dass er nachlässig gewesen war, und wir wussten, dass man ihn zu hart bestraft hatte.

Damals hatten wir zwar in Betracht gezogen, Revision einzulegen, aber es war offenkundig, dass wir keinerlei Chancen hatten. Ich konnte nie verstehen, dass eine versäumte Dopingkontrolle ebenso hart bestraft wird wie ein positiver Test. Sobald man zugibt, Dopingsünder zu sein, wird man rehabilitiert. Wir waren überzeugt, dass unser Spieler die Wahrheit sagte, während das System vom Gegenteil ausging. Außerdem missfiel uns, dass von der FA wahrscheinlich Informationen an die Presse durchsickerten. Unserer Meinung nach bedeutete das einen eklatanten Vertrauensbruch.

Ich erklärte dem Ausschuss in Bolton, dass Rio ungeachtet des Ergebnisses der Anhörung am darauf folgenden Wochenende in meinem Team gegen die Spurs antreten würde. Er spielte neben Mikaël Silvestre bei unserem 2:1-Sieg an der White Hart Lane. Bei seinem letzten Spiel vor seiner achtmonatigen Sperre stand Rio bei unserer 0:1-Niederlage gegen die Wolves am 17. Januar 2004 in der Startelf, musste jedoch nach 50 Minuten verletzt vom Platz gehen. Wes Brown übernahm seine Position. Kenny Miller erzielte das einzige Tor in diesem Match.

Ich war deprimiert, weil wir so lange auf Rio verzichten mussten. Wir kannten uns schon lange, bevor ich ihn zum teuersten Spieler im englischen Fußball machte. Ich war mit Mel Machin eng befreundet, der mich 1997 von Bournemouth aus anrief und mir sagte, er habe einen Spieler von West Ham ausgeliehen. »Geh hin und hol ihn dir«, riet mir Mel.

»Wie heißt er?«

»Rio Ferdinand.«

Ich kannte den Namen von der englischen Jugendnationalmannschaft. Mel blieb hartnäckig. Er und der damalige Trainer von West Ham, Harry Redknapp, kannten sich gut. Deshalb war ich mir sicher, dass seine Einschätzung auf verlässlichen Informationen beruhte. Schließlich war Rio in der Nachwuchsabteilung von West Ham groß geworden. Ich sprach mit Martin Edwards über diesen jungen Spieler in Bournemouth. Wir ließen ihn dort beobachten und machten uns Notizen über seine Spielereigenschaften: behände, ausgeglichen, dem ersten Anschein nach ein Mittelstürmer. Dann prüften wir die Rahmenbedingungen. Martin rief den Vorstandsvorsitzenden von West Ham, Terry Brown, an, der sagte: »Gebt uns eine Million plus David Beckham.« Mit anderen Worten: Er steht nicht zum Verkauf.

Damals hatten sich Jaap Stam und Ronny Johnsen im Zentrum unserer Abwehr bewährt, und Wes Brown entwickelte sich zu einem jungen vielversprechenden Mittelfeldspieler. Schließlich wechselte Rio für 18 Millionen Pfund nach Leeds. In seinem ersten Spiel für unsere Rivalen aus Yorkshire spielte er gegen Leicester City in einer Dreierkette und wurde auseinandergenommen. Er war noch völlig unorganisiert. Als ich mir das Spiel ansah, verspürte ich eine Welle der Erleichterung, dass wir ihn nicht gekauft hatten. Heute muss ich darüber lachen. Es erübrigt sich zu sagen, dass er sich später außergewöhnlich gut entwickelte.

Innenverteidiger bildeten stets die Basis meiner United-Mannschaften. Immer Innenverteidiger. Ich war auf der Suche nach Stabilität und Beständigkeit. Steve Bruce und Gary Pallister zum Beispiel. Bis ich die beiden entdeckte, hatten wir wenig Glück mit unseren Innenverteidigern. Paul McGrath war ständig verletzt. Kevin Moran hatte immer irgendwelche Kopfverletzungen. Wie ein

Boxer, der am Boxersyndrom leidet. Ich flog zu einem Spiel nach Norwegen, das sich auch Ron Yeats in seiner Eigenschaft als Chefscout für Liverpool ansah.

»Ich habe Ihren ehemaligen Spieler, Kevin Moran, letzte Woche in Blackburn gesehen«, erzählte Ron bei einem Drink. Ich fragte: »Wie hat er sich geschlagen?«

»Er war etwa 15 Minuten auf dem Platz«, antwortete Ron, »dann musste er wegen einer Kopfverletzung ausgewechselt werden.«

»Das ist bei ihm nichts Ungewöhnliches«, erwiderte ich.

Greame Hogg hatte nicht das Niveau, das wir erwarteten. Deshalb bekniete ich unseren Vorstand wieder und wieder: »Wir brauchen Innenverteidiger, die kontinuierlich Woche für Woche spielen. Sie können uns die nötige Stabilität und Beständigkeit bringen.« Das führte uns schließlich zu Bruce und Pallister, die unentwegt spielten und sich scheinbar nie verletzten. Ich erinnere mich an einen Freitag vor einem Spiel gegen Liverpool, als Bruce auf dem Trainingsgelände *The Cliff* rumhumpelte, sich das Knie rieb und sagte: »Warte mit der Mannschaftsaufstellung.« Er hatte sich am Wochenende zuvor eine Knieverletzung zugezogen. Ich stellte meine Mannschaft gern freitags auf, damit wir noch Standardsituationen und dergleichen trainieren konnten. »Wie meinst du das?«, fragte ich ihn.

»Ich kann bestimmt spielen«, antwortete Steve.

»Sei nicht albern«, erwiderte ich.

Also fing er an, auf dem Trainingsgelände rumzurennen. Er joggte zweimal um den Platz. »Ich bin in Ordnung«, sagt er. Gegen Liverpool hat er es ja nur mit Ian Rush und John Aldridge zu tun. Derweil konnte er gar nicht aufhören, sich die Kniekehle zu reiben. Am Ende spielte Bruce das ganze Match. Er und Pally waren fantastisch. Stam brachte die gleiche Zähigkeit und Verlässlichkeit mit.

Oder das Duo Ferdinand und Vidić: brillant, zuverlässig, nie etwas zu verschenken. Wenn man sich die United-Mannschaften mit dieser Aufstellung vor Augen führt, wird schnell klar, dass die Innenverteidiger immer ein wesentlicher Bestandteil der Teams waren.

Und so entsprach der Einkauf von Rio Ferdinand im Juli 2002 meiner Kaderpolitik, immer die Mitte zu stärken. Wir bezahlten einen Haufen Geld, aber wenn man diese gewaltige Transfersumme für einen Innenverteidiger auf zehn oder zwölf Jahre verteilt, dann wirkt sie fast schon wie ein Schnäppchen. Man kann jede Menge Geld für Spieler verplempern, die einfach nicht gut genug sind. Lieber gibt man mehr für einen einzelnen Mann aus, dessen Erstklassigkeit außer Frage steht.

Für Roy Keane bezahlten wir 3,75 Millionen Pfund, was damals ein Transferrekord war, aber wir hatten 12 Jahre lang etwas von ihm. Während meiner Zeit bei United verkaufte ich eine Vielzahl von Spielern, die den meisten vielleicht gar nicht bekannt sind: junge Reservespieler und so. Auf einer Kreuzfahrt gegen Ende meiner letzten Spielzeit rechnete ich mir einmal aus, dass ich während meiner Zeit bei Man United im Durchschnitt weniger als fünf Millionen Pfund pro Saison ausgegeben habe.

Als Rio zu uns kam, sagte ich ihm offen ins Gesicht: »Du bist ein großer, nachlässiger Kerl.«

»Daran kann ich nichts ändern«, antwortete er.

»Du musst das ändern. Weil es dich Tore kosten wird, und weil ich dir deswegen im Genick sitzen werde«, sagte ich.

Und er war wirklich lässig. Manchmal trabte er wie im zweiten oder dritten Gang vor sich hin, dann schoss er plötzlich wie eine Rakete los. Ich hatte noch nie einen fast 1,90 Meter großen Kerl gesehen, der zu solch beeindruckenden Tempowechseln fähig war. Mit der Zeit verbesserte sich seine Konzentration, und die Erwartungen, die er in sich selbst setzte, stiegen mit dem Maß an Verantwortung, das er für die Mannschaft und für den Club übernahm. Er wurde ein perfekter Spieler.

Wenn man einen jungen Spieler verpflichtet, bedeutet das nicht, dass mit dem Vertrag auch dessen Perfektion mitgeliefert wird. Man muss Arbeit in den Spieler investieren. Wenn Rio während eines Spiels einen Gang runterschaltete, dann nur bei einer eher schwächeren Mannschaft, die er nicht als ernste Gefahr ansah. Je wichtiger das Spiel, desto mehr Spaß hatte er daran.

Da Gary Neville immer häufiger mit Verletzungen zu tun hatte und Vidić sowie Evra allmählich nachließen, wurden Rio und Edwin van der Sar in der zweiten Hälfte des Jahrzehnts zum defensiven Angelpunkt der Mannschaft. 2006 ließ ich Rio gegen die Blackburn Rovers einmal im zentralen Mittelfeld spielen, und er sah die rote Karte. Bobby Savage war das Opfer des Fouls, für das Rio vom Platz musste.

Es mag viele überraschen, doch Pallister war tatsächlich ein ebenso guter Fußballspieler wie Rio. Komischerweise war er sogar schneller, aber er war kein Freund ausgiebiger Laufarbeit. Pally war überhaupt gegen harte Arbeit auf dem Platz, und ich meine es nicht böse, wenn ich das feststelle. Er sagte immer, dass er sich umso besser fühlt, je weniger er trainiert. Er war der trainingsfaulste Spieler der Welt. Ich war ständig hinter ihm her. In der ersten Viertelstunde konnte er nach einem Konter schnaufend und nach Atem ringend aus dem Strafraum gestolpert kommen. In solchen Augenblicken sagte ich zu Brian Kidd: »Schau dir Pally an – der kippt gleich tot um!« Ich gebe zu, dass ich ihm mehr als einmal gern den Hals umgedreht hätte.

Als ich Pally eines Abends zu einem Vereinsessen abholte, wurde ich ins Haus gebeten und sah eine Riesenflasche Coca-Cola auf dem Tisch neben dem Kamin stehen und eine große Tüte Süßigkeiten daneben: Schokoriegel, Rolos, Mars. Ich fragte Mary, seine Frau: »Was ist das denn?«

»Boss, er hört nicht auf mich, egal, wie oft ich es ihm sage«, antwortete sie .

Dann hörte ich Schritte auf der Treppe, und Pally kam runter und sah, wie ich diesen großen Vorrat an Süßigkeiten beäugte. »Warum kaufst du das ganze Zeug, Mary?«, fragte er seine Frau. Und ich schnauzte ihn an: »Du großes, faules Miststück, dafür wirst du mir büßen!«

Pally war kein Adonis, aber er war ein wirklich guter Spieler mit angenehmem Charakter. Ein netter Bursche. Wie Rio konnte er gute Pässe geben und war schnell, wenn er wollte. In seiner letzten Spielzeit bei uns zog sich Pally eine Schnittwunde an der Augenbraue zu. Er heulte und jammerte, es sei das erste Mal in seinem Leben, dass er eine Wunde hatte. Das passte nicht zu seinem Selbstbild. Pally hielt sich für einen zweiten Cary Grant.

Ich war nicht bewusst auf der Suche nach einem Innenverteidiger, der den Ball aus der Abwehr schleppen oder wie Franz Beckenbauer einen öffnenden Pass spielen konnte. Tempo und die Fähigkeit, ein Spiel zu lesen, sind in der Spitzenklasse des modernen Fußballs jedoch unabdingbar. Rio besaß beides, und das ist der Grund, weshalb ich ihn unter Vertrag nahm. Er konnte nicht nur verteidigen, sondern den Ball auch nach vorn bringen. Deshalb war es trotz der Tatsache, dass die Abwehr für mich an erster Stelle stand, beruhigend zu wissen, dass mein neuer Innenverteidiger auch von hinten Spielzüge einleiten konnte, was sich später – bei Barcelona und anderen Clubs – zur Norm entwickelte.

In einigen Phasen seiner Karriere erweiterten sich Rios Aktivitäten stärker, als uns recht war. Ich sagte ihm deshalb, dass ich die

Nase voll davon hätte, ständig darüber zu lesen, dass er wieder bei irgendwelchen Galas oder anderen Events aufgetaucht war. »Weißt du, was am Fußball das Besondere ist? Er fesselt dich. Was auf dem Fußballfeld passiert, ist das, was zählt«, erklärte ich ihm. Wenn man beginnt nachzulassen, geht es schnell bergab. Bei einem kleinen Club kommt man damit durch. Aber bei Manchester United ruhen 76 000 Augenpaare auf der Mannschaft, und man kann den Zuschauern nie ein X für ein U vormachen. Ich sagte zu Rio, dass er nicht mehr lange bei uns sein würde, wenn irgendeine dieser Nebenbeschäftigungen seine Leistung als Fußballer beeinträchtigt, denn dann würde ich ihn nicht mehr aufstellen.

Rio nahm diese Mahnungen zum Glück ernst. Wir entwickelten zudem eine Art Kontrollsystem, und sein Agent verpflichtete sich, uns genau über seine Aktivitäten außerhalb des Clubs zu informieren. Da gab es ein Musiklabel, eine Film- und eine Fernsehgesellschaft sowie ein Magazin, das ihn einmal in die Staaten schicken wollte, um ein Interview mit dem Rapper P. Diddy zu machen. »Verschone mich bitte damit, Rio«, sagte ich, als ich erfuhr, was er vorhatte. »Macht der aus dir etwa einen besseren Innenverteidiger?«

Rio war nicht der Einzige, der seine Fühler auch anderswo ausstreckte. Der Promistatus vieler Starkicker bringt das wohl mit sich. Manche versuchen, das sehr extensiv zu betreiben. Beckham war einer davon, und Rio machte es später ebenfalls. Davids Erfolg in dieser Hinsicht war märchenhaft.

Nicht bei allen von Rios Unternehmungen ging es darum, noch berühmter zu werden. Seine Arbeit für UNICEF in Afrika war großartig. Man darf die Wirkung, die ein Rio Ferdinand auf das Leben eines Kindes in Afrika haben kann, nicht unterschätzen. Unsere Botschaft an ihn war einfach die, dass er ein Gleichgewicht finden müsse zwischen seinem Promistatus und dem, was ihn überhaupt erst dorthin gebracht hatte. Einige versuchen es erst gar nicht. Anderen gelingt es nicht.

Bei all seinen Aktivitäten gingen wir immer davon aus, dass sich Rio damit auf ein Leben nach dem Fußball vorbereitete, was nicht unvernünftig war. Ich tat früher genau das Gleiche, indem ich noch als Spieler meine Trainerlizenz machte. Dafür brauchte ich vier Jahre. Ich bereitete mich also ebenfalls auf die Zeit nach meiner aktiven Karriere als Fußballer vor, aber nicht, indem ich mich mit P. Diddy traf. Natürlich stellt sich fast bei jedem Aktiven irgendwann die Frage, was er später wohl tun solle. Viele fallen nach dem Karriereende in ein schwarzes Loch. In einer Minute spielt man noch in europäischen Finalbegegnungen, in FA-Cup-Finals und gewinnt Meisterschaften, und in der nächsten Minute löst sich das alles in Nichts auf. Damit umzugehen ist eine Herausforderung, vor die jeder Profifußballer früher oder später gestellt wird. Der Ruhm verspricht keine Immunität gegen den emotionalen Absturz. Der nächste Lebensabschnitt ist ganz sicher nicht so aufregend. Wie soll man ihn also gestalten? Was ersetzt die Anspannung und den Nervenkitzel der letzten Minuten vor Anpfiff eines Spiels, das über den Gewinn der Meisterschaft entscheidet?

Gegen Ende meiner Zeit bei Man United litt Rio immer häufiger unter Rückenproblemen. So auch beim Spiel gegen Man City im Manchester Derby von 2009, als Craig Bellamy sein Tor machte. Zwei Jahre zuvor hätte Rio Craig Bellamy den Ball abgelaufen, dieses Mal schaffte er das wegen seiner Rückenprobleme aber nicht mehr. Ein anderes Tor war das von Fernando Torres in Liverpool. Hier war Torres Rio läuferisch klar überlegen, als sie im Strafraum um das 1:1 kämpften.

Nach dem Spiel analysierten wir die Szene anhand der Videos: Rio trat im vergeblichen Versuch, Torres ins Abseits zu stellen, einen Schritt vor. Im Jahr davor hätte er diesen Fehler schnell korrigiert und ihm den Ball abgenommen. Aber jetzt kam Rio nicht schnell genug zurück, Torres brachte den Körper zwischen Ball und Verteidiger und machte das Tor. So etwas hätte man mit Rio früher niemals machen können. Zudem machte es deutlich, dass die Rückenverletzung ihm nicht nur Schmerzen bereitete, sondern ihn auch noch aus der Balance brachte.

Rio machte immer Tempo. Ihm fiel das Rennen nie schwer. Nach der langen Sperre, durch die er fast die ganze Wintersaison ausfiel, kam er fantastisch trainiert zurück und spielte nach fast dreimonatiger Pause im Halbfinal-Rückspiel des League Cups von 2010 gegen City im Old Trafford hervorragend.

Später gab ich ihm den dringenden Rat, sein Spiel zu ändern, um Rücksicht auf das Alter und das, was es uns allen antut, zu nehmen. Schließlich holen die Jahre jeden Menschen ein. Ich sagte ihm sowohl in der Öffentlichkeit als auch unter vier Augen, dass er sich ein wenig zurückhalten müsse, um sich selbst eine Chance gegen die gegnerischen Stürmer zu geben. Fünf Jahre früher war das für ihn ein Kinderspiel. Mit seinem Tempowechsel nahm er einem Mittelstürmer genau in dem Moment den Ball ab, wenn er ihn schießen wollte. Das schaffte er jetzt nicht mehr.

Rio war mit meiner Analyse einverstanden. Er war nicht beleidigt. Ich erklärte ihm lediglich die körperlichen Veränderungen. Und er spielte 2011/12 eine fantastische Saison, die für ihn nur dadurch getrübt wurde, dass er bei der Europameisterschaft 2012 nicht für das englische Nationalteam nominiert war. Als Roy Hodgson mich um meine Meinung darüber bat, ob Rio mit John Terry zusammenarbeiten könne, antwortete ich: »Fragen Sie ihn. Erkundigen Sie sich bei Rio selbst nach ihrem Verhältnis«, weil ich ihm darauf wirklich keine Antwort geben konnte.

Zu einem weiteren Vorfall mit Rio kam es, als er sich 2012/13 weigerte, ein Kick It Out-Trikot zu tragen, obwohl ich davon ausging, dass wir uns alle einig waren, diese Anti-Rassismus-Kampagne in der Öffentlichkeit zu unterstützen. Es handelte sich um ein Kommunikationsproblem. Nachdem Rio für sich entschieden hatte, das Kick It Out-Trikot zu boykottieren, hätte er sich bei mir melden müssen, weil er von der Vereinbarung wusste, dass wir alle dieses Trikot tragen würden. Ich wusste, dass er ein Problem mit Anton, seinem Bruder, und John Terry hatte, ahnte aber nicht, dass es solche Folgen haben könnte. John Terry war von der FA dafür bestraft worden, dass er in einem Spiel der Queens Park Rangers gegen Chelsea Anton gegenüber ausfallend geworden war und rassistische Beleidigungen von sich gegeben hatte.

Ich saß in meinem Büro, als Mark Halsey reinkam und mir berichtete, dass Rio das Kick It Out-Trikot nicht tragen würde. Ich ging zu Albert, unseren Zeugwart, und wies ihn an, Rio mitzuteilen, dass er das Trikot anziehen solle.

Daraufhin wurde mir berichtet, Rio würde sich weigern.

Als ich ihn zur Rede stellte, sagte er nichts, doch er kam nach dem Spiel zu mir und erklärte, dass er den Eindruck habe, der Verband der Profifußballer (PFA) unternehme nicht genug gegen den Rassismus. Ich war allerdings der Ansicht, dass er mit seiner Verweigerung der Anti-Rassismus-Kampagne nicht gerade einen Dienst erwiesen hätte. Ich fand, dass er sein Problem direkt mit dem Verband ausfechten sollte.

Ich selbst werde es nie begreifen, wie man jemanden aufgrund seiner Hautfarbe hassen kann.

KAPITEL 7

MAGERE ZEITEN

Dass sich einiges ändern würde spürte man, konnte es jedoch noch nicht greifen. Unsere Erfolgsbilanz vom Sommer 2003 bis zum Mai 2006 war nicht gerade berauschend. Wir gewannen zwar 2004 den FA Cup und zwei Jahre später den Ligapokal, doch holten in dieser Zeit Arsenal und Chelsea die Meisterschaft.

Bis sich Cristiano Ronaldo und Wayne Rooney zum Kern unserer Mannschaft entwickelt hatten, mit der wir 2008 die Champions League gewannen, lag ein steiniges Stück Weg vor uns. Wir versuchten möglichst erfahrene Spieler einzusetzen, doch viele erfüllten unsere Erwartungen nicht. David Beckham war zu Real Madrid gegangen, und Verón stand im Begriff, zu Chelsea zu wechseln. Barthez wurde im Tor durch Tim Howard ersetzt. Kléberson, Eric Djemba-Djemba sowie David Bellion waren neue Gesichter. Auch Ronaldinho hätte dazugehören können. Er hatte unserem Angebot zunächst zugestimmt, es dann aber doch abgelehnt.

Vor der Wahrheit jener Jahre sollte man nicht die Augen verschließen. Wir kauften hastig bewährte Spieler ein, von denen wir hofften, sie würden sofort unseren Ansprüchen gerecht werden. Kléberson war zum Beispiel mit Brasilien Weltmeister geworden und erst 24 Jahre alt. Verón war ein Spieler von Weltruf. Djemba-Djemba hatte in Frankreich auf gutem Niveau gespielt. Es schien so, als wären sie unproblematische, wenn nicht gar naheliegende

Lösungen. Dennoch war mir nicht ganz wohl dabei. Ich mag keine unkomplizierten Verpflichtungen. Ich möchte um einen Spieler kämpfen müssen, weil ein richtiger Abwerbekampf in der Regel bedeutet, dass man um etwas Wertvolles ringt. Mir gefiel es, wenn ein Club mit allen Mitteln seinen Spieler halten wollte. Aber die Spieler, die wir zu jener Zeit verpflichtet haben, waren leicht abzuwerben.

Um die Jahrtausendwende hatte ich den Eindruck, wir würden einfach jeden Torwart des Landes unter Vertrag nehmen. Mark Bosnich war ein typisches Beispiel dafür. Dessen Verpflichtung im Jahr 1999 war eine Reaktion auf die völlig überraschende Mitteilung von Peter Schmeichel, dass er nach dieser Spielzeit aufhören würde. Wir trafen eine überstürzte Entscheidung.

Obwohl wir wussten, wie problematisch Bosnichs Verhalten außerhalb des Spielfelds war, trafen wir ihn Anfang des Jahres. Ich schickte einen meiner Mitarbeiter zu Aston Villa, der ihn beim Training beobachten sollte. Bei den Trainingseinheiten tat Bosnich nichts, was mich davon überzeugt hätte, dass er der richtige Mann für uns wäre. Deshalb änderte ich den Kurs und zog stattdessen Edwin van der Sar in die engere Wahl. Ich sprach mit seinem Agenten und dann mit Martin Edwards, der jedoch abwinkte und mir eröffnete: »Alex, tut mir leid, ich habe Bosnich schon zugesagt.«

Das war ärgerlich. Martin Edwards hatte Bosnich seine Verpflichtung zugesagt und wollte sein Wort nicht brechen, was ich durchaus verstehen konnte. Aber es war ein schlechter Deal. Bosnich war ein echtes Problem. Sein Trainings- und Fitnessniveau lag unter unseren Anforderungen. Wir schafften es zwar, ihn auf ein höheres Level zu bringen und waren der Meinung, recht gut mit ihm voranzukommen. Bei unserem Sieg im Intercontinental Cup über Palmeiras im Jahr 1999 spielte er hervorragend und hätte sogar vor Giggs zum Man of the Match gewählt werden müssen. Wenig später, es war im Februar, fuhren wir zu einem Spiel nach Wimbledon. Wir aßen in einem Restaurant und Bosnich bestellte fast alles, was auf der Speisekarte stand. Er futterte wie ein Scheunendrescher.

»Um Himmels willen, Mark«, sagte ich zu ihm, »wir müssen dir das alles wieder abtrainieren, warum stopfst du so viel in dich rein?«

»Ich bin am Verhungern, Boss«, antwortete er.

Als wir wieder in Manchester ankamen, bestellte sich Mark als Erstes in einem chinesischen Schnellrestaurant Nachschub. »Hat das denn gar kein Ende?«, fragte ich ihn. »Überleg dir, was du da machst.« Doch was ich auch sagte, es zeigte keine Wirkung.

Wir konnten den Weggang von Peter Schmeichel nicht so einfach kompensieren. Er war der beste Torwart der Welt, und wir standen auf einmal ohne ihn da. Es wäre besser gewesen, ihn durch Edwin van der Sar zu ersetzen. Sein Agent hatte mir noch gesagt: »Sie werden sich beeilen müssen, weil er bereits mit Juventus verhandelt.« Doch wir verpassten die Gelegenheit. Dann musste ich also Edwins Agenten erneut kontaktieren und ihm erklären, dass wir uns bereits für jemand anderen entschieden hätten, und dass ich mein Interesse zurückziehen müsste.

Ich hätte ihn damals trotzdem nehmen sollen, als zweiten Neuzugang. Das tatsächliche Leistungsvermögen von Bosnich wäre uns recht bald klar geworden, und van der Sar hätte wohl vom Ende der Schmeichel-Ära bis zu meinen letzten Jahren bei United gespielt. Ich hätte kein Geld für Massimo Taibi oder Fabien Barthez auszugeben brauchen, der ein guter Torhüter war, aber daheim in Frankreich Probleme hatte.

Nachdem wir Edwin van der Sar 2005 verpflichten konnten wurde deutlich, dass van der Sar ebenso gut war wie Peter Schmeichel. Die beiden unterschieden sich in Hinblick auf ihr Talent nur wenig.

Schmeichel hielt einige unhaltbare Bälle und lieferte etliche Wow-Momente. ›Mensch, wie hat er das bloß gemacht?‹, fragte ich mich mehr als einmal. Er hatte eine unglaubliche Sprungkraft und eine beeindruckende Fitness dazu. Van der Sars Stärken lagen dagegen in seiner Beherrschung, seiner Gemütsruhe, seinem Umgang mit dem Ball und seinem organisatorischen Talent. Er hatte als Torwart einen anderen Stil, der war aber von unschätzbarem Wert. Van der Sar beeinflusste die Menschen um sich in einem positiven Sinn.

Schmeichel verband hingegen eine Hassliebe mit Steve Bruce und Gary Pallister. Häufig kam er aus dem Gehäuse und brüllte sie an. Brucey schrie dann zurück: »Verzieh dich in deinen Kasten, du große deutsche Schnecke.« Das konnte Schmeichel nicht ausstehen. »Ich bin kein Deutscher«, zischte er dann jedes Mal. Außerhalb des Spielfelds waren sie aber gute Kumpels. Auf dem Platz war Schmeichel jedoch oft sehr launisch.

Van der Sar war in der Umkleide kaum zu überhören. Er hatte eine laute Stimme, das Organ eines Holländers. »Hier wird nicht herumgealbert!«, bellte er häufig. Aber auch Schmeichel hatte der Mannschaft deutliche Ansagen gemacht. Ich hatte das Glück, die zwei besten Torhüter jener beiden Jahrzehnte in meiner Mannschaft zu haben. Daneben würde ich nur noch Peter Shilton und Gianluigi Buffon gelten lassen. Doch meiner Meinung nach waren Schmeichel und van der Sar zwischen 1990 und 2010 die absolut Besten.

Aber die Kunst eines Top-Keepers besteht nicht allein im Torwartspiel. Ebenso entscheidend ist seine Persönlichkeit, die man mitbringt. Torhüter müssen nicht nur gut halten, sondern auch mit eigenen Fehlern gut umgehen können. Bei Manchester United braucht man ein dickes Fell, um die Nachwirkungen eines krassen Fehlers zu verkraften. Ich hatte Peter Schmeichel ein halbes Dutzend Mal beobachtet. Alan Hodgkinson, der Torwarttrainer, hatte mir nahegelegt: »Er ist eine Bank. Hol ihn.«

Zunächst war ich mir unsicher, ob ich ausländische Torhüter in den englischen Fußball holen sollte. Eines der ersten Spiele von Schmeichel fand gegen Wimbledon statt. Die Crazy Gang, wie der FC Wimbledon auch genannt wurde, machte sich über ihn her, nahm ihn unter Dauerbeschuss und ging ihn auch mit den Ellbogen an. Schmeichel drehte durch und schrie nach den Offiziellen. »Schiedsrichter, Schiedsrichter!« Ich beobachtete die Szenerie und dachte: ›Der hat keine Chance.‹ Bei einem anderen seiner ersten Spiele in England lief Peter raus, um eine Flanke auf den zweiten Pfosten abzufangen, kam aber gefühlte zwei Tage zu spät. Lee Chapman machte das Tor. Schmeichel beging also in der ersten Zeit etliche Fehler, während er sich dem englischen Spiel anpasste, und die Fans fragten: »Was haben wir denn da eingekauft?« Aber er besaß eine unglaubliche Konstitution, er machte das Tor zu und war mutig. Sein Abschlag auf die Spieler war fantastisch. In diesen schwierigen Anfangszeiten kamen ihm alle diese Qualitäten zugute.

Van der Sar erlebte viele Veränderungen in unserer Verteidigung mit. Schmeichel stand dagegen fast jede Woche hinter den gleichen vier Abwehrspielern. Parker, Bruce, Pallister und Irwin. Sie absolvierten buchstäblich jedes Spiel. Dagegen musste sich van der Sar an andere Innenverteidiger und neue Außenverteidiger gewöhnen. Es gab ständig Wechsel. Daher war es umso bemerkenswerter, dass es ihm unter solchen Umständen gelang, diesen Teil der Mannschaft so gut zu organisieren.

Es war die Zeit, als Peter Kenyon bei Untited für die Transferverhandlungen zuständig war. Patrick Vieira von Arsenal war einer jener Spieler, den wir gern unter Vertrag genommen hätten. Ich bat Peter, bei Arsenal anzurufen und sich nach Vieira zu erkundigen. Er erzählte mir, dass er das er bereits gemacht habe. Am folgenden Tag sprach ich darüber mit David Dein, dem Vize-Chairman von Arsenal. Er schaute mich an, als ob mir Hörner gewachsen wären. Er schien keine Ahnung zu haben, wovon ich redete. Einer von beiden wollte sich wohl nicht in die Karten schauen lassen, und ich weiß bis heute nicht, wer das war.

Immer wieder riefen mich Agenten an und sagten: »Mein Spieler würde so gern bei Manchester United spielen.« Solche Ansinnen stellte ich nie infrage. Aber ich wusste natürlich auch, dass sie ebenso gern für Arsenal, Real Madrid, Bayern München und all die anderen Spitzenclubs gespielt hätten. Natürlich wollen Spieler in die großen Vereine. Und auch ihre Agenten verdienten damit mehr Geld. In jener Phase der Marktsondierung nahmen wir Juan Sebastián Verón ins Visier.

Die Mannschaft veränderte sich. Es ist für einen Trainer nicht einfach, solche Veränderungen langfristig vorherzusehen. Die alte Viererkette brach am schnellsten auseinander. Wenn es zu solch radikalen Veränderungen kommt, wird einem plötzlich klar, dass man nicht unbedingt die nötige Reserve zur Verfügung hat. Später machte ich es mir deshalb zum Prinzip, viel weiter vorauszuplanen.

Verón war ein grandioser Spieler mit einer immensen Ausdauer. Ich gestehe, dass ich die Arbeit mit argentinischen Fußballern ziemlich schwierig fand. Sie zeigten einen unglaublichen Patriotismus. Ständig hatten sie die argentinische Nationalflagge bei sich. Damit hatte ich keine Probleme, doch die Argentinier, die ich trainiert habe, gaben sich keine große Mühe, Englisch zu sprechen. Das einzige englische Wort, das Verón beherrschte, war »Mister«.

Aber er war ein brillanter Fußballer! Seine Spielintelligenz und seine Kondition waren erstklassig. Unser Hauptproblem war, dass wir keine Position fanden, auf der wir ihn einsetzen konnten. Wenn wir ihn als zentralen Mittelfeldspieler aufstellten, spielte er am Ende als Mittelstürmer oder weit rechts beziehungsweise weit links außen. Er jagte einfach dem Ball nach. Wir fanden es immer schwieriger, ihn, Scholes und Keane im Mittelfeld einzusetzen.

Obwohl er einige fantastische Spiele für uns machte, konnte man nicht absehen, wie sich die Mannschaft formieren würde. Die Positionsstabilität, die wir uns damals wünschten, war weit und breit nicht zu sehen. Beckham hatte uns verlassen, Ryan kam ebenso in die Jahre wie Roy und Paul, und wir hielten nach der Frische Ausschau, die uns den Impuls hätte geben können, uns wirklich weiterzuentwickeln. Verón konnte einfach nicht in unserem Team spielen, obwohl er etliche spektakuläre Einsätze hatte. Er war Individualist. Er zählte zu jenen, die, ließ man beim Training Rot gegen Gelb antreten, kurzerhand für beide Teams spielten. Er nahm einfach jede Position ein. Er rannte, wohin er wollte. Selbst wenn ich ihn hundert Jahre trainieren würde, wüsste ich nicht, auf welcher Position ich ihn einsetzen soll. Er war die Wild Card, der Joker. Irgendwann sagte jemand zu mir: »Hast du je daran gedacht, ihn in einer leicht zurückgezogenen Position vor den beiden Vorstoppern spielen zu lassen?« Ich darauf: »Du träumst wohl. Ich bringe ihn ja nicht mal dazu, dass er auf irgendeiner anderen Position bleibt, warum sollte er ausgerechnet dort bleiben?« Anscheinend hatte er bei Lazio auf dieser Position gespielt und sich dort bewährt. Aber er war wie ein Vogel, der flog, wohin er wollte.

Er bescherte uns aber auch göttliche Momente. In einem Spiel zur Saisonvorbereitung schaltete er etliche Spieler an der Torauslinie aus und flankte den Ball auf van Nistelrooy, der den Ball im Kasten versenkte. Oder er schlug eine Flanke auf Beckham mit dem Außenrist, und sie beschrieb einen Bogen um die Abwehr. Beckham rannte dem Ball entgegen und hob ihn über den Torwart. In manchen Momenten konnte Verón grandios sein. Was sein Talent betraf, gab es an ihm wirklich nichts auszusetzen. Er war beidfüßig, er konnte rennen, seine Ballkontrolle war fantastisch, seine Spielübersicht brillant – er konnte sich nur nicht in die Mannschaft einfügen. Die englische Spielweise war für ihn kein Hindernis. Er war robust und er hatte immer genug Mumm zu spielen.

Zu dieser Zeit kamen Gerüchte auf, Verón habe sich mit anderen Spielern zerstritten. Ich glaube das nicht, denn er saß immer allein in der Umkleide und redete mit niemandem, denn er konnte ja die Sprache nicht. Er war nicht etwa unkameradschaftlich, sondern halt nur nicht besonders kommunikativ. Wenn ich ihn morgens traf, begrüßte ich ihn immer mit: »Guten Morgen, Seba.« »Morning, Mister«, das war alles, was zurück kam. Man konnte ihm kaum ein weiteres Wort aus der Nase ziehen. Ich erinnere mich zwar an eine unschöne Auseinandersetzung mit Roy Keane nach einem Champions-League-Spiel. Aber generell war Verón kein Störenfried.

Wir versuchten, unsere Spielweise auf kontinentaleuropäischer Ebene zu verändern. Zwei Jahre nach dem Gewinn der Champions League 1999 fuhren wir zu Spielen gegen Anderlecht nach Belgien und nach Holland gegen den PSV Eindhoven. Wir verloren haushoch. Allein nur durch Kontertore. Wir spielten das traditionelle 4-4-2-System und wurden geschlagen. Ich sagte den Spielern und dem Trainerstab, dass wir, wenn wir den Ball nicht besser halten und im Mittelfeld stabil stehen, noch mehr solcher Niederlagen kassieren würden, weil die gegnerischen Mannschaften uns durchschauen werden. Deshalb verlegten wir uns bewusst darauf, mit drei zentralen Mittelfeldspielern anzutreten. Verón war Teil dieser Neuausrichtung.

Wenn ich Veränderungen vornahm, was ich im Laufe dieses Jahrzehnts mehr als einmal tun musste, geriet ich immer wieder an Spieler, die ich bewunderte. Ich bemühte mich beispielsweise sehr, Paolo Di Canio zu verpflichten. Der Vertrag war ausgehandelt. Wir hatten ein Angebot gemacht, das er angenommen hatte. Aber dann verlangte er plötzlich mehr. Das ging für uns nicht, und wir lehnten ab. Aber er zählte zu den Spielern, die für United eine echte Bereicherung gewesen wären. Er konnte nicht nur gut spielen, sondern auch Zuschauer anlocken und die Fans von den Sitzen reißen.

Dann war da noch Ronaldinho. Aber auch er ging uns durch die Lappen, obwohl der Deal fast schon perfekt war. Der Versuch, Ronaldinho zu verpflichten, zeigte einmal mehr, dass United schon immer an Spielern interessiert war, die zu Publikumsmagneten werden konnten. Ich war stets auf der Suche nach solch speziellen Talenten. Meine Überlegung im Vorfeld der Verhandlungen war die: ›Für Beckham bekommen wir 25 Millionen Pfund, und Ronaldinho kriegen wir für 19 Millionen. Was um alles in der Welt sollte dich also noch zurückhalten? Das ist doch ein Schnäppchen!‹

2003 trennten wir uns dann von Verón, nachdem er Quinton Fortune erzählt hatte, dass er zu Chelsea wechseln würde. Ich wollte ihn nicht für weniger als 15 Millionen Pfund ziehen lassen. Das Angebot von Chelsea lag bei neun Millionen. »Kommt überhaupt nicht infrage, dass er für neun Millionen wechselt«, sagte ich. Und dann informierte mich Peter Kenyon: »Ich habe dem Deal zugestimmt – 15 Millionen.«

Dann kam das Spiel gegen Sporting Lissabon und John O'Shea gegen Ronaldo. Ich kann mich noch immer hören, wie ich John zubrüllte: »Bleib an ihm dran, Sheasy.«

»Ich schaff's nicht«, kam von ihm zurück.

Einen Monat später rief David Gill an und fragte: »Ist es richtig, dass Peter Kenyon zu Chelsea gegangen ist?« David übernahm den Job als geschäftsführender Direktor – ein echter Gewinn. Ich hatte den Eindruck, Peter Kenyon hatte sich zu viel aufgehalst und konnte folglich bei einigen der wichtigsten Aufgaben nicht liefern. Die Fähigkeit, die man in dieser Funktion braucht, ist die, große Vorhaben tatsächlich auch zu Ende zu führen.

Als David Gill auf diesen Stuhl wechselte, befürchtete ich, dass er in seinem neuen Job vielleicht Unsicherheit zeigen würde. David war von Haus aus Wirtschaftsprüfer. In einem Gespräch gab ich ihm deshalb die Empfehlung: »Mach es nicht so wie Peter Kenyon. Lade dir nicht zu viel auf. Delegiere.« David war zweifellos der beste Geschäftsführer, mit dem ich es je zu tun hatte. Erstklassig, grundehrlich und sehr umgänglich. Er blieb immer auf dem Boden und wusste um den Wert des Fußballs. Und er verstand sein Geschäft. Auch Martin Edwards kannte sich im Fußball-Business gut aus, aber mit David gab es keinerlei Schwierigkeiten. Er konnte einem etwas sagen, was einem gar nicht gefiel, und schreckte nicht davor zurück, es auch laut auszusprechen. Nur so kann es funktionieren.

Zwar unterstützte mich auch Martin Edwards in den entscheidenden Phasen, doch bis David die Verantwortung übernahm, fühlte ich mich immer unterbezahlt. Ich war der Meinung, dass die geleistete Arbeit auch finanzielle Anerkennung finden muss. Es ist zwar gut und schön, wenn einem gesagt wird, dass man gute Arbeit leistet, aber diese Anerkennung muss sich auch im Gehalt widerspiegeln.

Für die Verantwortlichen im Club bedeuten Besitzerwechsel immer eine Heidenarbeit. Nach einer Übernahme verändert sich meist alles und Fragen wie diese tauchen auf: Wünschen die sich einen neuen Trainer, einen neuen Manager? Mit der Übernahme des Clubs durch die Glazers begann für David eine äußerst schwierige Zeit. Das Medieninteresse war gewaltig. Das Thema Schulden kam gar nicht mehr aus den Schlagzeilen. Doch Davids Erfahrungen als Finanzbuchhalter waren hier ein großer Vorteil.

Seit ich zu United gekommen bin, war es meine Vision, einen Club zu formen, in dem sich junge Talente entwickeln können. Um diesem Ziel näherzukommen, mussten wir unsere eigene Basis, bestehend aus Giggs, Scholes, Neville und Keane absichern. Wir hatten genügend Mittel in der Hinterhand, um uns nach neuen Spielern umzusehen. Van der Sar war ein weiterer Eckpfeiler der Mannschaft. Ihn unter Vertrag zu nehmen, war wohl einer meiner allerbesten Coups.

Die Suche nach einem neuen Bryan Robson hatte uns zu Roy Keane geführt. Eric Djemba-Djemba hielten wir ebenso für einen potenziellen zentralen Mittelfeldspieler der Extraklasse. Ich reiste nach Frankreich, um ihn dort spielen zu sehen, und er machte sich wirklich gut. Er verstand das Spiel, erstickte Angriffe im Keim und war für vier Millionen Euro zu haben. Ich war auch nach Frankreich gereist, um mir den Torwart von Stade Rennes anzusehen: Petr Čech, der damals 18 oder 19 Jahre alt war. Meiner Meinung nach war er zu jung für uns.

Manchmal verlor man einen Spieler, bekam jedoch einen Ersatz mit ähnlichen Fähigkeiten. So ließen wir uns beispielsweise Paul Gascoigne entgehen, verpflichteten dafür aber Paul Ince. Wir konnten Alan Shearer nicht bewegen, zu uns zu kommen, aber wir nahmen Éric Cantona unter Vertrag.

In der Regel hat man mehrere Eisen im Feuer. Man hat eine Reihe von Kandidaten im Visier, und wenn einem einer dieser Spieler durch die Lappen gegangen ist, hält man nach einem anderen Ausschau. Unser grundsätzliches Ziel war es aber immer, die Entwicklung jedes Spielers, den wir schließlich verpflichteten, zu fördern. Éric Cantona war schon Mitte 20, doch meist hatte man jüngere

Spieler im Auge. Rooney und Ronaldo waren fast noch Teenager, als sie zu uns kamen. Nach 2006 verdoppelten wir unsere Anstrengungen, um nicht in die Altersfalle zu tappen und zusehen zu müssen, wie die Mannschaft überaltert. Wir konzentrierten uns nun wieder vermehrt auf eine Verjüngung der Mannschaft. Bei Andy Cole, Dwight Yorke und Teddy Sheringham ließ entweder das Leistungsniveau nach, oder sie wurden schlicht zu alt. Unter diesen Umständen ist das eigene Scouting-Netzwerk besonders gefordert, und die Talentsucher stehen unter massivem Druck. Ständig liegt man ihnen in den Ohren: »Raus mit der Sprache, wen habt ihr draußen entdeckt?«

Zur Verpflichtung von Kléberson kam es, nachdem er bei der WM 2002 in der brasilianischen Nationalelf auf sich aufmerksam gemacht hatte. Er spielte noch immer in seinem Heimatland, als wir ihn unter Vertrag nahmen. Er war allerdings ein Beispiel dafür, welche Risiken man mit überstürzten Verpflichtungen eingeht. Wonach wir suchten, war ein Spieler, der irgendwann Keane ersetzen konnte, und aus diesem Grund hatten wir auch Vieira im Blick. Er wäre die Idealbesetzung gewesen, denn er kannte das englische Spiel, war eine beeindruckende Persönlichkeit und zudem eine Führungsfigur. Bezeichnend für einen großen Spieler ist ja das Phänomen, dass die Fans gegnerischer Mannschaften Sprechchöre gegen ihn anstimmen, und Sprechchöre gegen Patrick Vieira konnte man immer hören. Alan Shearer zählte ebenfalls zu den Großen. Auch er wurde von der gegnerischen Seite immer mit Sprechchören bedacht.

Kléberson war ein begabter Spieler. Aber er bestätigt meine Auffassung, im Vorfeld einer Verpflichtung sowohl die Familienverhältnisse als auch den Charakter des Spielers sorgfältig unter die Lupe zu nehmen. Wir bekamen ihn zu einfach. Das machte mich stutzig. Als der Junge ankam, fanden wir heraus, dass er ein 16-jähriges Mädchen geheiratet hatte. Er war 23. Sie brachte ihre ganze Familie mit nach England. Bei der Saisonvorbereitung im portugiesischen Vale do Lobo sollten vor dem Training eigentlich nur die Spieler beim Frühstück anwesend sein. Kléberson brachte seinen Schwiegervater mit. Er schien in seiner Familie keinerlei Autorität zu besitzen. Ein netter Junge, aber ihm fehlte auch das Selbstvertrauen, Englisch zu lernen.

Während des Spiels legte er eine fabelhafte Ausdauer und eine tolle Technik an den Tag, konnte sich aber nicht wirklich durchsetzen. Vielleicht war er in Brasilien anders eingesetzt worden, als wir es vorhatten. In seiner Heimat stand er vor der Viererkette, um Roberto Carlos und Cafú als Außenverteidiger in Szene zu setzen.

Wenn Probleme in aller Eile gelöst werden müssen, macht man Fehler. Wir waren immer am besten, wenn wir über Jahre nach einem ganz bestimmten Plan vorgingen, Spieler beobachteten und detaillierte Informationen einholten. Über Cristiano Ronaldo wussten wir fast alles, als wir ihn schließlich unter Vertrag nahmen. Wir versuchten, Rooney im Alter von 14 Jahren zu bekommen und versuchten es erneut mit 16 und schafften es schließlich, als er 17 war. Bei Rooney konnte man planen. Seine Verpflichtung war United-Scouting vom Feinsten. Die Einkäufe von Verón und Kléberson waren dagegen übers Knie gebrochen. Keine Panikkäufe, aber überstürzt.

Auf Djemba-Djemba, einen weiteren hervorragenden Spieler, wurde von der Presse eingeprügelt und behauptet, er sei keine hochkarätige Verpflichtung. Zu Beginn hatte sie auch Verón im Visier, aber in Bezug auf Kléberson und Djemba-Djemba zeigten sie mäßige Begeisterung. David Bellion war jung, und wir glaubten, er könne sich bei uns gut entwickeln. Er war blitzschnell, ein charmanter Junge, gläubiger Christ und sehr schüchtern. Er spielte beim AFC Sunderland und war als Ersatzspieler gegen uns angetreten und hatte uns sauber auseinandergenommen. Als sein Vertrag auslief, wollten wir ihn verpflichten. Hätten wir uns seinen Hintergrund genauer angeschaut, dann wäre uns sicherlich aufgefallen, wie zaghaft er war. Wir verkauften ihn für eine Million Euro an Nizza, und er wechselte weiter zu Bordeaux, was uns eine Extrazahlung einbrachte. Der Bellion-Transfer war nicht dazu geeignet den Grundstein für eine neue Mannschaft zu legen. Der Spieler war eher eine Ergänzung des Teams und günstig zu haben.

Den Wendepunkt in unserer Transferpolitik erreichten wir, als es uns gelang, Ronaldo und Rooney zu gewinnen und uns die erstklassigen Verpflichtungen zu sichern, die wir brauchten: Ausnahmefußballer, Siegertypen. Patrice Evra und Nemanja Vidić waren im Januar 2006 weitere herausragende Neuzugänge. Die exzellenten Eigenschaften Vidićs waren sein Mut und seine Entschlossenheit. Er konnte attackieren, den Ball per Kopfstoß abwehren. Wir waren auf der Suche nach einem typisch englischen Innenverteidiger. Vidić hatte seit November, dem Saisonende in Moskau, nicht mehr gespielt. Bei seinem ersten Einsatz für United gegen Blackburn pfiff er auf dem letzten Loch. Er brauchte unbedingt eine Saisonvorbereitung.

Wir setzten kurzzeitig Gabriel Heinze als Linksverteidiger ein, auf der ehemaligen Position von Denis Irwin, entschieden uns dann aber für Evra, der schon in Monaco als Außenverteidiger gespielt hatte – auf der Position also, auf der er im Champions-League-Finale gegen Porto zum Einsatz gekommen war.

Die Suche nach zentralen Defensivspielern gleicht der nach seltenen Vögeln. Als wir Evra zum ersten Mal sahen, spielte er als Außenverteidiger, hatte das nötige Tempo und war jung genug, um in unserem System auf die Position des zentralen Verteidigers zu wechseln. Wir kannten seine Fähigkeiten, nach vorne zu preschen. Er war schnell, besaß eine hervorragende Technik und eine ausgeprägt starke Persönlichkeit. Bei Heinze lag der Fall anders. Er war gnadenlos und hätte, wenn nötig, sogar seine Großmutter verkauft. Aber er war ein absoluter Siegertyp, der auch als Vorstopper spielen konnte. Diese beiden Verpflichtungen erwiesen sich als überaus gelungen.

United Fans werden sich daran erinnern, wie Evra sein Debüt beim Manchester Derby im Eastlands-Stadion gab und eine absolut katastrophale Leistung zeigte. Man konnte geradezu sehen, wie er dachte: ›Warum bin ich überhaupt hier?‹ Schließlich gewöhnte er sich aber an uns und entwickelte sich weiter. Heinze wiederum war sehr materialistisch eingestellt, und ich hatte oft das Gefühl, er war ständig auf der Suche nach einem lukrativeren Vertrag. Nach einem Jahr wollte er uns schon wieder verlassen. Wir spielten gegen Villarreal und hatten in einem schönen Komplex außerhalb von Valencia Quartier bezogen, als sein Berater zu mir kam, um mich zu informieren, dass Heinze wechseln wollte.

Danach veränderte sich jedoch die Situation. Am folgenden Tag verletzte er sich am Kreuzband. Wir unternahmen alles, um seine Behandlung sicherzustellen. Ihm wurde es auch ermöglicht, sich in Spanien auszukurieren. Er blieb sechs Monate dort und kam nur für ein einziges Spiel nach England zurück. Wir haben jedenfalls unser Bestes getan. Doch Ende Dezember erschien er wieder und deutete an, wechseln zu wollen. Dann verlangte er geänderte Vertragsbedingungen. Als er von seiner Verletzung völlig genesen wieder zu uns zurückkehrte, setzten wir uns in größerer Runde mit ihm zusammen und kamen schließlich zu dem Schluss, dass wir ohne ihn besser dran wären. Wir vereinbarten, ihn für neun Millionen Pfund ziehen zu lassen. Gemeinsam mit seinem Agenten wandte er sich direkt an Liverpool, die ihn unter Vertrag nehmen wollten. Das lehnten wir kategorisch ab. Gabriel Heinze wurde unmissverständlich klargemacht, dass Manchester United grundsätzlich keine Spieler an Liverpool abgibt und umgekehrt. In der Folge kam es zu gerichtlichen Auseinandersetzungen, die schließlich zu unseren Gunsten entschieden wurden, und wir gaben Heinze an Real ab.

Alan Smith war ein weiterer Zukauf in dieser Zeit. Im Mai 2004 wechselte er für sieben Millionen Pfund zu uns. Leeds steckte damals in finanziellen Schwierigkeiten, und die Nachricht, dass Alan für etwa fünf Millionen Pfund zu haben sei, war zu David Gill durchgesickert. Ich hatte Alan Smith schon immer gemocht. Er war das, was ich als Spieler mit der richtigen Einstellung bezeichnen würde. Und er hatte einen angenehmen Charakter. Alan konnte auf mehreren Positionen spielen: Rechtsaußen, im Mittelfeld und als Mittelstürmer. Er war ein Spieler vom Schlag eines Mark Hughes: kein großartiger Torjäger, aber gut für das Team. Später transferierten wir ihn für sechs Millionen Pfund zu Newcastle. Alan machte für uns einen guten Job und brillierte mit ein paar fantastischen Auftritten. Seine Verletzung im Viertelfinal-Rückspiel des FA Cups beim FC Liverpool 2006 war eine der schlimmsten Frakturen, die ich je gesehen habe. Ich werde nie vergessen, wie ich ihn auf dem Behandlungstisch in einer Liverpooler Klinik habe liegen sehen. Er hatte sich das Bein gebrochen und den Knöchel ausgerenkt. Sein Fuß war um 180 Grad verdreht. Bobby Charlton, der mich begleitete, zuckte zusammen. Und dabei hatte er den Flugzeugabsturz in München 1958 übererlebt. Alan dagegen war die Ruhe selbst und lag ausdruckslos da. Es war wirklich ein Horrorunfall.

Alans Verhalten machte mir klar, dass die Schmerzschwelle bei manchen Menschen höher liegt als bei anderen. Ich zum Beispiel habe große Angst vor Spritzen. Sobald Nadeln im Spiel sind, bin ich ein hoffnungsloser Fall. Als ich in Glasgow noch als Pub-Betreiber mein Geld verdiente, wollte ich eines Sonntagmorgens beim Fasswechsel ein Tauchrohr lösen, um Luft abzulassen, als mir plötzlich eine Ratte auf die Schulter sprang. Ich machte einen Satz nach hinten, und das Tauchrohr bohrte sich in meine Wange. Man kann das Hauttransplantat noch immer sehen. Ich fuhr die zwei Meilen zum nächsten Krankenhaus, ohne das Rohr auch nur zu berühren. Eine Krankenschwester entfernte es mir dann aus der Wange. Als sie mir aber eine Spritze gab, verlor ich sofort das Bewusstsein. Später sagte dann die Krankenschwester zu mir: »Das ist also der große Mittelstürmer des Rangers Football Clubs, und der fällt bei einer Spritze in Ohnmacht.« Ich wäre am liebsten vor Scham gestorben. Und Alan lag mit einer der schlimmsten Verletzungen, die ich je gesehen habe, da und tat keinen Mucks. Genau das war Alan: ein total zäher Kerl. Außerdem war er ein guter Profi. Was ihm allerdings fehlte, war die absolute Topqualität, die man braucht, um sich in den größten Clubs einen Namen zu machen. Als uns dann ein Transferangebot von Newcastle gemacht wurde, ließen wir ihn gehen.

Zum Schluss hatten wir ihn als defensiven Mittelfeldspieler eingesetzt. Er verteidigte gut, konnte das Spiel aber nicht so lesen wie jemand, der den Ball wirklich halten kann. Er war ein Mittelfeldspieler, der angreifen konnte, wo auch immer der Ball gerade war. In seinen Zeiten als Mittelstürmer hatten die Innenverteidiger mit Alan selten leichtes Spiel. Aber die Tatsache, Roy Keane in absehbarer Zeit ersetzen zu müssen, zwang uns, nach einem Spieler Ausschau zu halten, der in die richtigen Räume stoßen konnte, so wie Owen Hargreaves es eine Zeit lang konnte. Alan war nicht der Typ dafür, aber er war, wie schon erwähnt, ein guter, ehrlicher Fußballer, der gern für uns spielte. Ich brauchte lange, bis ich ihm beibringen konnte, dass ich ihm keinen Spieleinsatz garantieren konnte. Die Mannschaft hatte sich eben weiterentwickelt.

Louis Saha, ein anderer Neuzugang, wechselte im Januar von Fulham zu uns. Doch hartnäckige Verletzungen standen sowohl gegen ihn als auch gegen uns. Wir hatten ihn ein paar Mal in Metz beobachten lassen, doch die Berichte der Scouts gaben keine Hinweise darauf, dass er für die größten Clubs interessant sein könnte. Dann tauchte er in Fulham auf, und jedes Mal, wenn er gegen uns spielte, erinnerte er uns daran, dass er noch auf unserer Kandidatenliste stand. Bei einem FA-Cup-Spiel in Craven Cottage ließ er Wes Brown an der Mittellinie stehen, zog auf unser Tor zu, legte den Ball quer, und Fulham machte seinen Treffer. Von da an behielten wir ihn im Auge, und im Januar waren wir bereit, die nötigen Schritte einzuleiten.

Die Verhandlungen mit Mohammed Al Fayed, dem Besitzer von Fulham, gestalteten sich schwierig. Uns wurde berichtet, dass man sich eine bestimmte Summe vorstellte, und gab uns zu verstehen: »Weiter herunterhandeln lässt er sich nicht.« Es war ein mittlerer Betrag: 12 Millionen Pfund.

Von allen Mittelstürmern, die wir verpflichteten, sollte sich Saha in Hinblick auf vorhandene Talente (beidfüßig, gut in der Luft, Sprungkraft, Tempo, Kraft) als einer der besten erweisen. Doch dann kamen die Verletzungen. Louis, der keine 50 Meter von mir entfernt wohnte und ein netter Typ war, musste 150-prozentig fit sein, um spielen zu können. Es war für alle eine Tortur. Und bei ihm war es nicht so, dass er nur für Wochen ausfiel – es waren eher Monate. Der Grund, warum wir ihn schließlich verkauften, war der, dass ich, ganz gleich wie talentiert er auch war, nie mit ihm planen konnte. Es war mir mit ihm unmöglich zu sagen: »Das ist meine Mannschaft für die nächsten zwei oder drei Jahre.«

Louis Saha war noch so jung, dass man ihn als Eckpfeiler einer Mannschaft hätte aufbauen können, doch die Unwägbarkeiten aufgrund seiner vielen Ausfälle machte Planungen für die weitere Zukunft unmöglich.

Er ärgerte sich über seine ständigen Verletzungen so sehr, dass er überlegte, seine Fußballkarriere zu beenden. »Du bist ein junger Mann, du gibst nicht wegen einer Verletzung auf, du musst nur daran arbeiten, wieder zurückzukommen. Das kann nicht ewig dauern«, sagte ich deshalb zu ihm. Zudem war er von Schuldgefühlen geplagt, weil er dachte, er ließe uns im Stich. Unentwegt schickte er mir deshalb Mails und entschuldigte sich. Ich versuchte ihm klar zu machen, dass er einfach Pech gehabt hatte und dass man in der langen Geschichte des Fußballs immer wieder Spieler findet, die vom Pech verfolgt waren.

Viv Anderson zählte beispielsweise dazu. Als wir Vivs Einsatzbilanz bei Arsenal checkten, stellten wir fest, dass er in vier Jahren vier Spiele versäumt hatte. Jedes Mal wegen einer Sperre. Als Viv dann zu uns kam, war er eigentlich nie fit. Wir ließen ihn ablösefrei zu Sheffield Wednesday wechseln. Er spielte dort drei Jahre und versäumte kaum ein Spiel. Ich machte ihm deshalb immer wieder Vorhaltungen und sagte: »Ich glaube, du wolltest nicht für mich spielen.« Aber er ist ein großer United Fan und wollte unbedingt für uns brillieren, wurde aber von hartnäckigen Knieproblemen ausgebremst.

Louis Saha wusste, dass die Verletzungen natürlich seiner Form schadeten, und das war wohl der tiefere Grund seiner Schuldgefühle. Carlos verordnete ihm ein zweiwöchiges Trainingsprogramm, um ihn in 14 Tagen wirklich fit zu machen. Es war ein auf ihn zugeschnittenes Training, das er selbstständig absolvierte. Wir erklärten es ihm, und Louis stürzte sich darauf – machte Torschüsse,

Drehungen und andere speziell für ihn ausgearbeitete Übungen. Er war hochzufrieden. Am Freitag vor dem nächsten Spiel ging er dann plötzlich mit der Bemerkung vom Platz, dass etwas mit seinem Knie nicht in Ordnung sei. Wir haben diese Schwachstelle bei ihm nicht in den Griff bekommen und machten deshalb 2008 den Deal mit Everton.

Everton kopierte unsere Methoden und versuchte, Louis perfekt in Form zu bringen, damit er wieder richtig spielen konnte. Möglicherweise hat ihm geholfen, nicht mehr dem Druck von United ausgesetzt zu sein. Er war jedoch ein fabelhafter Mittelstürmer. In der Spielzeit 2009/10 dachte ich, Frankreich müsse verrückt sein, wenn es ihn nicht für die Weltmeisterschaft nominieren würde.

Ein Dauerthema bei unseren Diskussionen über junge Spieler war ihr Temperament und die Frage, ob sie den Anforderungen von United und dem Druck der Medien gewachsen waren. Wir kannten die Verfassung jedes jungen von uns selbst ausgebildeten Spielers, der in die Startelf von United kam, sowohl vom Trainingsgelände als auch von der Reservemannschaft.

Man kann seinen Charakter nicht in der Umkleide ablegen. Man nimmt ihn mit, wenn man sie verlässt und durch den Tunnel auf den Platz geht.

In der Saison 2003/04 belegten wir in der Liga hinter den Unbesiegbaren von Arsenal den dritten Platz, beendeten die Spielzeit aber im FA Cup mit einem 3:0-Sieg über Millwall in Cardiff. Ronaldo war in diesem Match einsame Spitze, er erzielte unser erstes Tor per Kopfball, bevor van Nistelrooy noch zwei Elfmeter verwandelte.

Das Jahr war überschattet vom Tod Jimmy Davis, der bei einem Autounfall ums Leben kam. Der 21-jährige Jimmy war ein intelligenter, fröhlicher Mensch und hatte gute Chancen, eine erfolgreiche Karriere als Profi zu machen. Wir hatten ihn von Watford ausgeliehen. Am Sonntagvormittag hörte ich auf dem Weg zu einem Heimspiel der Jugendakademie, dass das Spiel von Watford, das am Nachmittag stattfinden sollte, verschoben worden war. Weitere Einzelheiten wurden nicht genannt. Während des Spiels erfuhr ich dann von Jimmys Unfalltod. Er war ein zäher, kleiner Bursche und sehr beliebt. Viele Clubmitglieder nahmen an seiner Beisetzung teil. Es war unglaublich traurig. Manchester United wird Jimmy nie vergessen.

KAPITEL 8

RONALDO

Cristiano Ronaldo war der begabteste Spieler, den ich in meiner gesamten Laufbahn trainiert habe. Er übertraf alle anderen. Und ich hatte viele großartige Spieler bei United. Die Einzigen, die ich vielleicht in einem Atemzug mit ihm nennen würde, sind Paul Scholes und Ryan Giggs, deren Ausdauer, Beständigkeit und Verhalten ganz außergewöhnlich waren.

Wir verloren unseren Zauberer Cristiano leider an Real Madrid, denken aber bis heute voller Stolz auf seine Zeit bei United zurück. In den sechs Spielzeiten, in denen er unser United-Trikot trug – von 2003 bis 2009 –, erzielte er in 292 Spielen 118 Tore und gewann mit uns die Champions League, drei Meisterschaftstitel, einmal den FA Cup und zweimal den League Cup. Im Champions-League-Finale von 2008 gegen Chelsea in Moskau machte er ein Tor und sicherte uns zwölf Monate später den Einzug ins Finale gegen Barcelona in Rom.

Ab 2003 sahen wir ein ganz besonderes Talent auf unserem Trainingsgelände in Carrington und in unserer ersten Mannschaft heranwachsen. Wir halfen Ronaldo, zu dem Spieler zu werden, der er ist, und er half uns, die alte Begeisterung für das Team von Manchester United wieder lebendig werden zu lassen.

Madrid bezahlte 80 Millionen Pfund für ihn. Und das nur, weil Florentino Pérez, der Präsident von Real, der Welt zeigen wollte: Wir sind Real Madrid, wir sind die Größten von allen. Es war ein schlauer Schachzug von Real und zugleich eine indirekte Botschaft an die Fußballwelt, dass man sich die berühmtesten Spieler holen will.

Bereits Ramón Calderón, der Vorgänger von Pérez, hatte im Jahr zuvor durchblicken lassen, dass Cristiano eines Tages bei Real Madrid spielen würde. Ich wusste genau, dass Cristiano würde wechseln müssen, wenn sie die 80 Millionen Pfund auf den Tisch legten. Wir konnten seinem sehnlichen Wunsch, auf die iberische Halbinsel zurückzukehren und das berühmte weiße Trikot von Di Stefano oder Zidane zu tragen, nicht im Weg stehen. Trainierte man Talente wie Ronaldo oder andere, die als ganz junge Spieler zu Manchester United kamen, waren deren Karriereschritte in den ersten Jahren noch recht gut kalkulierbar, weil sie noch keine Idole von Weltruf und erst auf dem Weg nach oben waren. Ab dem Zeitpunkt, an dem sie Megastars wurden, wie etwa Ronaldo, stellte man sich unweigerlich die Frage, die auch Carlos Queiroz und mich beständig umtrieb: »Wie lange können wir es schaffen, Cristiano Ronaldo zu halten?«

Carlos antwortete darauf, so gut er konnte: »Alex, wenn du fünf Jahre etwas von ihm hast, bist du auf eine Goldgrube gestoßen. Es ist noch nie vorgekommen, dass ein portugiesischer Spieler mit 17 in ein anderes Land gegangen und fünf Jahre geblieben ist.« Die Tatsache, dass er sechs Jahre bei uns blieb, war also schon eine Art Zugabe. In dieser Zeit gewannen wir mit ihm die Champions League und drei Meisterschaftstitel. Das war eine ziemlich gute Ausbeute.

Als sich immer klarer abzeichnete, dass er wechseln würde, schloss ich mit ihm ein Gentleman's Agreement. Ich fuhr zum Haus von Carlos in Portugal, um mich dort mit Cristiano zu treffen, der unbedingt zu Real Madrid gehen wollte, und sagte zu ihm: »Dieses

Jahr kannst du nicht wechseln, nicht nachdem Calderón das Thema auf diese Weise zur Sprache gebracht hat. Ich weiß, dass du zu Real Madrid willst. Aber ich würde dich eher erschießen, als dich jetzt an diesen Kerl zu verkaufen. Wenn du weiter gute Leistungen zeigst und uns keine Schwierigkeiten machst, lassen wir dich gehen, sobald einer kommt und uns eine entsprechende Ablösesumme anbietet.« Diese Botschaft hatte ich vorher bereits seinem Agenten Jorge Mendes zukommen lassen.

Cristiano ließ sich ein wenig beruhigen. Ich erklärte ihm, dass der Grund, wieso ich mich weigerte, ihn in diesem Jahr zu verkaufen, Calderóns öffentliche Statements seien und sagte: »Wenn ich das mache, ist meine ganze Ehre futsch, dann ist für mich alles vorbei, und mir ist es dann egal, ob du auf der Bank sitzen musst. Ich weiß, dass es nicht so weit kommen wird, aber ich muss dir einfach sagen, dass ich dich in diesem Jahr nicht wechseln lasse.«

Ich berichtete David Gill von diesem Gespräch, der die Glazers davon in Kenntnis setzte. Ich bin mir sicher, dass die Angelegenheit auch Real Madrid zu Ohren kam. Zu diesem Zeitpunkt waren wir vor Angst wie gelähmt, dass die Details unserer Abmachung durchsickern könnten. So hatten wir auch Cristiano gewarnt, nichts darüber nach draußen dringen zu lassen. Ich glaube nicht, dass er es an Real Madrid weitergegeben hätte. Und auch sein Agent Jorge Mendes verhielt sich hier sehr loyal. Mendes war zweifellos der beste Agent, mit dem ich es je zu tun hatte. Er kümmerte sich unglaublich intensiv um seine Spieler und war sehr fair gegenüber den Clubs. Mein Eindruck war sogar, dass er einem Wechsel von Cristiano nach Spanien skeptisch gegenüberstand, und zwar aus einem sehr naheliegenden Grund: Real könne Ronaldo gewissermaßen verschlingen. Jeder Agent ist eben anders. Er fürchtete wohl, Ronaldo zu verlieren.

Ronaldo eröffnete uns selbst an Tagen, an denen er grottenschlecht spielte, immer wenigstens drei Torchancen. In jedem Spiel. Würde man sich die Mühe machen und alle Videoaufzeichnungen seiner Spiele für United ansehen, fände man vermutlich kein einziges Beispiel dafür, wo es ihm nicht gelungen war, mindestens drei Chancen zu kreieren. Er besaß eine unglaubliche Begabung und hatte alles, was ein Weltklassespieler braucht: Trainingsleistung, Kraft, Mut, Beidfüßigkeit, Kopfballstärke.

Ohne Zweifel hatte Ronaldo in seiner Anfangszeit einen leichten Hang zur Schauspielerei, schließlich hatte er seine ersten Lektionen in einer Fußballkultur erhalten, die zur Theatralik auf dem Platz neigt. Sehr häufig fühlte er sich auch ungerecht behandelt. Aber er änderte sich. Ein Aspekt, der von seinen Kritikern dabei gern außer Acht gelassen wurde, war sein Lauftempo. Man braucht einen Spieler, der so schnell unterwegs ist wie er, nur anzustupsen, und die Wahrscheinlichkeit ist groß, dass er fällt. Der menschliche Gleichgewichtssinn ist nicht ausgeklügelt genug, um den Läufer bei extrem hohem Tempo davor zu bewahren. Ein leichter Stoß seitlich gegen den Körper oder ein Ellenbogencheck können ihn aus dem Gleichgewicht bringen. Es war unfair, diesen Tempo-Balance-Faktor bei Ronaldo aus den Augen zu verlieren.

Ich räume ein, dass Cristiano in der Anfangszeit häufig großspurig auftrat, und Carlos arbeitete hart, ihm das abzugewöhnen. Ständig sagte er zu ihm: »Du bist nur dann ein großartiger Spieler, wenn die Leute außerhalb des Clubs anfangen, dich als solchen wahrzunehmen und zu akzeptieren. Es reicht nicht aus, ein großer Spieler bei Manchester United zu sein. Wenn du anfängst, zum richtigen Zeitpunkt die Pässe und die Flanken zu schlagen, dann können die Zuschauer dich nicht mehr durchschauen. Das ist der entscheidende Punkt, der große Spieler ausmacht.«

Die gegnerischen Teams wussten sehr wohl, was von ihm zu erwarten war. Sie wussten, dass er den Ball halten würde. Sieht man sich beispielsweise sein Tor im Halbfinale gegen Arsenal an, wird deutlich was ich meine, wenn ich von seiner Wandlung rede: Wir gingen zum Konter über, Ronaldo kickte den Ball mit der Hacke zu Ji-Sung Park, und wir waren innerhalb von neun Sekunden vor dem gegnerischen Tor. Es dauerte gerade einmal neun Sekunden, bis der Ball im Netz landete. Es war ein Wandel weg vom kleinen Angeber, der anfangs allen unbedingt beweisen wollte, wie gut er war. Ja, so war er wirklich – stand damit allerdings nicht allein. Viele begabte Spieler haben das Bedürfnis zu beweisen, mit welch großen Talenten sie gesegnet sind.

Niemand konnte ihm das so richtig abgewöhnen. Ganz gleich, wie viele Zweikämpfe oder Fouls er hinnahm, sein ganzes Wesen strahlte Trotz aus: ›Ihr könnt mich nicht aus diesem Spiel schmeißen. Ich bin Ronaldo.‹ Er besaß diesen wunderbaren Mut und dieses Vertrauen in seine Fähigkeiten. Damit steigerte er sein Ansehen bei mir und den anderen United Spielern, und alle um ihn herum hatten am Ende einen enormen Respekt vor seinem Talent.

Die anderen Spieler gingen während des Trainings gut mit ihm um. Sie halfen ihm zu lernen. Anfangs hatte er die Angewohnheit, während des Trainings fürchterlich rumzuschreien, sobald er körperlich hart angegangen wurde. Man hörte dann oft ein grelles »Aauuua!« Das kam nicht gut an und führte zu einigem Ärger mit den Mannschaftskollegen. Bald verzichtete er aber darauf, jedes Mal ein solches Geschrei zu veranstalten. Seine Intelligenz half ihm dabei. Er war ein sehr kluger Kerl. Sobald ihm klar wurde, dass die anderen Spieler keine Lust darauf hatten, sich beim Training sein Gebrüll anzuhören und sein amateurhaftes Theater zu ertragen, machte er damit Schluss. Im Laufe der Zeit ließ er es sein. In seiner letzten Saison bei uns kam es ein paar Mal zu Überreaktionen, wenn Ronaldo ein Foul einstecken musste. Aber alles bewegte sich noch im normalen Rahmen. Gegen Bolton bekam er 2008 einen Elfmeter zugesprochen, der nie im Leben ein Strafstoß war. Aber hier hatte er nicht versucht, sich diesen Vorteil zu verschaffen. Es war einfach ein grober Fehler des Schiedsrichters. Der Abwehrspieler streckte das Bein, um an den Ball zu kommen, fing ihn sauber ab, und Ronaldo stolperte darüber. Eine peinliche Entscheidung von Rob Styles, dem Schiedsrichter.

Auch wenn andere Clubs anfangs streuten, sie könnten Cristiano Ronaldo unter Vertrag nehmen (beispielsweise Real Madrid oder Arsenal), waren wir es, die eine Kooperation mit Sporting Lissabon, seinem ersten Club in Portugal, vereinbart hatten. Wir schickten Trainer nach Portugal, und sie entsandten Trainer zu uns. Als Carlos im Jahr 2002 zu uns stieß, sagte er zu mir: »Da ist ein junger Spieler bei Sporting, den wir im Auge behalten müssen.«

»Wen meinst du?«, fragte ich, weil für mich damals zwei oder drei Spieler infrage kamen.

»Ronaldo«, antwortete er. Wir wussten fast alles über ihn. Zu dieser Zeit spielte er als Mittelstürmer. Carlos drang darauf, etwas zu unternehmen, weil dieser Junge etwas Besonderes sei. Deshalb schickten wir Jim Ryan nach Portugal, um im Rahmen unserer Kooperationsvereinbarung das Training von Sporting Lissabon zu beobachten. Jim kam zurück und sagte: »Wow, ich habe einen echten Spieler gesehen. Ich meine, er ist ein Flügelstürmer, aber er ist in der Jugendmannschaft als Mittelstürmer eingesetzt worden. Ich würde nicht allzu lange warten. Jemand wird ihn haben wollen, wenn er erst einmal 17 ist.«

Und so brachten wir bei Sporting den Namen des Wunderknaben ins Gespräch. Sporting wollte ihn aber noch zwei Jahre behalten. Ich schlug deshalb den Deal vor, dass Cristiano so lange bei Sporting bleiben könne und wir ihn dann nach England holen würden. Damals hatten wir jedoch noch nicht mit dem Agenten oder dem Spieler selbst geredet. Es war lediglich eine Abmachung zwischen den Clubs.

In jenem Sommer reiste Carlos für einige Wochen nach Spanien, um Real Madrid zu trainieren, während wir auf unsere Amerikatour gingen. Peter Kenyon wollte uns demnächst verlassen und auch Juan Sebastián wechselte. Teil unseres Arrangements war es, gegen Sporting Lissabon zu spielen, und zwar in ihrem neuen Stadion, das extra für die Europameisterschaft 2004 neu errichtet worden war.

Also reisten wir nach Lissabon. John O'Shea war damals unser rechter Außenverteidiger. Manche Leute behaupten zwar, dass Gary Neville auf dieser wenig beneidenswerten Position gespielt hat, aber es war John O'Shea. Der erste Pass, den Ronaldo annahm, brachte mich dazu, John zuzurufen: »Um Himmels willen, John, bleib an ihm dran!« John zuckte mit den Schultern. Ein Ausdruck von Verzweiflung und Irritation huschte kurz über sein Gesicht. Die Ersatzspieler auf der Bank sagten bewundernd: »Mein lieber Schwan, das ist mal ein Spieler!«

»Ist schon in Ordnung. Ich habe ihn auf meiner Liste«, kam von mir zurück, so als wäre der Deal schon seit zehn Jahren abgemacht. Ich sagte zu Albert, unserem Zeugwart: »Geh zur Vorstandsloge rauf und lotse Peter Kenyon in der Halbzeitpause zu mir runter.« Und ich erklärte Peter: »Wir verlassen diesen Platz erst, wenn wir diesen Burschen unter Vertrag haben.«

»Ist er denn wirklich so gut?«, wollte Kenyon wissen.

»John O'Shea hat sich gerade eine Migräne bei ihm geholt!«, sagte ich. »Nimm ihn unter Vertrag.«

Kenyon sprach mit den Leuten von Lissabon und bat darum, mit Cristiano reden zu dürfen. Sie informierten uns, dass Real Madrid bereits acht Millionen Pfund für ihn geboten hatte.

»Biete ihnen neun«, empfahl ich.

Ronaldo saß mit seinem Agenten ein paar Räume weiter zusammen. Also gingen wir zu den beiden, um ihnen zu sagen, dass wir Ronaldo sehr gerne für Manchester United verpflichten würden. In Anwesenheit von Jorge Mendes erklärte ich: »Du wirst nicht jede Woche spielen, das sage ich dir gleich, aber du wirst Spieler der ersten Mannschaft werden. Das steht für mich auf jeden Fall fest. Jetzt bist du 17, und es wird dauern, bis du dich eingewöhnt hast. Aber wir kümmern uns um dich.« Eine Privatmaschine wurde für ihn, seine Mutter, seine Schwester, Jorge Mendes und seinen Anwalt gechartert, mit der sie am nächsten Tag nach England sollten. Wir wollten diesen Deal schnell unter Dach und Fach bringen.

Während meiner Zeit in Glasgow war ich selbst als Scout tätig und sagte später immer wieder zu den Männern, die für uns als Scouts unterwegs waren: »Es muss toll sein, wenn man einen Spieler entdeckt, von dem man weiß, dass er groß rauskommen wird.«

Eines Abends schaute ich mir *Wolfsblut* an, die Verfilmung von Jack Londons Roman, in dem es um eine lange, beschwerliche Reise auf der Suche nach Gold geht. So ähnlich wie in dem Film müsste es sich auch für einen Scout anfühlen. Man steht an einem Samstagvormittag im Stadion, beobachtet ein Spiel und entdeckt dann beispielsweise einen George Best, einen Ryan Giggs oder einen Bobby Charlton. Genau dieses Gefühl hatte ich an jenem Tag in Lissabon. Eine Offenbarung.

Das war das intensivste Gefühl der Spannung und Vorfreude, das ich als Trainer je erlebte. Das Zweitstärkste verschaffte mir Paul Gascoigne, aber aus einem anderen Grund. Newcastle kämpfte in der Relegation, und Gascoigne war verletzt ausgefallen. Wir spielten am Ostermontag im St. James' Park. Ich hatte Norman Whiteside und Remi Moses im Zentrum aufgestellt. Sie waren alles andere als Chorknaben. An diesem Mittelfeld-Duo kam man nicht so leicht vorbei. Tja, Gascoigne tunnelte Moses direkt vor meinen Augen und tätschelte ihm dann den Kopf. Ich sprang von der Trainerbank und brüllte: »Schnappt euch diesen Schweinehund ...«

Whiteside und Moses versuchten, Gascoigne klar zu machen, dass er gerade einen großen Fehler begangen hatte und eine Lektion fällig war. Aber Gascoigne tänzelte einfach um alle herum.

Wir versuchten alles, was wir konnten, um ihn in jenem Sommer unter Vertrag zu nehmen. Aber Newcastle verkaufte ihn stattdessen an Tottenham. Wenn man diese Erfahrung macht und ein solches Talent direkt vor Augen hat, weiß man, dass man gerade einen Moment erlebt, nach dem man als Trainer sein Leben lang sucht. Und dieses Gefühl, gerade eine Entdeckung gemacht zu haben, veranlasste mich, noch am selben Tag den überstürzten, aber vergeblichen Versuch zu unternehmen, den Gascoigne-Deal unter Dach und Fach zu bringen.

Peter Kenyon schaffte es dagegen, Ronaldo zu verpflichten. Ich hatte das Gefühl, dass Sporting sogar ganz glücklich war, ihn nicht an einen spanischen Club verkauft zu haben. Der Deal wurde recht schnell perfekt gemacht, mit Zuschlägen, die die Transfersumme auf etwa 12 Millionen Pfund anhoben. Einzige Bedingung war, dass Sporting die Option hatte, Ronaldo zurückzunehmen, sollten wir ihn je verkaufen wollen. Ein paar Tage, bevor wir ihn dann später an Real Madrid verkauften, mussten wir Sporting darüber informieren, dass sie ihn zurückhaben könnten. Es würde sie allerdings satte 80 Millionen Pfund kosten. Kein Wunder, dass nie ein Scheck eintraf.

Als Cristiano sein neues Leben in Cheshire begann, waren seine Mutter und seine Schwester bei ihm. Das war gut so. Seine Mutter war, wie nicht anders zu erwarten, sehr fürsorglich, und sie war eine nette Frau ohne Allüren, die mit ihrer Meinung nie hinter dem Berg hielt. Sie war sehr mütterlich. Ich erklärte Ronaldo, dass Lyn und Barry Moorhouse sich um Angelegenheiten rund um das Haus, die Konten und alles andere kümmern würden. Wir suchten ihnen ein versteckt gelegenes Haus in der Nähe von Alderley Edge, und sie lebten sich rasch ein.

Nach dem Spiel gegen Sporting Lissabon hatten wir unsere Tour durch die Staaten fortgesetzt und waren von Amerika aus in einer Maschine zurückgeflogen, die den Dallas Cowboys gehörte und die wir für den Sommer gechartert hatten. Ferdinand, Giggs, Scholes und Neville schwärmten auf der Heimreise ständig von Ronaldo: »Nehmt ihn unter Vertrag, nehmt ihn unter Vertrag.«

Ronaldo wusste also, als er zu uns auf das Trainingsgelände kam, dass unsere Spieler bestens über ihn informiert waren und eine Vorstellung davon hatten, wie gut er war. Ich glaube, das half ihm sehr.

Seinen ersten Einsatz hatte er am 16. August 2003 zu Hause gegen Bolton. Allerdings saß er zunächst auf der Bank. Die Verteidiger von Bolton waren am Ende verkrampft und angespannt. Der Rechtsaußen brachte den eingewechselten Ronaldo im Mittelfeld sogleich aus dem Konzept und jagte ihm den Ball ab, doch Cristiano lief direkt zurück und forderte einen weiteren Pass. Sofort. ›Er kriegt die Bälle, irgendwie‹, dachte ich bei mir.

Schon in der nächsten Minute wurde er zu Fall gebracht, und es gab einen Elfmeter. Van Nistelrooy verschoss ihn. Dann lief Ronaldo aus eigenem Antrieb an die rechte Seitenauslinie und gab zwei herrliche Flanken rein. Eine davon nahm Scholes an, der den Ball zu van Nistelrooy passte. Sein Schuss wurde vom Torhüter jedoch abgewehrt, Giggs staubte den Ball ab und machte das zweite Tor. Die Zuschauer auf dieser Seite des Platzes reagierten, als wäre ihnen soeben der Messias erschienen. Die Old-Trafford-Fans machen Spieler schnell zu Helden. Sie sehen jemanden, der sie von den Sitzen reißt, und finden ihn sofort grandios. Ronaldo hatte von allen Spielern seit Éric Cantona die größte Wirkung auf die United-Fans. Er konnte in Sachen Vergötterung aber nie mit Éric Cantona Schritt halten, weil Éric dieses eigenartig trotzige Charisma besaß. Doch Ronaldos Talent war sofort offensichtlich.

Das Tor, das Ronaldo durch einen Konter im Champions-League-Halbfinale von 2009 gegen Arsenal schoss, bestätigte seine Souveränität als Konterspieler. Der Ball ging mit ungeheurer Geschwindigkeit von Ji-Sung Park zu Rooney und dann zu Ronaldo. Immer wieder sagte ich zu ihm: »Wenn du auf das Tor zuläufst, verlängere deine Schritte.« Indem man den Schritt verlängert, verlangsamt man das Tempo und verbessert das Timing. Solange man sprintet, hat man eine schlechtere Körperkoordination, doch sobald man seine Mechanik verlangsamt, gibt man dem Gehirn eine größere Chance, richtig zu reagieren. Das tat Ronaldo.

Im Frühjahr vor dem FA-Cup-Finale von 2004 in Cardiff schlugen wir Millwall 3:0, und Walter Smith, der im März als Trainerassistent zu mir gestoßen war, erkundigte sich nach den Stärken und Schwächen unserer Spieler.

»Was ist mit Ronaldo?«, wollte er wissen. »Ist er wirklich so gut?«

»Oh ja, unglaublich«, antwortete ich. »Sogar in der Luft. Er ist ein hervorragender Kopfballspieler.«

Später meinte Walter vorsichtig: »Du sagst mir ständig, dass dieser Ronaldo ein hervorragender Kopfballspieler ist. Ich sehe ihn im Training köpfen, aber nie im Spiel.«

Am folgenden Samstag, gegen Birmingham, traf Ronaldo mit einem herrlichen Kopfball. Ich blickte zu Walter hinüber: »Ich weiß, ich weiß«, sagte er.

Den größten Eklat, den wir mit Ronaldo erlebten, war natürlich der Vorfall bei der Weltmeisterschaft 2006, als er mit einem kurzen Blick in Richtung portugiesischer Bank die Rote Karte für Wayne Rooney forderte, nachdem der den Portugiesen Ricardo Carvalho gefoult hatte. Danach hatten wir für kurze Zeit die ernsthafte Befürchtung, dass sich die beiden Männer so sehr zerstreiten würden, dass sie nie wieder miteinander spielen könnten. Rooney zeigte sich aber versöhnlich, was die Lage entspannte. Vom Urlaub aus schrieb ich Rooney eine Mail und bat ihn, mich anzurufen. Er schlug vor, dass sie beide gemeinsam ein Interview geben könnten, um zu beweisen, dass zwischen ihnen kein böses Blut herrschte.

Am nächsten Tag unterrichtete ich Mick Phelan darüber, aber er meinte, ein solches Interview könnte ein bisschen konstruiert und gekünstelt wirken. Ich gab ihm recht. Aber es war Rooneys versöhnliche Geste, die auf Ronaldo Eindruck machte, der schon mit der Möglichkeit gerechnet hatte, vielleicht nie wieder nach Manchester zurückkehren zu können. Er hatte das Gefühl, dass er die Brücken hinter sich abgebrochen hätte und die Medien ihn fertigmachen würden. Rooney rief ihn ein paar Mal an und beruhigte ihn. Es war nicht das erste Mal, dass zwei Mannschaftskameraden von United bei internationalen Turnieren aneinandergeraten waren. Ich erinnere nur an das Spiel Schottland gegen England im Jahr 1965, als Nobby Stiles zum ersten Mal in der Nationalelf spielte. Denis Law stand in der schottischen Aufstellung. Nobby lief zu ihm rüber und sagte: »Viel Glück, Denis.« Nobby vergötterte Denis, doch der antwortete: »Verpiss dich, du englischer Mistkerl.« Nobby stand verdutzt und fassungslos da.

Ja, Ronaldo war tatsächlich zum Schiedsrichter gerannt, um dafür zu sorgen, dass Rooney Schwierigkeiten bekommt. Wahrscheinlich hatte Ronaldo nur eines im Kopf: Das Spiel für sein Land zu gewinnen. Er dachte wohl in dem Moment nicht daran, dass er in der folgenden Saison wieder für Man United spielen musste. Später stimmte auch Ronaldo versöhnliche Töne an, und als wir ihn besuchten, zeigte sich, dass er sich der Konsequenzen bewusst war. Der schnelle Blick in Richtung portugiesischer Bank sei falsch interpretiert worden. Der Trainer hatte ihm gesagt, er sollte sich aus Schwierigkeiten heraushalten, deshalb war sein Blick in Richtung portugiesischer Bank keinesfalls ein Signal, dass er sich über seine eigene Rolle bei Rooneys Platzverweis freuen würde. Ich glaubte ihm, als er mir versicherte, dass er damit keinesfalls sagen wollen: ›Ich habe ihn kaltgestellt, ich habe dafür gesorgt, dass er vom Platz fliegt.‹

Wir trafen uns in einer Villa in Portugal zum Lunch. Jorge Mendes war ebenfalls anwesend. Rooneys Anrufe hatten dazu beigetragen, Ronaldo wieder zu beruhigen, sodass er es sich anders überlegte und eine akzeptable Chance sah, wieder nach Manchester zurückzukehren. Ich sagte zu Cristiano: »Du bist einer der mutigsten Spieler, wenn du zu Manchester United zurückkommst, aber einfach zu gehen, das ist nicht mutig.« Und fuhr fort: »Eine ähnliche Situation gab es 1998 mit Beckham. Es war genau das Gleiche. Damals hatten sie in London vor den Pubs Plakate aufgehängt, die wie Steckbriefe aussahen. Mit dem Konterfei von Beckham. Er galt als die Unperson schlechthin. Aber er hatte den Mut, dagegen zu kämpfen.« Beckhams erstes Spiel nach diesem Vorfall fand gegen West Ham statt – dem denkbar schlimmsten Ort nach einem solchen Ärger in der englischen Nationalmannschaft –, und er war fantastisch.

»Du musst das durchstehen«, sagte ich zu Ronaldo. Ronaldo hatte seinen nächsten Einsatz bei einem Spiel, das an einem Mittwochabend gegen Charlton Athletics in London stattfand. Zunächst schaute ich mir das Spiel von der Vorstandsloge aus an. Ich konnte hören, wie einer der Athletics-Fans immer wieder aufsprang und unglaublich bösartige Schimpfkanonaden abließ: »Du portugiesischer Bastard« war noch einer der freundlicheren Brüller. Fünf Minuten vor der Halbzeit bekam Ronaldo den Ball, tänzelte um vier Spieler herum und traf mit seinem Schuss die Unterseite der Latte. Der Athletics-Fan blieb auf seinem Sitz kleben. Ronaldos Tor hatte ihn offenbar ernüchtert. Vielleicht dachte er, dass sein Gebrüll Ronaldo nur zusätzlich motiviert hatte.

Ronaldo ging es bestens, er hatte einen guten Start in die Saison und kam mit Rooney problemlos zurecht. Die beiden würden sicher noch häufiger aufeinandertreffen. Rooney wäre damals ohnehin vom Platz gestellt worden, aber Ronaldos Intervention war natürlich nicht besonders geschickt. Ich war aber unglaublich erleichtert, dass wir ihn nach diesem Vorfall in der Mannschaft halten konnten, die weitermachen musste und 2008 schließlich das Champions-League-Finale in Moskau gewann.

Im Sommer 2012 nahm ich gemeinsam mit Peter Schmeichel und Sam Allardyce an der Frage-und-Antwortsendung *Q & A* der BBC teil, die Dan Walker moderierte. Während dieser Sendung stellte ein Mann die Frage: »Wer ist der bessere Spieler, Ronaldo oder Messi?« Meine Antwort darauf: »Nun ja, Ronaldo ist physisch stärker als Messi, er ist in der Luft besser, er ist beidfüßig und er ist schneller. Messi hat etwas Magisches an sich, sobald sein Fuß den Ball berührt. Als würde der Ball auf einem Federbett landen. Wie er der Schwerkraft trotzt, ist für jeden Gegner niederschmetternd.« Peter Schmeichel meinte, Ronaldo könne auch in einer schlechten Mannschaft spielen, Messi dagegen nicht. Das war gut auf den Punkt gebracht. Aber Messi würde mit dem Ball in jedem Fall großartige fußballerische Momente heraufbeschwören. Peter war der Ansicht, dass Messi vom Zuspiel Xavis und Iniestas abhängig sei. Bei Ronaldo liegt der Fall insofern ähnlich, als man ihn ständig mit Bällen füttern muss. Für mich ist es jedenfalls unmöglich, definitiv zu sagen, wer nun der bessere Spieler ist, denn einen von beiden auf den zweiten Platz zu verweisen wäre unfair.

Fast genauso wichtig wie seine brillanten Auftritte im Trikot von Manchester United ist für mich die Tatsache, dass wir nach seinem Wechsel zu Real Madrid in engem Kontakt geblieben sind. Unsere Verbindung hat die Trennung überlebt: ein glücklicher Umstand in einer Branche, in der Beziehungen sehr oft zeitlich begrenzt sind.

KAPITEL 9

KEANE

Roy Keane war ein hartgesottener Spieler voller Energie und Temperament, mit einem sehr ausgeprägten Instinkt für das Spiel und seine Strategie. Während unserer gemeinsamen Zeit war er in der Kabine stets die dominierende Figur, die dafür sorgte, dass unter den Spielern ein hohes Maß an Motivation herrschte. Diese Art von Hilfe seitens eines Spielers sollte ein Trainer niemals unterschätzen.

Doch als Roy Keane Man United im November 2005 verließ, war unsere zuvor gute Beziehung in die Brüche gegangen. Auf die Vorgeschichte, die zu seinem Wechsel zu Celtic führte, habe ich meine ganz eigene Sicht. Doch um sie klarer zu machen, muss man wissen, warum Roy Keane in unserem Club eine so ungeheuer treibende Kraft war.

Wenn Roy glaubte, dass sich ein Spieler nicht genug ins Zeug legte, hielt er mit seiner Meinung nicht lange hinter dem Berg. Viele Spieler haben seine wütenden Attacken deutlich zu spüren bekommen und hatten keine Chance, sich vor ihm abzuducken. Ich habe solch einen fordernden Anspruch immer geschätzt, denn in meiner gesamten Trainerlaufbahn haben starke Persönlichkeiten, wie beispielsweise Bryan Robson, Steve Bruce oder Éric Cantona, dazu beigetragen, aus der Mannschaft ein schlagkräftiges Team zu formen.

Während meiner Zeit als aktiver Spieler haben sich die Trainer in den vom Adrenalin geschwängerten Minuten unmittelbar nach dem Match nur selten einzelne Spieler vorgeknöpft. Die ersten kritischen Kommentare kamen meist von den Spielern selbst, häufig unter der Dusche und in der Art wie: »Du, du hast diese Chance vergeigt, du …«

Für mich als Spieler waren immer die Torhüter und Verteidiger schuld, wenn wir Tore kassiert hatten. Deshalb wusste ich, dass sie auf Rache sannen und es mir bei passender Gelegenheit heimzahlen würden, sollte ich eine Chance vermasseln. Das war das Risiko, das man einging, wenn man sich weit aus dem Fenster lehnte und kein Blatt vor den Mund nahm. Heute sagen Trainer sofort nach dem Spiel ihre Meinung. Wenn sie das Spiel analysieren, kritisieren oder loben, bleibt ihnen unmittelbar nach dem Abpfiff ein Zeitraum von ganzen zehn bis fünfzehn Minuten, um im Nachgang Einfluss auf die Spieler nehmen können.

Mit Roy gab es in der Kabine häufig heftige Auseinandersetzungen, besonders dann, wenn er dem Team seinen Willen aufzwingen wollte. Ich erinnere mich an eine Situation in der Umkleide, die ich zufällig miterlebte: Roy und Ruud van Nistelrooy lagen sich buchstäblich in den Haaren und mussten von den anderen Spielern auseinandergebracht werden. Van Nistelrooy war einer der wenigen, die den Mumm hatten, sich Roy entgegenzustellen. Das traute sich nicht jeder. Roy war ein angsteinflößender, hitzköpfiger Kerl. Wenn er wütend war, machte er alle um sich zur Schnecke. Er konnte gar nicht anders.

Erst im Laufe der Zeit und nach einigen Verletzungen begann sich Roy Keanes Verhalten zu ändern. Ihm wurde wohl allmählich klar, dass er nicht mehr der Roy Keane von früher war. Darüber bin ich mir mit Carlos Queiroz ziemlich einig.

Da wir der Überzeugung waren, dass er durch seine Verletzungen und das Alter einen Teil seiner Stärken eingebüßt hatte, versuchten wir ihn anders einzusetzen, sodass er nicht mehr pausenlos über den ganzen Platz rannte, um Vorstöße zu machen. Jedes Mal, wenn einer unserer Spieler den Ball annahm, wollte Roy, dass er sofort zu ihm abspielte. Ein bewundernswerter Wesenszug. Bei United galt die Regel, dass wir, wenn einer unserer Spieler den Ball hatte, nach vorn spielte, und alle anderen das Spiel unterstützten. Roy hatte nun ein Alter erreicht, in dem er dafür nicht mehr die ausreichende Kondition besaß. Das konnte er aber nicht akzeptieren. Ich glaube, er war sich schon drüber im Klaren, dass das, was wir ihm sagten, richtig war, doch sich das selbst einzugestehen, hätte zu sehr an seinem Stolz gekratzt. Er war ein Spieler, dessen fußballerische Leidenschaften sein ganzes Denken und Handeln bestimmte.

In der Saison vor unserer heftigen Auseinandersetzung, als er nach langer Verletzungspause zurückkehrte, um die Abwehrkette zu verstärken, fing er an, Anzeichen körperlicher Schwächen zu zeigen. Er war nicht mehr der gleiche Spieler. Wie sollte er das nach Hüftoperationen, Operationen am Kreuzband und den vielen Jahren an vorderster Front auch noch sein?

Die Energie, die Roy bei Spielen einsetzte, war absolut außergewöhnlich, aber wenn man die 30 einmal überschritten hat, fällt es manchmal schwer zu akzeptieren, dass man auf dem falschen Weg ist. Man kann sein Wesen nicht ändern. Besonders dann nicht, wenn es einem zu solch großen Erfolgen verholfen hat. Für uns zeigte sich indes immer deutlicher, dass wir es nicht mehr mit dem gleichen Roy Keane zu tun hatten.

Die Lösung bestand für uns darin, ihm zu sagen, dass er im gleichen Bereich des zentralen Mittelfelds bleiben solle, um von dort das Spiel zu dirigieren. Ich glaube, dass er tief im Inneren wusste, dass es die richtige Entscheidung war, aber er konnte sich einfach nicht durchringen, seine alte Rolle aufzugeben.

Das war für mich der eigentliche Hintergrund unserer Konfrontation, die damit endete, dass er Man United verließ und zu Celtic wechselte. Er hielt sich für Peter Pan. Aber das ist niemand. Vielleicht kam Ryan Giggs dieser sagenumwobenen, nie alternden Figur am nächsten, allerdings musste er auch nie ernsthafte Verletzungen hinnehmen. Roy dagegen umso mehr. Insbesondere seine Hüftprobleme beeinträchtigten seine körperliche Leistungsfähigkeit.

Zum ersten großen Bruch in unserer Beziehung kam es bei der Vorbereitung auf die Saison 2005/06 während unseres Aufenthalts in einem Trainingslager in Portugal. Carlos Queiroz war auf die Idee gekommen und hatte uns in einer schönen Hotelanlage untergebracht. In Vale do Lobo. Es war einfach traumhaft: Trainingsplätze, Fitnessstudio, kleine Häuser, die für die Spieler ideal waren.

Ich kam direkt von meinem Sommerurlaub, den wir in Frankreich verbracht hatten. Der ganze Stab und die Spieler hatten es sich in ihren kleinen Häuschen gemütlich gemacht. Aber mich erwarteten schlechte Nachrichten. Carlos hatte mit Roy einen wahren Albtraum erlebt.

Natürlich wollte ich wissen, was los war. Carlos erklärte, dass Roy die Häuser in Vale do Lobo unmöglich fand und nicht bereit war, dort zu bleiben. Laut Carlos hatte Roy das erste Haus abgelehnt, weil es in einem der Zimmer keine Klimaanlage gab. Im zweiten bestand ein ähnliches Problem und auch das dritte Haus passte ihm nicht. Er wollte zusammen mit seiner Familie im Nachbardorf Quinta do Lago wohnen.

Am ersten Abend organisierten wir auf der Hotelterrasse ein Grillfest. Das Essen wurde schön arrangiert und es sollte losgehen. Da kam Roy zu mir und sagte, er müsse mit mir reden.

»Roy, komm schon, nicht jetzt. Wir unterhalten uns morgen«, antwortete ich.

Nach dem Training nahm ich ihn zur Seite. »Was ist los, Roy? Ich habe mir die Häuser angeschaut, die sind wunderbar.« Roy ging sofort an die Decke und zählte eine lange Liste von Mängeln auf, darunter auch die fehlende Klimaanlage. Dann zog er über Carlos her. Warum machten wir die Saisonvorbereitung gerade hier? Und so weiter und so fort. Nichts als Kritik. Das vergiftete natürlich die Atmosphäre, und Roy zog sich immer mehr zurück. Ich war enttäuscht. Carlos hatte alles Mögliche getan, damit der Aufenthalt für alle angenehm verlief.

Als wir wieder zu Hause waren, beschloss ich, Roy ins Büro zu zitieren, damit er sich bei Carlos wenigstens entschuldigte. Aber davon wollte Roy nichts hören.

In der darauf folgenden Auseinandersetzung sagte Roy zu mir: »Sie haben sich verändert.«

Ich darauf: »Roy, natürlich habe ich mich verändert, weil heute nicht gestern ist. Wir leben heute in einer anderen Welt. Wir haben hier Spieler aus 20 verschiedenen Ländern. Du sagst, dass ich mich verändert habe? Das hoffe ich sehr. Hätte ich mich nicht verändert, dann hätte ich hier niemals überlebt.«

Darauf Roy: »Sie sind nicht mehr der gleiche Mensch.«

Wir führten ein heftiges Wortgefecht. Einen echten Streit. Ich sagte ihm, dass er völlig daneben liege. »Du bist der Kapitän. Du hast keine Verantwortung für die anderen Spieler gezeigt. Es ist ja nicht so, als hätten wir von dir verlangt, in einer Bruchbude zu wohnen. Das waren nette Häuser in Vale do Lobo.«

Nach diesem Streit verschlechterte sich unser Verhältnis deutlich. Es folgte die Episode mit dem Interview für unseren Klubsender MUTV (Manchester United Television), in dem Roy über einige der jüngeren Mannschaftsmitglieder herzog, weil sie angeblich ihre Jobs nicht machten. Es gab bei uns einen festen Turnus für MUTV-Interviews, und eigentlich wäre Gary Neville an der Reihe gewesen. Am Montag nach einem Spiel gegen Middlesbrough informierte mich aber einer unserer Pressesprecher, dass Roy den Sendeplatz von Gary übernehmen würde. Ich hielt das nicht für so wichtig. Doch offenbar hatte Roy die anderen Spieler wegen unseres Samstagsspiels fürchterlich runtergemacht. Kurz vor 16 Uhr erhielt ich zu Hause einen Anruf: »Das musst du dir ansehen!«

In dem Interview nannte Roy zum Beispiel Kieran Richardson einen »faulen Verteidiger«, äußerte seine Verwunderung darüber, »warum die Leute in Schottland so von Darren Fletcher schwärmen« und sagte über Rio Ferdinand: »Bloß weil er 120 000 Pfund die Woche verdient und gegen Tottenham zwanzig Minuten gut gespielt hat, hält er sich für einen Superstar.«

Der Pressesprecher hatte auch David Gill angerufen, und alle warteten auf meine Entscheidung, wie wir damit umgehen sollten. Die Ausstrahlung des Interviews wurde erst einmal verschoben. »Okay, bring das Video morgen früh in mein Büro, dann schaue ich es mir an«, sagte ich.

Oh mein Gott! Es war unglaublich. Roy schlachtete alle ab. Darren Fletcher bekam sein Fett weg. Alan Smith und van der Sar ebenso. Roy machte sie alle fertig.

In dieser Woche fand kein Spiel statt, und ich musste nach Dubai fliegen, um unsere dortige Fußballschule zu besuchen. Am Vormittag vor meinem Abflug rief mich Gary Neville aus der Umkleide an und bat mich, dorthin zu kommen. Ich ging in der Erwartung hinunter, dass Roy sich inzwischen entschuldigt hatte. Als ich mich hingesetzt hatte, verkündete Gary lauthals, dass die Spieler mit dem Training unzufrieden seien. Ich traute meinen Ohren nicht. »Wie bitte?«, fragte ich. Roy hatte in der Kabine großen Einfluss, und ich glaube, dass er ihn nutzte, um die Situation zu seinen Gunsten umzudrehen und Carlos runterzumachen. Doch Carlos Queiroz war ein fabelhafter Coach, ein fantastischer Trainer. Er konnte die Spieler manche Übungen ständig wiederholen lassen, aber genau das bringt gute Fußballer hervor: die Macht der Gewohnheit. Ich hörte mir also das Ganze an und erwiderte: »Ihr habt mich also runter gerufen, um euch über das Training zu beschweren? Fangt bloß nicht damit an, ihr zwei … Mit wem glaubt ihr eigentlich, habt ihr es hier zu tun?« Und ich ging raus.

Später kam Roy zu mir, und ich sagte ihm: »Ich weiß, was los ist.« Dann legte ich das Video ein. »Was du bei diesem Interview gemacht hast, ist eine Sauerei, ein schlechter Witz. Deine Teamkameraden zu kritisieren. Und auch noch zu erwarten, dass das anschließend gesendet wird.«

Roy schlug vor, dass wir das Video des Interviews den anderen Spielern zeigen und sie selbst entscheiden lassen sollten. Ich war einverstanden, und das ganze Team kam zu mir rauf, um es sich anzusehen. David Gill hielt sich zwar auch im Haus auf, wollte es sich aber nicht ansehen. Er hielt es für das Beste, die Sache mir zu überlassen. Aber Carlos und der ganze Trainerstab waren dabei.

Roy fragte seine Teamkollegen, ob sie zu dem, was sie gerade gesehen hatten, etwas zu sagen hätten.

Edwin van der Sar meldete sich zu Wort. Er erklärte Roy, dass es ihm nicht zustehen würde, seine Mannschaftskameraden zu kritisieren. Deshalb ging Roy auf Edwin los. Für wen er sich denn halte, und was er über Manchester United überhaupt wisse? Van Nistelrooy meldete sich zu Wort, um van der Sar zu unterstützen, deshalb griff Roy nun Ruud an. Schließlich zog er über Carlos her. Aber das Beste sparte er sich für mich auf.

»Sie haben durch Ihren Streit mit Magnier Ihr Privatleben in den Verein getragen«, sagte er.

An diesem Punkt verließen etliche Spieler vorsichtshalber den Raum: Scholes, van Nistelrooy, Fortune.

Roys gefährlichster Körperteil ist seine Zunge. Er hat die schärfste Zunge, die man sich vorstellen kann. Damit kann er die selbstbewusstesten Menschen der Welt innerhalb von Sekunden fertigmachen. Während unseres Streits bemerkte ich, dass seine Pupillen anfingen, sich zu kleinen, fast schwarzen Kügelchen zu verengen. Es war beängstigend, das zu sehen. Und dabei stamme ich aus Glasgow und bin einiges gewöhnt!

Als Roy gegangen war, bemerkte Carlos, dass ich ziemlich aufgebracht war. Er sagte, er sei in seinem ganzen Leben noch nie Zeuge einer solchen Szene gewesen.

»Carlos, er muss gehen«, war meine erste Reaktion.

»Hundertprozentig«, gab er zurück, »schaff ihn dir vom Hals.«

Ich war einige Tage auf Reisen, rief David Gill jedoch von Dubai aus an und sagte zu ihm: »Wir müssen Roy loswerden.« Er war auch der Meinung, dass uns aufgrund der Berichte, die ich ihm hatte zukommen lassen, gar keine andere Wahl blieb. Er sagte, er würde mit den Glazers sprechen müssen, die der Entscheidung wohl zustimmen würden. Wir beschlossen, dass der Verein Roy bis zum Vertragsende bezahlen und wir ihm ein Abschiedsspiel organisieren würden. Niemand konnte behaupten, wir hätten Roy ungerecht behandelt.

Später hörte man von Roy in der Öffentlichkeit, dass er enttäuscht darüber gewesen sei, dass ich seiner Karriere bei United nicht persönlich ein Ende gesetzt hätte. Doch nach unserem Krach war ich mit ihm fertig. Ich wollte auf keinen Fall eine weitere Auseinandersetzung mit ihm oder auch nur mit ihm zu tun haben.

Schon immer hatte ich den Eindruck, dass ich meine besten Momente als Trainer hatte, wenn ich schnell Entscheidungen traf, die auf unbestreitbaren Tatsachen und festen Überzeugungen fußten. Mir war klar, was ich zu tun hatte, um diese Krise zu meistern. Hätte ich mich vor dieser Entscheidung gedrückt, dann wäre Roys Einfluss auf die Spieler noch mehr gewachsen und er wäre in seiner Meinung bestärkt worden, dass er recht hatte. Und er hätte Zeit gewonnen, um die anderen davon zu überzeugen, dass sein Verhalten in Ordnung gewesen sei. Doch was er getan hatte, war eindeutig falsch.

Als Roy Keane Manchester United verlassen hatte, gab es so vieles, was noch nachhallte, so vieles, was noch zu verarbeiten war. Ganz oben auf der Liste stand die WM 2002, als Roy nach einem Riesenkrach mit Mick McCarthy, dem Trainer der irischen Nationalmannschaft, nach Hause fliegen musste.

Mein Bruder Martin hatte mich anlässlich meines 60. Geburtstags zu einem einwöchigen Urlaub eingeladen. Ich hatte, als wir zum Abendessen gingen, mein Handy nicht dabei, aber Martin hatte seines mitgenommen, und gerade als wir das Restaurant verließen, summte es. Michael Kennedy war am Apparat und sagte, er habe vergeblich versucht, mich zu erreichen. Michael berichtete, dass es in Saipan, wo die irische Nationalmannschaft eingetroffen war, um sich auf die Weltmeisterschaft vorzubereiten, zu einem Eklat zwischen Roy und Mick McCarthy gekommen sei. »Du musst mit Roy reden. Du bist der Einzige, auf den er hört«, sagte Michael. Ich war irritiert und konnte mir nicht vorstellen, was Michael so große Sorgen bereitete. Er erzählte mir die Geschichte von Roys Auseinandersetzung mit Mick McCarthy. Unter der Telefonnummer, die Michael mir gegeben hatte, war niemand zu erreichen, deshalb bat ich darum, dass Roy mich zurückrufen sollte.

Schließlich rief er an. »Roy, was in aller Welt denkst du dir dabei?« Roy ließ seinem Ärger über McCarthy freien Lauf. Ich sagte: »Beruhige dich. Ich gebe dir einen Rat. Du kannst es dir nicht leisten, deine Kinder nach einem solchen Eklat in die Schule zu schicken. Denk an deine Familie. Das wird für sie entsetzlich werden. Vergiss die Weltmeisterschaftsendspiele. Das Thema wird den ganzen Sommer die Schlagzeilen beherrschen.«

Er wusste, dass ich recht hatte. Ich sagte ihm, dass er sich mit McCarthy zusammensetzen, die Angelegenheit mit ihm in Ordnung bringen und dem Coach sagen solle, dass er spielen würde. Roy war einverstanden. Doch bis er zurückkam, hatte Mick bereits eine Pressekonferenz abgehalten und berichtet, was sich abgespielt hatte. Für Roy gab es kein Zurück mehr.

Ich verteidigte Roy bis an die Grenzen des für mich Möglichen, weil er von Manchester United kam und unsere hohen Standards gewöhnt war. Wenn man dann in einem unzulänglichen Trainingsquartier ohne geeignete Ausstattung ankommt, ist das durchaus ein Problem, das einen wütend machen kann, und als Mannschaftskapitän hatte er allen Grund sich aufzuregen. Doch man sollte sich immer wieder fragen, wie weit man mit seiner Kritik gehen darf. So schlecht die Bedingungen in Korea auch sein mochten, Roy hätte sich nicht so in seine Wut hineinsteigern dürfen. Aber so war Roy nun mal. Er war ein Mann der Extreme.

Ich habe meine Spieler immer in Schutz genommen, und Roy bildete da keine Ausnahme. Das war mein Job. Aus diesem Grund will ich mich auch nicht für die vielen Situationen entschuldigen, bei denen ich mich vor sie gestellt habe, obwohl es gute Gründe gab, der Gegenseite recht zu geben. Es gab Fälle, da dachte ich bei mir: »Um Himmels willen, was hast du dir dabei nur gedacht?« Cathy hat mir diese Frage viele Male gestellt. Aber ich konnte mich unmöglich gegen meine Spieler stellen. Ich musste andere Lösungen finden, als sie vor der Öffentlichkeit bloßzustellen oder zu kritisieren. Natürlich musste ich ihnen manchmal Geldstrafen verpassen oder sie anders bestrafen, aber ich durfte nie zulassen, dass das an die Öffentlichkeit gelangte. Damit hätte ich das wichtigste Grundprinzip meines Trainerjobs aufgegeben, nämlich die Jungs zu verteidigen. Nein, nicht zu verteidigen, sondern sie vor öffentlicher Verurteilung in Schutz zu nehmen.

Im modernen Fußball kann der Promistatus eines Spielers die Macht des Trainers beschädigen. Als ich selbst noch Aktiver war, hätte man es niemals gewagt, auch nur das leiseste Wort gegen einen Trainer fallen zu lassen. Damit hätte man Kopf und Kragen riskiert. Später erlebte ich häufig, dass Spieler ihre Macht gegen die Trainer einsetzten, und dass diese Spieler von der Öffentlichkeit und sogar von ihrem Club Unterstützung erhielten. Ein Spieler wird seinem Ärger jedem gegenüber Luft machen, der es hören will. Ein Trainer kann und darf das nicht tun, weil er weit mehr Verantwortung trägt.

Ich denke, Roy wurde klar, dass das Ende seiner Spielerkarriere näher rückte, und er fing an, sich für den Trainer zu halten. Doch wenn man schon glaubt, Trainer zu sein, geht es überhaupt nicht, sich vor die Kamera des Clubsenders zu setzen und über seine Teamkameraden herzuziehen.

Das Interview wurde schließlich nicht ausgestrahlt und bewahrte Roy davor, den Respekt sämtlicher Spieler zu verlieren. Doch als sich die Begegnung in meinem Büro zu einer derart bösartigen Auseinandersetzung entwickelte, bedeutete dies für ihn das Ende bei Man United.

Eines konnte ich niemals zulassen: Kontrollverlust, denn Kontrolle ist alles. Auch bei David Beckham wusste ich, dass die Mannschaft in der Minute erledigt sein würden, in der ein Spieler den

Versuch startete, die Macht an sich zu reißen. Echte Spieler schätzen einen Trainer, der in der Lage ist, Härte zu zeigen. Sie mögen es, wenn der Trainer ein echter Kerl ist. Dafür wird man dann auch belohnt, denn Spieler ziehen drei Dinge genau ins Kalkül: Kann er uns zu Siegen führen? Kann er aus mir einen besseren Fußballer machen? Steht er loyal zu uns? Lautet die Antwort auf alle drei Fragen »Ja«, dann wird alles andere nebensächlich.

Nach einigen Spielen bekam ich einen regelrechten Wutanfall. Ich war nie stolz darauf, und an manchen Abenden fuhr ich voller Angst vor den Konsequenzen nach Hause. Vielleicht würden die Spieler nicht mehr mit mir reden, wenn ich das nächste Mal auf dem Trainingsgelände erschien. Vielleicht waren sie auf mich wütend und verschworen sich gegen mich. Aber am nächsten Tag hatten sie dann meist mehr Angst vor mir als ich vor ihnen, weil sie gesehen hatten, wie ich die Beherrschung verlieren konnte, und nicht wild darauf waren, das noch einmal zu erleben.

Roy ist ein intelligenter Kerl. Ich habe beobachtet, dass er ein paar interessante Bücher las. Er ist ein sehr gewandter Gesprächspartner und ein guter Unterhalter, wenn er in der richtigen Stimmung ist. Häufig kam der Physiotherapeut ins Büro und fragte: »Was für eine Laune hat Roy heute?«, weil diese die Atmosphäre in der Kabine bestimmte. So groß war sein Einfluss auf unseren Trainingsalltag.

Aufgrund seiner ausgeprägten Stimmungsschwankungen konnte er in der einen Minute freundlich und in der nächsten aggressiv sein. Der Schalter legte sich manchmal innerhalb von Sekundenbruchteilen um.

Sein Wechsel zu Celtic war gewissermaßen das Beste, was passieren konnte, weil viele Spieler von ihm eingeschüchtert waren, und etliche dieser Spieler entwickelten sich nach seinem Weggang gut.

John O'Shea und Darren Fletcher profitierten eindeutig davon. Als wir im November 2005 nach Frankreich reisten, um in Paris gegen Lille anzutreten, wurden die Spieler in der Aufwärmzone auf dem Platz zum Teil deshalb ausgebuht, weil sich Roy so abfällig über sie geäußert hatte. Fletcher und O'Shea mussten sich die meisten Buhrufe anhören.

Ich denke, die Stimmung in der Umkleide wurde nach Roys Weggang entspannter. Die Spieler mussten sich nicht mehr den Schwall von Vorwürfen anhören, der über sie niederging. Weil Roys Leistungen bereits etwas nachgelassen hatten, war die Lücke, die er hinterließ, nicht so groß, wie es noch drei Jahre zuvor der Fall gewesen wäre. Ich beobachtete ihn bei einem Spiel von Celtic gegen die Rangers und sagte vor Beginn des Spiels zu Carlos: »Er wird bestimmt der Mann des Tages sein.« Doch Roy fand überhaupt nicht ins Spiel. Er übernahm eine passive Rolle. Der dynamische, die Faust ballende, den Ball fordernde Roy Keane war nirgends zu sehen. Ihm gefiel es bei Celtic Park. Ich habe mich mit ihm darüber unterhalten, und er lobte das Training, die Einrichtungen und die Spielanalyse. Unser Streit war inzwischen beigelegt. Etwa zwei Monate später saß ich in meinem Büro und redete mit Carlos über die Mannschaft, als einer meiner Assistenten anrief und sagte, Roy sei da und wolle mich sprechen. Ich war verdutzt.

»Ich möchte mich nur für mein Verhalten entschuldigen«, sagte er. Dann begann er, mir die Einrichtungen bei Celtic zu beschreiben und zu erzählen, wie gut es bei ihm lief. Aber als ich ihn bei dem Spiel zwischen Celtic und den Rangers sah, wusste ich, dass sein Karriereende vor der Tür stand.

Einige Veränderungen zeichneten sich bereits ab, bevor Roy United verließ. Aber sie waren noch nicht offensichtlich. Bei Manchester United gilt ein unumstößlicher Grundsatz: Wir sind immer in der Lage, neue Spieler, frische Namen zu präsentieren, und wir hatten sie bereits in der Hinterhand, als sich Roys Weggang abzeichnete. Fletcher gewann an Reife und Erfahrung hinzu; ich holte Ji-Sung Park in den Verein, und Jonny Evans stand unmittelbar vor seinem Durchbruch.

Häufig können Spieler der ersten Mannschaft die Verjüngung um sie herum nicht erkennen, weil sie nicht über den eigenen Tellerrand blicken. Sie haben keine Ahnung, was sich unter ihren Augen abspielt. Giggs, Scholes und Neville waren in dieser Hinsicht Ausnahmen. Vielleicht auch Rio und Wes Brown. Andere hatten meist keinen Schimmer. Sie waren ausschließlich auf ihren eigenen Job als Spieler fokussiert. Aber ich konnte erkennen, wo sich Entwicklungen anbahnten. Solche Perioden des Umbruchs waren für uns im Hinblick auf den Gewinn von Trophäen keine tolle Zeit. Doch wenn man Veränderungen in Gang setzt, muss man solche Phasen akzeptieren und sich darüber im Klaren sein, dass grundlegende Transformationen mehr Zeit in Anspruch nehmen als nur ein Jahr.

Mir standen nie drei oder vier Jahre zur Verfügung, um Veränderungen zu erreichen, weil man bei Manchester United nie so viel Zeit bekommt. Deshalb versuchte ich, diesen Prozess zu forcieren und ging auch das eine oder andere Wagnis ein. Ich setzte junge Spieler ein und testete sie. Davor habe ich mich nie gescheut. Für mich war das nie bloße Pflicht, sondern Teil meiner Arbeit, die ich liebte. Das hängt nicht zuletzt mit meiner Persönlichkeit zusammen. Ich tat es so bei St. Mirren, bei Aberdeen und natürlich bei Manchester United. Deshalb setzten wir in solchen Übergangsphasen unser Vertrauen immer in jüngere Spieler.

Was die Kandidaten für Neuverpflichtungen anbelangte, stand bei Carlos eindeutig der Brasilianer Anderson ganz weit vorn. David Gill reiste deshalb als Erstes zu Sporting Lissabon, um Nani zu verpflichten, und dann weiter zum FC Porto, um Anderson einzukaufen. Die beiden kosteten eine ordentliche Stange Geld, aber es spiegelt deutlich wider, wie wichtig uns junge Talente waren. Wir verfügten mit Ferdinand, Vidić und Evra über eine gute Defensivabteilung. Hinten waren wir eine feste Einheit. Rooney entwickelte sich gut. Louis Saha ließen wir gehen, weil er sich ständig Verletzungen einhandelte. Für kurze Zeit war Henrik Larsson bei uns, und er war eine Offenbarung.

Nach einer kurzen Phase der Annäherung verschlechterte sich die Beziehung zu Roy Keane erneut, als ich in der Presse las, dass er Man United aus seinem Leben gestrichen habe. Er behauptete, wir alle hätten ihn bereits vergessen. Wie konnte er annehmen, dass wir je vergessen würden, was er für den Club geleistet hatte. Die Medien sahen ihn ob seines Siegeswillens und der Art und Weise, wie er die Mannschaft antrieb, oft als Quasi-Trainer. Deshalb hörte ich von den Journalisten auch ständig die Frage: »Glauben Sie, dass Roy Keane Trainer wird?«

Während seiner zweiten Karriere als Trainer wurde offenkundig, dass er ordentlich Geld in die Hand nehmen musste, um eine erfolgreiche Mannschaft aus dem Boden zu stampfen. Er war immer darauf aus, Spieler zu kaufen. Ich hatte nicht den Eindruck, dass Roy die Geduld besaß, eine Mannschaft aufzubauen.

In der Saison 2011/12 kreuzten wir erneut die Klingen, als Roy nach der Niederlage in Basel, die für uns das Aus in der Champions League bedeutete, unsere jungen Spieler heftig kritisierte, und ich ihn darauf als »Fernsehkritiker« titulierte. Wenn man sich Roy Keane während der letzten Jahre bei Sunderland und Ipswich aus der Nähe betrachtete, war nicht zu übersehen, dass sein Bart grauer und seine Pupillen noch dunkler geworden waren. Es gab sicher Leute, die von seinen im Fernsehen geäußerten Ansichten beeindruckt waren und dachten: ›Tja, er hat immerhin den Mut, sich mit Alex Ferguson anzulegen.‹ Von dem Augenblick an, als er TV-Kritiker wurde, war ich mir sicher, dass er sich auf Man United einschießen würde. Zwar verzichtete er darauf, Wayne Rooney anzugreifen. Der hätte sich das auch nicht gefallen lassen und wäre von den älteren Spielern unterstützt worden. Dafür hatte er sich Fletcher und O'Shea ausgesucht, an denen er dauernd herumnörgelte, mit dem Ergebnis, dass sie beim Spiel gegen Lille in Paris von unseren Fans ausgebuht wurden.

Seine beiden Stationen als Trainer bewiesen: Er brauchte vor allem Geld. Bei Sunderland hatte er investiert und war gescheitert. Bei Ipswich hatte er große Summen ausgegeben und war schlecht dabei weggekommen.

Roy gab David Walsh von der *Sunday Times* vor einiger Zeit ein Interview, in dem er behauptete, ich würde mich nur um mich selbst kümmern, wobei er die Sache mit John Magnier und den Streit um den Galopper Rock of Gibraltar als Beispiel anführte. Unglaublich. Am Tag unserer großen Auseinandersetzung in meinem Büro hatte ich gemerkt, welcher Zorn in ihm brodelte. Da hatte er auch von John Magnier geredet. Ich habe nie begriffen, wieso er von der Gibraltaraffäre so besessen ist.

Wir hatten uns nach jener denkwürdigen Kontroverse zwar darauf verständigt, dass keiner von uns beiden jemals ein Wort in der Öffentlichkeit darüber verlieren würde. Hätte Roy diese Vereinbarung nicht als Erster gebrochen, dann hätte auch ich mich daran gehalten. Während seiner Zeit als Trainer bei Sunderland unterstellte er United, ihn beleidigt und bei der Vereinbarung über seinen Abgang belogen zu haben. Der Club prüfte, ob rechtliche Schritte gegen ihn eingeleitet werden sollten. Roy sagte, er würde die Beschuldigung nicht zurücknehmen. Ich hatte das Gefühl, dass er es auf eine Auseinandersetzung vor Gericht abgesehen hatte, um die Fans zu beeindrucken. Schließlich war er für sie noch immer ein Held. Deshalb riet ich David Gill, die Klage einzureichen. Ich bin der Meinung, dass wir so unsere Würde gewahrt haben.

KAPITEL 10

ANDERE INTERESSEN

Die fußballinteressierte Öffentlichkeit hielt mich vermutlich für einen Besessenen, der selten Zerstreuung jenseits von Manchester United sucht. Aber in dem Maße, wie die beruflichen Anforderungen wuchsen, fand ich einen Ausgleich in verschiedenen Interessen und Hobbys, die dafür sorgten, dass mein Geist weiterhin rege, mein Bücherregal gefüllt und mein Weinkeller gut sortiert blieben.

Abgesehen von meiner Vorliebe für Pferderennen blieb mein anderes Leben den Blicken der Öffentlichkeit verborgen. Es war die Welt, in die ich mich zurückzog, sobald der Tag in unserem Trainingszentrum in Carrington beendet oder ein Spiel gelaufen war. In den letzten zehn Jahren entspannte ich mich bei diversen anderen Interessen, was mir half, Manchester United effektiver zu führen. Ich arbeitete zwar noch genauso hart, benutzte mein Hirn aber vielseitiger. In unserem Haus hatte ich alles, was mich faszinierte: Biografien von Diktatoren, Dokumentationen über die Ermordung John F. Kennedys und Literatur zu meiner Weinsammlung.

Meine politischen Einstellungen blieben weitgehend dieselben wie zu meiner Zeit als Gewerkschafter auf der Werft in Govan. Mit wachsendem Erfolg und Wohlstand ändern Menschen häufig ihre Ansichten, aber meine Jugend war weniger durch ideologische Überzeugungen, als vielmehr durch bestimmte Grundhaltungen und damit verbundene Wertvorstellungen geprägt.

Ich war zwar politisch aktiv, jedoch nie ein Partylöwe der Labour Party, der bei jedem Dinner und jeder Wahlkampfveranstaltung auftauchen musste. Doch die regionalen Labour-Abgeordneten hatten durchweg meine Unterstützung. Cathy sagte immer: »Sobald du dich in der Politik einspannen lässt, wollen sie dich überall und immer dabeihaben. Mit der Zeit erwarten sie, dass du ständig deine Zeit für sie opferst.« Ein überzeugter Anhänger der Labour Party und sozialistischer Prinzipien zu sein, war eine Sache, aber aktives Parteimitglied zu werden, war etwas anderes. Als Trainer von Manchester United hatte ich ohnehin nicht die Zeit dafür. Ich machte mein Kreuzchen auf dem Wahlzettel und bekundete durch gemeinsame Fototermine meine Sympathie und Unterstützung. Hat man mich jemals neben David Cameron gesehen? Nein. Wenn, dann sah man mich neben einem Labour-Abgeordneten. Das war mein politischer Beitrag.

Ich gehörte immer zum linken Flügel von Labour, was meine hohe Meinung von der Arbeit Gordon Browns erklärt. Eine ebenso hohe Meinung hatte ich vom verstorbenen John Smith, der einen hervorragenden Labour-Premierminister abgegeben hätte. Neil Kinnock tat mir leid: ein guter Mann, der Pech hatte. Nur zu gern hätte ich ihn in der Downing Street gesehen. Er besaß das nötige Feuer. Im Prinzip stand ich Brown näher, akzeptierte aber, dass Blairs populistischere Art der sichere Weg war, die Wahl zu gewinnen. In seiner Grundhaltung war er korrekt. Außerdem besaß er Charisma und war lange populär, bis sich nach der Invasion im Irak die öffentliche Meinung gegen ihn richtete.

Meine Freundschaft mit Alastair Campbell wurde durch Jim Rodger, den großen ehemaligen schottischen Fußballreporter und Vertrauten mehrerer Labour-Premierminister angestoßen. Er rief mich eines Tages an und bat mich, zusammen mit Alastair einen

Beitrag für den *Mirror* zu schreiben. Alastair arbeitete damals beim *Mirror*, und wir kamen gut miteinander aus. Er war ein guter Networker. Dann wurde er Tony Blairs Pressesprecher, und durch seine Rolle in der Labour Party sind wir enge Freunde geworden. In der Woche vor den Wahlen von 1997 traf ich mich mit Alastair, Tony und Cherie im Midland Hotel in Manchester zum Dinner. Damals sagte ich zu Tony: »Wenn Sie Ihre Kabinettsmitglieder zusammen in einem Raum sperren und die Tür abschließen können, werden Sie keine Schwierigkeiten haben. Das Problem bei einer Regierung ist nämlich, dass alle ihr eigenes Ding machen, eigene Verbündete und eigene Medienkontakte haben. Das Kabinett zu kontrollieren ist das eigentlich Schwierige.« Tony war für diese Botschaft empfänglich.

Jede Machtposition geht mit einer gewissen Zerbrechlichkeit einher. Wenn man ein Land regiert, ist das mit einer enormen Verantwortung und ebenso mit einem bestimmten Maß an Einsamkeit verbunden, was ich durchaus bestätigen kann. Nachmittags saß ich nach getaner Arbeit oft in meinem Büro und hätte gern etwas mehr Gesellschaft gehabt. In einer solchen Position ist man aber wie von einem Vakuum umgeben, in das niemand einzudringen wagt.

In seinen Memoiren schrieb Toni Blair, dass er mich in seiner Funktion als Premierminister nach meiner Meinung darüber gefragt hatte, ob er Gordon Brown, der gleich nebenan in der Downing Street Nr. 11 saß, entlassen solle. Nach meiner Erinnerung fragte Tony nicht ausdrücklich nach Gordon. Seine Frage bezog sich auf Superstars und meinen Umgang mit ihnen. Ich antwortete: »Das Wichtigste in meinem Job ist Kontrolle. Sobald jemand deine Kontrolle gefährdet, musst du ihn loswerden.« Er sagte zwar, dass er mit Gordon Probleme habe, aber er fragte mich nicht ausdrücklich nach meiner Meinung, was er in diesem Fall tun solle. Mein Rat war deshalb auch ganz allgemein gehalten, weil ich mich nicht in Personalfragen einmischen wollte.

Ich war immer der Auffassung, dass man bei heiklen Entscheidungen immer den schwierigen Weg wählen sollte, ob dies nun populär ist oder nicht. Wenn man sich wegen eines Mitarbeiters Gedanken macht, ist das ein sicheres Zeichen dafür, dass es Schwierigkeiten gibt. Ich fand es immer sinnlos, sich jeden Abend beim Schlafengehen alle möglichen Gedanken zu machen, wenn man doch etwas tun konnte, um das Problem zu beseitigen.

Macht ist nützlich, wenn man sie einsetzen will, aber ich glaube nicht, dass sie bei Fußballspielern ankommt, die überwiegend aus der Arbeiterschicht stammen. Mein Ziel war es, die Dinge immer im Griff zu haben. Ich konnte meine Macht gebrauchen, wenn ich wollte. Das tat ich auch. Eine Position, wie ich sie bei United innehatte, war automatisch mit Macht verbunden. Die wichtigen Entscheidungen, die man in solchen Stellungen trifft, nehmen Außenstehende in der Regel als Ausübung von Macht wahr, obwohl es in Wirklichkeit um Kontrolle geht.

Abgesehen von Labour-Politik und großen Weinen lagen meine geistigen Interessen überwiegend in Amerika. John F. Kennedy, der Bürgerkrieg, Vince Lombardi und die großen amerikanischen Ballsportarten: das gehörte zu den Themen, bei denen ich mich vom Druck des Alltagsgeschäfts erholen konnte.

New York ermöglichte mir den Einstieg in die amerikanische Kultur. Dort kauften wir eine Wohnung, die unsere ganze Familie nutzte, und so wurde Manhattan zum idealen Ziel für die kurzen Auszeiten, wenn der internationale Spielkalender die Jungs für einige Tage aus Carrington abzog.

Die Vereinigten Staaten haben mich immer fasziniert und inspiriert. Von Amerikas Energie, Weite und Vielfalt konnte ich zehren.

Zum ersten Mal war ich 1983 dort, nachdem Aberdeen den Europapokal der Pokalsieger gewonnen hatte. Ich fuhr mit meiner Familie nach Florida zu einem ganz normalen Urlaub und hatte Amerika damals schon im Blut. 1991 flogen Cathy und ich anlässlich unseres Hochzeitstags wieder in die Staaten. Wir fuhren nach Chicago, San Francisco, Hawaii, Las Vegas, zu Freunden nach Texas und abschließend nach New York. Von da an ging es nahezu jedes Jahr nach Amerika.

Als ich von der Ermordung John F. Kennedys in Dallas 1963 erfuhr, hinterließ das bei mir tiefe Spuren. Mit der Zeit entwickelte ich ein geradezu kriminalistisches Interesse daran, wie, von wem und warum er ermordet wurde.

Bis heute erinnere ich mich genau an diesen Tag, der die Welt erschütterte. Es war ein Freitagabend, und ich rasierte mich im Badezimmer vor dem Spiegel, weil ich mit meinen Freunden tanzen gehen wollte. Mein Vater, der ein bisschen schwerhörig war, rief: »Stimmt das, dass John Kennedy erschossen worden ist?«

»Dad, du bist taub. Das bildest du dir nur ein«, rief ich zurück und trocknete mich ab, ohne weiter darüber nachzudenken. Eine halbe Stunde später kam es überall in den Nachrichten. Man hatte Kennedy ins Parklands Hospital gebracht. Ich werde nie vergessen, dass an jenem Abend beim Tanz im *Flamingo* das Lied lief, das später zur Nummer eins der Hitparade wurde: *Would You Like to Swing on A Star*? Die Stimmung war gedämpft. Statt zu tanzen, saßen wir zusammen und sprachen über den Mord.

Für einen jungen Mann wie mich hatte Kennedy etwas Faszinierendes. Er sah gut aus und hatte etwas Mitreißendes an sich. Es war toll, dass jemand, der so frisch und dynamisch war wie er, Präsident werden konnte. Er blieb mir als prägende Persönlichkeit stets im Bewusstsein.

Mein Interesse an der Ermordung Kennedys entwickelte sich jedoch in eine unerwartete Richtung, als mich Brian Cartmel bat, bei einem Dinner in Stoke eine Rede zu halten. Stanley Matthews und Stan Mortensen waren da. Auch Jimmy Armfield. Und ich weiß noch, wie ich dachte: ›Was mache ich hier bei all diesen großartigen Spielern? Sie würden bestimmt lieber Stanley Matthews reden hören als mich.‹

Während des Essens fragte mich Brian dann: »Welche Hobbys hast du eigentlich?«

»Ich habe keine Zeit für Hobbys«, antwortete ich. Ich war von Manchester United besessen. »Ich habe einen Snookertisch zu Hause, spiele gern mal eine Runde Golf und schau mir Filme an.«

Er zog eine Visitenkarte mit der Bemerkung aus der Tasche: »Mein Sohn hat in London eine Firma. Er bekommt alle Neuerscheinungen. Wenn du einen Film haben willst, ruf ihn einfach an.«

Am Abend zuvor hatte ich mir im Kino in Wilmslow *JFK – Tatort Dallas* angesehen. »Interessiert dich das?«, fragte Brian. Damals standen schon mehrere Bücher über das Attentat in meinem Bücherregal. »Ich saß im 15. Wagen der Kolonne«, erzählte er mir. Da saßen wir nun in Stoke in den englischen Midlands, und dieser Kerl erzählte mir so ganz nebenbei, dass er in JFKs Wagenkolonne mitgefahren sei.

»Wieso?«

»Ich war Journalist beim *Daily Express*. Ich bin nach San Francisco gezogen und habe für das Magazin *Time* gearbeitet«, erklärte er. »Und 1958 habe ich mich bei Kennedys Stab beworben, um über die Wahl zu berichten.« Und Brian hatte im Flugzeug gesessen, als Johnson als Präsident vereidigt wurde.

Diese persönliche Verbindung machte das Thema für mich noch spannender. Ich fing an, Auktionen zu besuchen. Jemand aus Amerika, der über mein Interesse an dem Thema gelesen hatte, schickte mir den Autopsiebericht. In meinem Büro im Trainingszentrum lagen zwei Kennedy-Fotos – eines hatte ich bei einer Versteigerung gekauft, das andere hatte ich geschenkt bekommen. Außerdem ersteigerte ich den von Gerald Ford unterzeichneten Bericht der Warren Commission. Er kostete mich 3000 US-Dollar.

Meine Büchersammlung wuchs rasant. Die definitive Biografie über John F. Kennedy ist wohl *John F. Kennedy: ein unvollendetes Werk* von Robert Dallek, ein außergewöhnliches Buch. Dallek hatte Zugang zu Kennedys medizinischen Unterlagen und wies nach, dass er so etwas wie ein wandelndes Wunder war: mit Addisonscher Krankheit und erheblichen Leberproblemen.

In den drei Jahren seiner Präsidentschaft hatte er viele Herausforderungen zu bewältigen: die fehlgeschlagene Invasion in der Schweinebucht, für die er die Verantwortung übernommen hatte, die Rassentrennung, den Kalten Krieg, Vietnam und die Kubakrise. Und um Medicare, die öffentliche Krankenversicherung, gab es damals schon die gleichen heftigen Debatten wie heute.

Eine kleine Episode am Rande wirft ein Schlaglicht auf die Bedeutung, die die beliebteste Sportart der Welt, der Fußball, hat. Woher wusste die CIA beispielsweise im Jahr 1969, dass die Sowjets in Kuba aktiv waren? Durch Luftaufnahmen von Fußballplätzen, die sowjetische Arbeiter angelegt hatten. Die Kubaner spielten nämlich keinen Fußball. Henry Kissinger, seiner Prägung nach eher Europäer, begriff das.

Bei meiner Beschäftigung mit Kennedy stieß ich auf einige großartige Bücher: Herausragend ist *Die Elite* von David Halberstam. Es konzentriert sich auf die Gründe für das amerikanische Engagement in Vietnam und die Lügen, die man den Kennedy-Brüdern aufgetischt hatte. Selbst Robert McNamara, der US-Verteidigungsminister und Freund der Familie Kennedy, führte sie hinters Licht. Als er aus dem Amt schied, entschuldigte er sich bei den Kennedys.

Während einer Amerikareise im Sommer 2010 besuchte ich Gettysburg und aß an der Princeton University mit James M. McPherson, dem großen Bürgerkriegshistoriker und Autor des Buches *Für die Freiheit sterben*, zu Mittag. Ich besichtigte auch das Weiße Haus.

Mein Interesse am amerikanischen Bürgerkrieg erwachte, als mir jemand ein Buch über die Bürgerkriegsgeneräle schenkte. Auf beiden Seiten gab es davon Dutzende. Sogar Lehrer wurden damals zu Generälen ernannt. Gordon Brown fragte mich eines Tages, was ich gerade läse. »Etwas über den amerikanischen Bürgerkrieg«, sagte ich. Gordon versprach, mir einige Tonbänder zu schicken. Kurze Zeit später erhielt ich 35 Mitschnitte von Vorlesungen Gary Gallaghers, der später zusammen mit James McPherson über die Rolle der Marine im Bürgerkrieg – ein weitgehend unerforschtes Kapitel – arbeitete.

Dann kam ich zum Pferderennen. Eine meiner großen Leidenschaften und ein weiteres Ventil. Martin Edwards, der ehemalige Clubvorsitzende, rief mich eines Tages an und sagte: »Du solltest dir einen Tag frei nehmen.«

»Mir geht es gut«, antwortete ich.

Aber tatsächlich befand ich mich in einer Verfassung, von der Cathy meine: »Wenn du so weitermachst, bringst du dich noch um.« Nach der Arbeit hing ich zu Hause bis spät abends am Telefon und dachte ständig nur an Fußball.

Mein erstes Pferd kaufte ich 1996. An unserem 30. Hochzeitstag fuhren wir nach Cheltenham, wo ich zum ersten Mal mit dem irischen Trainer John Mulhern – ein fantastischer Mann – zu Mittag aß. Am selben Tag trafen wir uns in London zum Abendessen.

Anschließend fragte ich Cathy: »Was hältst du davon, ein Pferd zu kaufen? Ich glaube, das wäre für mich eine Entspannung.«

»Wo hast du denn das schon wieder her?«, fragte sie. »Alex, das Problem bei dir ist, dass du dann bestimmt jedes verdammte Pferd kaufen willst.«

Aber es öffnete bei mir wirklich ein Ventil. Statt in meinem Büro zu versauern oder endlose Zeit mit Telefonaten zu vertun, konnte ich meine Gedanken auf den Rennplatz richten. Es war eine willkommene Abwechslung vom aufreibenden Fußball-Business. Und genau deshalb stürzte ich mich darauf – um meiner Besessenheit zu entfliehen: dem Fußball. Die beiden Siege, die What A Friend bei Gruppe-1-Rennen holte, waren echte Highlights: Er siegte beim Lexus Chase und beim Aintree Bowl. Am Tag vor dem Aintree-Rennen hatten wir in der Champions League gegen Bayern München verloren. Ich war am Boden zerstört. Am nächsten Tag gewann ich aber in Liverpool ein Gruppe-1-Rennen.

Mein erstes Pferd, Queensland Star, war nach einem Schiff benannt worden, an dem sogar mein Vater mitgebaut hatte. Trainer erzählten mir von Pferdebesitzern, die mit ihrem Pferd noch nie einen Sieg geholt hatten. Ich hingegen kam auf 60 oder 70 Siege und besitze mittlerweile Anteile an etwa 30 Pferden. Ganz begeistert bin ich vom Rennstall Highclere Syndicate: Harry Herbert, der ihn leitet, ist ein großartiger Mensch und ein hervorragender Kaufmann. Man weiß genau, was mit den Pferden geschieht und wird täglich auf dem Laufenden gehalten.

Der Galopper Rock of Gibraltar war ein wunderbares Pferd. Der Hengst gewann sieben Gruppe-1-Rennen in Folge und stellte damit den Rekord von Mill Reef ein. Aufgrund einer Vereinbarung, die ich mit dem Gestüt Coolmore in Irland getroffen hatte, lief er unter meinen Farben. Meinem Verständnis nach war ich zur Hälfte

Besitzer des begehrten Zuchthengstes und konnte so auch die Hälfte der anstehenden Deckgebühren verlangen. Nach Auffassung der beiden anderen Teilhaber des Pferdes hätte ich jedoch nur Anspruch auf die Hälfte der Preisgelder. Aber die Angelegenheit wurde geklärt und die Kontroverse war beendet, als wir uns darauf verständigten, dass es auf beiden Seiten Missverständnisse gegeben hatte.

Offenbar vermuteten einige Leute potenzielle Interessenskonflikte zwischen meinem Engagement im Pferderennsport und den beiden größten Aktionären von Manchester United, die zugleich Miteigentümer von Rock of Gibraltar sind. Und so entstand eine für mich unangenehme Situation, als bei der Jahreshauptversammlung des Clubs ein Mann aufstand und meinen Rücktritt forderte. Ich muss jedoch betonen, dass ich mich zu keiner Zeit von meinen Pflichten als Trainer bei Manchester United habe ablenken lassen. Mein Anwalt Les Dalgarno konnte die Angelegenheit in meinem Namen regeln. Die Auseinandersetzung hat meine Liebe zum Rennsport bis heute nicht beeinträchtigt, und mittlerweile habe ich ein gutes Verhältnis zu John Magnier, einem der Eigentümer von Coolmore.

Der Pferderennsport, interessante Bücher und das Thema Wein haben mich immer wieder in die Lage versetzt, gut abschalten zu können. Diese andere Seite meines Lebens entwickelte sich eigentlich erst ab 1997, als ich begriff, dass ich noch etwas anderes tun musste, als mich ausschließlich dem Fußball zu widmen. Das Sammeln von edlen Weinen gehört dazu. Ich fing an, gemeinsam mit meinem Nachbarn Frank Cohen, einem bedeutenden Sammler zeitgenössischer Kunst, Weine zu kaufen. Als sich Frank einige Zeit im Ausland aufhielt, begann ich mit Erwerbungen auf eigene Faust.

Als Weinexperten würde ich mich zwar nicht bezeichnen, aber ich kenne mich einigermaßen aus. Ich erkenne gute Jahrgänge und gute Weine. Ich kann Wein degustieren und einige seiner Eigenschaften herausschmecken.

Meine Studien führten mich ins Bordeaux und in die Champagne, aber im Allgemeinen erweiterte ich meine Kenntnisse durch Bücher und intensive Gespräche mit Weinhändlern und Experten. Das ist für mich immer sehr spannend. Wenn ich beispielsweise mit dem Fernsehmoderator und Autor von Weinbüchern Oz Clarke und dem Weinhändler John Armit zu Abend aß, konnte ich den Gesprächen der beiden Männer über Rebsorten und Jahrgänge zwar nur bedingt folgen, fand es aber immer faszinierend, ihnen zuzuhören. Vielleicht hätte ich mehr über Rebsorten lernen sollen. Sie sind schließlich die Grundlage eines guten Tropfens. Inzwischen habe ich da aber recht brauchbare Kenntnisse.

Als man mich im Herbst 2010 einmal nach meinem Ruhestand fragte, antwortete ich spontan: »Ruhestand ist etwas für junge Leute, denn die haben noch andere Dinge, die sie machen können.« Mit 70 Jahren lässt Müßiggang schnell alles zusammenbrechen. Wenn man sich zur Ruhe setzt, muss man etwas haben, was an die Stelle der Arbeit tritt. Und zwar sofort, gleich am nächsten Tag.

Wenn man jung ist, muss man oft 14 Stunden am Tag arbeiten, um sich zu etablieren. Und das geht nur, wenn man sich dabei voll und ganz engagiert. Auf diese Weise entwickelt man seine eigene Arbeitsmoral. Wenn man dann eine Familie hat, gibt man sie an seine Kinder weiter. Meine Mutter und mein Vater gaben ihre Grundhaltung zur Arbeit an mich weiter, ich wiederum an meine Kinder und so fort.

In der Jugend hat man unendlich viele Möglichkeiten, die Grundlagen für sein künftiges Lebens zu schaffen. Im Alter muss man mit seinen Kräften haushalten. Fit bleiben. Menschen sollten sich fit halten. Sich richtig ernähren. Ich war nie ein Langschläfer. Ich schlief fünf bis sechs Stunden, das genügte mir. Manche Leute bleiben nach dem Aufwachen noch im Bett liegen. Das konnte ich nie. Ich wache auf und springe aus dem Bett. Ich bin sofort bereit loszulegen. Ich liege nicht herum und vertrödele die Zeit. Du hast deinen Schlaf gehabt – deshalb bist du wach geworden. Ich bin immer um sechs, vielleicht Viertel nach sechs aufgestanden und war um sieben im Trainingszentrum, von dem ich nur eine Viertelstunde entfernt wohnte. So war ich es gewöhnt, und diese Routine änderte sich nie.

Ich stamme aus einer Kriegsgeneration, in der es hieß: Du bist geboren. Und das bist du jetzt. Als Kinder lebten wir in Sicherheit. Wir hatten die Bibliothek, das Schwimmbad und den Fußball. Unsere Eltern gingen arbeiten, also schaute unsere Oma vorbei, um zu sehen, ob alles in Ordnung war, und als wir alt genug waren, sorgten wir allein für uns. So war alles geregelt. Meine Mutter sagte nur: »Da ist das Hackfleisch, da sind die Kartoffeln. Ihr braucht sie nur noch um halb fünf aufzusetzen.« Es stand alles vorbereitet da, und das Essen musste nur noch gekocht werden. Wir machten Feuer, bevor die Eltern von der Arbeit kamen und brachten die Asche runter in die Aschetonne. Wenn mein Vater gegen Viertel vor sechs nach Hause kam, war der Tisch gedeckt – das war unser Job. So sahen unsere Aufgaben aus, wenn wir von der Schule kamen. Unsere Schulaufgaben machten wir später, mein Bruder und ich, gegen sieben Uhr abends. Es war ein einfaches Leben ohne großen Komfort.

Heute sind die Menschen fragiler. Sie haben nie eine Werft oder eine Zeche von innen gesehen, nur wenige kennen harte körperliche Arbeit. Inzwischen gibt es eine Vätergeneration, dazu zählen auch meine Söhne, die mehr für ihre Kinder tun als wir es früher taten. Sie nehmen viel mehr am Familienalltag teil, als ich es getan habe, beispielsweise bei Picknicks mit den Kindern. Ich habe in meinem ganzen Leben noch nie ein Picknick organisiert. Stattdessen sagte ich: »Geht spielen, Jungs.« Neben unserem Haus in Aberdeen gab es einen Schulhof, da waren die Jungs jeden Tag mit ihren Freunden. Den ersten Videorekorder bekamen wir erst 1980. Das Bild war grobkörnig – grauenhaft. Der Fortschritt brachte CDs, DVDs und Computer, an denen die Enkel zu Hause ihre Traumfußballmannschaft zusammenstellen können.

Mit meinen Jungen habe ich nie genug unternommen. Dafür war meine Frau Cathy zuständig. Sie war eine großartige Mutter. Sie sagte immer: »Wenn sie erst 16 werden, sind sie ohnehin Daddys Jungs.« Und das stimmte. Als sie älter wurden, standen wir uns sehr nahe, und die drei Brüder hatten ein gutes Verhältnis zueinander, was mich sehr gefreut hat. Und Cathy triumphierte: »Ich hab's dir doch gesagt.«

»Aber du hast dafür gesorgt, dass sie so werden«, antwortete ich ihr. »Wenn ich je ein böses Wort über dich verlieren würde, würden die drei mich umbringen. Du bist immer noch die Chefin.«

Es gibt kein Geheimnis für Erfolg auf dieser Welt. Das Entscheidende ist Plackerei. Malcolm Gladwells Buch *Überflieger: warum manche Menschen erfolgreich sind – und andere nicht*, könnte ebenso gut Plackerei heißen. Harte Arbeit. Die Beispiele reichen zurück bis zu Carnegie und Rockefeller. Über Rockefeller gibt es eine Anekdote, die mir gefällt. Seine Familie gehörte zu den eifrigen Kirchgängern. Als der Klingelbeutel herumgereicht wurde und jeder einen Dollar hineinwarf, sagte sein Sohn eines Tages zu ihm: »Dad, wäre es nicht besser, wenn wir gleich fünfzig Dollar für das ganze Jahr geben würden?«

»Ja«, antwortete der Vater, »aber dann würden wir drei Dollar Zinsen verlieren, mein Sohn.«

Er brachte auch dem Butler bei, das Feuer so aufzuschichten, dass es eine Stunde länger brannte. Dabei war er Milliardär.

Rockefellers harte Arbeit erzog ihn zur Sparsamkeit. Verschwendung gab es bei ihm nicht. In Ansätzen ist es bei mir genauso. Wenn meine Enkel etwas auf dem Teller übrig lassen, esse ich es noch heute auf. Bei meinen drei Söhnen war es ebenso. »Lasst nichts auf dem Teller«, lautete das Mantra. Wenn ich heute bei Mark, Jason oder Darren auch nur in die Nähe ihres Essens käme, würden sie mir wohl die Hand abhacken!

Harte Arbeit ist der Schlüssel zum Erfolg.

Plackerei und Stress belasten den Körper natürlich, oft ohne dass man es merkt. Das Gleiche gilt für das Alter. Eine Mischung aus alledem führte bei mir zu Herzproblemen. Eines Morgens war ich im Fitnessraum, hatte den Brustgurt angelegt und sah, dass mein Puls von 90 auf 160 hochschnellte. Ich rief den Krafttrainer, Mike Clegg, und beschwerte mich: »Mit dem Brustgurt stimmt was nicht.«

Wir probierten einen anderen Gurt. Die gleichen Werte. »Sie müssen zum Arzt gehen«, empfahl mir Mike. »Da ist was nicht in Ordnung.«

Der Arzt überwies mich an Derek Rowlands, der auch Graeme Souness behandelt hatte. Es war ein Kammerflimmern. Er riet mir zu einer Elektroschockbehandlung, um die Herzfrequenz in den Griff zu bekommen. Sieben Tage später war alles wieder im Normalbereich. Aber bei unserem nächsten Spiel verloren wir, und mein Puls schoss wieder in die Höhe. Die Schuld daran gebe ich unseren Spielern. Ein Sieg hätte vielleicht dafür gesorgt, dass meine Messwerte normal geblieben wären. Die Behandlung hatte eine 50- bis- 60-prozentige Erfolgschance, aber mir war klar, dass nun weitere Maßnahmen unumgänglich waren. Man riet mir zu einem Herzschrittmacher und zu einem Aspirin am Tag.

Der Eingriff erfolgte im März 2004 und dauerte eine halbe Stunde. Ich verfolgte ihn am Bildschirm. Nie werde ich vergessen, wie das Blut spritzte. Im Herbst 2010 wurde das Gerät ausgetauscht. In der Regel halten sie acht Jahre. Diesmal erfolgte der Eingriff unter Narkose. Die behandelnden Ärzte sagten mir danach, dass ich weiterhin ganz normal leben könne: Sport treiben, arbeiten, Wein trinken.

Ich muss allerdings zugeben, dass mich der erste Vorfall doch beunruhigt hatte. Bei einem Gesundheitscheck im Jahr zuvor lag mein Puls noch bei 48. Unser Zeugwart, Albert Morgan, sagte damals zu mir: »Ich dachte immer, Sie hätten gar kein Herz.« Meine Fitness war hervorragend. Dennoch brauchte ich zwölf Monate später einen Herzschrittmacher. Ich hatte begriffen, dass Älterwerden mit Nachteilen einhergeht. Wir alle sind anfällig. Man glaubt, man wäre unverletzlich. Jedenfalls glaubte ich das. Man weiß, dass das Leben einem eines Tages die Tür vor der Nase zuschlagen wird, aber bis dahin hält man sich für unverwüstlich. Und plötzlich nimmt Gott dich an die Kandare.

In jüngeren Jahren lief ich an der Seitenlinie auf und ab, schoss jeden Ball quasi selbst und ging voll mit dem Spiel mit. Mit zunehmendem Alter wurde ich abgeklärter. Am Ende neigte ich mehr dazu, die Vorgänge zu beobachten, statt mich von ihrer Dramatik vereinnahmen zu lassen, auch wenn manche Spiele mich nach wie vor völlig fesseln konnten. Von Zeit zu Zeit signalisierte ich aber vehement, dass ich noch am Leben war. Diese Botschaft kam bei den Schiedsrichtern, bei meinen Spielern und den Gegnern dann auch deutlich an.

Eines habe ich inzwischen in Hinblick auf die Gesundheit gelernt: Wenn erste Warnsignale auftreten, muss man sich unbedingt darum kümmern. Man sollte auf seine Ärzte hören, die nötigen Vorsorgeuntersuchungen machen, auf sein Gewicht und auf seine Ernährung achten.

Für mich ist das Lesen eine wunderbare Entspannung und befreit mich immer wieder vom Druck der Arbeit und den Belastungen des Alltags. Wenn ich Gäste in meine Bibliothek führen würde, fänden sie dort Bücher über Präsidenten, Premierminister, Nelson Mandela, Rockefeller, die Redekunst, Nixon und Kissinger, Brown, Blair, Mountbatten, Churchill, Clinton, über Südafrika und schottische Geschichte. Dort stehen Gordon Browns Buch über den schottischen sozialistischen Politiker James Maxton und auch sämtliche Bücher über Kennedy.

Despoten nehmen eine eigene Abteilung ein. An ihnen interessiert mich, bis zu welchen Extremen die Menschheit zu gehen bereit ist: *Der junge Stalin* von Simon Sebag Montefiore; Bücher über die Diktatoren Stalin, Hitler und Lenin; *World War II: Behind Closed Doors* von Laurence Rees; *Stalingrad und Berlin: The Downfall 1945* von Anthony Beevor.

Zum Entspannen kann ich mir aber auch ein Buch von Edmund Hillary oder David Niven vornehmen. Mit Krimis geht es dann wieder zurück zu den finstereren Seiten des Lebens: zu den Krays und der amerikanischen Mafia.

In meinem Arbeitsleben hatte ich so viel mit Sport zu tun, dass ich nicht sonderlich viele Sportbücher las. Einige wenige, die mir viel bedeuten, finden sich allerdings in meinem Regal. Als ich *When Pride Still Mattered*, David Maraniss' Biografie über Vince Lombardi, den großartigen Trainer der Football-Mannschaft Green Bay Packers las, dachte ich: »Er schreibt über mich, ich bin genau wie Lombardi.« Diese Besessenheit. Ich konnte mich voll mit einem der bekanntesten Aussprüche Lombardis identifizieren: »Wir haben das Spiel nicht verloren, uns ist nur die Zeit ausgegangen.«

KAPITEL 11

VAN NISTELROOY

An einem verschneiten Januarabend des Jahres 2010 saß ich zu Hause, als mein Handy summte und mir eine SMS anzeigte: »Ich weiß nicht, ob Sie sich an mich erinnern«, fing die Mitteilung an, »aber ich muss Sie anrufen. Ruud van Nistelrooy«.

»Meine Güte, was ist das denn?«, sagte ich zu Cathy. »Er ist vor vier Jahren weggegangen.«

Cathy fragte: »Was will er denn? Vielleicht möchte er zu United zurückkommen.«

»Ach komm, sei nicht albern«, wehrte ich ab.

Ich hatte keine Ahnung, worum es gehen könnte. Aber ich schrieb zurück: »O.K.«.

Also rief er mich an. Zuerst Smalltalk. Er hatte ein paar Verletzungen, war jetzt wieder fit, bekam kein Spiel, blablabla. Dann rückte er heraus: »Ich möchte mich für mein Verhalten in meinem letzten Jahr bei United entschuldigen.«

Ich mag Menschen, die es fertig bringen, sich zu entschuldigen. Das habe ich immer bewundert. In der heutigen Welt, in der jeder vorwiegend um sich selbst kreist, vergessen Menschen, dass es ein Wort wie Entschuldigung überhaupt gibt. Fußballer sind vom Trainer, dem Club, den Medien, Agenten und anderen Leuten umgeben, die ihnen sagen, wie verflucht gut sie sind. Es ist erfreulich, an jemanden zu geraten, der auch noch Monate später zum Telefon greifen und sagen kann: »Ich habe etwas falsch gemacht, und es tut mir leid.«

Ruud erklärte sich nicht weiter. Vielleicht hätte ich die Chance nutzen sollen, ihn zu fragen: »Warum ist es so gelaufen?«

Als ich mir an diesem Winterabend Ruuds Anruf durch den Kopf gehen ließ, wusste ich, dass sich zwei oder drei Premier-League-Clubs um ihn bemühten, sah darin aber keinen Grund, dass er mit mir reden wollte. Für ihn bestand keinerlei Veranlassung, sein Verhältnis zu Manchester United in Ordnung zu bringen, um für einen anderen Verein in England spielen zu können. Vielleicht hatte er einfach nur ein schlechtes Gewissen. Die Vorfälle von damals hatten ihm womöglich schon lange auf der Seele gelegen. Ruud war inzwischen sicher reifer geworden.

Die ersten Schwierigkeiten zwischen uns deuteten sich an, als Ruud anfing, sich ständig bei Carlos Queiroz über Ronaldo aufzuregen. Es gab einige spontane Streitigkeiten, aber nichts, was sich nicht hätte regeln lassen. Dann nahm er Gary Neville aufs Korn. Gary hatte damit aber schon gerechnet und blieb souverän. Auch David Bellion zog sich offenbar Ruuds Zorn zu. In seiner letzten Saison bei uns gab es immer wieder heftige Auseinandersetzungen, aber hauptsächlich ging van Nistelrooy auf Ronaldo los.

Am Ende der Saison 2004/05 hatten wir das Endspiel des FA Cups gegen Arsenal erreicht. Für van Nistelrooy war es ein furchtbares Spiel. Am Mittwoch zuvor war sein Agent Rodger Linse zu David Gill gekommen und hatte um die Freigabe Ruuds für einen Vereinswechsel gebeten: »Ruud möchte weg.«

David wies ihn darauf hin, dass wir am Samstag ein Cup-Finale zu absolvieren hätten und dies nicht unbedingt der günstigste Zeitpunkt für unseren wichtigsten Mittelstürmer sei, über seinen Wechsel zu verhandeln. David erkundigte sich, warum er uns verlassen wollte. Rodger Linse meinte, van Nistelrooy fände, die Mannschaft trete auf der Stelle und habe keinerlei Aussicht auf den Champions-League-Titel. Seiner Ansicht nach könnten wir mit so jungen Spielern – er bezog sich auf Rooney und Ronaldo – den Pokal unmöglich gewinnen.

Nach dem FA-Cup-Finale rief David Gill Rodger Linse an und bat ihn, mit Ruud zu einem Gespräch mit mir zu kommen. Wir waren in einer starken Position, weil Real Madrid keine 35 Millionen Pfund Ablöse bezahlen würde. So viel war klar. Ich glaube, dies war auch der Grund, weshalb Ruud bat, ihn freizugeben. Wäre Real Madrid bereit gewesen, 35 Millionen Pfund auf den Tisch zu legen, hätte er nicht auf seine Freigabe drängen müssen. Er hoffte, mit dem Verein eine Ablösesumme aushandeln zu können, die United akzeptabel fände. Verrückte Idee.

Unser Gespräch fand also statt. Dabei meinte van Nistelrooy, er wolle nicht warten, bis Ronaldo und Rooney reifer wären. »Aber sie sind großartige Spieler«, wandte ich ein. »Du solltest diese beiden Spieler unter deine Fittiche nehmen, ihnen helfen.« Aber Ruud sagte, das würde ihm zu lange dauern, darauf wolle er nicht warten.

»Hör zu, wir werden im Sommer neue Spieler verpflichten, um uns wieder auf Top-Niveau zu bringen«, erklärte ich. »Wir verlieren nicht gern Finals und wir verlieren nicht gern in der Liga. Wenn man eine Mannschaft aufbaut, muss man Geduld haben. Nicht nur ich, auch die Spieler. Das wird mal eine gute Mannschaft.« Er akzeptierte meine Argumente, und wir reichten uns die Hand.

In dieser Saison hatten wir während des Transferfensters im Januar Vidić und Evra unter Vertrag genommen, und erhebliche Spannungen mit Ruud blieben nicht aus. Im Carling Cup (dem Ligapokal) hatte ich Louis Saha in allen Spielen eingesetzt. Als wir ins Finale kamen, sagte ich zu Ruud: »Hör zu, es wäre nicht fair,

Saha jetzt nicht spielen zu lassen. Ich weiß, dass du gern dabei wärst. Aber vielleicht kann ich dich einwechseln.« Das habe ich gesagt, da bin ich mir ganz sicher.

Als wir gegen Wigan praktisch auf Tempomat spielten, sah ich eine ideale Gelegenheit, Evra und Vidić ins Spiel zu holen. Es waren meine beiden letzten Einwechselmöglichkeiten. Ich drehte mich zu Ruud um und sagte: »Ich gebe den beiden eine Chance.« Sie sollten eine Ahnung davon kriegen, wie es ist, mit Manchester United zu siegen. »Du …«, fluchte van Nistelrooy. Diesen Vorfall werde ich nie vergessen. Ich konnte es nicht fassen. Carlos Queiroz ging auf ihn los. Auf der Bank wurde es brenzlig. Die anderen Spieler fuhren ihn an: »Reiß dich zusammen!«

Das war sein Ende. Mir war klar, dass wir ihn nie wieder zurückbekommen würden. Er hatte die Brücken hinter sich abgebrochen. Nach dem Vorfall wurde sein Benehmen immer schlimmer.

In der letzten Woche der Saison mussten wir das letzte Spiel gegen Charlton gewinnen. Verletzungsbedingt mussten wir Saha wie ein rohes Ei behandeln. Aber ich hatte nicht das Gefühl, Ruud bringen zu können.

Carlos ging zu Ruud und sagte ihm: »Wir stellen dich nicht auf, fahr nach Hause. So wie du dich die ganze Woche über benommen hast – das lassen wir uns nicht bieten.«

Cristiano Ronaldo hatte vor Kurzem seinen Vater verloren. Im Laufe der Woche hatte Ruud ihm beim Training einen Tritt verpasst und gesagt: »Was willst du machen? Dich bei deinem Daddy beschweren?« Er meinte nicht Cristianos Vater, sondern Carlos. Wahrscheinlich hatte er sich nichts weiter dabei gedacht. Ronaldo war aufgebracht und wollte auf van Nistelrooy losgehen, und Carlos war über die Beleidigung ebenfalls wütend. Er hatte sich um Ronaldo gekümmert, wie es nicht anders zu erwarten war. Er ist ein

Trainer mit portugiesischen Wurzeln, aus demselben Land wie Ronaldo. Hier war ein junger Mann, dessen Vater gestorben war. Wenn er Carlos nicht um Beistand bitten konnte, wo sollte er ihn sonst finden? Die ganze Episode war sehr bedauerlich. Warum Ruud sich verändert hatte, weiß ich nicht. Ich kann nicht mit Bestimmtheit sagen, ob es seine Art war, so von uns wegzukommen. Was die anderen Spieler anging, tat er sich damit keinen Gefallen und verschaffte sich nicht gerade Respekt.

Es war schade, weil er sensationelle Leistungen gebracht hatte. Er war einer der größten Torschützen unseres Clubs. Die ersten Probleme gab es schon nach seiner zweiten Saison, als nach den ursprünglichen Vereinbarungen ein neuer Vertrag für ihn fällig war. Er bat um eine Klausel, die ihm ausdrücklich den Wechsel zu Real Madrid erlauben würde, falls Real eine bestimmten Ablösesumme anbieten sollte. Eine Ablöseklausel also. Ich dachte lange darüber nach. Ich dachte, dass van Nistelrooy ohne dieses Zugeständnis nicht unterschrieben hätte. Wenn wir darauf eingingen, räumten wir ihm allerdings eine gewisse Kontrolle über das weitere Geschehen ein. Damit liefen wir Gefahr, ihn in der folgenden Saison zu verlieren.

Also setzten wir den Betrag von 35 Millionen Pfund fest, von dem wir glaubten, er würde jeden abschrecken, selbst Real Madrid. Real stimmte zu. Zu David Gill sagte ich im Anschluss: »Wenn sie nächstes Jahr vor der Tür stehen und 35 Millionen zahlen, wissen wir wenigstens, dass wir doppelt so viel rausbekommen, wie wir für ihn ausgegeben haben. Wenn sie sich nicht darauf einlassen, haben wir ihn noch die zwei Jahre bis zum Vertragsende, bis dahin ist er 29. Wir hatten ihn dann vier Jahre und können ihn abgeben.« Sobald Ruud den Vertrag unterschrieben hatte, veränderte er sich. In seiner letzten Saison wurde er wirklich schwierig. Ich glaube nicht, dass er am Ende sonderlich beliebt war. Seine Veränderung war wirklich dramatisch.

Mein Bruder Martin hatte Ruud van Nistelrooy beim SC Heerenveen spielen sehen und gesagt: »Der Junge gefällt mir wirklich, er macht einen guten Eindruck.« Nach einer solchen Empfehlung wollte ich ihn mir natürlich ansehen. Wir fuhren hin, hörten dann aber, dass er einen Monat zuvor bei PSV Eindhoven unterschrieben hatte. Das wunderte mich. Aber offenbar war der Deal perfekt. Dennoch behielten wir ihn im Auge und gingen 2000 auf ihn zu.

Während eines kurzen Spanienurlaubs erhielt ich schlechte Nachrichten: Unser Arzt informierte mich, dass Ruud den Medizincheck nicht bestanden hatte. Die Mediziner waren sich sicher, Kreuzbandprobleme festgestellt zu haben. Die PSV Eindhoven widersprach und versicherte, dass bei ihren ärztlichen Untersuchungen lediglich geringfügige Bänderanrisse festgestellt worden wären, die kein Grund seien, den Gesundheitscheck nicht zu bestehen. Aber Mike Stone war nicht bereit, es abzusegnen. Also schickten wir ihn zurück zum PSV Eindhoven, der ihn wieder trainieren ließ und das Training für uns aufzeichnete. Beim Training versagte Ruuds Knie endgültig. Die Aufnahmen schaffte es auf irgendeinem Weg dann auch ins Fernsehen, wo man ihn vor Schmerz aufschreien sah. Was sollten wir tun?

»Wenn du die richtigen Leute hast, die sich um dich kümmern, kannst du bei solchen Verletzungen heute schon nach ein paar Monaten wieder zurück sein«, sagte ich zu Martin Edwards.

Van Nistelrooy begab sich also in die bewährten Hände des renommierten Kniechirurgen Dr. Richard Steadman in Colorado und fiel für nahezu ein Jahr aus. Gegen Ende der Saison kam er zurück, und wir nahmen ihn 2001 unter Vertrag, nachdem ich ihn gegen Ajax hatte spielen sehen. Seine Beweglichkeit war nicht beeinträchtigt, sein Tempo auch nicht. Er war zwar nicht gerade der schnellste Stürmer, sondern eher ein Galoppierer, der im Strafraum schnell schaltete.

Als er auf dem Weg der Besserung war, besuchte ich ihn zu Hause und sagte ihm, dass wir ihn trotz seiner Verletzung nach wie vor ins Old Trafford holen wollten. Das war für ihn eine wichtige Mitteilung, weil er an diesem Punkt seiner Karriere, glaube ich, nicht allzu viel Selbstvertrauen hatte. Er kam schließlich vom Land.

Ruud war der typische altmodische Mittelstürmer italienischer Schule. Dieses ganze Gerenne über die Flügel und Zweikämpfe konnte man bei ihm vergessen. Damals in den 1960er-Jahren hatte Juventus Turin einen Mittelstürmer namens Pietro Anastasi, der nur wenig zu den Spielen selbst beitrug, dann aber mit plötzlichen Ausbrüchen und erfolgreichen Torschüssen half, sie zu gewinnen.

Diese Art von Mittelstürmer dominierte damals das Spiel. Zu dieser Sorte Stürmer gehörte auch van Nistelrooy. Man musste ihm die Chancen vorbereiten. Aber er war ein einwandfreier Torjäger, der einige echte Abstaubertore machte.

Eigentlich war er einer der egoistischsten Torjäger, die ich je erlebt habe. Er war von seiner persönlichen Torbilanz wie besessen. Diese Zielstrebigkeit verlieh ihm die Schlagkraft eines großen Torjägers. Das Aufbauspiel, die Meter, die er in einem Spiel lief oder die Sprints, die er während eines Spiels gemacht hatte, interessierten ihn nicht. Das Einzige, was ihn wirklich beschäftigte, war: Wie viele Tore habe ich geschossen. Bei »schnellen Toren« war er einzigartig. Er flitzte seitlich am Verteidiger vorbei und platzierte den schnellen, todsicheren Treffer.

Von allen meinen großen Torschützen (Andy Cole, Éric Cantona, Ruud van Nistelrooy, Wayne Rooney) schoss er die meisten Tore. Aber der wirklich geborene Torjäger war Ole Gunnar Solskjær.

Van Nistelrooy schoss ein paar herrliche Tore, aber viele waren schäbige Treffer aus dem Torraum. Auch Andy Cole machte einige schöne Tore, jedoch brachte er viele aus dem Nahbereich, im Gedränge, mit dem Fuß nur ganz knapp ins Tor.

Solskjærs Abschlüsse hatten dagegen manchmal etwas Majestätisches. Bei ihm verbanden sich analytisches Denken und fußballerisches Können. Sobald er in eine Schussposition kam, hatte er die Situation schon genau eingeschätzt. Er hatte alle möglichen Bilder im Kopf. Aber er spielte nicht die ganze Zeit, denn er war nicht gerade der aggressivste Stürmer. Später entwickelte er sich auf diesem Gebiet weiter, aber in seiner Anfangszeit war er ein schmaler junger Kerl ohne die Statur, sich einen Weg zu bahnen. Wenn er bei Spielen auf der Bank saß und auch während des Trainings machte er sich ständig Notizen. Sobald er zum Einsatz kam, hatte er daher schon analysiert, wer seine Gegner waren und auf welchen Positionen sie spielten. Diese Bilder hatte er fertig im Kopf. Er hatte das Spiel klar vor sich wie ein Diagramm und wusste, wann er wohin gehen musste.

Ole war ein gutmütiger Junge, der nie auf Konfrontationen mit mir aus war. Es bestand nie die Gefahr, dass Ole meine Bürotür eintreten wollte, um einen Platz in der ersten Elf einzufordern. Wir wussten, dass er mit seiner Rolle zufrieden war, und das half uns, denn wenn wir bei den anderen drei Stürmern die schwierige Entscheidung zu treffen hatten, welchen wir auslassen sollten, begnügte sich der vierte mit einer unterstützenden Rolle. Also mussten wir nur mit drei mürrischen Stürmern fertig werden: Yorke, Cole und Sheringham.

Anfangs glaubte ich, van Nistelrooy hätte eine größere Bandbreite an Qualitäten, als sie sich später herausstellte. Ich erwartete, von ihm mehr Schwerstarbeit zu erleben, wie United-Spieler sie halt leisten müssen. Manchmal übernahm er seinen Teil und setzte sich ein, aber von seiner Veranlagung her war er als Spieler kein Arbeitstier. Er besaß keine sonderlich große Ausdauer. Seine Testergebnisse waren nie überwältigend. Aber man wusste, dass er jederzeit den Ball ins Netz befördern konnte, wenn er ihn zugespielt bekam.

In den Jahren zuvor hatten wir Cantona verloren, Sheringham war gegangen, Ole hatte Knieprobleme, Yorkie hatte ein bisschen die Orientierung verloren, doch Andy Cole war immer noch fit und frisch. Auf Andy konnte man sich immer verlassen, aber als ich van Nistelrooy holte, war mir klar, dass ich Probleme mit ihm bekommen würde, weil er sich für den besten Mittelstürmer der Welt hielt. Das sage ich in aller Zuneigung, denn eine solche Selbsteinschätzung ist hilfreich. Aber als ich anfing, ihn zusammen mit Ruud einzusetzen, war er sauer.

Auch in Andys Verhältnis zu Éric Cantona traten Verstimmungen auf. Der einzige unserer Spieler, zu dem er eine Beziehung hatte, war Yorkie. Ihre Saison 1998/99 war grandios. Beide verband eine tolle Partnerschaft, eine echte Freundschaft. Als Yorkie zu uns kam, kannten sich die beiden noch nicht, aber die Chemie zwischen ihnen stimmte auf Anhieb. Im Training feilten sie zusammen an der Laufarbeit, an kleinen Finten, Doppelpässen. Sie harmonierten hervorragend. Ich glaube, die beiden schossen zusammen 53 Tore.

Ein Zusammenspiel mit van Nistelrooy hätte für Andy nicht funktioniert, darum gab ich ihn an die Blackburn Rovers ab. Damals war er Anfang 30, und wir hatten den Eindruck, dass wir einige gute Jahre mit ihm hatten. Wir nahmen ihn 1995 unter Vertrag, hatten sieben Jahre das Bestmögliche aus ihm rausgeholt und bekamen am Ende von Blackburn 6,5 Millionen Pfund für ihn. An Newcastle hatten wir sieben Millionen Pfund für ihn und Keith Gillespie bezahlt, der nicht mehr als eine Million Pfund wert war. Also hatten wir unser Geld nach sieben Jahren fast wieder herausgeholt.

Ein weiterer Stürmer, der gegen van Nistelrooys Einzigartigkeit anging, war Forlàn, ein großartiger Spieler. Ruud wollte der Torschützenkönig sein. Das lag in seinem Wesen. Aber Diego Forlàn hatte er gar nicht auf dem Schirm. Wenn man die beiden zusammen einsetzte, gab es daher nicht die geringste Harmonie zwischen ihnen. Diego spielte zwar mit einem Partner besser, aber er schoss auch solo einige unbezahlbare Tore. Zwei im Anfield Stadium in Liverpool und eins in der letzten Spielsekunde gegen Chelsea. Er war ein guter Spieler und ein fantastischer Profi.

Etwas komplizierter für alle Beteiligten wurde es dadurch, dass Forlàn auf Mallorca eine behinderte Schwester hatte, um die er sich kümmern musste. Aber im Umgang war er großartig, lächelte unentwegt, sprach fünf Sprachen. Als Mensch war er wie eine frische Brise. Wir ließen ihn für zwei Millionen Pfund gehen, was ich als zu wenig empfand. Aber bei seinem Gehalt war kein Verein bereit, mehr zu bieten. Er schwebte förmlich über den Boden. Er war zwar klein, hatte aber einen guten Oberkörper und war zäh. Er war zudem ein so guter Tennisspieler, dass er auch da durchaus eine Profikarriere hätte anstreben können. Bei unserem Tennisturnier vor Saisonbeginn versuchte ich, auf ihn zu wetten. Ich fragte Gary Neville, der als Buchmacher agierte: »Wie stehen die Wetten auf Diego?«

»Wieso? Wieso?«, fragte Gary alarmiert. »Spielt er denn?«

»Was weiß ich!«, erwiderte ich. »Wieso fragst du ihn nicht?«

Aber Gary war mir schon auf die Schliche gekommen. Es würde keine Wetten auf Diego geben. Er spielte alle in Grund und Boden.

»Du hältst uns wohl für blöd, was«, fragte Neville.

»Na ja, es war einen Versuch wert. Ich hatte gehofft, du sagst: zehn zu eins!«

KAPITEL 12

MOURINHO – DER »BESONDERE« RIVALE

Das erste Mal, dass ich José Mourinho als potenzielle Gefahr wahrnahm, geschah anlässlich seiner Presskonferenz als Trainer von Chelsea im Sommer 2004. »I'm the special one«, verkündete José. »Was für ein frecher junger Spund«, dachte ich, als ich sah, wie er die Presse mit reichlich zitierfähigem Material fütterte.

Eine innere Stimme sagte mir: ›Ein Neuer. Jung. Sinnlos, über ihn zu reden. Sinnlos, sich mit ihm anzulegen. Aber er ist intelligent und selbstbewusst genug, mit der Aufgabe bei Chelsea fertig zu werden.‹

Ich hatte mit Carlos viel über José geredet, und er hatte mir gesagt: »Er ist ein überaus schlauer Bursche.« Er kannte Mourinho schon aus ihrer gemeinsamen Zeit an der Akademie in Portugal. Damals war José einer von Carlos' Studenten. »Mit Abstand mein bester Student. Mit Abstand«, versicherte Carlos mir. Mit diesem Wissen gerüstet, schaute ich zu, wie er auf der Woge der Erwartungen ritt, die er selbst geschaffen hatte; eine Woge, die ihn von Porto nach London getragen hatte, wo er für Roman Abramovich arbeitete. José gehörte zu den Surfern, die sich länger auf einer Welle halten konnten als alle anderen. Mir war sofort klar, dass es ungeschickt wäre, sich mit ihm auf einen psychologischen Kampf einzulassen. Ich würde andere Wege finden müssen, um es mit ihm aufzunehmen.

Von August 2004 bis Mai 2006 gewannen wir einen einzigen Titel: den League Cup 2006. Chelsea und José holten in diesen beiden Spielzeiten die Meisterschaft in der Premier League. Als Arsenal zurückfiel, wurden Abramovichs Geld und Josés Können als Trainer zum größten Hindernis für unseren Wiederaufstieg.

Wie immer legten wir bei unserer Vorbereitung für die neue Saison den Schwerpunkt auf die zweite Hälfte der 38 Spiele umfassenden Spielzeit. Gegen Saisonende waren wir immer stark. Hinter unserer Fähigkeit, in den Monaten, auf die es ankam, Spiele zu gewinnen, stand sowohl Strategie als auch Kampfgeist.

José war neu in der Stadt, arbeitete für einen Arbeitgeber mit jeder Menge Geld und wurde von einem Hype getragen, der ihm den Weg ebnete. Im Herbst 2004 brauchte er in seinen ersten Wochen im Stamford Bridge Stadium einen guten Start. Chelsea setzte sich rasant mit sechs Punkten Vorsprung, den wir niemals aufholen konnten, an die Tabellenspitze. Sobald sie im Titelkampf vorn lagen, sorgte José dafür, dass sie viele Spiele knapp gewannen. Es waren alles Siege von 1:0 oder 2:0. Sie gingen jeweils früh in Führung und verteidigten die Führung dann anschließend. Chelsea entwickelte sich zu einer Mannschaft, die unglaublich schwer zu besiegen war. Sie war erheblich besser organisiert als zuvor. Nachdem Mourinho angetreten war, gewann ich kein Spiel mehr an der Stamford Bridge.

José arbeitete während der Saisonvorbereitung intensiv an der Verteidigung und spielte anfangs mit einer Dreierabwehr, also mit zwei Außenverteidigern und einem Innenverteidiger. Gegen diese Formation ist schwer zu spielen.

Zum ersten Mal waren wir uns 2003/04 in der Champions League begegnet, wo seine damalige Mannschaft, Porto, uns aus dem Turnier warf. Am Ende des Hinspiels gerieten wir uns in die Haare. Aber ich hatte oft Meinungsverschiedenheiten mit Trainerkollegen, wenn ich zum ersten Mal auf sie traf. Selbst George Graham und ich gerieten nach unserer ersten Begegnung aneinander, als er bei Arsenal war. Später wurden wir gute Freunde. Das Gleiche gilt auch für Mourinho. Ich fand ihn immer sehr hilfsbereit und aufgeschlossen. Ich glaube, er merkte, dass er es mit jemandem zu tun hat, der schon sämtliche emotionalen Extreme des Fußballs erlebt hatte, und er genoss unsere Gespräche.

Bei diesem Auswärtsspiel ärgerte ich mich über die vielen Schwalben der Porto-Spieler. Ich glaube, er war ein bisschen verdutzt über meine Wutausbrüche: Ich ging tatsächlich zu weit, und es war unnötig, meine Gefühle an José auszulassen. Eigentlich war ich viel wütender über Keanes Platzverweis. Mir war noch im Hinterkopf, dass Martin O'Neill sich über das Verhalten von Josés Spielern beim Endspiel des UEFA-Cups zwischen Porto und Celtic beschwert hatte, das Porto gewonnen hatte. Die Saat war in mir gelegt. Ich hatte das Endspiel gesehen, fand aber nicht, dass sich die Mannschaft für Portugiesen untypisch verhalten hatte. Aber als Martin O'Neill immer wieder davon anfing, redete ich mir allmählich ein, dass Josés Mannschaft zynisch sei.

Beim Auswärtsspiel war mein erster Eindruck, dass Roy Opfer einer Fehlentscheidung des Schiedsrichters geworden wäre. Rückblickend war klar, dass er versucht hatte, ihren Torhüter zu foulen. Damit hatten wir nur noch zehn Spieler auf dem Platz, und Keane war für das Rückspiel gesperrt.

Beim Rückspiel im Old Trafford verhielt sich der Schiedsrichter merkwürdig. Drei oder vier Minuten vor Spielende griffen wir an. Ronaldo setzte sich gegen den Innenverteidiger durch und wurde von ihm zu Fall gebracht. Der Linienrichter hob die Flagge, aber der russische Schiedsrichter ließ weiterspielen. Porto setzte zum Konter an und schoss ein Tor.

Am Ende dieses Spiels gratulierte ich José. Wenn eine Mannschaft den eigenen Verein aus dem Turnier wirft, muss man sich unbedingt durchringen, ihr »alles Gute« zu wünschen. Wir tranken ein Glas Wein zusammen, und ich sagte ihm: »Ihr habt Glück gehabt, aber wir wünschen euch viel Erfolg in der nächsten Runde.«

Als er das nächste Mal ins Old Trafford kam, brachte er eine Flasche seines eigenen Weines mit, einen Barca-Velha, und begründete damit eine Tradition. Der Wein bei Chelsea war grauenhaft, was ich nie begreifen konnte. Einmal sagte ich zu Abramovich: »Das ist doch besseres Abbeizmittel.« In der folgenden Woche schickte er mir eine Kiste Tignanello. Ein hervorragender Tropfen, einer der besten.

Josés Hin- und Hergerenne entlang der Seitenlinie im Old Trafford kam mir sehr bekannt vor. Ich habe das selbst auch schon so gemacht. Ich erinnere mich, als wir ein Tor gegen Sheffield Wednesday schossen und Brian Kidd auf dem Platz auf die Knie ging und ich an der Seitenlinie jubelte. Ich bewundere Menschen, die ihre Emotionen zeigen können. Das lässt erkennen, wie viel ihnen an einer Sache liegt.

Dieser Champions-League-Sieg über Manchester United war Josés Einstieg. Der Sieg über Celtic in einem UEFA-Cup-Endspiel war zwar auch eine beachtliche Leistung, aber Machester United im Old Trafford zu schlagen und danach den Europapokal zu gewinnen, war eine noch viel beeindruckendere Demonstration seines Talents. Ich erinnere mich, dass ich um 2008 zu ihm sagte: »Ich weiß nicht, wann ich in den Ruhestand gehe. Es ist schwer, wenn man älter wird, weil man Angst hat aufzuhören.« José antwortete: »Mach das nicht, du hältst mich auf Trab.« Er erklärte, dass es für ihn noch andere Herausforderungen gebe, aber er wolle auf jeden Fall wieder nach England kommen. Bevor er im Juni 2013 zu

Chelsea zurückkam, gewann er mit Inter Mailand die Champions League und mit Real Madrid den spanischen Meistertitel.

Alle, mit denen ich gesprochen habe, bestätigten mir, dass José ungewöhnlich gut mit Spielern umgehen kann. Seine Planung ist minutiös und detailgenau. Wenn man ihn besser kennenlernt, ist er liebenswert und kann über sich selbst lachen und Witze machen. Ich weiß nicht, ob Wenger oder Benítez diese Fähigkeit besitzen.

Es war faszinierend zu beobachten, wie José seine Aufgabe bei Real Madrid anging, als er 2010 bei den Königlichen engagiert wurde. Es war das interessanteste Engagement, an das ich mich im Fußball erinnern kann, die spannendste Paarung von Trainer- und Spielstil. Jeder Trainer, der bisher dort arbeitete, hatte sich an Reals Philosophie halten müssen. Dem Galáctico-Prinzip. Als sie Mourinho verpflichteten, müssen sie meiner Ansicht nach wohl akzeptiert haben, dass sie sich seiner Herangehensweise beugen müssten, wenn sie die Champions League gewinnen wollten.

Es ist wie in jeder anderen Branche auch. Man holt sich jemanden Neuen, und plötzlich wird alles anders, und die Verantwortlichen für diese Neueinstellung sagen: »Moment mal, dass wir das bekommen würden, haben wir nicht gewusst.« Sicher saßen im Bernabéu-Stadion einige Fans, die dachten: »Damit bin ich nicht zufrieden. Dafür habe ich nicht bezahlt. Ich würde lieber fünf zu vier als eins zu null verlieren.«

Josés Zeit in Madrid war für mich also ein spannendes Schauspiel. Es war die größte Herausforderung seines Berufslebens. Bei Porto, Chelsea und Inter Mailand hatte er die Vorzüge seiner Arbeitsweise unter Beweis gestellt. Er hatte mit verschiedenen Vereinen zweimal die Champions League gewonnen. Würde er Real Madrid nach seinen Vorstellungen, nach seinen Ideen umbauen können? Von Anfang an bestand wenig Aussicht, dass er seine heiligsten

Ideen zugunsten von totalem Angriff und einem Überaufgebot von Promis aufgeben würde. Ihm war klar, dass das nicht der Weg zum Erfolg im modernen Fußball war. Barcelona war im Angriff herrlich, jagte aber auch hinter dem Ball her, wenn man ihn verloren hatte. Es war eine hart arbeitende Mannschaft, ein echtes Team. In dieser Periode, als Real innerhalb von fünf Jahren dreimal das Champions-League-Finale erreichte, hatte der Verein die besten Spieler: Zidane, Figo, Roberto Carlos, Fernando Hierro, Iker Casillas im Tor, Claude Makélélé im Mittelfeld.

Auch danach blieben sie beim Galáctico-System, verpflichteten haufenweise niederländische Spieler wie van Nistelrooy, aber auch David Beckham und Robinho. Doch nach dem Endspiel von 2002 in Glasgow holten sie den Champions-League-Pokal nicht wieder.

Mourinho hatte bewiesen, dass er große Mannschaften zum Sieg führen konnte, aber die Frage, die mich interessierte, war, ob man ihm in Madrid erlauben würde, auf seine Weise zu arbeiten.

José war zweifellos Pragmatiker. Basis seiner Philosophie war, dafür zu sorgen, dass seine Mannschaft nicht verlor. Beim Champions-League-Halbfinale gegen Barcelona in der vorhergehenden Saison war ihm klar, dass seine Inter-Mannschaft den Ballbesitz zu 65 Prozent abgeben würde. Das wussten alle Mannschaften. Barcelona verfolgte die Strategie, im Mittelfeld immer in der Überzahl zu sein. Wenn der Gegner dort also vier Spieler einsetzte, hielten sie mit fünf dagegen, setzte er sechs ein, erhöhten sie auf sieben. So konnten sie den Ball hin und her zur Abwehr raus und wieder rein spielen. Am Ende landete der Gegner in ihrem Karussell, lief ständig im Kreis und wurde regelrecht schwindelig. Ab und zu stolperte man vielleicht mal über den Ball. Man muss sich nur ein Karussell anschauen, dann versteht man, was ich meine. Dabei wird einem ganz schummrig.

José wusste also, dass Inter gegen Barcelona nicht viel vom Ball sehen würde, aber er hatte seine eigenen Waffen, die hauptsächlich aus Konzentration und Stellungsspiel bestanden. Esteban Cambiasso im zentralen Mittelfeld war für diese Inter-Strategie ein wichtiger Baustein. Sobald Messi dort auftauchte, war auch Cambiasso zur Stelle. Sollte Messi woanders auftauchen, wäre auch Cambiasso da. Das klingt zwar einfach, war aber im Rahmen einer Gesamtstrategie, in der sämtliche Defensivaufgaben der Mannschaft ineinander greifen sollten, sehr effektiv. Später sah ich einmal ein Real-Madrid-Spiel, in dem José in den letzten 15 Minuten drei Auswechselungen vornahm. Es waren alles Abwehrspieler, um abzusichern, dass er das Spiel gewann.

Aber das kam alles wesentlich später als unsere Scharmützel in der Mitte des Jahrzehnts, als Chelsea den ersten englischen Meistertitel seit 50 Jahren gewann und ihn zwölf Monate später, im Sommer 2006, verteidigte. Die Saison 2004/05 war für Manchester United grauenhaft und blieb ohne Trophäen. Das folgende Jahr brachte uns nur den League Cup. Eine neue Mannschaft wuchs heran, aber noch konnte ich nicht ahnen, dass wir bald drei Jahre in Folge die Meisterschaft in der Premier League holen sollten.

Wir verfolgten die Strategie, die Mannschaft wegen des bevorstehenden Ausscheidens von Keane, Giggs, Scholes und Neville umzubauen. Drei von ihnen blieben dann aber über die vorgesehene Zeit hinaus, während Keane gehen musste. Wir hatten vor, eine Gruppe junger Spieler zusammenzustellen, die sich im Laufe der Jahre entwickeln könnten, während Giggs, Scholes und Neville diesen Prozess mit ihrer Erfahrung begleiteten. Rückblickend war diese Strategie ein voller Erfolg.

Ja, wir hatten 2004/05 eine erfolglose Saison und verloren das Endspiel im FA Cup gegen Arsenal im Elfmeterschießen, aber bei diesem Paradespiel erkannte ich Rooneys und Ronaldos vielversprechendes Potenzial. An dem Tag feierten sie Arsenal. Wir hatten dennoch 21 Torschüsse. Im Achtelfinale der Champions League verloren wir Hin- und Rückspiel gegen den AC Mailand jeweils 1:0, wobei Hernàn Crespo beide Tore schoss. Der Gedanke, eine neue Mannschaft aufzubauen, schreckte mich nicht, das war sozusagen meine zweite Natur. Ein Fußballverein ist wie eine Familie. Manchmal gehen Menschen weg. Im Fußball müssen sie manchmal gehen, manchmal möchte man, dass sie gehen, und manchmal haben beide Seiten keine andere Wahl, wenn das Alter nicht mehr passt oder Verletzungen dazwischenkommen.

Es machte mich immer sentimental, wenn uns große Spieler verließen. Gleichzeitig hatte ich immer ein Auge auf die Spieler, deren Ende sich bei uns abzeichnete. Eine innere Stimme fragte dann: ›Wann wird er gehen, wie lange wird er sich noch halten?‹ Die Erfahrung veranlasste mich, an wichtigen Positionen immer junge Spieler in Reserve zu haben.

Als wir am 10. Mai 2005 in unserem Stadion eine Ehrenformation für den neuen Meister der Premier League Chelsea bildeten, hatte ich nicht vor, in den folgenden Monaten vor Abramovichs Reichtum zu kapitulieren.

Psychologisch gesehen war das ein großer Moment für Chelsea. Sie hatten zum ersten Mal nach einem halben Jahrhundert die Meisterschaft gewonnen und konnten sich von da an in einem neuen Licht sehen. Eine Lehre, die wir daraus zogen, war die, dass ein langsamer Saisonbeginn zukünftig nicht mehr infrage kam, wenn wir es mit unserem neuen großen Herausforderer Chelsea aufnehmen wollten. In der folgenden Saison legten wir einen fliegenden Start hin, auch wenn die Saison zu nichts führte und wir beim Spiel gegen Lille in Paris unseren Tiefpunkt erreichten: Ein Teil unserer

Anhänger buhte die jungen Spieler beim Aufwärmen aus, nachdem Keane auf MUTV behauptet hatte, einige Spieler unserer Mannschaft würden sich nicht richtig ins Zeug legen.

Das war ein Hammer: Roy verstärkte das Problem unserer schlechten Form noch zusätzlich, indem er seine Mannschaftskollegen in der Öffentlichkeit zur Zielscheibe machte. Auf dem Platz zeigten wir uns in schockierend schlechter Verfassung, und die 0:1-Niederlage an dem Abend war über Jahre hinweg mein absoluter Tiefpunkt.

Im selben Monat, als Roy Keane den Verein verließ, es war im November 2005, verloren wir auch George Best. Er war ein sehr netter Kerl, überaus freundlich, aber irgendwie ein bisschen unruhig. Es machte ihn nervös, mit jemandem zu reden. Er hatte eine Art Unsicherheit an sich, die einen beklommen machte. Ich erinnere mich, dass ich einmal mit ihm in Japan in einer Bar saß – er war mit einer Freundin da – und er kaum reden konnte. Er wirkte ungemein schüchtern. George hätte nach seiner Fußballkarriere ein gutes Leben haben können. Er hätte junge Spieler trainieren können, aber vielleicht hatte er nicht die Persönlichkeit, als Lehrer zu arbeiten. Nur wenige erkannten, wie intelligent George war. Seine Beerdigung war ein trauriges Ereignis. Die von der Stadt Belfast ausgerichtete Beisetzung hatte die Größe und Atmosphäre eines Staatsbegräbnisses. Ich erinnere mich, dass ich Georges Vater, einen kleinen, bescheidenen Mann, ansah und dachte: »Er hat einen der größten Fußballspieler aller Zeiten hervorgebracht.« Ein kleiner Mann aus Belfast, ein stiller Mensch. Man erkannte sofort, woher George seine Schweigsamkeit hatte.

Die britischen Fußballfans gehören gemeinhin der Arbeiterklasse an, und aus irgendeinem Grund mögen sie Menschen mit Schwächen. George Best, Paul Gascoigne, Jimmy Johnstone. In diesen unvollkommenen Helden erkennen sie etwas von sich selbst wieder. Sie verstehen ihre Unvollkommenheit und Fragilität. Jimmy war ein so liebenswerter Bursche, dass man gar nicht anders konnte, als sich über seinen Unfug zu amüsieren.

Jock Stein starrte jeden Freitagabend auf sein Telefon, bis seine Frau einmal sagte: »Wieso schaust du denn immerzu auf das verdammte Telefon?«

»Es wird klingeln«, antwortete Jock dann. »Das Telefon wird klingeln.«

Ein fast schon normaler Anruf war der: »Polizei Lanarkshire, Mr. Stein. Wir haben den jungen Jimmy hier.«

George Best gehörte bei Manchester United natürlich zu den großen Europapokalsiegern. Aber von solchen Triumphen waren wir in der Saison 2005/06 weit entfernt. Im September 2005 wurde Wayne Rooney bei einem 0:0-Unentschieden in Villareal vom Platz geschickt, weil er Kim Milton Nielsen einen Klaps verpasst hatte. Dieser Schiedsrichter hatte bei der Weltmeisterschaft von 1998 auch David Beckham einen Platzverweis erteilt. Er war nicht gerade mein Lieblingsschiedsrichter. Nielsen war einer der ärgerlichsten Offiziellen. Wenn man seinen Namen auf der Liste sah, war man alles andere als begeistert. Bei einem anderen Spiel beschimpfte Rooney Graham Poll etliche Male. Poll hätte ihn vom Platz schicken können, aber er genoss es offenbar, dass die Fernsehkameras auf ihn gerichtet waren. Zumindest besaß er genügend gesunden Menschenverstand, Wayne wie einen Menschen zu behandeln und sich nicht um seine Flucherei zu kümmern. In dieser Hinsicht dürfte Rooney vor Poll mehr Respekt gehabt haben als vor Nielsen. Das war im selben Spiel, wo sich Gabriel Heinze seinen Kreuzbandriss zuzog, nachdem sein Agent uns um einen Transfer gebeten hatte.

Nachdem wir im Dezember mit einer 2:1-Niederlage gegen Benfica Lissabon aus der Champions League ausgeschieden waren, nahmen in der Presse die Mutmaßungen über mein Verfallsdatum zu. Wäre ich kritisiert worden, weil ich meinen Job nicht mehr zufriedenstellend machte, hätte ich das noch irgendwie verstanden, aber die Unterstellung, ich sei aufgrund meines Alters nicht mehr in der Lage dazu, war einfach widerwärtig. Wenn Menschen älter werden, haben sie mehr Erfahrung. Es gab im Fußball eine Phase, in der man Spitzenspieler ohne weitere Ausbildung direkt als Trainer in die Premier League holte. Erfahrene Trainer wurden verdrängt. Man nehme nur Bobby Robson, der bei Newcastle ausgemustert wurde. Im selben Verein gab man Sam Allardyce, einem bewährten Trainer, gerade mal sechs Monate. Lächerlich. Sich an einem Freitag der Presse zu stellen war aufreibend. Niemand fragte mich natürlich direkt: ›Haben Sie Ihr Verfallsdatum nicht schon überschritten?‹ Aber sie schrieben es. Sie nutzten die Macht des gedruckten Wortes, um einen Trainer fertigzumachen.

Die Dynamik folgte ihrer eigenen Logik. Manche meinten: »Was die schreiben ist richtig, das sage ich schon seit Jahren.« Ich wusste, wohin unsere Entwicklung ging. Mir war klar, dass wir noch ein bisschen Zeit brauchten. Nicht allzu viel, denn in diesem Stadium meiner Karriere würde man mir nicht mehr ewig Zeit geben. Hätte ich nicht den Eindruck gehabt, dass wir kurz davor standen, wieder eine gute Mannschaft auf die Beine zu stellen, wäre ich aus freien Stücken gegangen. Aber ich vertraute auf Rooney und Ronaldo und war sicher, dass wir gute Scouts hatten und sich Spieler finden würden, die uns wieder auf unser gewohnt hohes Niveau bringen würden.

Obwohl wir 2006 nur den League Cup gewannen, gab es in dieser Saison dennoch einige gute Leistungen. Nach der Niederlage gegen Benfica fanden wir unsere Form wieder, gewannen gegen Wigan, Aston Villa, West Brom und Bolton und standen in der Premier League schließlich neun Punkte hinter Chelsea. Dann kamen Evra und Vidić zu uns. In der Abwehr trainierten wir nahezu wöchentlich Verteidigungstechniken, besonders über die Außenbahnen: Stellung, Angriff auf den Ball, Vorgehen der Stürmer, Eingreifen der Verteidiger. Meist fingen wir im Mittelkreis mit zwei Stürmern und zwei Paaren von Flügelspielern an, Rechts- und Linksaußen. Wir spielten den Ball einem der Stürmer zu, der ihn dann schoss. Dann wurde ein zweiter Ball einem der Außenspieler zugespielt, der ihn flanken musste, ein dritter Ball kam vom Rand des Strafraums herein; sie mussten also auf den Schuss, die erste Flanke und den Ball aus dem Strafraum reagieren. Drei Tests in einem.

Die Kultur des Fußballs hat sich verändert. Wie viele Innenverteidiger hat man, die gern in der Abwehr spielen? Vidić mochte es. Er liebte die Herausforderung, seinen Kopf hinzuhalten. Man merkte ihm an, dass die Zweikämpfe um den Ball ihn motivierten. Smalling war ein bisschen ähnlich: Er war gern Verteidiger. Vidić war ein unnachgiebiger, kompromissloser Kerl, ein stolzer Serbe. Er kam 2009 zu mir und sagte, es könnte sein, dass er einberufen würde.

»Was meinst du mit ›einberufen‹?«, fragte ich beunruhigt.

»In das Kosovo. Ich gehe dahin«, sagte er. »Es ist meine Pflicht.«

Die Suche nach neuen Talenten reichte über Grenzen und Kontinente hinweg. Gérard Piqué entdeckten wir bei einem Juniorenturnier. Seit Arsenal Cesc Fàbregas unter Vertrag genommen hatte, war die Tür für gute junge Spieler von Barcelona geöffnet. Daher waren wir unserer Sache bei den Verhandlungen mit der Familie Piqué sehr sicher. Unser Problem war, dass der Großvater des Spielers zur tonangebenden Fußballelite im Nou Camp gehörte. Gérards Familie gehörte zur Geschichte des FC Barcelona.

Da der FC Barcelona mehrfach den Trainer seines ersten Teams gewechselt hatte, war dort sowieso alles im Fluss. Piqué war ein fantastischer Spieler, daher war ich zutiefst enttäuscht, als er uns mitteilte, dass er wieder nach Spanien zurückgehen wolle. Er war ein außergewöhnlicher Passgeber und eine großartige Persönlichkeit mit einer gewinnenden Art. Seine gutsituierte Familie ist eine Ansammlung von Siegern. Alle sind in dem, was sie tun, erfolgreiche Leute. Das spürte man bei seiner Mutter genauso wie bei seinem Vater. Leider wollte er nicht abwarten, bis die Dominanz von Ferdinand und Vidić endete und er mehr zum Einsatz kam. Das war mein Problem. Piqué und Evans hätten in den folgenden zehn Jahren ein gutes Gespann abgegeben.

Als wir im Champions-League-Halbfinale gegen Barcelona 0:0 spielten, kam Gérards Vater zu mir ins Mannschaftshotel – er war wirklich ein ganz reizender Mann – und erklärte mir, dass Barcelona seinen Sohn gern wieder zurückholen würde. Seine Eltern brannten darauf, ihn wieder in der Nähe zu haben. Sie vermissten ihn. Und Gérard vermisste es, in der ersten Mannschaft zu spielen, und glaubte, bei Barcelona einen Platz in der Startelf zu erhalten. Die Gespräche darüber verliefen ganz offen und unumwunden. Die Ablösesumme betrug schließlich acht Millionen Euro. Uns hatte er nach den damals geltenden FIFA-Regeln 180 000 Pfund gekostet.

Die großen Clubs in Europa errichteten später höhere Hürden, um den englischen Beutezügen einen Riegel vorzuschieben, und es war eher unwahrscheinlich, dass sie Jahr für Jahr Spieler wie Piqué und Fàbregas außer Landes ziehen lassen würden. Wäre in England ein junges Talent von uns entdeckt worden, hätten wir am Ende für einen Spieler in der ersten Mannschaft fünf Millionen Pfund hingelegt. Aber warum verlangte man von uns, 500 000 Pfund für einen Spieler auszugeben, der sich später nicht bewährte? Richard Eckersley war ein interessanter Fall: Burnley bot uns 500 000 Pfund für ihn. Wir verlangten eine Million. Schließlich hatten wir den Jungen zwölf Jahre lang aufgebaut. Die Zahlung sollte auch erst dann fällig werden, wenn der Spieler es in die erste Mannschaft schafft. Ich glaube nicht, dass sich der verkaufende Verein über eine solche Vereinbarung beklagen würde, besonders nicht, wenn es eine Weiterverkaufsklausel gibt.

Uns allen unterlaufen Fehleinschätzungen. Das passierte auch mir in diesen Jahren bei Kléberson, Djemba-Djemba und anderen. Bis zum Ende war ich wegen Ralph Milne heftiger Kritik ausgesetzt – er kostete mich 170 000 Pfund. Dafür bezog ich noch lange Prügel. Der Trainerstab zog mich immer wieder damit auf: »Wir brauchen einen neuen Ralph Milne, Chef.« Alle meine Mitarbeiter arbeiteten über 20 Jahre mit mir zusammen. Sie vergaßen nie etwas. Auch wegen William Prunier bekam ich einiges zu hören. Selbst Patrice Evra sagte eines Tages mit schriller Stimme zu mir: »Boss, hattest du mal William Prunier hier?«

Ryan Giggs wartete mit gesenktem Blick auf meine Antwort.

»Ja, wir hatten ihn mal zur Probe hier«, blaffte ich.

»Zur Probe«, kiekste Evra, der das Thema nicht loslassen wollte. »Wie lange?«

»Für zwei Spiele.«

»Eine Probezeit von zwei Spielen?«

»Ja, und es war eine Katastrophe!«

Patrice hatte ins Schwarze getroffen.

Einem neuen Spieler muss man als Allererstes dabei helfen, sich einzuleben: Bank, Wohnung, Sprache, Transport und so weiter. Das ist ein Prozess. Das größte Hindernis ist immer die Sprache. Bei Antonio Valencia war beispielsweise Englisch ein Problem. Es war bei ihm eine reine Frage des Selbstvertrauens. Ich kann Französisch schreiben und lesen, habe aber nicht genügend Selbstvertrauen, es zu sprechen. Das wusste Antonio. »Wie steht es mit deinem Französisch?«, sagte er eines Tages. Treffer. Allerdings machte ich ihn darauf aufmerksam, dass ich mich bemüht hätte, die Sprache zu sprechen, wenn ich in Frankreich arbeitete. Valencia arbeitete in England, also galt für ihn das Gleiche.

Als Spieler war er jedoch höllisch mutig. Valencia ließ sich nie einschüchtern. Er stammte aus den Favelas und hatte sich offensichtlich im Leben durchschlagen müssen. Er war zäh wie sonst was, stürzte sich in die Zweikämpfe und legte sich rückhaltlos mit dem Gegner an.

Eine weitere begehrte Neuerwerbung im Sommer 2006 war Michael Carrick. Wir hatten Carrick schon eine Weile mit viel Interesse beobachtet, und dann bekam David Gill die Information von den Tottenham Hotspurs, dass sie ihn eventuell verkaufen würden. »Wie schätzt du seinen Wert ein«, fragte David.

»Wenn du ihn für acht Millionen bekämst, hättest du ein gutes Geschäft gemacht«, sagte ich.

Ich werde nie vergessen, was David sagte, als er zurückkam: »David Levy sagt, du musst noch was drauflegen, bevor sie akzeptieren.«

Wir feilschten wochenlang. Gegen Ende der Saison hatten wir Michael gegen Arsenal spielen sehen, und Martin hatte zu mir gesagt: »Er ist eindeutig ein Manchester-United-Spieler.« Er war ein Star. Ich glaube, die sofortige Transfersumme lag bei 14 Millionen mit einer Klausel bis zu 18 Millionen Pfund.

Michael war ein Naturtalent im Passspiel zu einer Zeit, als Scholes auf die Mitte 30 zuging. Was mir an Carrick imponierte, war, dass er immer bestrebt war, Pässe nach vorn zu spielen. Er hatte eine enorme Reichweite und konnte das Spiel umdrehen. Nach meiner Einschätzung konnten wir mit den Spielern, die wir hatten, seine langen Pässe am besten nutzen. Nach ein paar Monaten sagten wir ihm, dass wir nicht begreifen könnten, wieso er noch keine Tore für uns geschossen hätte. Im Training traf er den Ball gut, aber bei Spielen war er selbst aus Schusspositionen keine Gefahr. Wir verbesserten ihn in diesem Bereich. Wir ließen ihm mehr Freiraum und versuchten Stärken bei ihm freizusetzen, von denen er möglicherweise nicht einmal ahnte, dass er sie besaß. Vielleicht war er es von den Spurs gewöhnt, dass er als Mittelfeldspieler weiter hinten eingesetzt war und nur selten in den Strafraum kam. Bei uns entdeckte er neue Qualitäten in seinem Spiel.

Michael ist ein guter Fußballer. Er war schüchtern und musste von Zeit zu Zeit ein bisschen wachgerüttelt werden. Aus Gründen, die wir zu verstehen versuchten und über die wir mit ihm sprachen, startete er nicht sonderlich gut in die Saison, kam aber in der Regel gegen Ende Oktober in Form. Er besaß eine Lässigkeit, die bei manchen zu falschen Schlüssen über seinen Wert und seine Konstitution führte.

Als ich aufhörte, kehrte Mourinho gerade zu Chelsea zurück. In einer früheren Phase hatte dort mein ausländischer Lieblingsspieler der Premier League gespielt – die Jungs von United selbstverständlich nicht mitgezählt. Gianfranco Zola war das reinste Wunder. Ich werde nie das Tor vergessen, das er an der Stamford Bridge gegen uns schoss, als er mit dem Fuß zum Schuss ausholte und dann kurz vor der Ausführung stockte. Während Zola noch kurz über seinen kunstvollen Abschluss nachdachte, grätschte Big Pally dazwischen und schlitterte weiter, während Zola den Ball einfach zurückzog. An diesem Tag hat Pally ordentlich Prügel bezogen! Einer der Jungs sagte: »Besteht die Chance, dass du heute auf den Füßen bleibst?« Aber ich mochte Zola, weil er oft mit einem Lächeln im Gesicht spielte.

KAPITEL 13

IM WETTSTREIT MIT WENGER

Auf dem Schlachtfeld benimmt man sich anders als in der Kirche. Arsène Wenger ist ein cooler Typ – außerhalb des Spielgeschehens. Er ist umgänglich, und ich kann mich mit ihm über alles Mögliche unterhalten. Wir können über Wein und andere Dinge des Lebens reden. Bei UEFA-Sitzungen war es ihm stets ein Anliegen, anderen Trainern zu helfen. Aber wenn es an Spieltagen um seine Mannschaft geht, ist er wie ausgewechselt.

Ich konnte Arsène immer gut verstehen und mich sogar mit seinem völligen Wandel, der bei ihm mit dem Anpfiff des Spiels eintrat, durchaus identifizieren. Etwas davon steckte auch in mir. Wenn wir einen Wesenszug gemeinsam haben, so ist es der, dass wir es absolut hassten zu verlieren. Als ich zu Anfang meiner Karriere beim St. Mirren FC gegen die Raith Rovers den Kürzeren zog (sie machten Kleinholz aus uns), weigerte ich mich, ihrem Trainer Bertie Paton die Hand zu geben, obwohl er mein guter Freund und Mannschaftskollege bei Dumfirmline Athletics war. Bertie kam hinter mir her und beschwerte sich darüber. Mein Verhalten war wirklich blöd, aber manchmal braucht man eben eine kleine Lektion, um zu kapieren dass man etwas falsch gemacht hat. An diesem Tag hatte ich mich danebenbenommen. Zudem war es eine kleine Erinnerung, dass es im Leben mehr als Fußball gibt. Sich so zu benehmen, ist einfach nur kleinlich und würdelos.

Am Ende war das Verhältnis zwischen Arsène und mir ein sehr freundschaftliches. Wir hatten zusammen überlebt und respektierten die Bemühungen des anderen, guten Fußball zu abzuliefern. Aber wir hatten im Laufe der Jahre durchaus unsere Konflikte. Es fing damit an, dass er sich darüber beschwerte, dass ich den Spielplan beanstandet hatte. Eine Beschwerde über eine Beschwerde. Ich schoss noch mit einer gezielt abwertenden Bemerkung zurück: »Er ist doch gerade erst aus Japan zurückgekommen, was weiß der denn schon davon?« Das stimmte auch.

In den folgenden beiden Jahren war es dann Arsène, der sich über unseren dicht gedrängten Spielplan gern mokierte. Ein ausländischer Trainer, der kommt und meint, er könnte in einer Saison 55 Spiele in unserer Liga ohne Mannschaftsumstellung absolvieren, macht sich etwas vor. Die Erstliga ist aufreibend und kräftezehrend. Deshalb muss man im modernen Fußball die Mannschaft häufig umstellen, um die Belastungen im Team zu verteilen. Arsène lernte, sich dieser Kultur schnell anzupassen. Er überwand die anfänglichen Irritationen, samstags, mittwochs und wieder samstags spielen zu müssen.

Als seine Arsenal-Mannschaft zum ersten Mal im Old Trafford gegen uns spielte, kam er in mein Büro. Anfangs hatten wir ein gutes Verhältnis. Die Probleme fingen ab dem Augenblick an, als er ein Spiel mit einem seiner guten Teams verlor. Da es ihm schwerfiel, Fehler seines Teams einzugestehen, suchte er die Schuld beim Gegner. Dabei konzentrierte er sich häufig auf den Körpereinsatz der Spieler. Er konnte nur schwer akzeptieren, dass sie als Gegner auch robust gegenüber seinen Männern auftraten. Seine Auslegung von übertriebenem Körpereinsatz reichte zuweilen bis hin zum bloßen Tackling. Er hatte die fixe Idee, dass niemand gegen seine Jungs überhaupt Tacklings einsetzen dürfe.

Ich sah seine besten Arsenal-Teams spielen und war begeistert. Als Zuschauer gefiel mir ihr Spiel immer. Gegen sie anzutreten war mit besonderen Herausforderungen verbunden, über die ich manche Stunde gebrütet habe. Ich hatte immer das Gefühl, alles was Arsenal tat, genauestens analysieren zu müssen, weil sie auf dem Spielfeld so gefährlich waren. Chelsea stellte uns vor andere Probleme. Da standen wir ausgebufften Spielern gegenüber, die jeden Trick kannten. Arsenal spielte dagegen korrekt.

In Arsènes ersten Jahren hatte Arsenal eine der schlechtesten disziplinarischen Bilanzen im Fußball, aber man konnte nicht behaupten, dass die ganze Mannschaft holzte. Steve Bould und Tony Adams traten dir die Seele aus dem Leib – das wusste jeder. Sie kamen ständig von hinten. Aber im Grunde spielten seine Teams nie unsauber. Explosiv und machomäßig trifft es eher. Sie waren ein kämpferischer Haufen. Bould und Adams habe ich bereits erwähnt. Dann verpflichteten sie Patrick Vieira, einen großen Kämpfer, der die Leute aufmischen und auf sie losgehen konnte. Und Nigel Winterbaum hatte etwas von einem Spielverderber, der ständig alles untergrub. Ian Wright, damals ihr Spitzenstürmer, hatte auch etwas Unangenehmes an sich.

Arsène machte 2010 eine merkwürdige Äußerung über Paul Scholes und sagte gegenüber Journalisten, Paul hätte eine »dunkle Seite«. Es gab überhaupt keinen Anlass, dass er so etwas über einen meiner Spieler sagte. Wir hatten in dieser Woche kein Spiel gegen Arsenal, und es gab keine Reibereien zwischen uns. Damals hatte Paul Scholes bereits zehn Premier-League-Titel und einen Champions-League-Pokal gewonnen, und dann redete Arsène von seiner »dunkle Seite«.

Spieler können einen immer wieder überraschen. Dabei kann es sich um eine bemerkenswerte Leistungssteigerung oder um einen plötzlichen Leistungsabfall handeln. Arsène hatte Mühe, so etwas als Grund zu akzeptieren, der zu einer Niederlage beigetragen haben konnte. Fußball bringt bei Menschen das Beste, aber auch das Schlechteste zum Vorschein, weil so viele Emotionen mitspielen. In einem Match, in dem es um viel geht, kann ein Kicker für einen Moment die Nerven oder auch die Beherrschung verlieren. Und hinterher bereut er es. Bei Arsenal gab es viele solcher Momente, aber Arsène hatte Mühe einzusehen, dass Fehler und Schwächen im eigenen Team zuweilen zu einer Niederlage führen können. Manchmal liegt die Erklärung einfach im inneren Zustand der Mannschaft.

Ich will gar nicht behaupten, Trainer würden alles sehen, aber sie sehen das meiste. Also klang Arsènes Schutzbehauptung nach einem Spiel – »Ich habe es nicht gesehen!« – für mich oftmals nicht sehr überzeugend. Meine bevorzugte Floskel war: »Das muss ich mir erst noch einmal ansehen.« Im Grunde war die Botschaft die gleiche, aber sie verschaffte mir etwas Zeit und Abstand. Meistens war die ganze Angelegenheit am folgenden Tag oder kurze Zeit später schon wieder vergessen. Im großen Strudel der Ereignisse war inzwischen schon wieder etwas anderes passiert, das die Aufmerksamkeit auf sich zog.

In meiner Karriere wurde ich achtmal vom Platz gestellt – und das letzte Mal war am unangenehmsten, weil ich der Trainer war. Ein Gegner hatte einen unserer Spieler brutal getreten, und ich sagte zu Davie Provan, meiner rechten Hand: »Ich geh hin und mach den Kerl fertig.« Davie beschwichtigte mich: »Mach das nicht, sei nicht blöd und bleib ruhig sitzen.«

»Wenn er wieder auf unseren Torrance losgeht, bin ich auf dem Platz.« Natürlich passierte es wieder. »Das war's«, brüllte ich. »Ich geh hin.«

Zwei Minuten später war ich draußen.

In der Umkleide sagte ich: »Wenn. Ich. Jemals. Auch. Nur. Ein Wort. Über diesen Platzverweis höre, seid ihr alle erledigt.« Ich dachte, der Schiedsrichter hätte uns den Rücken zugekehrt, als ich dem Spieler eine verpasste. Er war 1,90 Meter groß, ein Hühne.

Mein erster Zusammenstoß mit einem Arsenal-Trainer war der mit George Graham. Ich schaute mir zu Hause den Ausgang des Titelkampfs von 1989 an und hatte Cathy gebeten: »Keine Anrufe, stell niemanden durch.« Als Michael Thomas das Tor gegen Liverpool schoss, das Arsenal zum Meistertitel verhalf, drehte ich völlig durch, und George bekam das zu spüren. Zwei Jahre später gewann Arsenal wieder die Meisterschaft und schlug uns in dem Jahr, als wir den Europapokal der Pokalsieger gewannen, mit 3:1.

Eines Tages blieb ich nach unserem Auswärtsspiel gegen Arsenal mit George noch etwas im Stadion. Er hatte eine fantastische Malt-Whisky-Sammlung. »Möchtest du einen«, fragte er. »Ich trinke keinen Whisky«, antwortete ich. Also öffnete er eine Flasche Wein.

»Welchen von diesen Malt Whiskys machst du für Gäste auf?«, erkundigte ich mich.

»Keinen. Einen Malt bekommt niemand«, antwortete er. »Ich habe einen verschnittenen Bell hier.«

»Typisch schottisch«, sagte ich.

George lachte. »Das ist meine Altersvorsorge.«

Unsere erste Begegnung im Old Trafford war der reinste Krieg. Hinterher überredete ein gemeinsamer Freund George, in mein Büro zu kommen. Ich muss ehrlich zugeben, damals war es hart, gegen Arsenal zu spielen. Als Arsène Wenger dann nach dem kurzen Engagement von Bruce Rioch die Trainerstelle übernahm, wusste ich nicht viel über ihn.

Eines Tages fragte ich Éric Cantona: »Wie ist dieser Wenger?« Éric antwortete: »Ich finde, er ist zu defensiv.« ›Oh, das ist gut‹, dachte ich. Bei Arsenal fing er mit fünf Verteidigern an. Sieht man sich seine Mannschaften aber jetzt an, kann man wohl keinen Moment behaupten, dass sie defensiv spielen. Bis heute muss ich über Érics Kritik schmunzeln, wenn ich daran denke.

Ende der 1990er-Jahre und zu Beginn des neuen Jahrtausends war Arsenal der Herausforderer für uns. Sonst war weit und breit niemand in Sicht, der für diese Rolle infrage gekommen wäre. Liverpool und Newcastle hatten kurze herausragende Phasen. Blackburn gewann in einem Jahr den Titel. Aber wenn man sich unsere Historie ansieht, bevor José Mourinho zu Chelsea kam, so gab es außer Arsenal keinen Verein, der unsere Dominanz grundsätzlich hätte gefährden können. Chelsea war eine gute Pokalmannschaft, schaffte es aber nie ganz an die Spitze der Premier League.

Als Blackburn einen Vorstoß an die Ligaspitze unternahm, war uns klar, dass das nicht dauerhaft sein konnte, weil dahinter keine Substanz stand, die eine Leistung in dieser Größenordnung hätte tragen können. Blackburns Titelgewinn in der Premier League war großartig für den Fußball und natürlich für Jack Walker, den Mäzen, der so viele gute Spieler, besonders Alan Shearer, in den Club geholt hatte. Die Erfahrung zeigt jedoch, dass man sich nur Gedanken über jene Herausforderer machen muss, die im Kampf um die großen Titel eine längere Tradition haben. Als sich Arsenal und Manchester United über Jahre gegenseitig in Schach hielten, war klar, dass das nur funktionierte, weil die Gunners neben ihrer langen Geschichte auch von einer starken Identität getragen wurden.

In meinem vorletzten Jahr als Trainer von United war ich einmal auf der Arsenal-Vorstandsetage zum Essen eingeladen. Dort angekommen, dachte ich bei mir: ›Das ist Klasse, echte Klasse.‹ Auch Asenals Umkleidekabinen sind wunderbar. Es hat enorme Vorteile, sich ein ganz neues Stadion bauen zu können. Man kann von Grund auf frei planen. In den Umkleidekabinen von Arsenal entspricht jedes Detail Arsènes Vorgaben. Er hat an alles gedacht, was ein Team braucht. In der Raummitte steht ein Tisch mit Marmorplatte, auf dem das Essen bereitgestellt wird. Nach einem Spiel greifen alle zu – auch das ist ein Ausdruck von Klasse. Das Personal hat seine eigenen Räumlichkeiten.

Dass Arsenal immer hohe Qualität zeigte, bereitete mir angesichts unserer Rivalitäten erhebliche Kopfzerbrechen. Die Vereinsgeschichte sprach sowohl für uns als auch für sie. Arsenal hatte genau den richtigen Trainer. Man hatte immer den Eindruck, Arsène würde seine Trainerstelle dort für immer und ewig behalten wollen und nie wieder aus England weggehen. Es gab zwar Spekulationen, dass er eines Tages zu Real Madrid wechseln könnte. Aber ich glaubte nie, dass er Arsenal jemals verlassen würde. Niemals. Ich sagte mir: ›Damit müssen wir uns abfinden. Er bleibt für immer. Am besten gewöhne ich mich daran.‹

Gelegentlich war die Atmosphäre recht angespannt. Arsène kam nach den Spielen zwar niemals auf einen Drink vorbei, aber sein Assistent Pat Rice schaute immer mal rein, bis zu dem Tag mit dem Pizzastreit im Old Trafford.

Meine Erinnerung an diesen legendären Zwischenfall ist die: Ruud van Nistelrooy kam in die Umkleide und beschwerte sich, dass Wenger ihm ein paar verpasst habe. Ich stürmte sofort raus, um Arsène zu sagen: »Lass meine Spieler in Ruhe.« Er war sauer, weil sie das Spiel verloren hatten – der eigentliche Grund für sein streitsüchtiges Verhalten.

»Du solltest dich lieber um deine eigenen Spieler kümmern«, raunzte ich ihn an. Er war geladen und ballte die Fäuste. Ich wunderte mich eigentlich nicht, denn ich wusste, dass Arsène etwas gegen van Nistelrooy hatte. Ich erinnere mich, dass er erzählt hat, wie er einmal die Chance hatte, Ruud unter Vertrag zu nehmen, aber dann meinte, dass er nicht gut genug war, um für Arsenal zu spielen. Dem musste ich insofern zustimmen, als van Nistelrooy vielleicht kein großartiger Fußballer war. Aber er war ein hervorragender Torjäger.

Na ja – jedenfalls war ich, ohne mich zu versehen, von oben bis unten mit Pizza vollgesaut.

Nach jedem Spiel stellten wir in der Umkleide für die Gastmannschaft Essen bereit. Pizza, Hähnchen und so weiter. Das machten die meisten Clubs. Aber das Essen von Arsenal war immer das Beste.

Angeblich hatte Cesc Fàbregas mich mit Pizza beworfen, aber ich habe bis heute keine Ahnung, wer es wirklich war.

Auf dem Flur vor der Umkleide kam es zu Tumulten. Arsenal war über 49 Spiele in Folge ungeschlagen – ein Rekord – und hatte gehofft, auf unserem Platz den 50. Sieg in Folge zu holen. Ich hatte den Eindruck, die Niederlage in diesem Spiel würde Arsène beinahe um den Verstand bringen.

Dieser Tag brachte ohne Zweifel den Bruch zwischen uns, der auch Pat Rice mit einbezog, denn nach den Spielen kam er nun nicht mehr auf ein Glas zu uns. Die Wunde verheilte nie so ganz – bis Arsène uns nach dem Champions-League-Halbfinale 2009 in seine Kabine bat und uns gratulierte. Als wir einige Wochen später im Old Trafford gegen Arsenal spielten, suchte uns Arsène mit Pat in die Umkleide auf, wenn auch nur für ein paar Minuten.

Im Fußball erlebt man Dinge wie im normalen Leben. Manchmal ist es fast wie zu Hause. Wohl jeder Mann kennt die Situation, dass seine Frau nicht mehr mit ihm redet. »Mein Gott, was habe ich bloß gemacht«, fragt er sich.

»Hattest du einen schönen Tag«, fragt er. »Ja«, murmelt sie. Irgendwann verraucht die Wut, und es kehrt wieder Normalität ein. Im Fußball ist es genauso. Ich fände es grässlich, wenn das Schweigen zwischen Arsène und mir so lange angedauert hätte, bis die Atmosphäre vergiftet war.

Für meinen Umgang mit Niederlagen hatte ich ein Rezept. Nachdem ich in der Umkleide meinen Kommentar abgegeben hatte, um mich dann den Journalisten zu stellen und mit dem Trainer der gegnerischen Mannschaft zu sprechen, sagte ich zu mir: ›Vergiss es. Das Spiel ist gelaufen.‹ So hielt ich es immer. Und wenn Gäste nach dem Spiel in mein Büro im Stadion kamen, bemühte ich mich um eine gute Atmosphäre. Keine finstere Stimmung, kein eisiger Empfang. Keine Vorwürfe gegen den Schiedsrichter.

Als Aston Villa uns in der Saison 2009/2010 im Old Trafford besiegte, war es seit Jahrzehnten das erste Mal, dass sie uns auf unserem eigenen Platz schlugen. Martin O'Neill, mit dem ich mich immer gern unterhalte, zog danach praktisch mit Frau und Tochter in meinem Büro ein und blieb gefühlte eineinhalb Stunden. Es wurde wirklich ein schöner Abend. John Robertson, Martins Assistent, und einige meiner Freunde gesellten sich zu uns. Nach diesem gemütlichen Beisammensein musste ich mich von einem Fahrer nach Hause bringen lassen.

Als wir in der dritten Runde des FA Cups gegen Leeds United verloren, war Alan Sutton, der Physiotherapeut von Leeds, in meinem Büro und grinste fortwährend von einem Ohr zum anderen. Als er ging, sagte ich zu ihm: »Du amüsierst dich ja immer noch!«

»Ich kann nichts dagegen machen«, antwortete er. Es war das erste Mal in meiner Karriere bei Manchester United, dass uns Leeds auf unserem eigenen Platz geschlagen hatte, und er konnte einfach nicht aufhören, sich darüber zu freuen. Seine Freude war regelrecht ansteckend. In solchen Situationen muss man sich dann sagen: ›Ich bin Mensch, ich muss meine Würde bewahren.‹

So viel Respekt erwies ich allen, die nach einem Spiel zu mir kamen.

Bei Arsène erlebte ich in den letzten Jahren einen Wandel. Als Arsenal zu den Invincibles, den »Unbesiegbaren« aufstieg, befanden wir uns gerade in einer Übergangsphase. Um 2002 bauten wir die Mannschaft um. Arsenal gewann 2001/02 auf unserem Platz den Meisterschaftskampf und erhielt von unseren Fans stehende Ovationen. Die ManU-Fans erkennen fußballerische Klasse immer an. Es gab Zeiten, in denen ich verbittert dachte: ›Na gut, dann applaudiert ihnen eben, warum auch nicht? Ich gehe derweil in die Kabine und baue unsere Jungs wieder etwas auf.‹ Aber so sind die Fans nun mal. Ich erinnere mich an stehende Ovationen für den Brasilianer Ronaldo nach seinem Champions-League-Hattrick gegen uns. Als er vom Platz ging, war er ebenso verwundert wie sein Trainer. ›Seltsamer Verein‹, müssen die beiden wohl gedacht haben. Gary Linekers letztes Spiel in England für die Spurs wurde ebenfalls sehr gut aufgenommen. Es spricht vieles für eine solche Haltung. Erst sie sorgt für wahre Höhepunkte im Fußball. Wenn man Klasse, Spannung und Unterhaltung erlebt, sollte man das auch anerkennen.

Unsere Fans haben die besten Manchester-United-Mannschaften gesehen und wissen daher, was ein gutes Team ausmacht. Sie können vergleichen. Sie erkennen auch, wer ein Spitzenspieler ist. Außerdem muss man akzeptieren können, dass man verloren hat. Das ist so. Schmollen bringt am Ende nichts. Das Spiel von 2002 im Old Trafford gegen Arsenal war für mich in gewisser Weise kein besonderes Ereignis, auch wenn wir um den zweiten Platz in der Premier League kämpften. Dass Arsenal den Meistertitel gewinnen würde, war offensichtlich und hatte etwas Schicksalhaftes.

In solchen Momenten der Niederlage und des Sich-Abfindens hatte ich immer eine Ahnung, wohin wir uns entwickeln mussten.

Ich sagte mir immer: ›Es gefällt mir zwar nicht, aber wir müssen die Herausforderung annehmen. Wir müssen besser werden.‹ Es war nie meine Art oder die des Clubs, sich fatalistischen Gedanken hinzugeben und zu glauben, dass nun alles zu Ende sei und unsere ganze Arbeit damit zunichte wäre. Das durften wir auf keinen Fall zulassen.

Jedes Mal, wenn wir solche Momente erlebten, akzeptierten wir sie als Herausforderung, uns neu aufzustellen und uns wieder aufzubauen. Es waren motivierende Phasen, die mich nach vorn trieben. Ich will noch weiter gehen und behaupten: Ich bin mir nicht sicher, ob mir meine Arbeit so viel Spaß gemacht hätte, wenn es nicht auch solche schwierigen Situationen gegeben hätte.

In späteren Jahren lernten wir, Arsenals Denke besser zu verstehen. Arsène hatte feste Vorstellungen über seine Spieler und ihre Spielweise. Gegen Arsenal mussten wir uns nicht in Zweikämpfen in Ballbesitz bringen, sondern den Ball abfangen. Wir brauchten also gute Spieler, die ihn abfangen konnten. Wenn Fàbregas mit dem Rücken zum Tor stand und angespielt wurde, gab er den Ball diagonal ab und nahm den Rückpass an. Er spielte den Pass übereck und lief los, um ihn im Rücken des Verteidigers wieder anzunehmen. Also sagten wir unseren Spielern: »Bleibt beim Läufer und fangt den Pass ab.« Dann starteten wir umgehend einen Konter.

Im Old Trafford waren sie gefährlicher als auf dem eigenen Platz. Bei Auswärtsspielen fühlten sie sich nicht verpflichtet, alles, was sie zu bieten hatten, gegen uns aufzufahren. Sie spielten dann konservativer.

Barcelona war erheblich besser organisiert als Arsenal. Wenn sie den Ball verloren, jagten sie ihm hinterher, und jeder einzelne ihrer Spieler war erpicht, ihn unbedingt wiederzubekommen. Arsenal war da nicht ganz so versessen. Aber manchmal ahmte Barcelona

Arsenal in der überzogen ausgeklügelten Spielweise nach, weil es ihnen viel Spaß machte. Bei dem Spiel von 2009 im Bernabéu spielte Messi im Strafraum von Real Madrid Doppelpässe: und zwar nicht nur einen oder zwei, sondern drei, während um ihn herum überall Verteidiger von Madrid waren. Dann gewannen sie 6:2, aber eine Zeit lang dachte ich, sie würden das Spiel verschenken.

Wir alle haben Spieler, die gelegentlich zu massiven Körpereinsatz zeigen: Arsène konnte das aber noch nie zugeben. Ich halte das für eine Schwäche. Es ist doch nichts dabei, dafür einzustehen, wenn ein Spieler berechtigterweise einen Platzverweis bekommt. Ich hatte deshalb beispielsweise etliche Auseinandersetzungen mit Paul Scholes. Für solche Dummheiten habe ich ihn sogar bestraft. Wenn ein Spieler bei einem Zweikampf verwarnt wurde, regte mich das nicht auf, aber wenn er für eine dämliche Provokation vom Platz ging – und das war bei Scholes der Fall –, musste er abgestraft werden. Wer aber erwartet, dass ein Spieler ohne Regelverletzungen durch eine ganze Saison kommt, verlangt Wunder.

Arsènes weniger hartes Mittelfeld, das ich in meinen späteren Jahren erlebte, entsprach den Spielern, die er zu Arsenal geholt hatte. Samir Nasri wurde frei, also verpflichtete Arsène ihn. Rosický stand zur Verfügung, und er nahm ihn, weil er genau sein Spielertyp war. Arschawin wurde frei, also nahm er ihn. Wenn man viele solche Spieler verpflichtet, sind sie wie Klone. Die Mannschaft, die Arsène übernommen hatte, ermöglichte ihm den Start im englischen Fußball.

Er und ich blieben bis zum Ende auf Parallelkurs. Und selbstverständlich hatten wir das gleiche Bestreben, junge Spieler nach unseren Vorstellungen zu entdecken und zu entwickeln.

Aaron Ramsey sagte einmal vor einem unserer Spiele, er habe sich für Arsenal statt für Manchester United entschieden, weil Arsenal mehr gute Spieler hervorbrächte als ManU.

Als ich das hörte, dachte ich: ›Wo lebt der denn?‹ Meiner Meinung nach kann ein junger Mann zu bestimmten Äußerungen manipuliert werden. Es war seine Entscheidung, nicht zu Manchester United zu gehen, damit habe ich keinerlei Probleme. Dennoch fand ich, dass er sich falsch entschieden hatte, auch wenn er sich bei uns einer stärkeren Konkurrenz um einen Platz in der ersten Mannschaft hätte stellen müssen. Arsenal hatte nur wenige eigene Spieler hervorgebracht. Sie hatten Spieler weiterentwickelt, was nicht dasselbe ist. Sie kauften sie von Vereinen in Frankreich und von überall sonst. Der einzige Spieler, der wirklich bei ihnen groß geworden ist, ist meiner Meinung nach Jack Wilshere.

Giggs, Neville, Scholes, Fletcher, O'Shea, Brown, Welbeck – sie alle hat Manchester United hervorgebracht.

Nun ertappe ich mich schon wieder: Ich konnte noch nie anders, als mit Arsène zu konkurrieren, der 17 Jahre lang mein großer Rivale war.

KAPITEL 14

DIE KLASSE VON 1992

Jedes Mal, wenn einer aus der hochtalentierten Spielergeneration, der bei uns groß geworden war, den Club verließ, erinnerte ich mich auch an diejenigen, die bereits gegangen waren. Zwei schafften es, bis zum Ende meiner Trainerlaufbahn zu bleiben: Paul Scholes und Ryan Giggs. Gary Neville hielt beinahe mit mir durch. Bis heute sehe ich die sechs noch vor mir, wie sie als Jungen nach dem Training miteinander rumalberten. Scholesy versuchte, mit dem Ball Nicky Butts oder noch häufiger Garys Hinterkopf zu treffen. Das konnte er verdammt gut. Diese sechs Jungs waren unzertrennlich.

Sie waren grundsolide Burschen, die man nur ungern verliert. Sie verstanden den Verein und seine Ziele. Und sie zogen mit und hielten die Prinzipien hoch, nach denen wir arbeiteten. Alle Eltern kennen den Moment, in dem ein 21-Jähriger hereinkommt und ihnen mitteilt, dass er sich eine eigene Wohnung nimmt, mit seiner Freundin zusammenzieht oder eine Arbeit in einer anderen Stadt annimmt. Sie gehen fort. So war es für mich im Fußball. Ich hing sehr an den jungen Männern, die seit ihrer frühen Jugend bei mir waren, der sogenannten Klasse von 1992. Ich hatte sie vom 13. Lebensjahr an heranwachsen sehen.

Ein hervorragendes Beispiel war Nicky Butt. Er erinnerte uns immer an die Comicfigur mit den Sommersprossen, den großen Ohren und den vorstehenden Zähnen auf dem Cover der Zeitschrift *MAD*: Er war genauso verschmitzt und hatte nur Unsinn im Kopf. Die Jungs waren so lange in meiner Obhut, dass ich sie wie meine Familie empfand. Ich kritisierte sie auch schärfer als andere, weil sie für mich eher Verwandte als Angestellte waren. Nicky heckte ständig irgendwas aus, ein richtiger Filou. Dabei war er mutig wie ein Löwe und schreckte vor keiner Herausforderung zurück.

Er war einer der beliebtesten Spieler, die je für unseren Club gespielt haben. Ein echter Bursche aus Manchester. Bodenständig und hart im Nehmen. Irgendwann gelangte Nicky genau wie Phil Neville an einen Punkt, an dem er wegen der zunehmenden Konkurrenz auf seiner Position nicht oft genug zum Einsatz kam. Das veranlasste ihn, sich nach anderen Möglichkeiten umzusehen. Für gut zwei Millionen Pfund wechselte er schließlich den Verein.

Diese Männer schuldeten uns keinen Penny. Wir hatten sie über unsere Akademie umsonst bekommen. Die niedrige Ablösesumme für Nicky war daher eher ein symbolischer Betrag, um sicherzustellen, dass er uns mit einem guten Folgevertrag verließ. Bis zum Ende seiner aktiven Zeit bezeichnete er uns als seinen Club.

Hinter meinem Rücken waren diese Jungs sicher sauer, dass sie meinen Ärger öfter zu spüren bekamen als andere. ›Ach, schon wieder ich‹, dachten sie wahrscheinlich. ›Warum kriegt der da drüben nicht mal was ab?‹

Der Erste, den ich mir immer vorknöpfte, war Ryan Giggs. Als Jugendliche gaben sie nie Widerworte. Mit der Zeit lernte Ryan aber, sich zu verteidigen. Auch Nicky wehrte sich hin und wieder. Gary versuchte es, aber er hätte sich auch noch mit seinem eigenen Schatten gestritten. Er brauchte tagtäglich seinen Streit. Er stand jeden Morgen um sechs Uhr auf, sobald die Zeitungen kamen, und fragte dann unsere Pressesprecher, Di Law und später Karen Shotbolt: »Haben Sie das im *Telegraph* oder in der *Times* gelesen?«

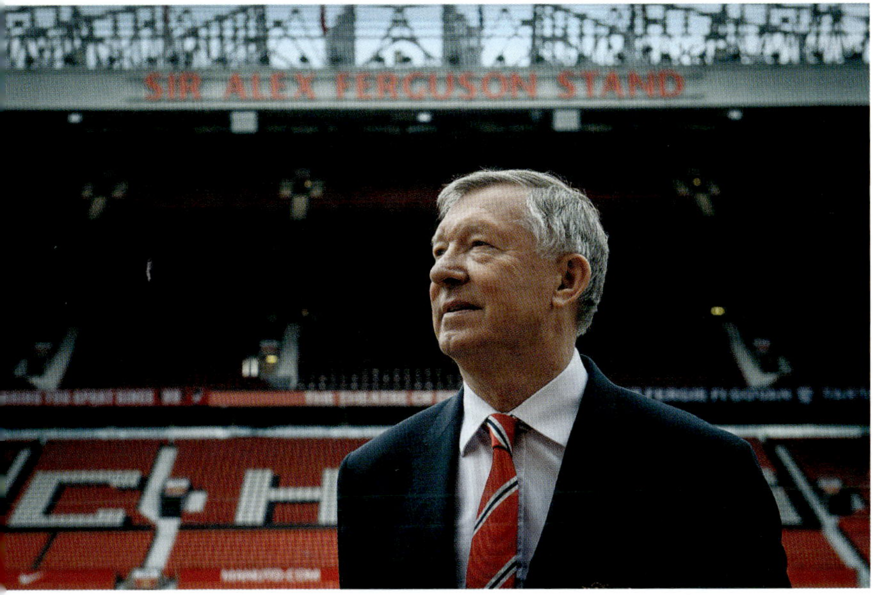

n hatte keine Ahnung, dass eine Tribüne im Old Trafford nach r benannt werden sollte. Es war für mich eine riesengroße berraschung und erfüllte mich mit großem Stolz.

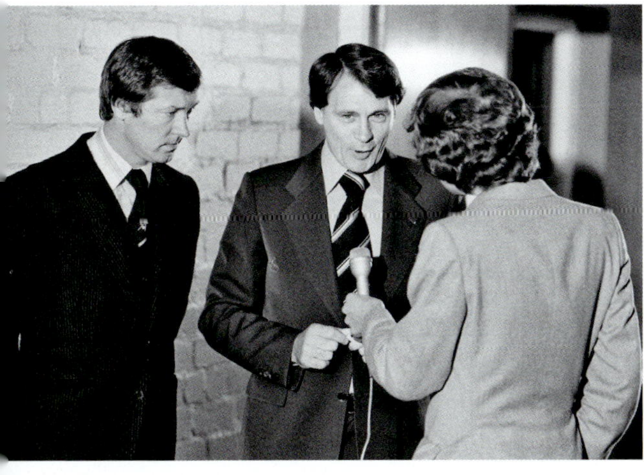

Bobby Robson hatte enormes Charisma. Hier werden wir beide 1981 nach einem UEFA-Cup-Spiel zwischen meiner Mannschaft, dem FC Aberdeen, und seiner Mannschaft, Ipswich Town, interviewt.

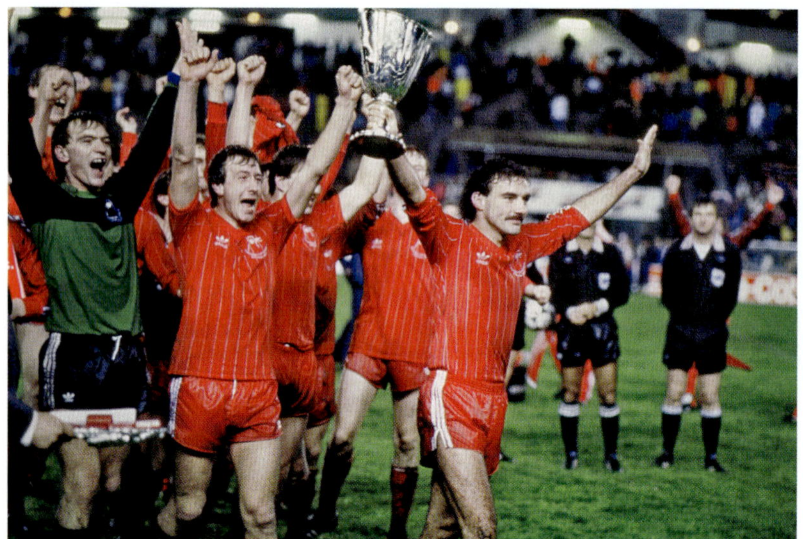

Willie Miller reckt in Göteborg unseren Europapokal in die Höhe. Der FC Aberdeen schlug eines der größten und besten Teams überhaupt: Der Sieg gegen Real Madrid war mein großer Durchbruch auf europäischer Ebene.

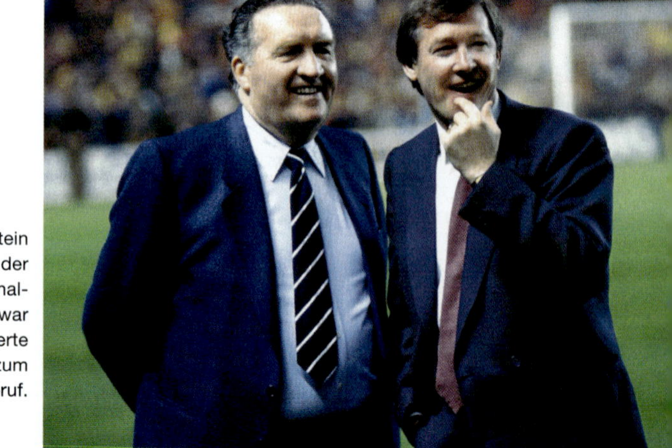

Ich war unter Jock Stein Trainerassistent der schottischen Nationalmannschaft. Er war genial, und ich löcherte ihn mit Fragen zum Trainerberuf.

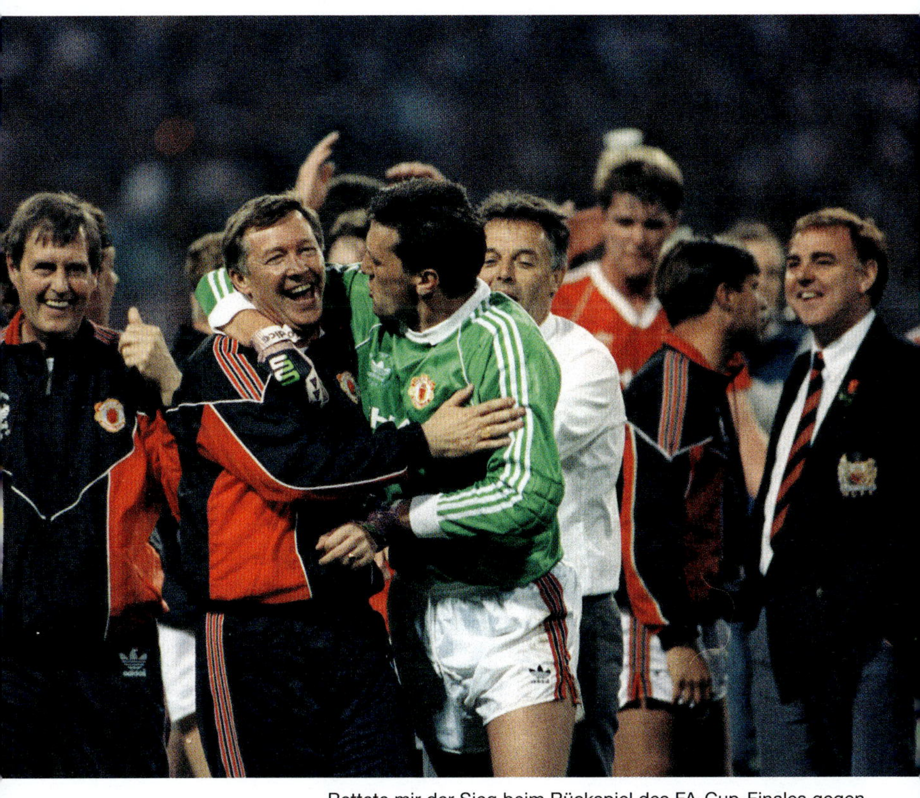

Rettete mir der Sieg beim Rückspiel des FA-Cup-Finales gegen Crystal Palace 1990 meinen Job als Trainer von United? Ich denke, ich hätte auch ohne ihn überlebt. Links erkennt man Norman Davies, den ehemaligen Zeugwart und engen Freund, der leider nicht mehr unter uns weilt.

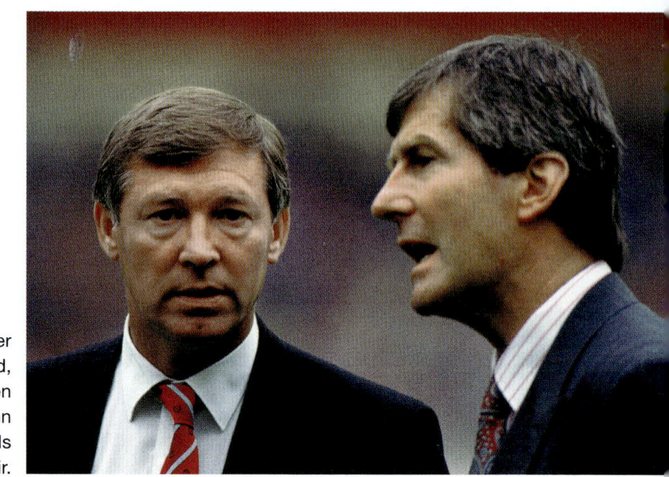

Martin Edwards, der Chairman von United, hielt in den schwersten Zeiten vor dem Gewinn meines ersten Titels zu mir.

Der 1992er-Jahrgang: Trainer Eric Harrison mit der goldenen Generation, die später den Kern einer großartigen United-Mannschaft bildete. Von links nach rechts: Giggs, Butt, Beckham, Gary Neville, Phil Neville, Scholes und Terry Cooke.

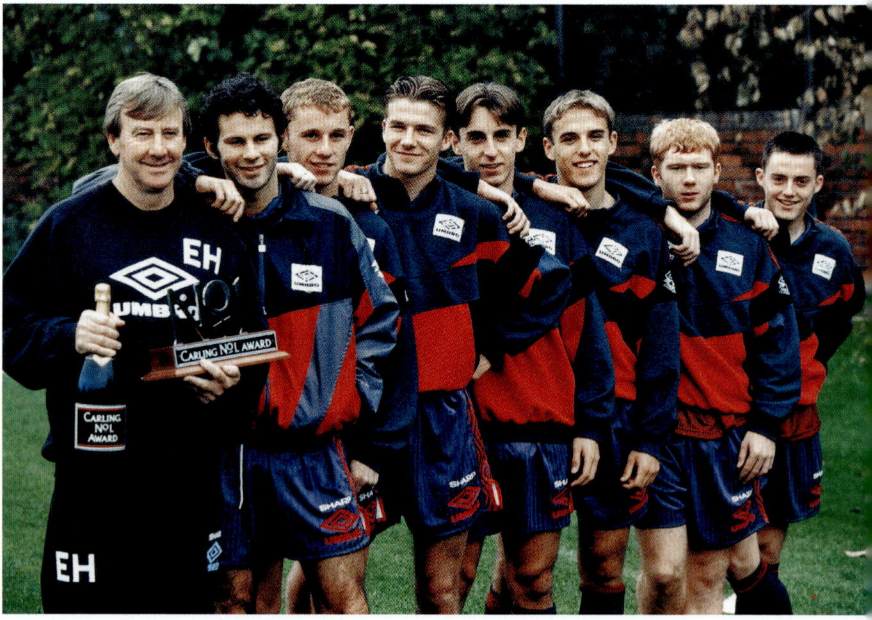

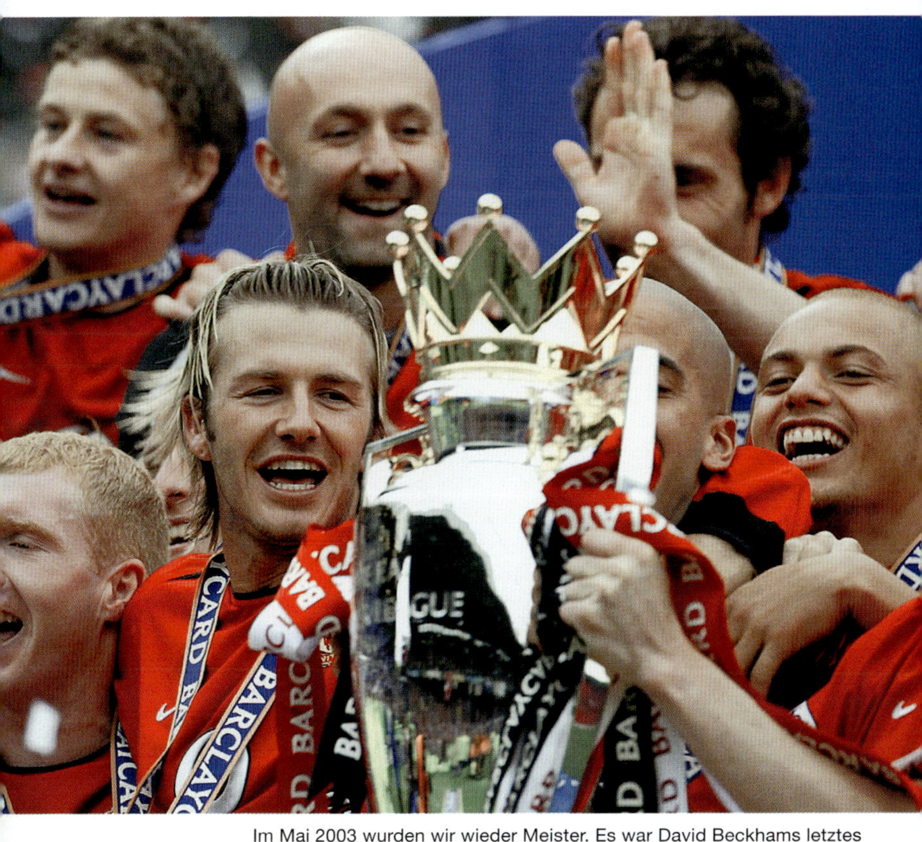

Im Mai 2003 wurden wir wieder Meister. Es war David Beckhams letztes Spiel für uns. Er war ein großartiger Athlet und fantastischer Stürmer.

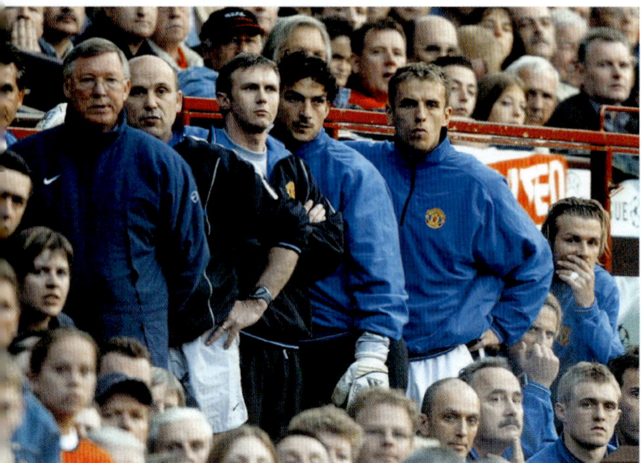

Bei wichtigen Spielen auf europäischer Ebene wird man auf eine besonders harte Probe gestellt. Bei diesem Champions-League-Spiel 2003 gegen Real Madrid zerrte die Anspannung sichtlich an unseren Nerven.

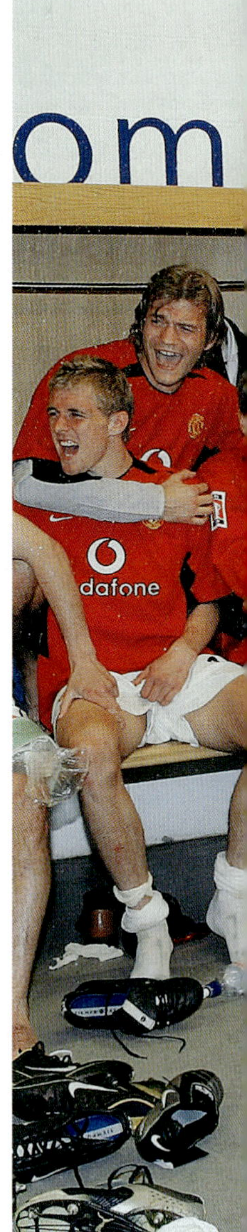

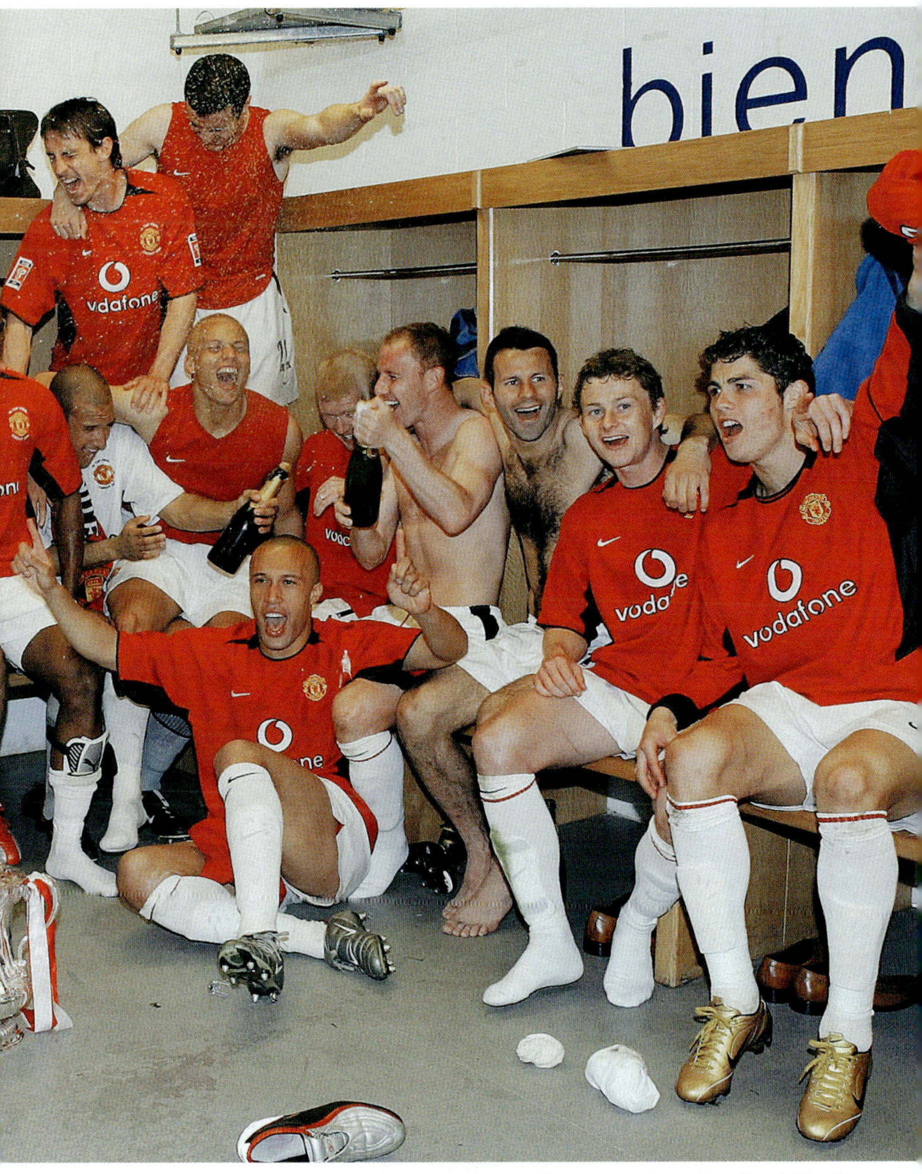

Hart arbeiten, ausgelassen feiern: nach einem Sieg über Millwall in der Umkleide. Ronaldo sieht noch sehr jung aus …

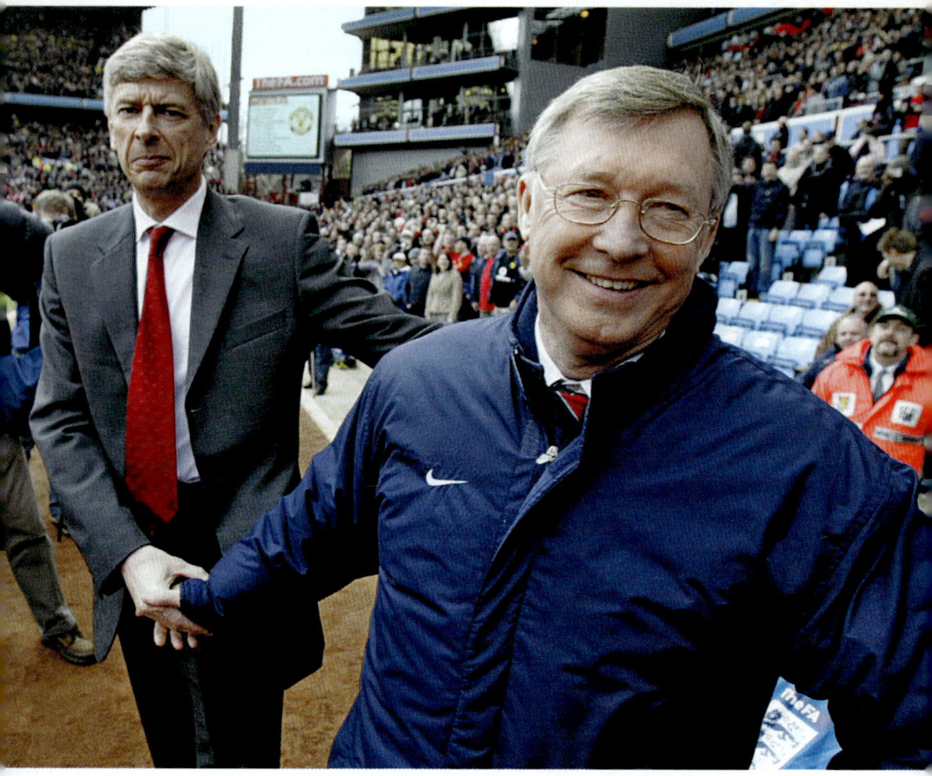

Rivalen bis zum Schluss: Arsène Wenger und ich hatten unsere Differenzen, aber es gab zwischen uns mehr Verbindendes als Trennendes. Als wir im Oktober 2004 Arsenals Siegesserie nach 49 Spielen beendeten, war Arsène jedoch stinksauer.

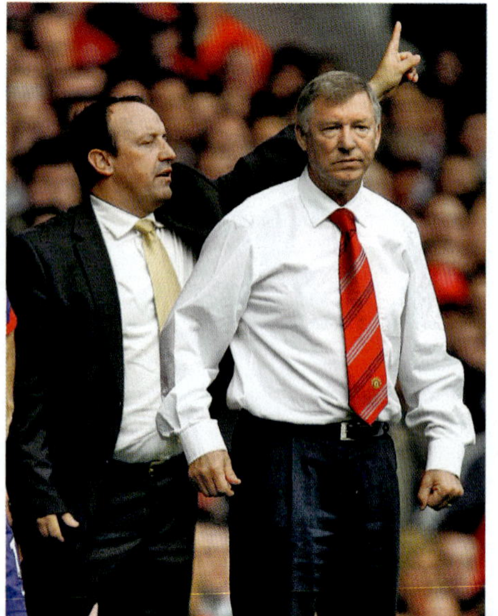

Rafa Benítez na
unsere Rivalität
sehr persönlich,
aber damit konn
ich umgehen.

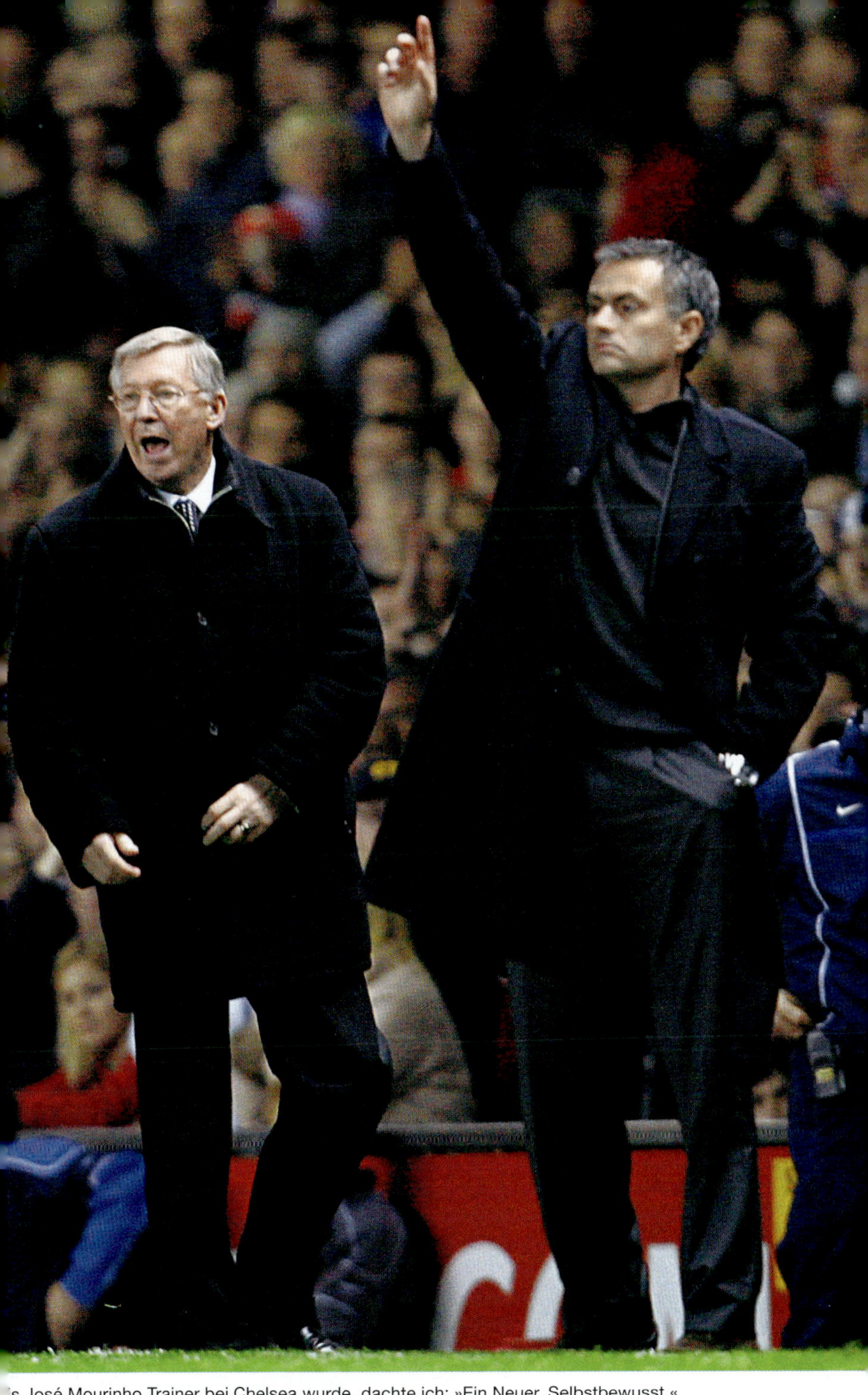

's José Mourinho Trainer bei Chelsea wurde, dachte ich: »Ein Neuer. Selbstbewusst.«
it ihm gab es eine neue Herausforderung.

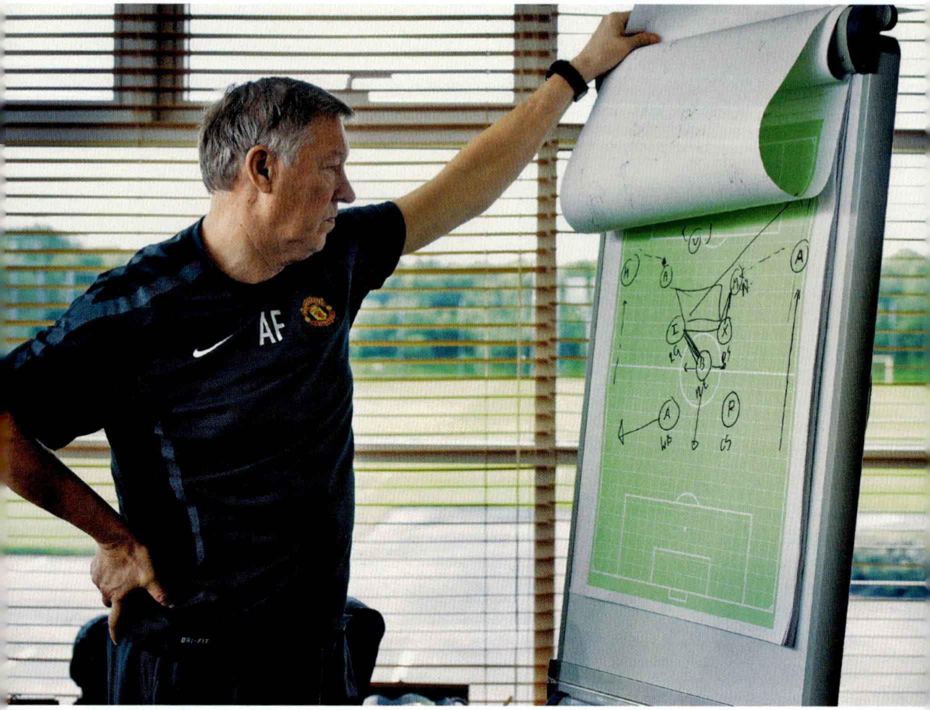

Akribische Vorbereitung auf das Champions-League-Finale 2011 gegen Barcelona im Wembley-Stadion. Leider gehen die ausgeklügeltsten Pläne nicht immer auf. Barcelona 2011 war das beste Team, gegen das ich je antrat.

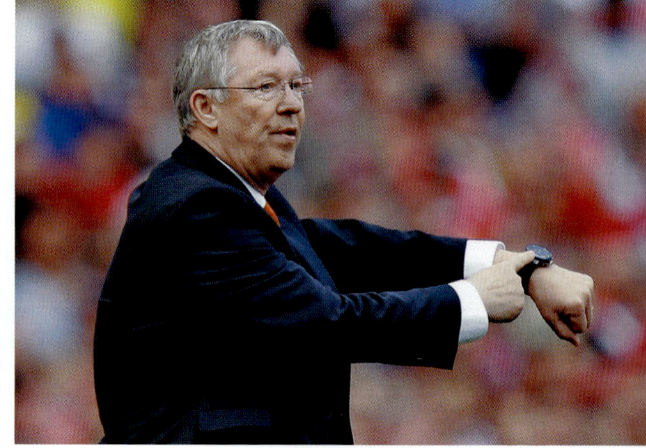

Fergie-Time: Ich deutete auf meine Uhr, um unsere Gegner zu irritieren, die genau wussten, dass wir gerne in den letzten Minuten noch Tore schossen.

Das ist keine Bushaltestelle, sondern *The Cliff*, unser Trainingsplatz bis 1999. Scholes und Giggs machen mit mir eine Reise in die Vergangenheit.

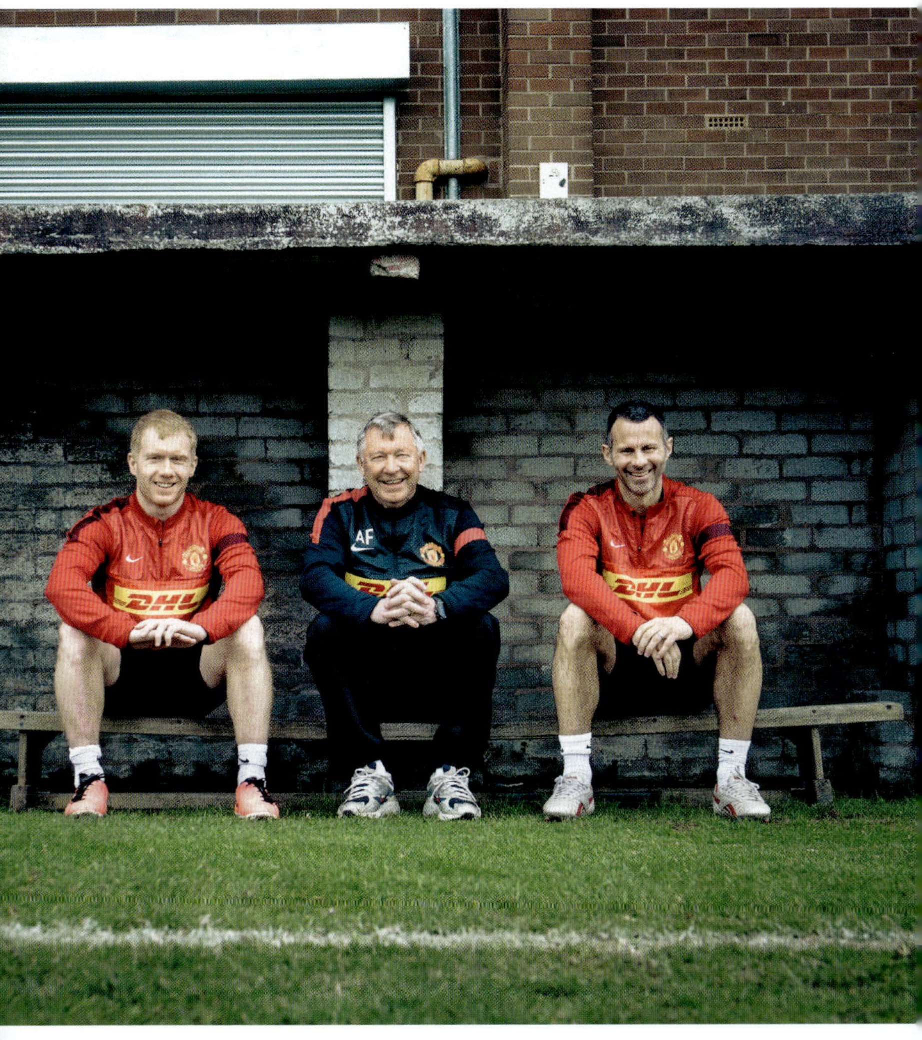

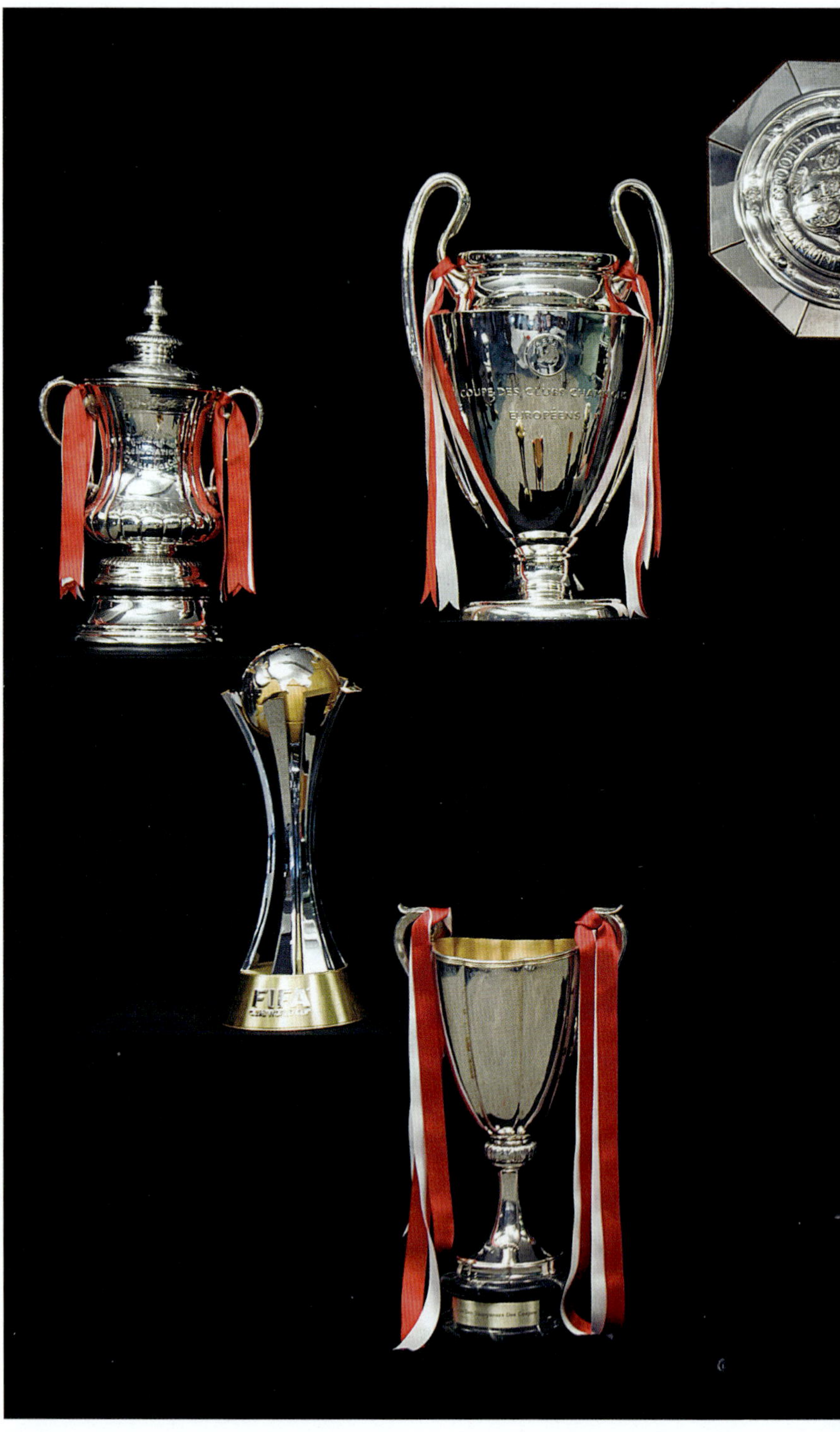

Der Erfolg machte mich sicher. Bei jeder gewonnenen Trophäe dachte ich an die nächste.

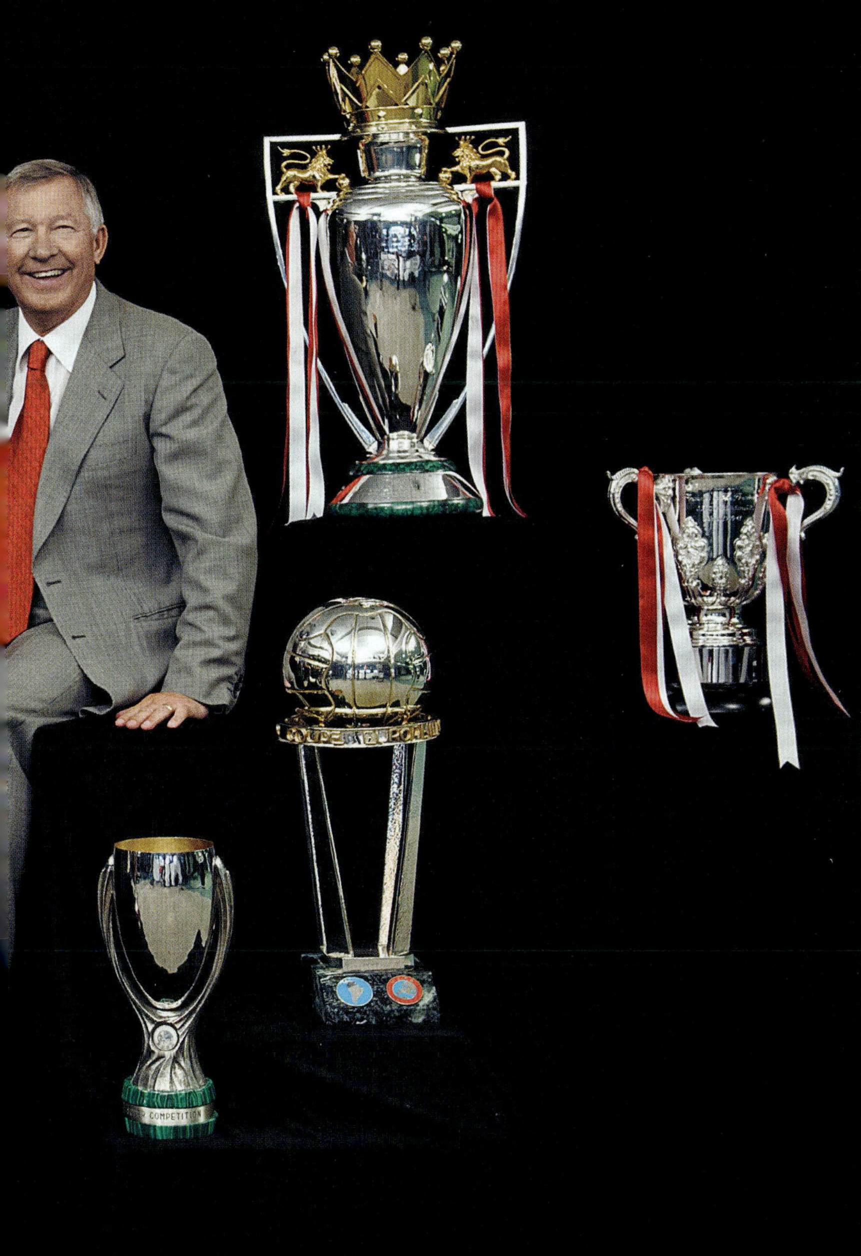

COMPETITION

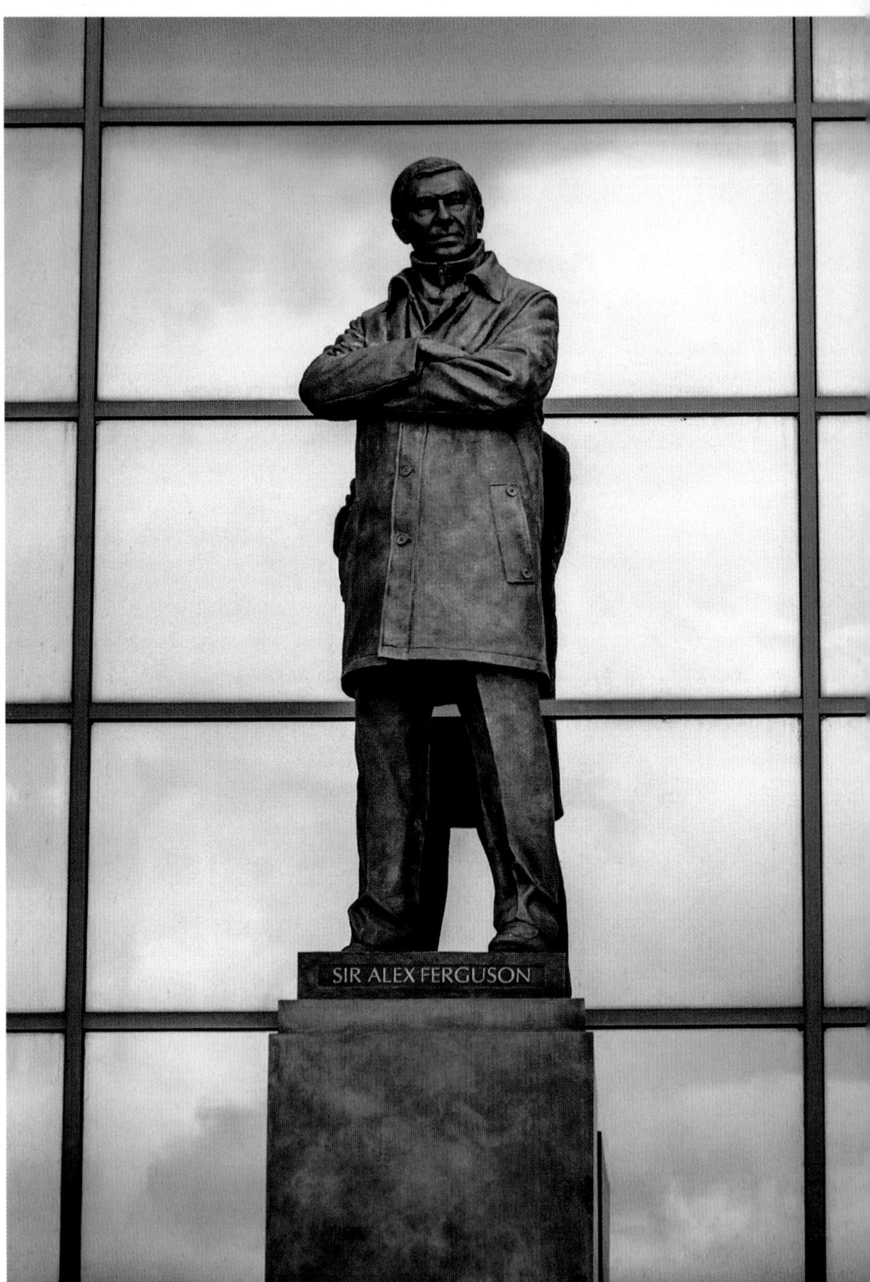

Als die Statue von meiner Frau Cathy enthüllt wurde (ich weiß heute noch nicht, wie es David Gill gelang, sie dazu zu überreden; sie war immer für mich da, kam aber selten zu unseren Spielen), witzelte ich: »Jetzt bin ich unsterblich!«

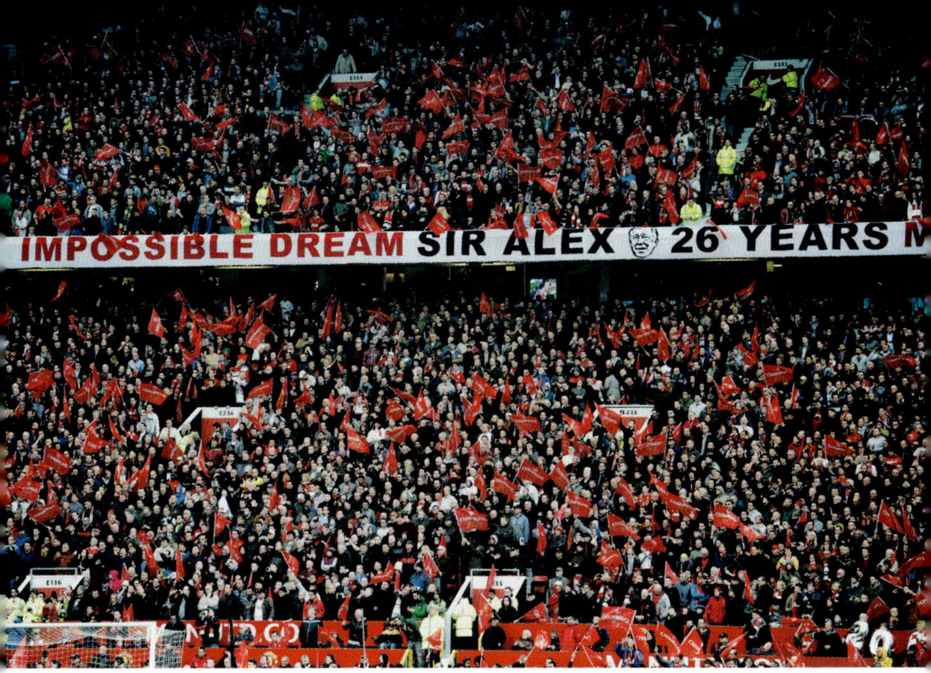

esondere Fans an einem besonderen Tag im Mai 2013, s meine Zeit als Trainer endete.

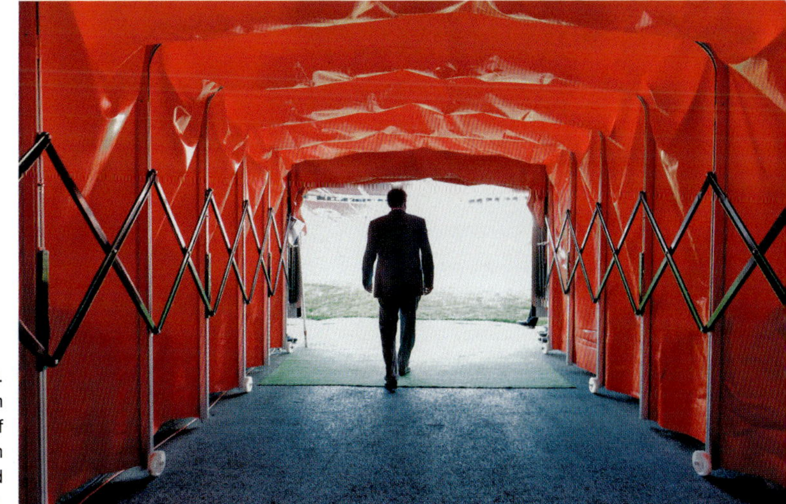

Geliebter Tunnel. Hier bin ich im August 2011 auf dem Weg zum Spielfeld des Old Trefford.

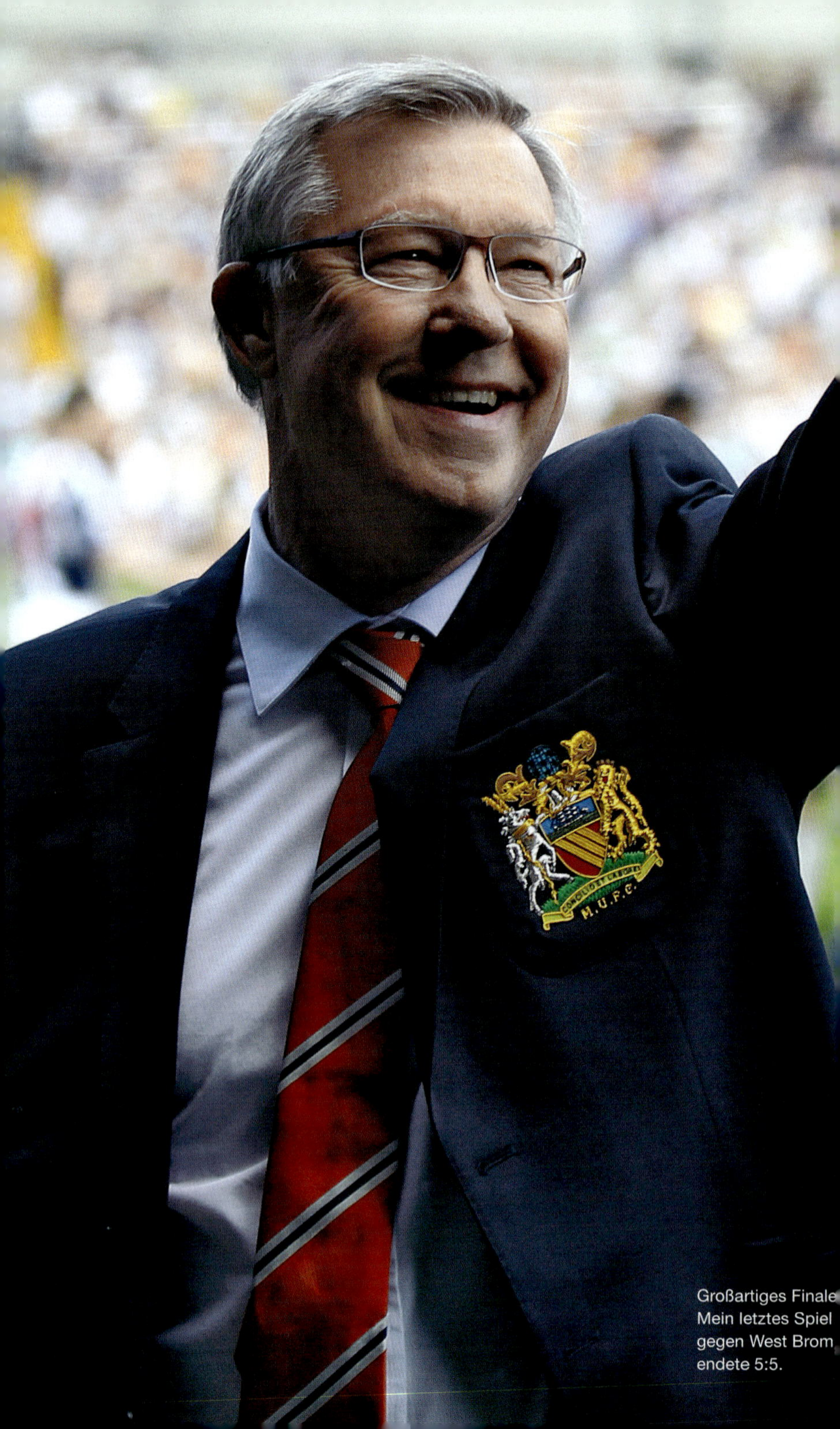

Großartiges Finale
Mein letztes Spiel
gegen West Brom
endete 5:5.

Über Gary witzelten wir immer, dass er schon wütend aufwachen würde. Er war ein streitlustiger Typ und immer geradeheraus. Wenn er Fehler oder Mängel entdeckte, musste er dagegen angehen. Meist suchte er den Ausweg aus einer Sackgasse nicht durch Verhandlungen. – Er wollte immer mit dem Kopf durch die Wand. Konsens gab es bei Gary nicht. Er war explosiv. Bei ihm erlebte ich immer wieder, dass eine kleine Kontroverse in seinem Kopf förmlich eskalierte. Aber bei mir wusste er genau, wann meine Geduld am Ende war. Dann sagte ich: »Gary, geh und nerve wen anderes.« Er lachte, und das Thema war erledigt.

Wenn ich mir diese 20 Jahre ohne die Jungs unseres eigenen Nachwuchses vorzustellen versuche, bekomme ich die Stammmannschaft nur noch schwerlich zusammen. Sie sorgten für Stabilität. Manchester United hat in den 26 Jahren, die ich dort war, große Spieler entdeckt, angefangen bei Bryan Robson und Norman Whiteside über Paul MacGrath bis hin zu Éric Cantona und Cristiano Ronaldo. Aber diese Jungs, die im Verein groß geworden waren, trugen den Geist von Manchester United fest in sich. Und genau diesen Geist gaben sie dem Club auch zurück. Sie waren für unseren Trainerstab ein großartiges Beispiel dafür, was sich durch intensive Jugendarbeit alles erreichen lässt, und für den Nachwuchs waren sie ein Vorbild. Ihre Anwesenheit zeigte den Nachrückern auf dem Weg nach oben: Es ist zu schaffen. Hier aus unserer Akademie, aus unserem Trainingszentrum kann der nächste Cantona hervorgehen.

Paul Scholes' ersten Tag in unserem Verein werde ich nie vergessen. Er kam mit einem kleinen Kerl namens Paul O'Keefe. Sein Vater Eamonn hatte beim FC Everton gespielt. Sie standen hinter Brian Kidd, der mir angekündigt hatte, dass er zwei Jungen mitbringen würde, die einen guten Eindruck auf ihn gemacht hätten. Sie waren

13 Jahre alt. »Wo sind die beiden Jungs?«, fragte ich Brian. Sie waren so klein, dass sie hinter ihm verschwanden.

Damals waren sie schätzungsweise 1,42 Meter groß. Ich musterte die beiden Winzlinge und dachte: ›Wie sollen aus diesen beiden Fußballer werden?‹ Das wurde im Club zum Running Gag. Als Scholesy in die Jugendmannschaft kam, sagte ich im Trainerbüro: »Dieser Scholes hat keine Chance. Zu klein.« Als er mit 16 Jahren dann fest zu uns kam, war er immer noch schmächtig. Aber dann gab es bei ihm einen regelrechten Schub und er wuchs, bis er 18 war, um sieben bis zehn Zentimeter.

Paul Scholes sagte kaum ein Wort. Er war unglaublich schüchtern. Sein Vater war ein guter Spieler, und die beiden hatten denselben Spitznamen: Archie. Als ich mich über seine Größe skeptisch äußerte, hatte ich ihn allerdings noch nie spielen sehen, obwohl ich ihn mir beim Training in der Fußballschule angesehen hatte. In der Halle trainierten wir hauptsächlich technische Fertigkeiten. In die A-Jugendmannschaft stieg er dann als Mittelstürmer auf. »Er ist nicht schnell genug für einen Mittelstürmer«, sagte ich. Sie setzten ihn unmittelbar hinter einer Sturmspitze ein. In einem der ersten Spiele, die er im Trainingszentrum *The Cliff* bestritt, fing er einen Ball knapp vor dem Strafraum ab und schoss ihn mit einer Wucht, die mir den Atem raubte.

»Er ist gut, aber ich glaube nicht, dass er eine Chance hat. Zu klein«, sagte Jim Ryan, mit dem zusammen ich mir das Spiel ansah. Es wurde zum Standardspruch im Club: Scholesy, zu klein.

Im Laufe der Zeit bekam Scholes Probleme mit seinem Asthma. In dem Jahr, als die Jugendmannschaft den FA-Juniorenpokal gewann, spielte er nicht mit. Beckham stieß erst später zur Mannschaft, weil er so hoch aufgeschossen und dadurch geschwächt war. Simon Davies, der für Wales spielte, war Mannschaftskapitän, bis

Giggs diese Position im Rückspiel der Endrunde gegen Crystal Palace übernahm. Robbie Savage gehörte ebenfalls zur Mannschaft. Die meisten von ihnen machten später im internationalen Fußball Karriere. Ein weiterer Spieler, Ben Thornley, hätte es ebenfalls geschafft, wenn er nicht erhebliche Knieprobleme bekommen hätte.

Als jungem Stürmer, der in den Startlöchern saß, gelangen Scholes 15 Tore in einer Saison. Während er sich zu einem zentralen Mittelfeldspieler entwickelte, bekam er den nötigen Überblick für das Passspiel und das Zeug zum Spielmacher. Er war wohl ein Naturtalent. Ich schaute gern zu, wenn Mannschaften ihn durch Manndeckung auszuschalten versuchten. Er führte sie an Positionen, wo sie gar nicht hinwollten, änderte mit einer einzigen Ballberührung die Spielrichtung oder täuschte an und spielte einen Rückpass. Gegnerische Spieler, die ihn minutenlang verfolgt hatten, wirkten plötzlich inkonsequent oder standen manchmal ausgesprochen dumm da. Letzten Endes trabten sie zurück in ihre Hälfte. Auf diese Art schaltete er Manndecker aus.

Paul musste wegen einiger langwieriger Verletzungen etliche Enttäuschungen verkraften, kam aber jedes Mal als besserer Spieler zurück. Nach seinen Augenproblemen und seiner Knieverletzung spielte er überragend. Er kehrte jeweils mit frischer Kraft zurück.

Mit Anfang 30 war er gelegentlich ziemlich frustriert, weil um die Plätze im Mittelfeld eine stärkere Konkurrenz herrschte. In den beiden zentralen Mittelfeldpositionen musste ich Darren Fletcher und Michael Carrick berücksichtigen. Ich gebe zu, dass ich hier einen Fehler gemacht habe. Wenn man als selbstverständlich voraussetzt, dass manche Menschen einem immer zur Verfügung stehen würden, ist das ein Fehler, über den man sich zu der Zeit nicht unbedingt im Klaren ist, und der sich kaum korrigieren lässt, bevor man mit den Auswirkungen auf den Betroffenen konfrontiert wird.

Meine Überzeugung war, dass ich notfalls immer auf Scholes zurückgreifen konnte. Er war loyal, immer zur Stelle und bereit einzuspringen. Carrick und Fletcher waren mein Gespann erster Wahl, und Scholes war die alternde Reserve. Ich hatte schon zu lange im Hinterkopf, dass sich Paul dem Ende seiner Karriere näherte.

Im Champions-League-Finale von 2009 in Rom, das wir gegen Barcelona verloren, schickte ich Paul in der zweiten Halbzeit auf den Platz. Anderson hatte in der ersten Halbzeit nur drei Pässe gespielt. Scholes machte in den letzten 20 Spielminuten 25 Pässe. Man glaubt, dieses Spiel in- und auswendig zu kennen. Aber das stimmt nicht. Es ist falsch, jemanden als feste Größe anzusehen und zu glauben, man könne immer wieder auf ihn zurückgreifen, wenn er dem Ende seiner Karriere entgegengeht: Man vergisst dabei, wie gut er eigentlich ist.

Daher setzte ich Scholes zuletzt wesentlich häufiger ein und gönnte ihm rechtzeitig Ruhepausen. Hin und wieder bin ich darum gebeten worden, meine beste ManU-Auswahl zusammenzustellen. Ich fand das unglaublich schwierig. Scholes konnte ich ebenso wenig auslassen wie Bryan Robson. Beide schossen pro Saison mindestens zehn Tore. Dann stellte sich aber die Frage: Was ist mit Keane? Alle drei müssten spielen. In dem Fall stellte sich aber das Problem, mit wem man Cantona einsetzen sollte, der zusammen mit einem anderen Stürmer immer besser spielte. Und wer wollte sich schon zwischen McClair, Hughes, Solskjær, van Nistelrooy, Sheringham, Yorke, Cole, Rooney und van Persie für einen Stürmer entscheiden? Giggs durfte man auch nicht übergehen. Es war also immer eine nahezu unmögliche Aufgabe, die ideale Elf zusammenzustellen, wobei Cantona, Giggs, Scholes, Robson und Cristiano Ronaldo in einer Manchester-United-Mannschaft auf keinen Fall fehlen durften.

Scholes war wohl der beste englische Mittelfeldspieler seit Bobby Charlton. Solange ich in England arbeitete, war Paul Gascoigne der mitreißendste Spieler. Doch in seinen letzten Jahren wuchs Paul Scholes noch über Gascoigne hinaus: erstens durch die Länge seiner aktiven Karriere und zweitens durch die Tatsache, dass er ab 30 immer noch ein wenig besser wurde.

Er spielte so brillante lange Pässe, dass er sich ein Haar auf dem Kopf eines jeden Teamkollegen hätte aussuchen können, der auf unserem Trainingsgelände dem Drang der Natur folgte. Gary Neville dachte einmal, er hätte ein ruhiges Plätzchen in einem Gebüsch gefunden, aber Scholes entdeckte ihn aus 40 Metern Entfernung. Eine ähnliche Langstreckenrakete feuerte er einmal auf Peter Schmeichel ab und wurde dann wegen dieser Frechheit über den ganzen Trainingsplatz gejagt. Scholesy hätte einen erstklassigen Heckenschützen abgegeben.

Als Spieler besaß ich nie die angeborene Gabe eines Cantona oder eines Scholes, nämlich Augen im Hinterkopf zu haben. Aber ich erkannte diese Gabe bei anderen, weil ich so viele Spiele gesehen hatte. Ich wusste, wie wichtig solche Spieler für ein Team waren.

Scholes, Cantona, Verón. Auch Beckham hatte ein gutes Auge. Er gehörte nicht zu denjenigen, die großartige Pässe durchbringen konnten, aber das andere Ende des Spielfelds sah er durchaus. Laurent Blanc besaß einen guten Blick. Auch Teddy Sheringham und Dwight Yorke hatten den Überblick, was um sie herum vorging. Aber Scholes war in dieser Hinsicht der beste unter den Spitzenspielern. Wenn wir im Begriff waren, ein Spiel mühelos zu gewinnen, versuchte Scholes manchmal etwas Abgefahrenes. Dann sagte ich: »Guck, jetzt wird ihm langweilig.«

Aus dieser Generation erregte Ryan Giggs die meiste Aufmerksamkeit. Er galt einigen als Wunderkind. Als er mit 17 sein Debüt in der ersten Mannschaft hatte, bekamen wir ein Problem, mit dem wir nicht gerechnet hatten: das Giggs-Phänomen.

Als Ryan noch ein Teenager war, rief mich ein italienischer Agent an und fragte. »Was machen eigentlich Ihre Söhne?« Ich antwortete: »Mark studiert, Jason geht zum Fernsehen, und Darren macht hier eine Ausbildung.« Er schlug vor: »Verkaufen Sie mir Giggs, und ich kann sie sehr reich machen.« Selbstverständlich lehnte ich das Angebot ab.

Auf Anhieb verglich man ihn mit George Best, was er nie wieder loswurde. Alle wollten etwas von ihm. Aber Giggs war schlau. »Fragen Sie den Trainer«, sagte er jedem, der ein Interview oder einen anderen Termin bei ihm haben wollte. Er mochte keine Interviews und war clever genug, mir dann die Schuld für die Absage zuzuschieben.

Eines Tages empfahl Bryan Robson ihm Harry Swales als Agenten. Das hatte er vorher mit mir besprochen. Bryan ging auf sein Karriereende zu und war sicher, dass Harry der Richtige für Giggs sei. Er hatte recht. Harry ist fantastisch. Mit 81 Jahren verlobte er sich mit einer Schweizerin, die er beim Warten auf einem Bahnsteig kennengelernt hatte. Er ist ein ehemaliger Stabsfeldwebel mit Schnäuzer. Um Ryan Giggs kümmerte er sich wirklich gut. Zudem hatte Ryan eine starke Mutter und sehr, sehr nette Großeltern.

Um seine Profikarriere in der ersten Liga über 20 Jahre durchhalten zu können, musste Ryan ein minutiös geplantes Fitnessprogramm absolvieren. Joga war dabei ein wichtiger Baustein. Ryan betrieb Joga geradezu mit religiösem Eifer. Zweimal wöchentlich nach dem Training kam ein Joga-Lehrer und leitete ihn bei den Übungen an. Nach einiger Zeit wurde es für ihn unverzichtbar. In der Zeit, als er häufig mit Oberschenkelverletzungen zu kämpfen hatte, wussten wir nie so recht, wie lange wir ihn bei einem Spiel einsetzen konnten. Seine Oberschenkelmuskulatur machte uns ständig Sorgen. Bei manchen Spielen schonten wir ihn, damit er bei anderen einsatzbereit war. Aber am Ende veranlasste uns nur sein Alter, ihm mehr Ruhe zu gönnen. Er war pro Saison in 35 Spielen im Einsatz, denn er war unglaublich fit.

Paul Ince und Ryan Giggs waren gute Freunde. Sie waren ein regelrechtes Duo. Incey war ein Fan schicker Kleidung, und es gab eine kurze Phase, in der Ryan und Incey verrückte Klamotten trugen. Das legte sich aber bald wieder. Doch bis heute besitzt Ryan den Anzug, der mich eines Tages veranlasste herauszuplatzen: »Was zum Teufel ist das denn?« Ansonsten führte Ryan aber ein ganz solides Leben. Er ist im Club hoch geachtet, und alle blicken zu ihm auf.

Als sein Tempo nachließ, setzten wir ihn mehr im Mittelfeld ein. Wir erwarteten von ihm nicht mehr, dass er Abwehrspieler blitzartig außen umging, wie er es als junger Kerl gemacht hatte. Nicht vielen ist jedoch aufgefallen, dass er selbst in späteren Jahren seine Tempowechsel beibehielt, was manchmal wichtiger ist als die reine Geschwindigkeit. Auch seine Balance war nicht beeinträchtigt.

Im Herbst 2010 brachte ihn Jonathan Spector von West Ham United im Strafraum zu Fall. Diesen Vorfall nutzte ich zu einer Art Quizfrage, die lautete: Wie viele Elfmeter hat Ryan Giggs in seiner Karriere bei Manchester United geholt? Antwort: Fünf. Er blieb nämlich immer auf den Beinen. Er stolperte, aber er fiel nicht. Nach einem schweren Foul im Strafraum fragte ich ihn einmal, warum er nicht zu Boden gegangen sei, was er durchaus hätte tun können. Er sah mich an, als wären mir Hörner gewachsen, und sagte mit ausdruckloser Miene: »Ich gehe nicht zu Boden.«

Ryan ist ein ruhiger Typ, der auch in heiklen Situationen absolut gelassen bleibt. Es mag merkwürdig klingen, aber bis auf die letzten Jahre war er nie ein guter Einwechselspieler und war stets besser, wenn er gleich zu Beginn eines Spiels eingesetzt wurde. Im Champions-League-Finale in Moskau von 2008 war er nach seiner Einwechselung aber einfach großartig, und als wir die englische Meisterschaft gewannen, kam er im Spiel gegen Wigan auf den Platz und schoss unser zweites Tor. Damit beseitigte er all unsere Zweifel, ob er noch ein guter Leistungsträger sei, und erwies sich als erstaunliches Kapital auf der Ersatzbank.

Giggs hatte weder für Ruhm noch für Werbung allzu viel übrig. Er ist nicht der Typ, sich derart in der Öffentlichkeit zu exponieren. Von seiner Persönlichkeit her ist er eher introvertiert. Es erfordert nämlich sehr viel Energie, exponiert zu leben und sein Gesicht vor jede Kamera zu halten. Außerdem braucht man eine gewisse Eitelkeit und die Überzeugung, dass man dafür geschaffen ist. Über Schauspieler liest man, sie hätten schon immer gewusst, dass sie auf der Bühne stehen oder in Filmen auftreten wollten. Für mich besaß Ruhm nie diese magische Anziehungskraft.

Meine Hoffnung war, dass Spieler, die als Jungen zu uns kamen, mit uns in Carrington weitermachen und für Kontinuität sorgen würden, wie es beispielsweise Uli Hoeneß und Karlheinz Rummenigge bei Bayern München getan haben. Solche Leute wissen, wie der Verein läuft und welches Spielerniveau nötig ist, damit der Club weiter an der Spitze bleibt. Ob das letzten Endes dazu führt, dass sie Trainer werden, ist schwer vorherzusagen, weil es natürlich von der Entwicklung der Trainersituation abhängt. Aber Giggs und Scholes sind beide intelligent, kennen die Seele von Manchester United und waren beziehungsweise sind selbst großartige Spieler. Sie bringen also die richtigen Voraussetzungen mit.

Ryan könnte definitiv Trainer werden, weil er umsichtig ist und die Spieler ihn respektieren werden. Seine eher stille Art wäre keineswegs ein Hindernis. Es gibt viele Trainer, die nicht viel reden.

Aber man braucht einen starken Charakter. Im Umgang mit einem Club wie Manchester United braucht man eine stärkere Persönlichkeit als die Spieler. Zumindest muss man überzeugt sein, über eine so starke Autorität zu verfügen, um die Kontrolle über das Ganze zu behalten. Man hat mit großen Spielern, reichen Spielern, weltberühmten Spielern zu tun und muss sie dennoch und immer im Griff behalten. Es gibt bei Manchester United nur einen Boss, und das ist der Trainer. Diese Seite müsste Ryan bei sich noch kultivieren.

Wenn wir in der Schule gefragt wurden: »Was möchtet ihr später einmal werden?«, antwortete ich: »Fußballer.« Häufiger kam die Antwort: »Feuerwehrmann.« Hinter dem Berufsziel »Fußballer« steckte keineswegs der Drang, weltberühmt zu werden, sondern lediglich der Wunsch, mit dem Fußballspielen seinen Lebensunterhalt zu verdienen. Zu dieser Sorte Mensch zählt wohl auch Giggs.

Es gibt Menschen, die so veranlagt sind, ständig einem bestimmten Ziel hinterherjagen zu müssen. David Beckham wirkte immer, als ob er genau wüsste, wohin er wollte. Ihm gefiel diese Lebensweise, und er brannte darauf, einen besonderen Status zu erreichen. Keiner der anderen Spieler hätte von weltweiter Anerkennung auch nur geträumt. Das lag ihnen einfach nicht. Man stelle sich nur Gary Neville bei einem Modeshooting vor. Da käme sofort: »Könnt ihr euch verdammt noch mal beeilen!«

Sie alle hatten das Glück, eine wirklich gute Familie um sich zu haben. Die Nevilles sind ausgesprochen solide Leute. Das gilt für die anderen ebenso. Es war für sie und für uns ein Segen. Sie kennen den Wert einer guten Kinderstube: auf dem Boden bleiben und gute Manieren sowie Respekt vor Älteren haben. Hätte ich als Junge jemanden aus einer älteren Generation mit Vornamen angeredet, hätte mein Vater mir eine Ohrfeige verpasst. »Für dich immer noch Mister«, hätte er gesagt.

Das ist mittlerweile alles Vergangenheit. Meine Spieler nennen mich »Chef« oder »Boss«. Lee Sharpe kam eines Tages herein und fragte: »Wie geht's, Alex?« Ich antwortete: »Sind wir etwa zusammen zur Schule gegangen?«

»Nein«, antwortete er verdutzt.

»Dann nenn mich nicht Alex!«

Wenn ich heute an solche Momente zurückdenke, muss ich grinsen. Schon damals musste ich mir hinter meiner strengen Fassade das Lachen verkneifen. Der kleine Paddy Lee konnte hervorragend Tierstimmen imitieren. Er ahmte alles Mögliche nach. Sogar Strauße. Die Spieler kugelten sich vor Lachen. Paddy ging für ein Jahr zum FC Middlesbrough, schaffte aber den Durchbruch nicht ganz.

Ein weiteres Beispiel war der kleine George Switzer. Ein Junge aus der Industriestadt Salford. In der Kantine des Trainingszentrums war er groß darin, jemandem etwas zurufen, ohne dass der Betroffene feststellen konnte, von wem es kam.

»Hi, Boss!« oder »Archie!« rief er beispielsweise Archie Knox zu. Lange war es unmöglich, den Rufer ausfindig zu machen. In dem Meer von Gesichtern waren keine Hinweise zu finden.

Aber eines Tages erwischte ich ihn. »In Ordnung, mein Junge«, sagte ich. »Wenn du das noch einmal machst, läufst du um den Platz, bis dir schwindelig wird.«

»Tut mir leid, Boss«, stotterte Switz.

Obwohl ich im Ruf stand, ständig Gehorsam einzufordern, mochte ich Leute, in denen ein kleiner Teufel steckte. Es war erfrischend. Dazu brauchte man Selbstbewusstsein. Menschen, die Angst haben, ihren Standpunkt im Alltag zu vertreten, werden sich genauso ängstlich verhalten, wenn es wirklich darauf ankommt: auf dem Fußballplatz, in Spielen. Diese Jungs aus der Klasse von 1992 hatten vor nichts Angst. Sie waren starke Charaktere.

KAPITEL 15

LIVERPOOL – EINE GROSSE TRADITION

Die wirklich großen Clubs finden auch nach schlechten Zeiten auf die Erfolgsspur zurück. Möglicherweise hatte ich Glück, dass ich in einer schwierigen Phase der Vereinsgeschichte zu Manchester United kam. Seit 19 Jahren hatte der Club keine englische Meisterschaft mehr gewonnen, und entsprechend gering waren die Erwartungen bei meinem Amtsantritt. United war zu einer Pokalmannschaft geworden, und die Fans erwarteten eher gute Ergebnisse bei Turnieren im K.o.-System als in der ersten Liga, wo sich ihre Hoffnungen in Grenzen hielten.

Meine Vorgänger Dave Sexton, Tommy Docherty und Ron Atkinson waren zwar punktuell erfolgreich, aber während ihrer Amtszeit wurde nicht kontinuierlich daran gearbeitet, die englische Meisterschaft zu erreichen. Das Gleiche galt für Liverpool ab 1993, als Manchester United wieder an der Spitze mitmischte. Aber ich konnte ihren Atem noch aus 50 Kilometern ständig in meinem Nacken spüren.

Wenn ein Club mit der Geschichte und Tradition eines FC Liverpool in einer Saison drei Pokale holt, wie es ihm 2001 unter Gérard Houllier mit dem FA Cup, dem UEFA-Pokal und dem Ligapokal gelang, kann man schon einen Schrecken bekommen. Damals dachte ich: »O nein, nicht die. Jeder andere, aber nicht die.« Mit seinem Hintergrund, seiner Tradition, seiner eingeschworenen Fangemeinde und seiner hervorragenden Heimspielbilanz war der FC Liverpool selbst in seinen schwachen Jahren ein unerbittlicher Gegner.

Ich mochte und respektierte den französischen Trainer Gérard Houllier, der die alleinige Verantwortung übernahm, nachdem der Vorstand in Anfield das kurzzeitige Experiment des Trainerduos mit Roy Evans beendet hatte. Steven Gerrard tat sich bereits als neue junge Kraft im Mittelfeld hervor, und mit Michael Owen und Robbie Fowler besaß Liverpool zwei sensationelle Torjäger.

Es war eine beachtliche Wende in der Vereinspolitik, jemanden von außen ans Ruder zu lassen, der nicht aus dem inneren Zirkel des FC Liverpool hervorgegangen war. Die Berufung von Trainern aus den eigenen Reihen, von Bob Paisley über Joe Fagan und Kenny Dalglish bis zu Graeme Souness und Roy Evans, entsprach der traditionellen Vorgehensweise des Clubs. Gegen Ende der ersten Phase, in der Kenny Dalglish das Traineramt innehatte, zeichnete sich eine Veränderung ab. Für die in die Jahre gekommene Mannschaft gab es ungewöhnliche Neuzugänge: Jimmy Carter und David Speedie. Beide waren für den Club eher untypische Spieler. Graeme Souness leitete zwar richtige Maßnahmen ein, wenn auch zu schnell, wodurch er die eingefahrene Mannschaft etwas überstürzt veränderte. Ein weiterer Fehler war auch, Steve Staunton, einen der besten jungen Spieler, abzugeben, denn es bestand eigentlich keinerlei Veranlassung, ihn gehen zu lassen. Graeme gestand das später selbst ein. Graeme Souness ist ein guter Trainer, aber sehr impulsiv. Er kann gar nicht schnell genug ans Ziel kommen. Und in dieser Zeit kam ihm seine Impulsivität teuer zu stehen.

Das Angenehme im Umgang mit den Liverpoolern war damals unter anderem die Gewohnheit, dass nach dem Spiel ihr ganzer Trainerstab in unser Büro kam. Ich hatte meinerseits diese Tradition übernommen und schaute mit unserem gesamten Stab in Anfield bei ihnen rein. Bei diesem Ritual hatten die Liverpool-Leute allerdings mehr Erfahrung als ich, doch lernte ich schnell dazu. Ob Sieg, Niederlage oder unentschieden, die beiden Trainerteams trafen sich immer vollzählig und pflegten ein gutes Verhältnis untereinander. Weil zwischen den beiden Clubs aber immer Rivalität bestand und auf dem Platz angespannte Konkurrenz herrschte, war es umso wichtiger, Haltung zu wahren, ganz gleich, wie das Spiel ausgegangen war. Genauso wichtig war allerdings auch, unsere Schwachstellen vor ihnen zu verbergen. In dieser Hinsicht verhielten sich die Liverpooler aber nicht anders.

Gérard Houllier hatte während seines Studiums an der Universität Lille ein Jahr als Gastlehrer in Liverpool verbracht und den Club dort kennengelernt. Als er später nach Anfield berufen wurde, war er also nicht völlig unwissend im Hinblick auf die lange Vereinstradition. Er verstand die Ethik, aber auch die Erwartungen des FC. Gérard war ein kluger, umgänglicher Mensch. Als man ihn einst nach einem schweren Herzanfall ins Krankenhaus brachte, fragte ich ihn: »Warum kletterst du nicht einfach die Karriereleiter nach oben?«

»Das kann ich nicht«, antwortete Gérard. »Ich arbeite gern.« Er war eben ein reinrassiger Fußballer, und an dieser Passion konnten auch seine Herzprobleme nichts ändern.

Liverpool-Trainer stehen immer unter extrem hohem Erwartungsdruck, und ich glaube, dieser Druck schwächte letztlich Kenny Dalglishs Kräfte als Trainer. Als er seine aktive Spielerlaufbahn aufgab und auf die Trainerbank wechselte, besaß er keinerlei Trainererfahrung. Dieses Manko machte auch John Greig bei den Glasgow Rangers zu schaffen. Er war bei den Rangers möglicherweise der größte Spieler aller Zeiten, erbte aber als Trainer eine auseinanderfallende Mannschaft, die sich nicht wieder in ruhigeres Fahrwasser bringen ließ. Die Aufstiege von Aberdeen und Dundee United waren auch nicht gerade hilfreich. Für Kenny war es äußerst schwierig, als einer der besten Spieler von Liverpool Starruhm zu genießen und dann praktisch von einem Tag auf den anderen in die Trainerrolle zu wechseln. Ich erinnere mich noch daran, als er mich im schottischen Trainingslager aufsuchte, um mich um Rat zu fragen, weil man ihm angeboten hatte, als Trainer zu arbeiten. Erst später wurde mir klar, um welch großen Verein es sich handelte.

»Ist es ein guter Club?«, fragte ich ihn.

»Ja«, antwortete er.

Also sagte ich sinngemäß zu ihm: Wenn es ein guter Club mit einer guten Geschichte und einem gewissen finanziellen Spielraum ist, und der Präsident etwas von Fußball versteht, habe er eine Chance. Seien aber nur zwei dieser Voraussetzungen erfüllt, stünde ihm ein harter Kampf bevor.

Ohne meine intensive Ausbildung in Aberdeen hätte ich kaum über die nötigen Fähigkeiten verfügt, Manchester United zu trainieren. Bei East Stirlingshire hatte ich ohne einen Penny angefangen, doch es machte mir Spaß, mit elf oder zwölf Spielern zu arbeiten. Dann bin ich wieder ohne Bezahlung zu St. Mirren gewechselt. In meiner ersten Saison entließ ich 17 Spieler: Sie waren einfach nicht gut genug. Bevor ich die Machete schwang, hatte der Verein 35 Spieler. Ich musste mich selbst um das Essen, die Reinigungsmittel, die Programme, also eigentlich um fast alles kümmern. Aber es war eine gute Schule für meine weitere Trainerlaufbahn.

Als Gérard anfing, zahlreiche ausländische Spieler zu verpflichten, dachte ich, dass der dreifache Pokalgewinn der Beleg sei, dass seine Marschrichtung den Club wieder auf Erfolgskurs bringen würde. Mit Spielern wie Vladimír Šmicer, Sami Hyypiä und Dietmar

Hamann hatte Houllier sich eine starke Basis geschaffen, auf der er aufbauen konnte. Im Endspiel des FA Cups gegen Arsenal hatten seine Jungs großes Glück, denn Arsène Wengers Team setzte ihnen schwer zu, bis Michael Owen mit seinem zweiten Tor den Sieg holte. Damals machten mir weniger die einzelnen Spieler Sorgen als vielmehr der große Name: Liverpool. Eines war mir zu diesem Zeitpunkt klar: Sollte der Aufwind anhalten, so würde sich Liverpool noch vor Arsenal und Chelsea zu unserem größten Rivalen entwickeln.

Ein Jahr nach dem Pokal-Triple stand der Club am Saisonende auf dem zweiten Platz der englischen Liga, fiel aber auf den fünften Platz zurück, nachdem Houllier El Hadji Diouf, Salif Diao und Bruno Cheyrou eingesetzt hatte. Viele Kommentatoren sahen hierin einen ursächlichen Zusammenhang. Bruno Cheyrou war ein Spieler, den auch wir uns angeschaut hatten, als er noch in Lille spielte. Ihm fehlte zwar das Tempo, aber er hatte einen ganz guten linken Fuß. Ein starker Kerl, aber nicht besonders schnell. Diouf hatte mit Senegal eine gute Weltmeisterschaft gespielt und sich einen Namen gemacht. Es war verständlich, dass Gérard da seine Antennen ausfuhr. Ich war aber immer vorsichtig, Spieler aufgrund guter Turnierleistungen einzukaufen. Nach der Europameisterschaft von 1996 tat ich es bei Jordi Cruyff und Karel Poborský. Beide hatten in diesem Turnier einen guten Lauf, aber ich bekam von ihnen nicht die Leistungen, wie sie sie in ihren Nationalmannschaften bei der EM gezeigt hatten. Sie waren zwar nicht schlecht, aber manchmal gehen einzelne Spieler besonders motiviert und gut vorbereitet in ein WM- oder EM-Turnier und fallen anschließend deutlich in ihrer Leistung ab.

Bei Diouf war zwar Talent vorhanden, das aber gepflegt werden musste. Er war ein ständiger Stachel im Fleisch des Teams, was nicht immer schön war. Auf dem Platz leistete er sich etliche Dummheiten, besaß aber durchaus Wettkampfqualitäten und Können. In einem illustren Club wie dem FC Liverpool zu spielen, vertrug sich nicht mit seiner rebellischen Art, denn es fiel ihm schwer, die für den Erfolg nötige Disziplin aufzubringen. Das stellte Gérard bald fest. Für die zahlreichen hochkarätigen Spiele gegen Arsenal und Chelsea braucht man Spieler mit einer guten Einstellung. Und nach meiner Einschätzung war Diouf hier eher etwas heikel. Bruno Cheyrou schaffte es nie. Er hatte nicht das Tempo, um in der Premier League zu spielen.

Die Spice-Boy-Kultur war eine weitere Front, an der Gérard zu kämpfen hatte. Ich hörte Geschichten über Liverpool-Spieler, die zur Entspannung mal kurz nach Dublin fuhren. Die Erweiterung der Mannschaft um Stan Collymore war meiner Meinung nach kaum dazu angetan, für Stabilität zu sorgen. Beinahe hätte ich Collymore selbst unter Vertag genommen, weil er unglaublich viel Talent besaß. Aber als ich ihn für Liverpool spielen sah und von ihm kein sonderlicher Offensivdruck ausging, dachte ich mir: ›Was für ein Glück, dass ich ihn nicht verpflichtet habe.‹ Ich kann allerdings nur spekulieren, ob er sich bei Manchester United ebenso verhalten hätte. Statt seiner entschied ich mich für Andy Cole, der immer mutig wie ein Löwe war und ausnahmslos sein Bestes gab.

Vor dem Aufschwung unter Gérard Houllier war Liverpool in die gleiche Falle getappt, in die auch Manchester United Jahre zuvor gegangen war. Sie hatten Spieler zusammengekauft, wie es gerade passte. Von Mitte der 1970er- bis Mitte der 1980er-Jahre hatte Manchester United Spieler wie Garry Birtles, Arthur Graham von Leeds United, Peter Davenport, Terry Gibson und Alan Brazil zu sich geholt: Allem Anschein nach herrschte in jenen Jahren die pure Verzweiflung. Wenn jemand ein Tor gegen United erzielte, nahm man ihn sofort unter Vertrag – ein kurzsichtiges Denken. Liverpool agierte ähnlich mit den Verpflichtungen von Ronny Rosenthal, David Speedie oder Jimmy Carter. Es kamen noch eine ganze Reihe anderer Neuerwerbungen hinzu, die jedoch nicht ohne Weiteres als Liverpool-Spieler zu erkennen waren, wie Collymore, Phil Babb, Neil Ruddock, Mark Wright und Julian Dicks.

Gérard holte dagegen eine breites Spektrum an Spielern nach Anfield, die gute Arbeit für ihn leisteten. So etwa Milan Baroš, Luis García, Šmicer und Hamann. Ganz allmählich erkannte ich ein System in Gérards Neuerwerbungen. Unter Benítez konnte ich keine Strategie ausmachen. Spieler kamen und gingen. Wenn ich mir seine erste Elf vergegenwärtige, finde ich noch heute, dass es die fantasieloseste Liverpool-Mannschaft war, gegen die wir je gespielt hatten. Bei einem Spiel gegen uns setzte er Javier Mascherano im zentralen Mittelfeld ein, hatte seine übliche Viererkette hinten, ließ aber Steven Gerrard als Linksaußen und Alberto Aquilani an der Spitze spielen. Dirk Kuyt nahm er raus, brachte Ryan Babel links außen und rückte Gerrard nach rechts. Die drei spielten komprimiert durch die Mitte. Babel war zwar als Linksaußen eingesetzt, arbeitete aber kein einziges Mal an der Seitenlinie. Ich habe keine Ahnung, welche Instruktionen er hatte, aber ich erinnere mich, dass ich auf der Bank sagte, dass jetzt ein guter Zeitpunkt sei, ihn ganz links gegen Gary Neville ins Spiel zu bringen, und sagte deshalb zu Scholes, er solle Gary darauf aufmerksam machen. Aber Liverpool spielte so gut wie gar nicht über die Flügel.

Wir bekamen häufig Besuch von ausländischen Trainern, sodass es für mich schwierig war, hier den Überblick zu behalten. Es kamen beispielsweise Gäste aus China, aus Malta oder aus Skandinavien. Außerdem gab es ständig Besucher anderer Sportdisziplinen. Zu Gast waren unter anderen das australische Cricket-Team, etliche NBA-Spieler, Michael Johnson und Usain Bolt. Michael Johnson, der ein Trainingszentrum in Texas betreibt, imponierte mir mit seinem Wissen besonders. Ich erinnere mich also nicht mehr daran, ob ich Rafael Benítez vor seinem Start als Trainer beim FC Liverpool schon einmal auf unserem Trainingsgelände persönlich begegnet bin.

Als ich mir kurz nach Rafael Benítez' Ankunft in Liverpool ein Spiel des Clubs ansah, luden er und seine Frau mich auf einen Drink ein. So weit, so gut. Aber unser Verhältnis verschlechterte sich stetig. Er machte den Fehler, unsere Rivalität auch persönlich zu nehmen. Sobald jemand die Rivalität unserer Clubs persönlich nahm, hatte er bei mir keine Chance mehr. Benítez strebte Trophäen an und meinte, es gleichzeitig mit mir aufnehmen zu müssen. Das war keine gute Idee.

An dem Tag, an dem er seine berühmte »Faktenliste« vorlegte, mit der er belegen wollte, dass ich angeblich Schiedsrichter beeinflusste, erhielten wir einen Tipp: Liverpool würde eine Frage einbringen, die es Benítez ermöglichen sollte, einen Angriff auf mich zu starten. Lancierte Fragen sind im Fußball nichts Ungewöhnliches. Auch von mir war bekannt, dass ich selbst schon die eine oder andere Frage inszeniert hatte.

In diesem konkreten Fall hatte mich unser Pressebüro mit dem Hinweis gewarnt: »Wir glauben, Benítez wird heute über dich herfallen.«

»Weshalb?«, fragte ich.

»Keine Ahnung, wir haben nur einen Tipp bekommen«, sagten sie.

Im Fernsehen setzte Benítez dann seine Brille auf und holte dieses Blatt Papier mit den »Fakten« hervor.

Die sogenannten Fakten waren allesamt falsch.

Als Erstes behauptete er, ich würde Schiedsrichter einschüchtern. Die FA hätte Angst vor mir, obwohl sie mir erst zwei Wochen zuvor eine Strafzahlung von 10000 Pfund aufgebrummt hatte. Zudem würde ich die Respektkampagne nicht unterstützen. Diese Initiative war zwar erst in dieser Saison angelaufen, aber Rafa wetterte über meine Kritik an Martin Askinson bei einem Pokalspiel im Jahr zuvor, obwohl die neuen Richtlinien da noch gar nicht in Kraft waren. Die ersten beiden Vorwürfe, die er vorbrachte, waren also falsch. Die Medien stürzten sich darauf, auch wenn die Fakten nicht zutrafen. Sie hofften auf den Ausbruch eines Krieges und auf einen Gegenangriff von mir.

Aber ich hielt mich zurück und sagte lediglich, dass Rafa wohl wegen etwas »verbittert« sei, ich mir aber nicht erklären könne, worum es sich dabei handele. Das war meine Art zu sagen: Hör zu, du bist ein Idiot. Du solltest das alles niemals persönlich nehmen. Es war das erste Mal, dass er diese Taktik einsetzte, und jeder darauf folgende Angriff war ebenso persönlich geprägt.

Meine Nachforschungen ergaben, dass er sauer darüber war, dass ich öffentlich gefragt hatte, ob Liverpool mit dem Titelkampf fertig werden oder unter dem Druck zusammenbrechen würde. Wäre ich Trainer von Liverpool gewesen, hätte ich das als Kompliment aufgefasst. Aber Benítez verstand es als persönlichen Angriff. Wenn ich als Trainer von Manchester United über Liverpool derartige Äußerungen fallen ließe, um Zweifel am Verein zu säen, hätte mein Trainerkollege im Anfield jedoch wissen müssen, dass der FC Liverpool selbst dafür sorgte, solche Zweifel zu äußern.

Als Kenny Dalglish Trainer bei den Blackburn Rovers war und sie im Meisterschaftskampf an der Spitze standen, verkündete ich: »Na ja, wir hoffen jetzt auf den Devon Loch-Effekt.« Das saß. In sämtlichen Zeitungsartikeln war plötzlich von Devon Loch, dem berühmten Rennpferd von Queen Mum, die Rede, das 1956 als sicherer Sieger des Grand National galt, aber im Zieleinlauf unerklärlicherweise stürzte. Und die Blackburn Rovers fingen tatsächlich an, Punkte liegen zu lassen. Eigentlich hätten wir in dem Jahr die Meisterschaft gewinnen müssen, aber die Rovers hielten durch. Ohne Zweifel hatten wir es ihnen aber schwerer gemacht, indem wir das Gespenst eines Devon Loch heraufbeschworen hatten.

In den Medien eilte Benítez der Ruf voraus, ein Kontrollfreak zu sein, was sich bald bis zur Absurdität bewahrheiten sollte. Er zeigte keinerlei Interesse, sich mit anderen Trainern anzufreunden: ein gefährliches Verhalten, denn es gab genügend Trainerkollegen zweitrangiger Vereine, die allzu gern ein Glas mit ihm getrunken und von ihm gelernt hätten.

In der Saison 2009/10 kam er zwar im Anfield auf ein Glas rein, wirkte aber, als fühle er sich unbehaglich, und schon nach kurzer Zeit sagte er, dass er gehen müsse. Das war alles. Damals sagte ich zu seinem Assistenten Sammy Lee: »Es war zumindest schon mal ein Anfang.«

In den Medien wurde Roberto Martínez, der Trainer von Wigan Athletic, eines Tages mit der Behauptung zitiert, ich hätte »Freunde«, die in Bezug auf Rafael Benítez täten, was ich wolle (unter anderem nannte er den großen Sam Allardyce). Noch am gleichen Tag rief Roberto Martínez mich und den Trainerverband an, um zu fragen, ob er den Bericht in einer Pressemitteilung richtig stellen solle. Roberto versicherte mir, er habe keinerlei Verbindung zu Benítez und von ihm auch keinerlei Unterstützung erhalten. Ich glaube, Martínez hatte mit einer spanischen Zeitung darüber gesprochen, wie Benítez uns, seine Rivalen in England, sah, hatte sich dieser Sicht allerdings nicht angeschlossen. Er hatte sie lediglich wiedergegeben. Eigentlich hätte man meinen sollen, die beiden würden sich gut verstehen, da Benítez und Martínez die einzigen spanischen Trainer in England waren. Aber das war offenbar nicht der Fall.

Benítez beklagte sich zwar, dass er bei Liverpool kein Geld zur Verfügung habe, aber vom Tag seiner Ankunft an gab er mehr aus als ich. Erheblich mehr. Es wunderte mich, dass er bei Pressekonferenzen immer wieder insistierte, er hätte nicht genug Mittel zur Verfügung. Dabei bekam er genug Geld. Es war die Qualität seiner Einkäufe, die ihn enttäuschte. Abgesehen von Torres und Reina hatten nur wenige seiner Neuverpflichtungen echtes Liverpool-Niveau. Es waren brauchbare und hart arbeitende Spieler, wie etwa Mascherano und Kuyt, aber sie hatten nicht die richtigen Club-Qualitäten. Unter ihnen gab es eben kein Souness, Dalglish, Ronnie Whelan oder Jimmy Case.

Zwei große Erfolge konnte Benítez allerdings auf dem Transfermarkt landen: den Torhüter Pepe Reina und den Stürmer Fernando Torres. Torres war überaus talentiert. Wir hatten ihn uns oft bei Juniorenturnieren angesehen und waren von ihm überzeugt. So versuchten wir schon, als er 16 war, ihn unter Vertrag zu nehmen. Zwei Jahre bevor er nach Liverpool ging, hatten wir unser Interesse bekundet, aber immer den Eindruck, dass unser Bemühen ihm letzten Endes nur einen besseren Vertrag bei Atlético Madrid einbringen würde. Er war dann bei Atlético so gut integriert, dass ich überrascht war, als Liverpool ihn loseisen konnte. Benítez' spanische Verbindungen müssen da wohl geholfen haben.

Torres verfügte über eine begnadete Schläue und eine Gerissenheit, die ans Machiavellistische grenzte. Er hatte etwas Teuflisches an sich, allerdings nicht in körperlicher Hinsicht, und beherrschte den Tempowechsel wie kaum ein anderer. Bei einem Sprint über 40 Meter war er zwar nicht schneller als einige andere Liverpool-Spieler, aber er konnte in unglaublicher Weise das Tempo wechseln, was für die gegnerische Mannschaft tödlich sein kann. Er machte täuschend lange Schritte. Ohne Vorwarnung beschleunigte er und zog quer am Gegner vorbei. Andererseits bin ich mir nicht sicher, ob er sich auch in Bestform zeigen konnte, wenn es mal gegen ihn lief, denn dann reagierte er oft kleinlich. Vielleicht war er verwöhnt, weil er bei Atlético Madrid so lange der Goldjunge war. Dort war er schon mit 21 Jahren Mannschaftskapitän. Er hatte einen guten Körperbau: die Größe und Statur eines Stürmers. Und er war Liverpools bester Mittelstürmer seit Owen und Fowler.

Ein weiterer Star war natürlich Steven Gerrard, der gegen Manchester United nicht kontinuierlich gut spielte, aber imstande war, Spiele ganz allein zu gewinnen. Wir bemühten uns auf dem Transfermarkt ebenso wie Chelsea um ihn, weil wir den Eindruck hatten, dass er von Liverpool weg wolle. Aber offenbar gab es Kräfte außerhalb des Clubs, die einen solchen Wechsel nicht befürworteten, und so endeten unsere Bemühungen in einer Sackgasse. Sein Wechsel zu Chelsea schien so gut wie beschlossen. Aber eine Frage ließ mich während dieser ganzen Zeit nicht los: Warum vertraute Benítez nicht auf Gerrard als zentralem Mittelfeldspieler? Später gab es bei Spielen gegen Liverpool für mich eine Gewissheit: Wenn sich ihre beiden zentralen Mittelfeldspieler gegen uns durchsetzten, würden sie nicht viel daraus machen. Würde Gerrard hingegen auf dieser Position eingesetzt, hätte er mit Sicherheit die Kraft, das Tempo und den Ehrgeiz, nach vorn zu stürmen und uns ordentlich zuzusetzen. Ich konnte nie begreifen, warum Liverpool so oft darauf verzichtete, ihn im zentralen Mittelfeld einzusetzen. In der Saison 2008/09, die sie mit 86 Punkten auf dem zweiten Tabellenplatz beendeten, brachten sie Alonso für die Pässe und setzten Gerrard weiter hinten auf dem Platz, noch hinter Torres ein.

Ein weiterer Vorteil war für uns , dass Liverpool aufgehört hatte, eigene Talente aufzubauen. Michael Owen war vermutlich der Letzte, der bei Liverpool groß geworden war. Wäre Michael mit 12 Jahren zu uns gekommen, wäre er einer der ganz großen Stürmer geworden. In dem Jahr, in dem er bei der Juniorenweltmeisterschaft in Malaysia spielte, hatten wir Ronnie Wallwork und John Curtis in der englischen Juniorenmannschaft. Als die beiden zurückkamen, gab ich ihnen einen Monat frei und schickte sie in Urlaub. Michael Owen musste ohne Pause und ohne technische Entwicklung sofort in der ersten Mannschaft von Liverpool antreten. In den beiden Jahren, die er dann bei uns verbrachte, verbesserten sich seine fußballerischen Leistungen. In der Umkleide war er umwerfend kommunikativ und auch insgesamt ein sehr netter Kerl.

Meiner Ansicht nach sprachen seine mangelnde Ruhe und fehlende technische Weiterentwicklung gegen ihn. Als Houllier ihn mit der Mannschaft übernahm, war er bereits zu stark geprägt und galt als Star des Teams. Damals bestand keine Möglichkeit mehr, ihn beiseite zu nehmen und technisch mit ihm zu arbeiten. Bei Michael habe ich insofern einen Fehler gemacht, als ich ihn früher hätte unter Vertrag nehmen sollen. Es hätte zwar keine Chance bestanden, dass er unmittelbar von Liverpool zu United gewechselt wäre, aber wir hätten uns einschalten sollen, als er von Real Madrid nach Newcastle ging.

Von den anderen Spielern beim FC Liverpool, die uns Probleme bereiteten, war Dirk Kuyt ein so ehrlicher Spieler, wie man ihn nur selten im Fußball trifft.

Als er kam, war er sicher 1,88 Meter groß, und am Ende vermutlich nur noch 1,77 Meter, weil er sich die Beine abgelaufen hatte. Ich habe noch nie einen Stürmer erlebt, der sich so vehement in der Abwehr einsetzte. Benítez stellte ihn bei jedem Spiel auf. Da stellte sich allerdings die Frage, ob er noch fit genug war, wenn im gegnerischen Strafraum etwas passierte, oder ob er von dem ganzen Gerangel schon völlig verausgabt war.

Trotz meiner Vorbehalte gegen Benítez als Mensch und als Trainer gelang es ihm immer, seine Spieler zu veranlassen, dass sie sich für ihn abrackerten, also muss er wohl eine gewisse Fähigkeit besitzen, andere zu motivieren: sei es durch Angst, Respekt oder durch sein Können. Ich habe nie erlebt, dass seine Mannschaft das Handtuch geworfen hätte, und das muss man ihm hoch anrechnen.

Warum war er beim FC Liverpool nicht so erfolgreich, wie er es meiner Ansicht nach hätte sein können? Benítez war stärker auf Abwehr und Zerstörung eines Matchs ausgerichtet als darauf, es zu gewinnen. Mit einem solchen Ansatz kann man heutzutage keinen wirklichen Erfolg mehr erzielen.

José Mourinho war im Umgang mit seinen Spielern wesentlich geschickter. Und er besaß Charakter. Wenn man José und Rafa zusammen an der Seitenlinie stehen sah, war nicht schwer zu erkennen, wer der Sieger sein würde. Allerdings musste man immer Respekt vor der Liverpool-Elf haben. Das Gleiche gilt für einen Teil der Arbeit, die Rafael Benítez leistete, denn die Mannschaft war schwer zu schlagen, und er gewann mit ihr die Champions League. Es gab also durchaus etliche Pluspunkte, die für ihn sprachen. Zudem hatte er einfach Glück, aber das stand mir ja auch manchmal zur Seite.

Während eines Spiels war Benítez ständig dabei, von der Seitenlinie aus seine Spieler auf andere Positionen zu dirigieren. Ich bezweifle allerdings, ob sie immer auf ihn achteten oder seine Anweisungen befolgten. Sein fortwährendes Gestikulieren konnte niemand verstehen. Dagegen fiel mir bei einem Spiel von Chelsea gegen Inter Mailand auf, dass die Spieler ständig zu Mourinho liefen, als ob sie fragen wollten: ›Was ist, Boss?‹ Sie achteten sorgfältig auf seine Forderungen und Wünsche.

Eine Mannschaft braucht einen starken Trainer. Das ist entscheidend. Und Rafael Benítez ist stark. Er hat großes Selbstvertrauen und ist eigensinnig genug, seine Kritiker zu ignorieren. Das tut er immer wieder. Er gewann allerdings 2005 in Istanbul die Champions League gegen AC Mailand, was ihm eine gewisse Immunität vor allen verschaffte, die seine Methoden kritisierten.

Als AC Mailand in der Halbzeit dieses Finales 3 : 0 führte, fingen einige Mailand-Spieler angeblich schon an zu feiern, streiften sich Erinnerungs-T-Shirts über und sprangen in der Gegend herum. Wie man mir erzählte, drehten Paolo Maldini und Gennaro »Rino« Gattuso deswegen fast durch und beschworen ihre Teamkollegen, ja nicht zu glauben, dass das Spiel schon vorbei sei.

An diesem Abend gewann Liverpool den Pokal in einer atemberaubenden Aufholjagd.

Nachdem Roy Hodgson kurze Zeit den FC Liverpool trainiert hatte, übernahm Kenny Dalglish erneut diese Aufgabe, und es begann eine weitere Phase erheblicher Umstrukturierungen. Aber nur wenige Spieler, die Kenny damals verpflichtete, bereiteten mir schlaflose Nächte. Wir schauten uns Jordan Henderson mehrmals sehr genau an, und Steve Bruce war von ihm sogar rückhaltlos begeistert. Aber uns fiel auf, dass Henderson aus den Knien mit geradem Rücken lief, während moderne Fußballer aus den Hüften laufen. Nach unserer Einschätzung würde ihm diese Körperhaltung im Laufe seiner Karriere Probleme bereiten.

Stewart Downing kostete Liverpool 20 Millionen Pfund. Er besaß Talent, war aber weder der Mutigste noch der Schnellste. Er spielte gute Flanken und stürmte gut mit dem Ball. Aber 20 Millionen Pfund? Andy Carroll, der für 35 Millionen Pfund zu Liverpool wechselte, besuchte ebenso unsere Exzellenzschule wie Stewart Downing oder James Morrison, der später für Middlesbrough, West Brom und Schottland spielte. Die FA schloss die Schule nach Beschwerden aus Sunderland und Newcastle. Das geschah zu einer Zeit, als die ersten Sportakademien eröffneten. Liverpools Vertrag mit Andy Carroll war eine Reaktion auf den »warmen Regen« von 50 Millionen Pfund, den der Verkauf von Torres dem Verein gebracht hatte. Andys Problem war seine Mobilität, seine Schnelligkeit auf dem Platz. Wenn sich der Ball nicht gerade permanent im Strafraum befindet, ist es äußerst schwierig, so zu spielen wie Andy Carroll, weil Verteidiger heutzutage ihre Gegner nach außen drängen. Bei modernen Stürmern ist Bewegung gefragt. Suárez war zwar kein schneller Läufer, aber er war fix im Denken.

Auch die Jungs, die Kenny aus der Juniorenmannschaft holte, machten sich gut. Insbesondere Jay Spearing war hervorragend. Als Junge spielte er im hinteren zentralen Mittelfeld vor John Flanagan als Innenverteidiger und war dabei der beste: angriffslustig, schnell, mit Führungsqualitäten. Es war deutlich zu erkennen, dass er Potenzial besaß. Im zentralen Mittelfeld war er gut, aber es war schwer, seine langfristige Entwicklung einzuschätzen. Vielleicht sprach sein Körperbau gegen ihn.

Kenny Dalglish gewann mit Liverpool den englischen Ligapokal und erreichte das Endspiel des FA Cups. Als ich aber erfuhr, dass man ihn und seinen Assistenten Steve Clark nach Boston zu den Eigentümern des Clubs zitiert hatte, befürchtete ich das Schlimmste für die beiden. Ich glaube kaum, dass es Kenny Dalglish half, Protest-T-Shirts zu tragen und Suárez im Streit um die rassistischen Äußerungen gegenüber Patrice Evra zu verteidigen. Als Trainer kann man den Kopf schon mal ein bisschen in den Sand stecken, besonders bei einem großartigen Spieler. Aber hätte sich Kenny auch bei einem Reservespieler so weit aus dem Fenster gelehnt, um diesen herauszuboxen?

Als Evra und Suárez sich nach ihren Streitereien nicht die Hand reichten, zeigten die Kommentare in der *New York Times* und im *Boston Globe,* in welche Richtung die Debatte ging. Nach meinem Eindruck war Kennys Problem, dass ihn zu viele junge Leute im Verein anhimmelten. Peter Robinson, Clubmanager in der glorreichsten Zeit der Vereinsgeschichte, hätte jedenfalls verhindert, dass die Situation so weit eskalieren konnte. Der Verein muss Vorrang vor dem Einzelnen haben.

Der nächste Trainer, Brendan Rodgers, war erst 39 Jahre alt. Ich war überrascht, dass sie den Posten einem so jungen Trainer anvertrauten. Der Eigentümer des Vereins, Henry James, machte meiner Ansicht nach einen Fehler, als er sich einverstanden erklärte, die TV-Dokumentation *Being: Liverpool* zu drehen, die ungeschminkt die Arbeit des FC Liverpool hinter den Kulissen zeigen sollte. Einen so jungen Mann derart ins Rampenlicht zu rücken war mutig und kam nicht gut an. Die Fernsehsendung hinterließ in den Staaten keinen großen Eindruck, daher kann ich mir nicht erklären, welchen Zweck sie eigentlich haben sollte. Soweit ich weiß, wurden die Spieler zu den Interviews für die Dokumentation sogar verdonnert.

Brendan gab jungen Spielern eindeutig eine Chance, was bewundernswert war. Und er bekam von seinem Kader eine angemessene Reaktion. Ich denke, er wusste, dass es einige Spielerkäufe unter dem üblichen Niveau des Clubs gegeben hatte. Henderson und Downing gehörten zu denen, die ihre Qualitäten erst einmal unter Beweis stellen mussten. In der Regel sollte man ja auch Spielern, die man nicht richtig einschätzen kann, eine Chance geben.

Zwischen United und Liverpool herrscht eine lebendige Rivalität. Schon immer. Grundlage unserer Gegnerschaft ist jedoch von jeher gegenseitiger Respekt. Als die unabhängige Untersuchungskommission 2012 ihren Bericht zur Hillsborough-Katastrophe von 1989 veröffentlichte und wir diesem Unglück gedachten, war ich stolz auf meinen Club: Es war eine denkwürdige Woche für Liverpool und alle, die für Wahrheit und Gerechtigkeit gekämpft hatten. Wir stimmten allem zu, was Liverpool zum Gedenken an die Opfer vorschlug, und unsere Gastgeber zeigten deutlich, dass sie unsere Bemühungen zu würdigen wussten.

An jenem Tag wies ich meine Spieler an: kein provozierender Torjubel, und wenn ihr einen Liverpool-Spieler foult, helft ihm auf die Beine. Der Schiedsrichter, Mark Halsey, traf mit der Art, wie er das Spiel pfiff, genau den richtigen Ton. Vor dem Anpfiff trug Bobby Charlton einen Kranz aufs Spielfeld und überreichte ihn Ian Rush, der ihn am Hillsborough-Denkmal am Shankly-Tor des Stadions niederlegte. Der Kranz war mit 96 Rosen besteckt, eine für jeden der Liverpool-Anhänger, die im Hillsborough-Stadion gestorben waren. Ursprünglich hatte Liverpool mich und Ian Rush gebeten, den Kranz niederzulegen, aber ich fand Bobby die passendere Wahl. Der Tag verlief gut, auch wenn es gegen Ende kleinere Pöbeleien einer verschwindenden Minderheit gab.

Liverpools Bestreben, wieder das Niveau von Manchester United und Manchester City zu erreichen, erforderte enorme Investitionen. Auch in das Stadion musste Geld fließen. Die amerikanischen Eigentümer des Clubs zogen es aber vor, Fenway Park, das Stadion der Baseballmannschaft Boston Red Sox, zu sanieren, statt in Liverpool ein neues Stadion zu errichten. Der Bau eines großen Stadions kostet heute sicher 700 Millionen Pfund. Im Anfield Stadium ist aber nichts passiert. Selbst die Umkleidekabinen sehen noch genauso aus wie vor 20 Jahren. Nach meiner Einschätzung bräuchte die Mannschaft zudem acht neue Spieler, um Meisterschaftsniveau zu erreichen. Und wenn man auf dem Transfermarkt Fehlkäufe getätigt hat, muss man diese Spieler letztlich oft für wenig Geld wieder abgeben.

Als Brendan Rodgers seine Arbeit bei Liverpool aufnahm, begegnete ich Rafa Benítez noch längst nicht zum letzten Mal. Er kehrte als Interimstrainer von Chelsea in den englischen Fußball zurück, nachdem Roberto Di Matteo, der im Mai die Champions League gewonnen hatte, im Herbst 2012 entlassen wurde. Kurz nachdem seine Rückkehr bekannt wurde, erklärte ich auf einer Pressekonferenz von Manchester United, Benítez habe das Glück, fertige Mannschaften zu erben.

Ich glaube, man muss seine Erfolge im Gesamtkontext sehen. In der Saison 2001/02 hatte er die spanische Meisterschaft mit 51 Toren gewonnen, was nahelegte, dass er ein geschickter Pragmatiker war. Aber als er Trainer beim FC Liverpool war, fand ich es langweilig, die Spiele anzusehen. Für mich war es eine Überraschung, dass Chelsea ihn verpflichtetet hat. Wenn man seine Erfolge mit denen von Di Matteo vergleicht, so hatte er mit Valencia zweimal die spanische Meisterschaft gewonnen und mit Liverpool einmal die Champions League und einmal den FA Cup. Di Matteo siegte innerhalb von sechs Monaten im FA Cup und in der Champions League.

Ihre Bilanzen waren also durchaus vergleichbar, und Rafa war wieder einmal auf den Füßen gelandet.

KAPITEL 16

EINE WELT VOLLER TALENTE

Als Manchester United im Jahr 1991 in eine Aktiengesellschaft umgewandelt wurde, war ich mir sicher, dass der Club im Laufe der Zeit in Privatbesitz übergehen würde. Rupert Murdochs TV-Sender *British Sky Broadcasting* war der größte private Bieter, bevor Malcolm Glazer 2003 erste Anteile erwarb. Angesichts Uniteds Geschichte und Aura waren wir einfach zu groß, um von Privatinvestoren ignoriert zu werden. Das Einzige, was mich wunderte, als die Familie Glazer die Aktienmehrheit übernahm, war, dass nicht ein ganzes Heer betuchter Interessenten vor der Tür gestanden hatte.

Nach dem Einstieg der Glazers rief mich Andy Walsh vom United-Fanclub an und riet mir: »Sie müssen zurücktreten.« Andy ist zwar ein netter Mensch, aber ich verspürte nicht die geringste Veranlassung, der Aufforderung nachzukommen. Schließlich war ich Trainer und nicht Vorstandsmitglied des Clubs. Ich gehörte auch nicht zu den Aktionären, die den Club verkauft hatten. Ich hatte rein gar nichts mit der Übernahme zu tun.

Ich sagte zu Andy: »Und was glauben Sie, was mit meinem ganzen Stab passieren soll?« Sobald ich ManU verlassen hätte, hätten auch die meisten meiner Assistenten gehen müssen. Einige von ihnen arbeiteten schon seit 20 Jahren mit mir zusammen. Außenstehenden ist vielleicht nicht klar, welche Auswirkungen ein Trainerwechsel für andere hat.

Ich muss zugeben, dass es eine beunruhigende Zeit war. Eine meiner Sorgen galt der Frage, wie viel Geld wir in die Mannschaft würden investieren können. Die Glazers kauften einen guten, soliden Club und begriffen das auch von Anfang an.

Mein erster Kontakt zu den neuen Eigentümern war ein Anruf von Malcolm Glazer. Zwei Wochen später kamen seine Söhne Joel und Avi nach England, um uns ihre Vorstellungen von der weiteren Entwicklung des Clubs darzulegen. Sie erklärten mir, dass es in Hinblick auf das Management der Fußballmannschaft keine Veränderungen geben würde. Ihrer Ansicht nach war der Club in guten Händen und ich ein erfolgreicher Trainer. Sie hatten keinerlei Bedenken und standen voll und ganz hinter mir. An diesem Tag erfuhr ich alles von ihnen, was ich wissen wollte. Mir ist natürlich klar, dass es immer auch ein bisschen Augenwischerei gibt. Leute sagen, alles sei bestens und nehmen trotzdem unzählige Veränderungen vor. Mitarbeiter verlieren ihre Arbeit, es gibt Sparmaßnahmen, weil Schulden abzutragen sind und so weiter. Aber United blieb auch unter den neuen Eigentümern solide, ungeachtet der Darlehen und der damit verbundenen Zinszahlungen, über die es viel Gerede gab.

Im Laufe der Jahre verlangten einige Fanclubs von mir, dass ich mich zu den Schulden des Clubs äußern solle, worauf ich immer antwortete: »Ich bin der Trainer. Ich arbeite für einen Club, der Leuten in Amerika gehört.« Das war meine Position. Für mich kam es nie infrage, das Management des Clubs zu verärgern, indem ich mich in die Debatte über Eigentümermodelle einmischte. Hätten die Glazers allerdings einen Konfrontationskurs eingeschlagen, wäre es vielleicht anders gekommen – wenn sie mich beispielsweise angewiesen hätten, einen meiner Co-Trainer zu entlassen. Veränderungen, die es mir nur noch schwer möglich gemacht hätten, die

Mannschaft nach meinen Vorstellungen zu führen, hätten möglicherweise eine völlig andere Dynamik hervorgerufen. Aber Druck dieser Art gab es nie. Wirft man denn den Kram hin, nur weil einige Fans wünschen, dass man sein Lebenswerk aufgibt?

Als ich zu Manchester United kam, gab es eine Fangruppe, die sich Second Board nannte. Sie traf sich im Grill Room und diskutierte, was ihrer Ansicht nach bei Manchester United falsch lief. Da meine Position damals noch nicht so sehr gefestigt war, achtete ich stärker auf den Schaden, den meine Position als Trainer nehmen könnte, falls sie sich gegen mich wenden sollten. Vor mir ging es anderen Trainern von Manchester United ebenso. Zu meiner Zeit als aktiver Spieler bei den Glasgow Rangers bildete eine Gruppe Fans, die die erste Mannschaft zu Auswärtsspielen begleitete, eine einflussreiche Lobby. Unter den Anhängern von United herrschte eine größere Stimmenvielfalt. Einige Fans gaben aus Ärger über die Übernahme durch die Glazers ihre Jahreskarte zurück und gründeten den FC United of Manchester.

Wenn man als Fanclub einen Verein unterstützt, hat man einen gewissen Preis dafür zu zahlen. Er besteht schlichtweg darin, dass nicht jedes Spiel gewonnen wird. Niemand bleibt zeitlebens Trainer. Manchester United hatte jedoch das große Glück, zwei Trainer jeweils über ein Vierteljahrhundert an seiner Seite zu haben. Niederlagen und Siege sorgen für ein Auf und Ab der Gefühle und Unstimmigkeiten und können deshalb auch nicht ausbleiben. Ich erinnere mich, als wir ein Spiel gegen die Glasgow Rangers verloren hatten, dass die Fans Ziegelsteine durch die Fenster warfen.

Abgesehen von meinem Alter gab es im Sommer 2005 keinen Grund für die Glazers, über einen Trainerwechsel nachzudenken. Diese Möglichkeit zog ich nie in Betracht und empfand sie auch nie als Bedrohung.

Die vielen Millionen Pfund an Zinszahlungen für die Darlehen weckten zwar gewisse Schutzinstinkte. Das konnte ich gut nachempfinden. Aber daraus erwuchs zu keiner Zeit Druck in der Art, etwa einen Spieler zu verkaufen oder beim Spielerkauf übertriebene Sparsamkeit walten zu lassen. Zu den Stärken der neuen Eigentümer gehört ihre Marketingabteilung in London, die weltweit Dutzende neue Sponsoren gewann: türkische Fluggesellschaften, Telefongesellschaften aus Saudi Arabien, Hongkong, Thailand und Brauereien aus Fernost. Das brachte zig Millionen ein und half, die Kredite zu bedienen. Mit dem Fußball und unseren 76 000 Zuschauern trugen wir erheblich dazu bei, dass Manchester United zum umsatzstärksten Verein Englands wurde.

Zu keiner Zeit war die Tatsache, dass der Club den Glazers gehört, für mich ein Hemmnis. Häufig verloren wir das Interesse an einem Spieler, weil die Transfersummen oder Gehaltsvorstellungen ins Absurde gingen. Solche Entscheidungen lagen bei David Gill und mir. Es gab keine Vorgaben von oben, die Ausgaben den Verbindlichkeiten des Clubs anzupassen.

Unser Universum dehnte sich vielmehr weiter aus: Ab 2007 kamen mehr ausländische Talente aus Südamerika, Portugal und Bulgarien in unser Trainingszentrum in Carrington. In jenen Jahren erregte kein Spieler-Import mehr Aufmerksamkeit als Carlos Tévez. Er stand einst im Mittelpunkt der Kontroverse um den Abstieg von Sheffield United aus der Premier League, landete dann bei unserem Rivalen Manchester City und blickte in seinem himmelblauen City-Trikot von den Plakaten mit der Aufschrift: »Willkommen in Manchester.«

Die Geschichte begann, als Tévez bei West Ham United spielte und David Gill etliche Anrufe von seinem Agenten Kia Joorabchian bekam, der ihm mitteilte, der Junge würde gern für ManU spielen.

So etwas hatten wir schon oft gehört. Nahezu regelmäßig riefen uns Agenten an und erklärten, ihr Spieler hege eine besondere Vorliebe für unseren Club. Mein Rat war, dass wir uns nicht auf komplizierte Vereinbarungen mit dem Tévez-Camp einlassen sollten. David war derselben Meinung. Wir wussten, dass ein Konsortium die Rechte an dem Spieler besaß. Aber ich machte gegenüber David die Bemerkung, dass er mit seiner Energie einigen Einfluss auf ein Spiel habe und auch eine ordentliche Torbilanz aufweise. Alles hinge also davon ab, wie die Vereinbarung aussähe.

David teilte mir mit, dass er Tévez gegen eine gewisse Summe für zwei Jahre ausleihen könne. So kam es denn auch. In seiner ersten Saison bei uns machte sich Carlos gut. Er schoss viele wichtige Tore gegen Lyon, Blackburn, Tottenham und Chelsea und spielte mit echter Begeisterung und Energie. Aber er war weder sonderlich schnell noch trainingsfreudig. Ständig wollte er kleine Pausen und behauptete, seine Waden würden schmerzen. Das war in unseren Spielvorbereitungen manchmal ärgerlich, denn wir erwarteten von allen Spielern auch im Training echtes Engagement. Die meisten Spitzenspieler wollen das auch. Aber in Matches kompensierte Tévez diesen Mangel durch seine Spielbegeisterung recht gut.

Bei unserem Champions-League-Finale von 2008 in Moskau gegen Chelsea war er eingesetzt und machte im Elfmeterschießen ein Tor. Er war als Erster an der Reihe. Im eigentlichen Spiel hatte ich Rooney vom Platz genommen und Tévez weiterspielen lassen, weil er an diesem Tag einfach besser war. Zweifel kamen mir, als ich in Tévez‘ zweiter Spielzeit bei United Dimitar Berbatov verpflichtete und der Schwerpunkt sich auf Berbatov und Rooney als Stürmerpaar verlagerte.

Als ich Dimitar bei Tottenham sah, hatte ich das Gefühl, dass er in unserem Team etwas bewirken könne, denn er hatte eine bestimmte Haltung und auch ein Bewusstsein, was unseren Stürmern abging. Er zeigte Fähigkeiten eines Éric Cantona oder eines Teddy Sheringham, war zwar nicht blitzschnell, konnte aber kreative Pässe spielen. Ich hoffte, er könnte unser Niveau insgesamt nach vorne bringen und die Bandbreite unserer Talente erweitern.

Als Berbatov zu uns kam, beschränkten sich Tévez' Aktivitäten eher auf eine unterstützende Rolle. Etwa ab Dezember seiner zweiten Saison hatten wir den Eindruck, dass er sich nicht sonderlich gut entwickelte. Meiner Meinung nach lag es daran, dass er zu der Sorte von Spielern gehört, die ständig spielen müssen. Wenn man nicht intensiv trainiert, was er nicht tat, muss man regelmäßig spielen. In diesem Winter fragte mich David Gill: »Was hast du vor?« Ich fand, wir sollten mit einer Entscheidung noch etwas warten. »Sie wollen aber jetzt eine Entscheidung«, erklärte David.

»Richte ihnen aus, dass ich versuchen werde, ihn in mehr Spielen einzusetzen, damit wir die Situation noch besser einschätzen können, denn Berbatov wird wohl mehr Pausen brauchen«, antwortete ich.

In der zweiten Hälfte der Spielzeit 2008/09 hatte Tévez entscheidenden Einfluss auf viele Spielergebnisse, besonders als wir im Heimspiel gegen die Tottenham Hotspurs 0:2 zurücklagen und ich ihn einwechselte, um das Spiel aufzumischen. Er jagte hinter praktisch allem her, war mit enormem Einsatz bei der Sache, und es war hauptsächlich ihm zu verdanken, dass wir schließlich 5:2 gewannen. Mit seinem Drive drehte er das Spiel komplett um.

Im Champions-League-Halbfinale von 2009 gegen Arsenal setzte ich Ronaldo, Rooney und Park ein. Diese drei waren meine erste Wahl für das Endspiel, was Tévez offenbar ganz und gar nicht gefiel. Das Endspiel gegen Barcelona in Rom vermasselten wir dann ordentlich.

Jedenfalls wechselte ich Tévez nach der Halbzeitpause ein, hatte aber den Eindruck, dass er ein bisschen für sich allein spielte. Soweit ich es beurteilen konnte, hatte er sich innerlich bereits dafür entschieden, zu Manchester City zu wechseln. Nach dem Spiel in Rom sagte er zu mir: »Sie haben nie besonderes Interesse gezeigt, mich dauerhaft unter Vertrag zu nehmen.« Ich erklärte ihm, dass ich erst hätte sehen müssen, wie sich die Saison entwickelte, und dass er nicht genügend Spiele gemacht hätte, um mir ein sicheres Urteil bilden zu können. David bot eine Ablösesumme von 25 Millionen Pfund für ihn, aber soweit ich weiß, war es, als ob er gegen eine Wand redete. Daher hatten wir den Eindruck, dass er sich bereits entschieden hatte, zu City zu wechseln.

Nach unbestätigten Gerüchten bezahlte unser Rivale Manchester City 47 Millionen Pfund für ihn. Tévez war zeitweise auch mit Chelsea im Gespräch, und seine Berater spielten, so glaube ich, einen Club gegen den anderen aus. Es hieß, Chelsea habe 35 Millionen Pfund geboten, sei aber von Manchester City überboten worden. Nach meinem Empfinden sind das unglaubliche Summen. So viel Geld hätte ich nie für ihn hingelegt, auch wenn er ein noch so guter Spieler war. Für mich war er ein Spieler, der Druck machen konnte. Ich habe bei ihm insofern einen Fehler gemacht, als ich Berbatov zu sehr favorisierte, weil ich ihn erfolgreich sehen wollte. Aber Berbatov gehörte zu der Sorte Mensch, die bestätigt haben wollen, wie großartig sie sind. Mit ihm und Tévez war es immer ein bisschen heikel.

Hinsichtlich der Disziplin gab es mit Tévez nie solche Probleme, wie sie Roberto Mancini mit ihm hatte, als er sich bei einem Champions-League-Spiel in Deutschland anscheinend weigerte, sich aufzuwärmen. Allerdings gab es viel Wind um seine angebliche Rolle beim Abstieg von Sheffield United aus der Premier League im Jahr

2007. Damals bewahrten Tévez' Tore West Ham United vor dem Abstieg, als sie zum Saisonende gegen uns antraten. Weil aber bestimmte Rechte dritter Parteien am Spieler Tévez einen Regelverstoß darstellten, wurde sein Club zwar mit einer Geldstrafe belegt, aber nicht mit Punktabzug in der Premier League bestraft. Unweigerlich erzielte Tévez bei diesem letzten Spiel gegen uns einen Treffer für West Ham, der den Abstieg von Sheffield United besiegelte. Sheffields Trainer Neil Warnock versuchte, uns die Schuld in die Schuhe zu schieben, weil wir angeblich eine geschwächte Elf gegen West Ham aufgeboten hätten.

In der Woche nach diesem Spiel gegen West Ham hatten wir ein Cup-Finale zu bestreiten. Unsere Elf gehörte zu den stärksten der Premier League, und ich hatte im Laufe der Saison die Mannschaftsaufstellung ständig den jeweiligen Verhältnissen angepasst. Wenn man sich das Spiel ansieht, hatten wir zwei oder drei abgewehrte Freistöße, und West Hams Keeper zeigte fantastische Leistungen. Sie konterten, und Tévez machte den Treffer. West Ham United kam nie richtig ins Spiel, und wir setzten ihnen mächtig zu. In der zweiten Halbzeit wechselte ich Cristiano Ronaldo, Wayne Rooney und Ryan Giggs ein, aber wir schafften es dennoch nicht, sie zu schlagen.

Neil Warnock unterstellte uns, dass wir das Spiel verschenkt hätten. Dabei trat Sheffield United im letzten Spiel auf eigenem Platz gegen Wigan an und brauchte nur noch ein Unentschieden. Anfang Januar hatte Warnock David Unsworth ablösefrei zu Wigan wechseln lassen, wo er dann den Elfmeter verwandelte, der Sheffield United aus der Premier League katapultierte. Als ein unvoreingenommener Mensch hätte er zugeben müssen: ›Das habe ich vermasselt.‹ Er hat vermutlich nie in den Spiegel geschaut und sich gesagt: ›Wir brauchten nur ein Unentschieden in einem Heimspiel und waren nicht gut genug, Wigan einen Punkt abzunehmen.‹ Seine Unterstellungen waren einfach lächerlich.

Im Januar 2007 holten wir einen wahren Fußballaristokraten – zumindest für zwei Monate – zu uns. Louis Saha war zwar vielversprechend in die Saison gestartet, zog sich aber bald wieder eine Verletzung zu. Im Oktober meinte unser Chef-Scout, Jim Lawlor, es sei die reinste Verschwendung, dass Henrik Larsson in Schweden spiele, obwohl er auf einer größeren Bühne noch immer viel zu bieten hatte. Da Helsingborgs IF, wo Henrik spielte, ihn nicht verkaufen wollte, bat ich Jim, ihren Vereinsvorstand zu fragen, ob sie ihn nicht ab Januar an uns ausleihen würden. Henrik drängte bei seinem Arbeitgeber ebenfalls in diese Richtung.

Nachdem er zu Manchester United kam, wurde er bei unseren Spielern so etwas wie eine Kultfigur. Alle sprachen seinen Namen voller Respekt aus. Für einen Mann von 35 Jahren war er verblüffend offen und empfänglich für alle Informationen vonseiten der Trainer. Jedes Meeting verfolgte er mit gespanntem Interesse. Er hörte auch den Taktiklektionen von Carlos Queiroz aufmerksam zu und überlegte sich das, was er tat, sehr genau.

Im Training war er großartig: seine Bewegungen, sein Stellungsspiel. Sein Beitrag zum Spiel lässt sich nicht an den drei Toren ermessen, die er für uns machte. Als wir beim letzten Spiel, das er für uns bestritt, in Middlesbrough 1 : 2 zurücklagen, kam Henrik im Mittelfeld zum Einsatz und lief sich die Hacken ab. Als er nach dem Spiel in die Umkleide kam, standen sämtliche Spieler auf und applaudierten ihm, und der Trainerstab klatschte mit. Es braucht schon einen bedeutenden Spieler, um innerhalb von zwei Monaten so viel Eindruck zu machen. Ein Kultstatus kann in nur zwei Minuten verspielt sein, wenn ein Spieler seiner Aufgabe nicht gerecht wird, aber Henrik schaffte es, seine Aura zu bewahren, solange er bei uns spielte. Mit seiner Beweglichkeit und Courage wirkte er wie der geborene Manchester-United-Spieler. Für seine geringe Körpergröße besaß er zudem eine enorme Sprungkraft.

Ich hätte ihn schon früher unter Vertrag nehmen können. Als er bei Celtic Glasgow spielte, war ich bereit, ein Angebot für ihn zu machen. Aber Dermot Desmond, der Mehrheitseigner von Celtic Glasgow, rief mich an und sagte: »Du enttäuschst mich, Alex, du hast doch jede Menge guter Spieler, aber wir brauchen ihn.«

Einen Monat, nachdem Henrik nach Schweden zurückgegangen war, erreichten wir einen unserer größten Erfolge auf europäischer Ebene: den 7:1-Sieg über AS Rom am 10. April 2007. Es war das höchste Ergebnis, das wir je in einem Champions-League-Spiel erzielt hatten. Jeweils zwei Tore schossen Michael Carrick und Ronaldo und jeweils eins Wayne Rooney, Alan Smith und Patrice Evra, dem damit sein erster Treffer in einem europäischen Turnier gelang.

Spitzenspiele im Fußball werden in der Regel von acht Spielern gewonnen. Drei Spieler kann man mit durchziehen, wenn sie gerade mal einen schlechten Tag haben, sich abrackern oder für die Mannschaft eine rein taktische Aufgabe erfüllen, um das Ergebnis zu sichern. Im Laufe seiner Karriere schafft man es vielleicht ein Dutzend Mal, dass alles perfekt läuft und alle elf Spieler voll und ganz harmonieren.

An jenem Abend gegen Rom glückte einfach alles, was wir machten. Beim zweiten Tor schafften wir ein Passspiel über sechs Spieler. Einen Pass von Ryan Giggs zwischen zwei Innenverteidigern hindurch verwandelte Alan Smith in einen Treffer. Beim ersten Mal – wumm – ins Netz. Brillantes Tor. Es gibt Momente, in denen man sagt: ›Das hätte man gar nicht besser machen können.‹

Ich erinnere mich, dass ich einmal, 1999, mit einer Elf in Nottingham Forest 8:1 gewann. Es hätten auch 20 Tore fallen können.

Rom hatte ebenfalls eine verdammt gute Mannschaft mit Daniele de Rossi, Cristian Chivu und Francesco Totti, aber wir schlugen sie vernichtend. In Rom, wo Scholes wegen eines harten Zweikampfs an der Seitenlinie vom Platz geflogen war, wurden wir 1:2 geschlagen. Der Gegner war praktisch schon vom Spielfeld, als Paul mit seinem Angriff kam. Im Rückspiel standen wir also unter einem gewissen Druck, bis dann ein Tor nach dem anderen fiel.

Ein weiterer Klassiker war das Auswärtsspiel gegen Wimbledon im FA Cup im Februar 1994, das wir 3:0 gewannen. Ein Tor erzielten wir nach 38 Pässen. Einige Leute behaupten, das beste Manchester-United-Tor habe Ryan Giggs im Halbfinale des FA Cups gegen Arsenal erzielt, andere meinen, es wäre Wayne Rooneys Fallrückzieher gegen Manchester City, ich fand aber dieses Tor in Wimbledon grandios. Jeder Spieler der Mannschaft hatte den Ball berührt. In der ersten Spielminute versuchte Vinnie Jones von Wimbledon Éric Cantona auszuschalten. Wumm. Éric ging zu Boden. Alle unsere Spieler liefen auf Jones zu, aber Cantona sagte: »Lasst ihn in Ruhe.« Vielleicht mochte er ihn, weil sie beide vorher bei Leeds gespielt hatten. Dann klopfte er Jones auf den Rücken, als ob er sagen wollte: ›Du kannst mich treten, wenn du willst, aber aufhalten wirst du mich nicht.‹ Cantona war an dem Tag wunderbar und schoss unser erstes Tor mit einem herrlichen Volley mit dem rechten Fuß.

Viele Leute behaupteten, Wimbledon könnte nicht spielen. Ich war da ganz anderer Meinung. Das Anspiel ihrer Stürmer war von hoher Qualität, besonders über die Flanken. In Standardsituationen waren sie hervorragend. Es fehlte ihnen durchaus nicht an Talent. Und dieses setzten sie als Waffe gegen Schwächere ein. Wenn einer einen Kopfball nicht machte, hatte er schon verloren. Wenn man Standardsituationen nicht beherrschte, hatte man schon verloren.

Wenn man sich mit ihnen auf Zweikämpfe einlassen wollte – keine Chance. Es war schwer, gegen sie zu spielen. Unser 3:0-Sieg gegen sie auf ihrem Platz war daher etwas Besonderes für uns.

Zwei große Siege über Arsenal waren ebenfalls herausragend. Im League Cup 1990 gewannen wir 6:2 in Highbury, wobei Lee Sharpe drei Tore schoss. Im Februar 2001 schlugen wir Arsenal im Old Trafford 6:1. Eine mir bekannte irische Familie hatte Karten für unser Spiel in Liverpool im Dezember 2000 ersteigert, konnte aber wegen Nebels nicht anreisen. Wir verloren gegen Liverpool in einem grauenhaften Spiel 0:1. Sie riefen mich an und fragten: »Was sollen wir machen?« Ich antwortete: »Wir haben bald ein Heimspiel gegen Arsenal, kommt hin.« Und sie sahen ein 6:1-Massaker. Was für ein Unterschied. Nach der ersten Halbzeit stand es 5:1. Dwight Yorke nahm den Gegner auseinander.

Obwohl wir 2007 Rom 7:1 schlugen, endete für uns die Champions League in dieser Saison im Halbfinale am 2. Mai mit einer 0:3-Niederlage in Mailand. Am Wochenende zuvor hatten wir unsere gesamte Mannschaft aufbieten müssen, um Everton im Goodison Park 4:2 zu schlagen, während Mailand für das Spiel gegen uns, das an einem Dienstag stattfand, neun Spieler hatte ausruhen lassen können. Wir waren einfach nicht so gut vorbereitet wie die Italiener. Bereits in den ersten 15 Spielminuten mussten wir uns zweimal geschlagen geben. Es goss wie aus Kübeln, und wir schafften es nicht, aus unserer Hälfte rauszukommen. Wir waren einfach noch nicht so weit. Der Sieg am Samstag zuvor hatte gewaltige Anstrengungen gekostet, weil wir gegen Everton 0:2 zurücklagen. Aber wir gewannen das Spiel und hatten uns damit einen Vorsprung von fünf Punkten in der Premier League erarbeitet.

Neben Tévez und Larsson holten wir noch andere Talente zu uns. Carlos Queiroz erfuhr über seine Kontakte in Portugal von einem Jungen aus Brasilien namens Anderson, der bei Porto spielte. Er war damals 16 oder 17 Jahre alt. Wir behielten ihn im Auge. Er tauchte immer mal wieder in der Mannschaft auf, war mal in einem Spiel eingesetzt oder wurde von der Bank eingewechselt. Als er beim Amsterdam Tournament gegen uns spielte, beschloss ich zu handeln, aber eine Woche später brach er sich ein Bein.

Nachdem er sich erholt hatte, schickte ich Martin rüber, um ihn vier oder fünf Wochen lang bei jedem Spiel zu beobachten. Martin sagte: »Alex, der ist besser als Rooney.«

»Um Himmels Willen, sag so was nicht«, antwortete ich. »Er muss schon etwas Besonderes abliefern, um besser als Rooney zu sein.« Martin blieb eisern dabei. Zu dieser Zeit spielte er hinter der Sturmspitze. Kurze Zeit darauf leiteten wir die nötigen Schritte ein, ihn wie auch Nani, den ich mir persönlich angesehen hatte, zu verpflichten. An Nani faszinierten mich sein Tempo, seine Stärke und sein Können in der Luft. Er spielte beidfüßig gut. Da sämtliche Einzelqualitäten vorhanden waren, stellten wir uns selbstverständlich auch wieder die Frage: Wie ist der Junge als Mensch? Antwort: ein guter, ruhiger Kerl, der recht ordentlich Englisch sprach, bei Sporting Lissabon nie Schwierigkeiten machte und hervorragend trainierte. Der Junge war fit, auch akrobatisch. Seine athletischen Leistungen waren immer erstklassig. Die Grundlagen waren also vorhanden. Carlos fuhr mit David Gill zu Sporting Lissabon, um Nani unter Vertrag zu nehmen, und dann weiter nach Porto, um Anderson einzukaufen. Alles an einem Tag.

Zwei Jahre später konnten wir mit Fug und Recht behaupten, dass es die richtige Entscheidung war, beide unter Vertrag genommen zu haben. Im Winter 2009/10 gab es allerdings einige Komplikationen mit Anderson. Er spielte nicht so viel, wie er es sich gewünscht hätte, und wollte in seine Heimat zurückkehren. Er ist

Brasilianer, und wie immer war das Hauptproblem die Weltmeisterschaft, bei der er unbedingt mitspielen wollte. Er hatte vor, für den Rest der Saison beim Club Vasco da Gama in Rio de Janeiro zu spielen, um bei der Weltmeisterschaft 2010 in Südafrika dabei sein zu können. »Du gehst nicht von hier weg. Wir investieren nicht Millionen Pfund in einen Spieler, nur damit er nach Brasilien abdüsen kann«, erklärte ich ihm. Reizender Kerl, dieser Anderson.

Ich hatte immer Respekt vor den brasilianischen Fußballern. Man nenne mir nur einen einzigen brasilianischen Spieler, der bei wichtigen Spielen keine Glanzleistungen gebracht hätte. Sie sind wie geschaffen für die großen Anlässe. Sie besitzen eine ganz besondere Eigenschaft, nämlich einen tief verwurzelten Stolz und einen festen Glauben an sich. Es herrscht der Mythos, Brasilianer sähen im Training nur die lästige Unterbrechung eines ansonsten angenehmen Lebens. Das stimmt nicht. Sie trainieren intensiv. Auch die Klischeevorstellung, dass sie Kälte hassen, ist falsch. Man nehme nur die Brüder da Silva: Sie gehen ohne lange Trainingshose und Handschuhe auf den Platz. Kein Land kann mit dem vielfältigen Mix ganz unterschiedlicher Elemente mithalten, die ein brasilianischer Spitzenspieler mitbringt. Die Argentinier sind zutiefst patriotisch, aber ich musste feststellen, dass ihnen die expressive Persönlichkeit der Brasilianer fehlt.

Mit Nani hatten wir eine Art Rohdiamanten erworben. Er war unreif und unbeständig, hatte aber einen wunderbaren fußballerischen Instinkt. Den Ball beherrschte er beidfüßig, konnte köpfen, und er strotzte vor Kraft. Außerdem konnte er flanken und schießen. Wenn man einen Spieler mit so vielen Talenten einkauft, kommt es darauf an, für Strukturen zu sorgen. Er war ein bisschen unorganisiert und brauchte mehr Beständigkeit. Unweigerlich stand er in Ronaldos Schatten, weil er als Flügelstürmer aus Portugal einige ähnliche Eigenschaften mitbrachte. Wäre er aus Serbien gekommen, hätte ihn niemand mit Ronaldo verglichen. Aber sowohl Ronaldo als auch Nani kamen von Sporting Lissabon und wurden immer aneinander gemessen.

Ronaldo besaß ein begnadetes Talent, Mut, zwei großartige Füße und eine fantastische Sprungkraft. Vielleicht war es für Nani einschüchternd, sich vor diesem Hintergrund als Neuling bei Manchester United zu beweisen. Es bei der Mannschaftsaufstellung mit Ronaldo aufzunehmen, war ein Problem für sich. In seinem ersten Jahr saß er viel auf der Bank. Nani lernte die Sprache schnell, während Anderson länger brauchte. Aber als Brasilianer ging er mit unglaublichem Selbstvertrauen an die Arbeit. Brasilianer sind überzeugt, gegen jeden spielen zu können.

Ich fragte Anderson beispielsweise einmal: »Hast du diesen Neymar in Brasilien spielen sehen?«

»O, großartiger Spieler. Fantastisch.«

»Hast du Robinho gesehen?«

»Wunderbar. Unglaublicher Spieler.«

Jeder brasilianische Name, den ich nannte, löste die gleiche Reaktion aus. Er hielt alle Spieler in seiner Heimat für Weltklasse. Als Brasilien Portugal in einem Freundschaftsspiel haushoch besiegte, sagte Anderson zu Ronaldo: »Beim nächsten Mal lassen wir unsere fünfte Mannschaft spielen, damit ihr eine Chance habt.« Ronaldo fand das nicht komisch. Aber so ist Brasilien. Mir gefällt die Anekdote von einem Wettbewerb in Rio, bei dem neue Spielmacher entdeckt werden sollten. Tausende kamen, und ein Junge nahm sogar eine 22-stündige Busfahrt auf sich. Es ist ein riesiges Land mit unzähligen Fußballtalenten.

Weniger gern denke ich daran zurück, dass wir Owen Hargreaves unter Vertrag nahmen. Im Sommer 2006 war er phänomenal und genau die Art von Spieler, die wir brauchten, um die Lücke zu füllen, die Keanes Weggang hinterlassen hatte. Wir stellten ein Angebot für ihn zusammen. Aber als ich mir seine Spielbilanz ansah, beschlichen mich erste Zweifel. Ich spürte bei ihm keine starke Ausstrahlung. David Gill arbeitete hart an einer Übereinkunft mit Bayern München. Ich traf Owens Agenten beim Weltmeisterschaftsfinale in Berlin. Ein netter Mann und von Beruf Anwalt. Ich erklärte ihm, dass wir Hargreaves bei Manchester United weiterentwickeln könnten. Aber es erwies sich als Katastrophe.

Owen besaß keinerlei Selbstvertrauen. Für meinen Geschmack zeigte er nicht annähernd genug Entschlossenheit, seine körperlichen Unzulänglichkeiten zu überwinden. Allzu oft erlebte ich, dass er sich beim Training für den leichteren Weg entschied. Er war einer der enttäuschendsten Spieler, die ich im Laufe meiner Karriere unter Vertrag nahm.

Überall suchte er nach Möglichkeiten und Wegen, seine verschiedenen Verletzungen zu kurieren: in Deutschland, in Amerika, in Kanada. Nach meinem Eindruck fehlte ihm Selbstvertrauen, seine Verletzungen zu überwinden. Es wurde ständig nur noch schlimmer. In einem Jahr verbrachte er die meiste Zeit in Amerika. Wegen seiner Wade war er bei Hans Müller-Wohlfahrt, dem Vereinsarzt von Bayern München, in Behandlung. In den Spielen, bei denen er tatsächlich zum Einsatz kam, hatte ich nichts an seiner Leistung auszusetzen. Er war blitzschnell und verstand es großartig, Standardsituationen auszuführen. Er konnte als rechter Außenverteidiger, als Rechtsaußen oder im zentralen Mittelfeld spielen. Im Champions-League-Finale von 2008 gegen Chelsea setzte ich ihn rechts außen ein, und als wir gegen ihre drei Mittelfeldspieler zu kämpfen hatten, ließ ich ihn ins zentrale Mittelfeld und Rooney nach rechts außen rücken, und es funktionierte. Er besaß eindeutig seine Stärken. Aber die gingen infolge seiner geringen Einsatzzeiten unter. Dennoch spielte Hargreaves bei der Weltmeisterschaft 2006 fantastisch für England, schloss Lücken, jagte zum Ball.

Im September 2011 versetzte uns Hargreaves mit seiner Kritik, unsere Mediziner hätten ihn während seiner Zeit bei United angeblich im Stich gelassen, in einiges Erstaunen. Er behauptete, wir hätten ihn als »Versuchskaninchen« für Behandlungen gegen seine Sehnenscheidenentzündung und diverse Knieprobleme benutzt. Wir ließen uns juristisch beraten und hätten ihn verklagen können, aber der betreffende Arzt verzichtete auf rechtliche Schritte. Wir hatten unser Bestes für Hargreaves gegeben, aber ganz gleich, was unser Stab für ihn tat, er hatte seine ganz eigene Sicht auf die Dinge.

Unter anderem behauptete er, wir hätten ihn Anfang November 2010 im Spiel gegen die Wolverhampton Wanderers aufgestellt, obwohl er gebeten habe, ihn nicht einzusetzen. Das ist Blödsinn. Drei Wochen vorher hatte er uns mitgeteilt, er sei zu dem und dem Termin einsatzbereit. Zufällig handelte es sich um ein Champions-League-Spiel. Aber ich wollte ihn nicht in der Champions League einsetzen, nachdem er so lange ausgefallen war. In derselben Woche fand ein Spiel der Reservemannschaft statt, für das er aufgestellt war, doch er machte einen Rückzieher.

In der Woche des Wolverhampton-Spiels äußerte er meines Wissens nichts gegenüber unserem Trainerstab, was auf gesundheitliche Probleme hingedeutet hätte. Meine Sorge war, dass er sich beim Aufwärmen eine Verletzung zuziehen könnte. Soweit ich wusste, hatte er einem der Spieler gesagt, dass er seinen Oberschenkelmuskel ein bisschen spüren würde. Als er vom Aufwärmen kam, fragte ich ihn ausdrücklich: »Ist alles in Ordnung?« Damit wollte ich ihn beruhigen. Nun ja, er schaffte es fünf Minuten. Dann versagte sein Oberschenkel. Aber das war keine wirkliche Überraschung.

Schon als ich ihn unter Vertrag nahm, hatte er etwas an sich, was mir nicht gefiel. Jeder gute Trainer sollte ein Gespür für so etwas haben. Und mein Instinkt sagte mir: ›Das gefällt mir nicht.‹ Als er zum Medizincheck nach Old Trafford kam, hatte ich immer noch nicht genau zu benennende Zweifel. Er war äußerst umgänglich. Beinahe schon etwas zu freundlich. Bei Kléberson hatte ich ebenfalls meine Zweifel, allerdings nur, weil er zu schüchtern war und einem kaum in die Augen sehen konnte. Kléberson hatte gute Anlagen, hörte aber zu stark auf die Meinung seines Schwiegervaters und seiner Frau.

Später las ich, dass die FA Hargreaves auf schnellstem Weg zum Trainer befördern wollte. Das gehörte zu den Dingen, die im englischen Fußball falsch laufen. In Frankreich, Deutschland oder den Niederlanden würde so etwas nicht passieren, da müsste man sich erst einmal drei Jahre lang seine Sporen verdienen.

Bébé war der einzige Spieler, den ich unter Vertrag genommen habe, ohne ihn vorher in Aktion gesehen zu haben. Wir hatten in Portugal einen guten Scout, der uns auf ihn aufmerksam machte. Der Junge hatte in Obdachlosenmannschaften gespielt und kickte damals zur Probe in einer Zweitligamannschaft. Er machte seine Sache dort wirklich gut. Unser Scout sagte zu uns: »Wir müssen ihn im Auge behalten.« Dann war Real Madrid hinter ihm her. Das weiß ich, weil José Mourinho mir erzählt hatte, dass Real ihn unter Vertrag nehmen wollte und Manchester United ihnen zuvorgekommen war. Es war von uns ein kleines Glücksspiel mit einem Einsatz von etwa sieben Millionen Euro.

Als Bébé zu uns kam, hatte er gewisse Grenzen, besaß aber eindeutig Talent. Seine Fußtechnik war fantastisch. Er schoss den Ball mit beiden Füßen gleich kraftvoll. Als Spieler war er zwar nicht vollkommen, aber wir trainierten ihn, damit er sich verbesserte. Als wir ihn in die Türkei ausliehen, zog er sich bereits nach zwei Wochen eine Kreuzbandverletzung zu. Daraufhin holten wir ihn zurück, bauten ihn wieder auf und setzten ihn in der Reserve ein. Er machte sich gut. Bei kurzen Spielen von acht gegen acht, von Tor zu Tor, trainierte er gut. Auf dem großen Platz musste er an seiner Auffassung vom Mannschaftsspiel arbeiten. Mit seinen begnadeten Beinen war er imstande, in einer Saison 20 Tore zu schießen. Er war ein stiller Junge, sprach recht ordentlich Englisch und hatte offensichtlich eine harte Kindheit und Jugend hinter sich.

Da so viele Spieler zu uns kamen, war ich stolz auf unsere Nachwuchsarbeit und auch auf diejenigen, die schließlich bei anderen Clubs spielten. So waren im Frühjahr 2010 in Schottland, England und ganz Europa 72 Spieler aktiv, die ihr Können bei Manchester United erworben hatten: 72!

Fabio Capello erzählte einem guten Freund von mir, er erkenne ManU-Spieler noch aus einer Meile Entfernung, selbst wenn man sie verkleiden würde. Das ist ein großes Kompliment. Drei unserer früheren Nachwuchsspieler gingen nach Dänemark, einer nach Deutschland, zwei nach Belgien und andere zu verschiedenen Clubs in ganz England. Da draußen gab es sechs Torhüter, die es bei uns nicht in die erste Mannschaft geschafft hatten: unter anderem Michael Pollitt, Ben Williams und Luke Steele.

Wir hatten einen guten Blick für Spieler, die es in die erste Liga schaffen würden. Ein ManU-Spitzenspieler hat etwas an sich, was seinen Aufstieg in die erste Mannschaft fast schon zwingend macht. Ein Beispiel für einen Fußballer, der uns an einen Punkt brachte, an dem wir entscheiden mussten, ob aus ihm ein Erstligaspieler werden sollte, war Darron Gibson.

In der Saison 2009/10 befand er sich in einer Phase, in der wir Gefahr liefen, ihm nicht gerecht zu werden. Er besaß andere Eigenschaften als die meisten anderen meiner Mittelfeldspieler. Sein besondere Stärke war, dass er Tore von außerhalb des Strafraums schießen konnte. Diese Kunst beherrschte sonst nur noch Scholes, aber der ging auf das Ende seiner Karriere zu. Die Entscheidung war ebenso schwierig wie bei Tom Cleverley, der damals bei Watford spielte und dort elf Tore aus dem Mittelfeld erzielt hatte. Cleverley hatte keine imposante Statur, war aber ungemein drahtig und mutig wie ein Löwe, besaß geschickte Füße und konnte Tore schießen. Eines Tages fragte mich David Gill: »Was hast du im nächsten Jahr mit Cleverley vor? Er schießt eine Menge Tore bei Watford.« Ich antwortete: »Ich sage dir, was ich vorhabe: Ich werde ihn spielen lassen und sehen, ob er für mich genauso gut Tore schießen kann wie für Watford.«

Könnte er für United sechs Tore schießen? Kein anderer schaffte ein halbes Dutzend Treffer aus dem Mittelfeld. Michael Carrick hatte es auf gute fünf Tore gebracht. Wenn Cleverley in der Premier League sechs Abschlüsse aus dem Mittelfeld zustande brächte, wäre er durchaus eine Überlegung wert. Das wichtigste Kriterium war immer: Was kann ein Spieler leisten und was nicht? Dabei ging es im Wesentlichen um die Frage: Kann er das Spiel für uns gewinnen? Wenn ich meinte, er sei fähig, sechs Tore zu schießen, konnte ich über einige andere negative Aspekte hinwegsehen.

Mit 20 oder 21 Jahren kommt es bei manchen Spielern mitunter zu einer gewissen Stagnation. Wenn sie bis dahin nicht in die erste Mannschaft aufgestiegen sind, sinkt ihre Motivation. Diesen Punkt erreichte auch ich in meiner aktiven Spielerkarriere. Mit 21 hatte ich genug vom FC St. Johnstone und wollte nach Kanada auswandern. Ich war desillusioniert. ›Fußball ist nichts für mich‹, dachte ich. Ich kam einfach nicht weiter. Vor diesem Dilemma standen wir bei der Reservemannschaft von Manchester United ständig. Häufig liehen wir Spieler an andere Clubs aus in der Hoffnung, dass sie als bessere Spieler zu uns zurückkämen. Oft schickten wir sie aber auch zu einem Club, wo sie auf lange Sicht besser aufgehoben waren, um sich eine Karriere aufzubauen. Wir waren stolz, die schon erwähnten 72 Spieler in anderen Vereinen untergebracht zu haben.

Die Spieler, die letzten Endes in die erste Liga aufstiegen, zeigten schon in einer bestimmten Art und Weise, dass sie es dorthin schaffen würden. Ein Beispiel dafür ist Danny Welbeck. Ich war mir nicht sicher, dass er es in Fabio Capellos Auswahl für die Weltmeisterschaft 2010 schaffen würde, denn er hatte Wachstumsprobleme. Mit 19 Jahren hatte er noch einmal einen richtigen Wachstumsschub, schoss in die Höhe und bekam Knieprobleme. Ich riet ihm, beim Training vorsichtig zu sein und sich seinen vollen Einsatz für die Spiele aufzuheben. Er war auf dem besten Weg, 1,88 oder 1,90 Meter groß zu werden. Aber was für ein Spieler! Ein selbstbewusster junger Kerl. »Eines Tages bringe ich dich um«, drohte ich ihm nicht ganz ernsthaft, weil er so großspurig war. Er darauf: »Wahrscheinlich habe ich's verdient.« Touché. Er hatte auf alles eine Antwort.

Bei unseren Gesprächen über Nachwuchsspieler stellte sich immer wieder die Frage, ob sie mit den Ansprüchen der Manchester-United-Fans und der geringen Geduld der Medien umgehen könnten. Würden sie in einem Manchester-United-Trikot tatsächlich wachsen? Jeden unserer eigenen Nachwuchsspieler, der in die erste Mannschaft von United aufstieg, kannten wir in- und auswendig aus dem Trainingszentrum und der Reservemannschaft. Bevor ein Spieler in die erste Mannschaft aufstieg, mussten wir uns über sein Temperament, seinen Charakter und seine Fähigkeiten im Klaren sein.

Wenn wir Spieler im Ausland kauften, wussten wir allerdings viel weniger über sie, so eingehend wir auch ihren Hintergrund recherchierten. In der Saison 2009/10 sondierten wir Javier Hernàndez, genannt Chicharito (Erbschen). Er war damals 21 Jahre alt. Wir schickten einen Scout nach Mexiko, der einen Monat lang dort blieb. Nach unseren Informationen war der Junge ein Familienmensch, der seine Heimat eigentlich nicht gerne verlassen wollte. Unser Kontakt half uns in diesem Fall, seinen persönlichen Hintergrund recht gründlich zu beleuchten.

Die Anhänger von Manchester United sind in mancherlei Hinsicht merkwürdig. Wenn wir einen Spieler für zwei Millionen Pfund verpflichteten, hielten manche Fans es für ein Zeichen von Schwäche und glaubten, wir hätten unser Niveau gesenkt. Gabriel Obertan gehörte in diese Kategorie. Er lief wie ein geölter Blitz. Aber im letzten Drittel des Feldes verstolperte er sich manchmal. Er musste lernen, sein Tempo mit seinem Gehirn zu koordinieren und im letzten Drittel des Platzes Druck machen.

Mame Biram Diouf wurde uns von Ole Gunnar Solskjær über seine Kontakte bei Molde FK in Norwegen empfohlen. Hannover 96 und Eintracht Frankfurt streckten bereits ihre Fühler nach ihm aus, als wir verstärkt Interesse an ihm entwickelten. Also schickten wir Ole und einen unserer Manager nach Norwegen und nahmen ihn für vier Millionen Euro unter Vertrag. Er brachte den passenden Hintergrund mit, etablierte sich bei uns aber nie richtig.

Chris Smalling erwarben wir im Januar 2010 von Fulham mit der Vorstellung, dass er zum Beginn der Saison 2010/11 bei uns spielen würde. Bis 2008 spielte er bei dem Regionalligaverein Maidstone, und Roy Hodgson hatte bei Fulham eine hohe Meinung von ihm. Er kostete uns etwa zehn Millionen Pfund. Wir bemühten uns um ihn, als bei Rio Ferdinand gesundheitliche Probleme einsetzten. Damals suchten wir überall nach Innenverteidigern und beobachteten sie während der gesamten Saison 2009/10. In Smalling sahen wir einen jungen Mann, der in seinen hoch aufgeschossen Körper noch hineinwachsen würde. Langfristig konnte ich mir jedoch eine Innenverteidigung um Chris Smalling und Jonny Evans vorstellen.

Ein Ausruhen auf dem Status quo gab es für mich nie, nicht einmal in den besten Zeiten. Je länger ich blieb, umso weiter richtete ich den Blick nach vorn. Regeneration war eine täglich wiederkehrende Aufgabe.

KAPITEL 17

EINE NACHT IN MOSKAU

Vor dem Finale der Champions League 2008 in Moskau war ich der nicht ganz freiwillige Inhaber eines äußerst fragwürdigen Rekords im Elfmeterschießen. Ich hatte zwei Halbfinale in Aberdeen, ein Unentschieden im Europapokal mit Aberdeen, ein Unentschieden im FA Cup im Old Trafford gegen Southampton, ein FA-Cup-Finale gegen Arsenal und ein Unentschieden im Europapokal in Moskau im Elfmeterschießen verloren. Sechs Niederlagen und lediglich ein Sieg waren also die alles andere als verheißungsvolle Bilanz, als sich Carlos Tévez zu Beginn des Elfmeterschießens gegen Chelsea in Roman Abramovichs Heimatstadt den Ball zurechtlegte.

In Anbetracht dessen war kaum zu erwarten, dass ich optimistisch war. All diese Enttäuschungen gingen mir durch den Kopf, als die Verlängerung endete und sich das Spiel nach dem Anstoß um 22:45 Uhr schon bis in die frühen Morgenstunden des folgenden Tages zog. Als van der Sar den Schuss von Nicolas Anelka schließlich hielt und damit den Pokal für uns holte, riss es mich nicht vom Sitz, da ich es kaum glauben konnte, dass wir gewonnen hatten. Mehrere Minuten lang verharrte ich bewegungslos. Ronaldo lag noch immer weinend auf dem Rasen, weil er seinen Elfer verschossen hatte.

Unser Torwarttrainer hatte zuvor umfangreiche Videoanalysen zusammengestellt und war in der Lage, die Daten ohne Weiters auf einem Bildschirm aufzurufen, um van der Sar zu zeigen, wie jeder einzelne Spieler von Chelsea seinen Elfer vermutlich schießen würde. Tagelang hatten wir daüber diskutiert, wer in welcher Reihenfolge antreten sollte. Die Schützen waren alle bestens vorbereitet, auch Ronaldo. Giggs' Elfmeter war eigentlich am besten: hart und platziert neben den Innenpfosten. Hargreaves zimmerte seinen Elfer in die obere Ecke. Nani hatte dieses Mal ein wenig Glück, weil der Torhüter noch mit einer Hand dran war. Carrick schoss direkt ein. Ronaldo zögerte, stoppte ab …

John Terry hätte seinen Elfer nur versenken müssen und Chelsea hätte gewonnen. In diesem Moment war ich ganz ruhig und überlegte: ›Was werde ich den Spielern sagen?‹ Ich wusste, bei einer Niederlage würde ich meine Worte sehr sorgfältig wählen müssen. Es wäre unfair, sie nach einem europäischen Finale niederzumachen, sagte ich mir, denn sie hatten so hart gearbeitet, um so weit zu kommen, und für die Akteure war es ein tief bewegender Augenblick. Als Terry den zehnten Elfer in der regulären Abfolge verschoss, kehrte mein Optimismus zurück. Der nächste verwandelte Elfmeter würde die Entscheidung bringen. Andersons Treffer richtete unsere Fans wieder auf. Er war zu ihnen gelaufen, um mit ihnen zu jubeln. Es war eben ein Vorteil, dass das Elfmeterschießen auf unserer Spielfeldhälfte ausgetragen wurde.

Dies war mehr als ein übliches europäisches Finale. Die erste Besonderheit war der Zeitpunkt des Spiels, denn es wurde erst um 22:45 Uhr Moskauer Zeit angepfiffen. Ich werde auch nie vergessen, dass der Regen mich völlig durchnässt und meine Schuhe ruiniert hatte, sodass ich an der Siegesfeier in Sportschuhen teilnehmen musste, was mir jede Menge Sticheleien vonseiten der Spieler eintrug. Eigentlich hätte ich daran denken müssen, ein paar zusätzliche Schuhe einzupacken. Es war zwischen vier und fünf Uhr morgens, als wir endlich ans Büfett gelangten. Das Essen war miserabel, aber Giggs erhielt von der Mannschaft ein wundervolles Geschenk, weil er Bobby Charltons Rekord der meisten Einsätzen übertroffen hatte. Es war sein 759. Spiel. Alle riefen seinen Namen.

Das Spiel war ein unglaubliches Drama gewesen, mit einer fantastischen Leistung meines Teams. Wes Brown, der Ronaldos Führungstreffer mit einem überlegten Querpass eingeleitet hatte, machte meiner Meinung nach eines seiner besten Spiele.

In Chelseas Halbfinalbegegnung hatte Michael Essien, der eigentlich ein typischer Mittelfeldspieler ist, als rechter Verteidiger agiert, und während ich Avram Grants Team beobachtete, entschied ich, dass Ronaldo links außen spielen sollte, um Essien maximal unter Druck zu setzen.

Bei seinem Tor überspielte Ronaldo Essien – der Plan hatte also funktioniert. Wenn ein Mittelfeldspieler als rechter Verteidiger gegen einen so genialen Angreifer wie Ronaldo antritt, hat er eigentlich keine Chance, und dementsprechend wurde er von ihm nach Strich und Faden zerlegt. Ronaldos Einsatz als Linksaußen machte es nötig jemand anderen als Rechtsaußen einzusetzen. Ich entschied mich für Hargreaves, der schnell war, genug Energie hatte und den Ball flanken konnte. Und er machte sich gut in dieser Rolle. Als zentrale Mittelfeldspieler hatten wir Scholes und Carrick. Als Scholes wegen Nasenblutens ausgewechselt werden musste, ersetzte ihn Giggs kongenial.

Moskau und das gewöhnungsbedürftige Hotel waren für uns ein Kulturschock. Unsere Vorbereitung verlief jedoch glatt. In den Halbfinalspielen hatten wir Barcelona besiegt, durch ein 0:0 auswärts und durch ein 1:0 zu Hause. Scholes' Tor war ein echter Hammer aus 25 Metern Entfernung. Während der ersten 20 Minuten im Camp Nou spielten wir richtig gut, wie so oft gegen Barça, trafen die Latte und verschossen einen Elfmeter. Dann nahm Barça das Spiel in die Hand und wir zogen uns bis zum Strafraum zurück. Das hätten wir vielleicht auch in den Endspielen von 2009 und 2011 tun sollen, wäre ich nicht so entschlossen gewesen, diese Spiele auf unsere ganz eigene Weise zu gewinnen.

Man könnte das taktisch naiv nennen, aber ich sehe das anders. Wir versuchten nämlich, unsere uns eigene Philosophie zu vervollkommnen. Mir war klar, dass wir in den zwei Halbfinalspielen eine Menge brenzliger Situationen würden überstehen müssen. Wir verschanzten uns am Rand des Strafraums, oder sogar im Strafraum selbst, und versuchten verzweifelt, uns zu befreien. Im Old Trafford hätten wir dank unserer guten Konterangriffe mit etwas mehr Einsatz eigentlich gewinnen müssen. Und als sie Thierry Henry für die letzten 15 Minuten brachten, belagerten sie uns erneut in unserem Strafraum. Ich litt an der Seitenlinie Qualen, während ich ständig auf meine Uhr sah. Später nannte ich das Spiel eines der großartigsten Beispiele dafür, welche Bedeutung die Fans für unsere Mannschaft haben. Jeder Befreiungsschlag aus unserem Strafraum löste Jubel aus. Henry verpasste eine todsichere Chance. Mein Team zeigte Charakter, wurde mit dem gewaltigen Druck fertig und hielt die Konzentration hoch. Nach dem Spiel sagte ich unter anderem: »Sie dürfen hier keine Weicheier sein. Sie müssen Männer sein, und an diesem Abend waren sie Männer.«

Wir rechneten uns nach den Europapokalsiegen von 1968 und 1999 gute Chancen aus, erneut zu gewinnen, vorausgesetzt, wir würden in Moskau den Ball rasch unter Kontrolle bekommen, was uns von Anfang an auch gelang. Unser Spiel war druckvoll und einfallsreich, und wir hätten vielleicht sogar mit drei oder vier Toren führen können. Insofern stellte ich mir schon vor, dass es ein Massaker werden würde.

Tore können Spiele jedoch auf den Kopf stellen. Als Chelsea kurz vor der Halbzeitpause einen Glückstreffer erzielte und Frank Lampard ausglich, wurden wir in die Defensive zurückgedrängt. Von da an ging es mit Chelsea aufwärts, und in den ersten 25 Minuten der zweiten Hälfte war es das bessere Team. Drogba traf den Pfosten. Für mich war das ein Signal, mir schnellstens Gedanken darüber zu machen, was wir tun mussten, um das Spiel wieder in den Griff zu bekommen. Ich schickte Rooney auf rechts außen und Hargreaves in die Zentrale. Dadurch bekamen wir wieder Oberwasser. Am Ende war ich sicher, dass wir das überlegenere Team gewesen waren. Wenn du im Hin und Her auf dem Spielfeld aufgehst, ist es schwierig zu erkennen, ob das, was sich da vor dir abspielt, wirklich unterhaltsam ist. Aber in diesem Fall waren alle der Meinung, dass es ein fantastisches Match war und eines der besten europäischen Finalspiele überhaupt. Es war mehr als befriedigend, Teil einer Show zu sein, die unsere Premier League in einem so guten Licht zeigte. Ich muss es Edwin van der Sar hoch anrechnen, wie intelligent er sein Tor hütete. Als Anelka zum Elfmeterpunkt trabte, dachte ich: ›Spring in die linke Ecke.‹ Bei den beiden vorherigen Elfern, von denen der eine von Terry verschossen und der andere von Kalou verwandelt wurde, war Edwin nach rechts gesprungen. Als daher für Anelka der Augenblick der Wahrheit kam, muss er sich wohl gefragt haben: ›Wird er sich nun für rechts oder links entscheiden?‹ Gut, Anelkas Elfer war schwach, aber Edwin entschied sich für die richtige Ecke.

Avram Gant ist ein netter Mensch. Ich befürchtete allerdings immer, dass er für etliche der Chelsea-Spieler nicht durchsetzungsfähig genug sein könnte. Ihr Verhalten im Finale war eigentlich unmöglich – in der Halbzeitpause schlenderten sie nacheinander hinaus und rempelten den Schiedsrichter auf dem Weg in die Umkleide an. Normalerweise geht ein Team geschlossen hinaus und nicht jeder für sich. Der Schiedsrichter hatte sie aufgefordert, sich zu beeilen, aber sie ignorierten ihn einfach. Während der Pause probierten sie es mit allen möglichen Spielchen. All das war möglicherweise dem Schiedsrichter durch den Kopf gegangen, als er Drogba vom Platz schickte.

Die rote Karte für Drogba folgte einem Zusammenprall mit Carlos Tévez, der Vidić veranlasste, seinem Teamkameraden Tévez zu Hilfe zu eilen. Drogbas Hand ging hoch und traf Vida im Gesicht. Wenn man die Hände ins Spiel bringt, hat man schon verloren. Der Schiedsrichter fragte seinen Assistenten, wer der Übeltäter gewesen sei. Und zack!, flog Drogba vom Platz. Zu diesem Zeitpunkt hatten wir das Spiel gerade wieder in den Griff bekommen. Drogbas Feldverweis war also nicht der Wendepunkt. Giggs hatte einen Schuss grandios auf der Linie abgewehrt. In der Verlängerung erarbeiteten wir uns etliche Chancen und hätten Chelsea eigentlich erledigen müssen. Chelsea wiederum spielte auf Unentschieden und setzte auf das Elfmeterschießen.

Drogba, der an diesem Abend außer Gefecht gesetzt wurde, machte uns immer große Mühe. Er war ein Spieler von großer Durchschlagskraft, doch was ihn meiner Meinung nach wirklich herausragend macht, ist sein Talent für spektakuläre Tore, etwa aus 30 Meter Entfernung aus der Drehung heraus. Umso überraschter war ich, als er in einem Spiel gegen uns während der letzten Wochen von Carlo Ancelotti als Trainer von Chelsea in der Startformation fehlte. Für ihn begann zunächst Torres, aber dann kam Drogba, traf und brachte Chelsea wieder ins Match zurück.

Aus diesem Chelsea-Team, gegen das wir immer etliche Mühe hatten, ragte Keeper Petr Čech besonders heraus. Ich hätte ihn mit 19 unter Vertrag nehmen sollen. Damals hätte sich mir die Chance geboten. Stattdessen hatte Chelsea ihn in jenem Sommer gekauft, für acht Millionen Pfund.

Großen Einfluss bei Chelsea hatten auch John Terry, Ashley Cole, der Antreiber, und Frank Lampard, der unglaublich verlässlich und beständig zwischen den Strafräumen unterwegs war. In seiner Glanzzeit vernachlässigte er zwar die Verteidigung ein wenig, aber ansonsten war er ein Allrounder und fehlte bei kaum einem Spiel. Zusammen mit Drogba bildeten diese vier den harten Kern, von Chelsea.

Vor dem Spiel ging ich nicht davon aus, dass Chelsea wegen Abramovichs Moskauer Herkunft stärker unter Druck stehen würde als wir, obwohl er natürlich auf der Tribüne saß und sich von oben seine gewaltige Investition ansah. Für mich war dies aber kein Faktor für den Ausgang des Spiels. Meine Hauptsorge galt mehr der Sicherheit. Moskau ist eine Stadt voller Abgründe. Ich habe Bücher über die russische Revolution und über Stalin gelesen, der schlimmer als die Zaren war und der, um die Landwirtschaft zu kollektivieren, massenhaft Leute umbringen ließ. Wir hatten zwei Köche mitgenommen, sodass das Essen im Gegensatz zu Rom meist in Ordnung war (dort war es schlechterdings ein Witz, eine Schande!).

Ronaldo hatte eine unglaubliche Champions-League-Saison hinter sich. 42 Tore von einem Flügelspieler! Einige Male brauchte ich ihn zwar als Mittelstürmer, aber im Prinzip spielte er in unserem System auf der Position des Außenstürmers. In jedem Spiel leitete er drei eigene Chancen selbst ein. Als ich ihn einmal bei Real Madrid beobachtete, schoss er mindestens 40-mal aufs Tor.

Moskau war eine Riesenbefreiung. Ich war schon immer der festen Meinung, dass wir in Europa mehr erreichen konnten. Moskau war unser dritter Europapokal der Landesmeister. Er brachte uns näher an Liverpools fünf Pokale heran, und über kurz oder lang würden wir mit ihnen gleichziehen. Daran änderten auch beiden Niederlagen gegen Barcelona von 2009 und 2011 nichts, im Gegenteil, wir hatten uns in Europa sehr viel Respekt erarbeitet. Hätten wir eines der beiden Barcelona-Finale gewonnen, wären wir schon bei vier Siegen gewesen, genauso viele wie Bayern München und Ajax Amsterdam damals hatten.

Im Augenblick unseres Triumphs war im ganzen Luschniki-Stadion kein Champagner aufzutreiben. Also schickten wir jemanden in eine Bar. Er sollte irgendwas zu trinken besorgen, ganz gleich, was. »Ich kann Ihnen leider kein Glas Champagner anbieten«, entschuldigte ich mich bei Andy Roxburgh, als er in unsere Umkleide kam, um uns zu gratulieren. Was auch immer in diesen Flaschen war, wir schüttelten sie und spritzten den Inhalt durch die Gegend. Alle feierten ausgelassen und alberten herum, und die Spieler zogen sich gegenseitig auf. In einem solchen Moment freut man sich so mit ihnen und ist stolz auf sie. Ich war vom Regen nass bis auf die Haut und musste meinen Trainingsanzug anziehen. Abramovich ließ sich nicht blicken. Ich kann mich auch nicht erinnern, dass irgendein Spieler von Chelsea hereinschaute, um uns zu gratulieren.

Das Finale von 1999 in Barcelona, als wir Bayern München schlugen, fiel auf den Geburtstag des fünf Jahre zuvor verstorbenen Sir Matt Busby. Manchmal hofft man ja, dass die Götter mit einem sind oder dass der gute alte Matt von oben herabschaut. Ich glaube zwar nicht allzu sehr an Fügung, aber es gibt doch so etwas wie Schicksal, und ich fragte mich, ob es nicht bei beiden Siegen seine Hand im Spiel gehabt hatte. Matt hatte Man United in Europa hochgebracht, als die englische Eliteliga strikt dagegen war.

Nach dem Gewinn einer Trophäe ist man gut beraten, neue Spieler zu holen, um den Kader aufzufrischen und nicht zu stagnieren.

In den Wochen nach Moskau verpflichteten wir Dimitar Berbatow. Berbatow hatte schon eine Zeit lang auf unserer Wunschliste gestanden, bevor er zu Tottenham Hotspur ging. Er hatte Talent im Überfluss, eine gute Bilanz, perfekte Ballbeherrschung und eine beachtliche Torausbeute. Er war im richtigen Alter, groß und athletisch. Ich war der Meinung, dass wir gerade unseren Angriff noch einmal verstärken müssten.

Aber das Ganze hatte wieder mal im Streit mit Daniel Levy geendet, dem Präsidenten von Tottenham, und daher wandten wir uns wegen neuer Spieler nur ungern an die Spurs. Nachdem wir Michael Carrick geholt hatten, war dies nun unsere zweite Achterbahnfahrt der Gefühle. Danach fühlt man sich einfach nur wie benommen. Mit Daniel kann man um nichts in der Welt diskutieren. Es geht nur um ihn und Tottenham, um nichts anderes, was aus der Sicht seines Clubs ja nicht das Verkehrteste ist.

KAPITEL 18

PSYCHOLOGIE

Man muss den Spielern immer reinen Wein einschenken. Es ist überhaupt nichts Verkehrtes daran, einen Spieler, der seine Form verloren hat, mit den harten Tatsachen zu konfrontieren. Und zu jedem, dessen Selbstvertrauen erschüttert ist, sage ich, dass wir Manchester United sind und dass wir es uns einfach nicht erlauben dürfen, auf das Level anderer Teams abzufallen.

Wenn ich mit einem Spieler, der hinter unseren Erwartungen zurückgeblieben ist, Klartext reden muss, sage ich vielleicht: »Das da, das war ein Scheiß.« Aber im gleichen Atemzug würde ich hinzufügen: »Für einen Spieler mit deinen Fähigkeiten!« Damit würde ich ihn nach der harten Kritik wieder ein wenig aufrichten. Also: kritisieren, aber zugleich ermutigen. »Wieso machst du das? Du bist doch besser als das, was du jetzt zeigst.«

Endlose Lobhudeleien wirken unecht. Das durchschauen die Spieler recht schnell. Ein zentraler Punkt der Beziehung zwischen dem Trainer und den Spielern besteht darin, dass man sie Verantwortung übernehmen lassen muss – für ihr eigenes Handeln, für ihre eigenen Fehler, für ihr Leistungsniveau und schließlich für das Ergebnis. Wir alle sind Teil der Ergebnisindustrie. Manchmal bedeutet uns ein billiger Punktgewinn mehr als ein glorreicher 6:0-Sieg mit einem Traumtor nach 25 Pässen. Im Endeffekt muss Manchester United immer siegen. Diese Kultur des Erfolgs lässt sich aber nur dann aufrechterhalten, wenn ich einem Spieler in einem Klima der Ehrlichkeit unmissverständlich sage, was ich von seiner Leistung halte. Und ja, manchmal bin ich auch energisch und aggressiv. Ich mache einem Spieler dann durchaus deutlich, was der Club von ihm erwartet.

Heute erkläre ich jungen Trainern immer wieder: Sucht nicht die Konfrontation. Seid nicht von vornherein auf so was aus, denn ihr könnt Gift darauf nehmen, dass sie unvermeidlich sein wird. Doch wenn ihr einen Schlagabtausch sucht, räumt ihr dem Spieler die Möglichkeit zum Gegenangriff ein, und da ist er im Vorteil. Als Martin Buchan, der ehemalige Kapitän von Aberdeen, United und Schottland, als Manager zu Burnley ging, gab er dem Kapitän am ersten Sonntag einen anerkennenden Knuff. »Das war ein guter Anfang, Martin«, sagte ich später zu ihm.

Er war schon ein Mann mit Prinzipien, dieser Martin Buchan. In seiner Zeit als Spieler ging er zu Oldham und bekam bei Vertragsunterzeichnung eine Prämie von 40 000 Pfund. Das war damals ein Haufen Geld. Als er um seine Form kämpfte, gab er dem Vorstand die 40 000 Pfund zurück. Er brachte es nicht über sich, Geld zu behalten, das er seiner Meinung nach nicht verdient hatte. Man stelle sich vor, so was würde heute passieren …

Während meiner ganzen Karriere spekulierten die Leute immer wieder darüber, welche ausgeklügelten Strategien ich verfolgen würde. In Wirklichkeit war es nie mein Ding, mich irgendwelcher schwarzen Künste zu bedienen. Allerdings versuchte ich es gern mit dem einen oder anderen Trick, indem ich beispielsweise sagte, wir würden die Saison immer in einem höheren Galopp und noch mehr Entschlossenheit beenden. So etwas könnte man durchaus als Psychospiel verstehen. Es nötigte mir einigen Respekt ab, als Carlo Ancelotti, der Trainer von Chelsea, dies im Winter 2009 durchschaute. Er konterte clever: »Alex will damit sagen, dass United in der zweiten Hälfte der Saison stärker ist. Aber das sind wir auch.«

Ich wiederholte dies in jedem Jahr. »Wartet bis zur zweiten Hälfte der Saison«, sagte ich. Und es funktionierte immer. Es schlich sich nach und nach in das Denken unserer Spieler ein und wurde für die Gegner zum nagenden Angstfaktor. Sie befürchteten, dass United wie eine vom Teufel gerittene Streitmacht mit glühendem Höllenfeuer in den Augen daherkommen würde. Und in der Tat wurde der Spruch zur selbsterfüllenden Prophezeiung.

Auf meine Uhr zu tippen war eine weitere Psychomasche. Beim Spiel achtete ich nicht so genau auf die Zeit. Ich behielt die Uhr locker im Auge, doch es war mir zu mühselig, jeweils auszurechnen, wie lange die Verlängerung wegen einer Unterbrechung dauern würde. Warum ich häufig auf die Uhr tippte, hatte einen anderen Grund: Es ging um die Wirkung, die das auf das andere Team, nicht auf unser eigenes, hatte. Wenn die Gegner sahen, wie ich auf meine Uhr tippte und gestikulierte, wurden sie kribbelig. Sofort dachten sie, das Spiel würde noch um zehn Minuten verlängert werden. Jeder wusste, dass United über die Gabe verfügte, späte Tore zu machen. Wenn unsere Gegner sahen, wie ich auf meine Uhr zeigte, stellte sich bei ihnen das Gefühl ein, dass sie sich gegen uns über einen Zeitraum verteidigen müssten, der wie eine Ewigkeit erschien.

Sie würden das Gefühl haben, belagert zu werden, denn sie wussten, dass wir nie aufgaben und darauf spezialisiert waren, dem Spiel eine späte dramatische Wende zu geben. Zu Beginn der Nachspielzeit sagte Clive Tyldesley in seinem ITV-Kommentar zum Champions-League-Finale: »United trifft immer.« Genau das Gleiche hatte BBC-Reporter Kenneth Wolstenholme während des WM-Finales von 1966 in Bezug auf die englische Nationalelf gemeint. Es ist halt ein Psychospiel.

Auch im Umgang mit einzelnen Spielern gibt es immer eine psychologische Dimension. Bei einem Fehlverhalten hilft es, wenn man die Dinge für einen kurzen Moment mit den Augen des Spielers sieht. Da man ja selbst einmal jung war, sollte man sich kurz in ihre Lage versetzen. Man hat was falsch gemacht und wartet nun darauf, dafür abgestraft zu werden. ›Was wird er gleich sagen?‹, denkt man sich in dem Augenblick. ›Was wird mein Dad gleich sagen?‹ Um den größtmöglichen Eindruck zu machen, sollte man sich die Frage stellen: Was hätte mich also in diesem Alter am stärksten beeindruckt?

Ein Trainer hat den Vorteil zu wissen, dass der Spieler spielen will. Im Grunde wollen sie alle draußen auf dem Rasen sein. Wenn man ihnen also diese Freude nimmt, dann nimmt man ihnen das Leben. Das ist das äußerste Mittel, der größte Hebel der Macht, den man ansetzen kann.

Nach dem Vorfall mit Frank McGarvey beim St. Mirren FC handelte ich also nur konsequent, als ich ihm erklärte: »Du wirst nie wieder spielen.« Er glaubte das drei Wochen lang. Am Ende bat er mich inständig um eine zweite Chance. In seinem Kopf hatte sich wohl der Gedanke festgesetzt, dass alle Macht auf meiner Seite sei. So etwas wie Vertragsfreiheit gab es zu dieser Zeit noch nicht.

Ständig sprachen die Leute von meinen Psychospielen. Jedes Mal, wenn ich mich öffentlich äußerte, suchte ein ganzer Schwarm von Analytikern nach der verborgenen Bedeutung, die es in 98 Prozent der Fälle überhaupt nicht gab. Doch der psychologische Druck hat einen nicht zu unterschätzenden Stellenwert. Sogar der Aberglaube, denn jeder hat irgendwo versteckt ein bisschen davon.

Einmal sagte eine Frau während der Rennen in Haydock von 2010 zu mir: »Wenn ich Sie im Fernsehen sehe, sind Sie immer so ernst, doch hier lachen Sie und haben Ihren Spaß.«

Ich erwiderte: »Na ja, soll ich bei der Arbeit etwa nicht ernst sein? Mein Job hat viel mit Konzentration zu tun. Alles, was mir durch den Kopf geht, muss sich für die Spieler günstig auswirken. Ich darf keine Fehler machen. Ich mache mir keine Notizen, ich verlasse mich nicht auf Videobeweise, und ich muss recht haben. Es ist ein ernstes Geschäft, und ich will keine Fehler machen.«

Doch natürlich habe ich viele Fehler gemacht. Während eines Champions-League-Halbfinales gegen Borussia Dortmund war ich überzeugt, dass Peter Schmeichel gepatzt hätte. Damals trug ich bei den Spielen keine Brille. Peter sagte zu mir: »Er wurde abgefälscht.«

»Von wegen abgefälscht!«, brüllte ich. »Nie im Leben!«

Als ich mir später die Aufzeichnung des Spiels anschaute, konnte ich sehen, dass der Ball plötzlich seine Richtung geändert hatte, also abgefälscht worden war. Von da an trug ich bei Spielen eine Brille. Ich konnte es mir nicht leisten, solche Fehler zu begehen, wenn ich mich nicht lächerlich machen wollte. Wenn man einen Verteidiger fragt: »Wieso hast du versucht, ihn ins Abseits laufen zu lassen?«, und er darauf erwidert: »Ich hab nicht versucht, ihn ins Abseits laufen zu lassen«, dann muss man sich sicher sein, dass man mit seiner Behauptung recht hat.

Es ist gefährlich, den Spielern die Chance zu geben sagen zu können: »Der Coach hat's vergeigt.« Wenn sie den Glauben an mein Wissen und meine Fähigkeiten verlieren, dann verlieren sie den Glauben an mich. Aus diesem Grund muss sich mein Wissen auf einem hohen Niveau bewegen und ich muss in dem, was ich den Spielern sage, genau sein. Allerdings einfach nur recht zu haben kann auch Spaß machen. Es geht nicht immer nur um die Wahrheit. Eines unserer beliebten Spiele bestand darin, dass wir die Startelf des Gegners zu erraten versuchten. Eines Abends gab ich meine übliche selbstbewusste Prognose darüber ab, wer denn nun spielen würde. Als das gegnerische Team bei einem Champions-League-Spiel dann auflief, verkündete René: »Boss, sie haben sechs Veränderungen vorgenommen.«

Ich erstarrte ganz kurz, erkannte dann aber meine Chance. Mit Entrüstung würde ich mich in diesem Fall an besten aus der Affäre ziehen. »Merkt ihr was?«, blaffte ich die Spieler an. »Sie wollen uns echt verarschen. Sie glauben wohl, sie können einfach mit ihrem Reserveteam hierherkommen!«

Eine frühe Erfahrung in dieser Hinsicht machte ich, als wir im FA Cup gegen Coventry im Old Trafford spielten, nachdem wir Man City in der dritten Runde rausgeworfen hatten. In der Woche zuvor hatte ich mir angeschaut, wie Coventry gegen Sheffield Wednesday spielte. Coventry war unglaublich schlecht. Archie Knox und ich fuhren nach Hause, ohne uns Sorgen zu machen. Und was passierte? Coventry spielte fantastisch gegen uns im Old Trafford. Teams, die zu uns kamen, waren oft wie ausgewechselt. Eine andere Taktik, eine andere Motivation – alles war anders. Aus diesen frühen Erfahrungen lernte ich, bei Heimspielen stets mit dem besten Team des Gegners zu rechnen, mit der besten Taktik, der besten Performance, und dafür zu sorgen, dass sie nicht ins Spiel kamen.

Eigentlich alle Teams kamen ins Old Trafford in der Absicht, uns Angst zu machen. Insbesondere Arsenal, bis zu einem gewissen Grad Chelsea und häufig Liverpool. Auch City kam zu Beginn der Ära von Scheich Mansour mit auffällig erhöhtem Ehrgeiz. Clubs, die von Ex-ManU-Spielern trainiert wurden, trumpften ganz besonders auf. Steve Bruces Sunderland beispielsweise war auf unserem Rasen alles andere als zurückhaltend.

Meine lange Erfahrung in diesem Job machte mich am Ende aber immun gegen das übliche Flüstern und Spekulieren, das andere Teammanager nach drei Niederlagen in Folge umgab. Mein Erfolg härtete mich gegen den Ruf der Medien nach einer Hinrichtung ab. Man erlebte das bei anderen Clubs, aber nicht bei mir. Das verlieh mir auch Stärke in der Umkleide, die sich auf die Spieler überträgt: Der Manager würde nicht gehen müssen, also auch nicht wir Spieler. Ebenso würden die Trainer und die Leute im Hintergrund nicht gehen, weil eben der Coach blieb. Stabilität. Kontinuität. Selten im heutigen Fußball. Wenn es schlecht lief, gerieten wir nicht gleich in Aufruhr. Es gefiel uns zwar nicht, aber wir gerieten nicht in Panik.

Ich glaube auch fest daran, dass uns der Spirit des Spiels bewusst war. Johan Cruyff sagte in den 1990er-Jahren einmal zu mir: »Ihr werdet nie den Europacup gewinnen.«

»Wieso?«

»Ihr betrügt nicht und ihr kauft auch die Schiedsrichter nicht.«

»Nun, wenn das mal auf meinem Grab stehen wird, soll's mir recht sein«, erwiderte ich.

Im Profifußball braucht man eine gewisse Härte, das habe ich schon früh gelernt. Zum Beispiel von Dave Mackay, gegen den ich gespielt habe, als ich 16 war. Damals war ich in der Reserve von Queen's Park. Dave hatte sich einen Zeh gebrochen und kam anschließend zur Reserve von Hearts, die in jenen Jahren ein tolles Team hatten.

Ich war Stürmer und Dave Mackay rechter Verteidiger. Ich sah ihn vor mir, wie er seine mächtige Brust reckte. Als ich den ersten Ball bekam, rannte er mich schlichtweg um. In einem Spiel der Reserve!

Ich dachte: ›Das lasse ich mir nicht gefallen.‹

Als wir beim nächsten Mal wieder zusammenkamen, ging ich ihn direkt an.

Dave sah mich eiskalt an und sagte dann: »Willst du das Spiel überstehen?«

»Du hast mich getreten«, stammelte ich.

»Das war ’n Tackling«, erwiderte er. »Wenn ich dich trete, wirst du’s schon merken.«

Danach hatte ich immer ein wenig Schiss vor ihm. Und eigentlich hatte ich vor niemandem Angst. Er hatte diese unglaubliche Aura. Ein fabelhafter Spieler. In meinem Büro habe ich ein Bild von ihm, wie er sich Billy Bremner zur Brust nimmt. Eines Tages riskierte ich eine Lippe und fragte ihn frech: »Hast du tatsächlich diesen Kampf gewonnen?« Das war im Hampden Park, als sie das beste schottische Team aller Zeiten aufboten, und Daves Name nicht dabei war. Das war mehr als peinlich.

Ich hatte kein Problem damit, mein Team öffentlich zu kritisieren, aber ich hätte nie einen einzelnen Spieler nach dem Spiel vor den Medien runtergeputzt. Die Fans hatten ein Recht darauf zu erfahren, wann ich mit einer Leistung nicht zufrieden war. Aber nicht, wenn es um die eines einzelnen Spielers ging. All das geht nicht zuletzt auf Jock Stein zurück, den ich die ganze Zeit über mit allen möglichen Fragen löcherte. Bei Celtic war er immer dermaßen bescheiden, dass es schon fast nervig war. Als ich ihn einmal auf Jimmy Johnstone oder Bobby Murdoch ansprach, erwartete ich, er würde selbstbewusst auf seine Mannschaftsaufstellung oder seine Taktik abheben, aber Jock meinte bloß: »Ach, der kleine Jimmy war heute in so toller Form.« Er selbst würde sich nie loben. Ich erwartete, dass er beispielsweise wenigstens einmal erklären würde: »Tja, ich habe entschieden, dass wir heute 4-3-3 spielen, und es funktionierte.« Aber selbst für eine solche Äußerung war er einfach zu zurückhaltend.

Als Jock nach einem Autounfall nicht mit Celtic nach Amerika reisen konnte und Sean Fallon drei Spieler wegen schlechten Benehmens nach Hause schickte, fragte ich ihn, wie er das geregelt hätte.

»Ich hätte das nie getan, und das habe ich Sean auch gesagt«, erklärte er mir. »Wenn du das tust, machst du dir viele Feinde.«

»Aber die Fans würden es verstehen«, wandte ich ein.

»Vergiss die Fans«, sagte Jock. »Diese Spieler haben doch Mütter. Glaubst du etwa, dass irgendeine Mutter ihren Jungen für böse hält? Ihre Frauen, ihre Brüder, ihre Väter, ihre Kumpels – die stößt du alle vor den Kopf.« Und dann fügte er noch hinzu: »Kläre das Ganze im Büro.«

Manchmal funktioniert es mit Eis ebenso wie mit Feuer. Als Nani 2010 bei einem Spiel im Villa Park vom Platz gestellt wurde, sagte ich kein Wort zu ihm. Ich ließ ihn leiden. Er sah mich dauernd an und erwartete ein wenig Zuspruch von mir. Ich wusste, dass das, was er getan hatte, nicht mit Absicht geschehen war. Als ich im Fernsehen danach gefragt wurde, nannte ich es »naiv«. Ich sagte, er sei kein bösartiger Spieler, aber es sei halt ein Tackling mit beiden Füßen gewesen, und daher musste er vom Platz gehen. Ganz ehrlich. Das war keine dauerhafte Beschädigung. Ich sagte bloß, er habe beim Tackling eben einen Fehler gemacht, wie uns das allen schon mal passieren könne, weil es eben ein emotionales Spiel sei.

Oft wurde auch gemutmaßt, ich hätte beständig einen Psychokrieg gegen Arsène Wenger geführt. Ich glaube nicht, dass ich es darauf angelegt habe, ihn zu provozieren. Aber manchmal habe ich es dennoch mit Psychospielchen versucht, indem ich etwa die eine oder andere Schlussfolgerung andeutete, denn ich wusste, dass die Presse sie als psychologische Ausfälle verstehen würde.

Ich erinnere mich noch gut, wie Brian Little, der damals Teammanager von Aston Villa war, mich wegen einer Bemerkung anrief, die ich vor dem Spiel gegen den Club gemacht hatte.

»Was hast du denn damit gemeint?«, wollte er wissen.

»Nichts«, erwiderte ich verdutzt.

»Ich dachte, das wäre wieder eines deiner Psychospielchen gewesen«, sagte Brian. Als er auflegte, ging ihm das wohl weiter durch den Kopf: ›Was führt er im Schilde? Was wollte er damit sagen?‹

Obwohl es mir durchaus gefiel, gegnerische Teams zu nerven, habe ich meine Gegner oft auch dann verunsichert, wenn ich es nicht beabsichtigte oder mir gar nicht klar war, dass ich es tat.

KAPITEL 19

BARCELONA (2009–2011) – DIE KLEINSTEN SIND DIE GRÖSSTEN

Barcelona war die beste Mannschaft, die jemals gegen meine Teams von Manchester United antrat. Mit Abstand. Sie hatte den richtigen Kampfgeist. In unserem Land gab es Mittelfeldspieler – Patrick Vieira, Roy Keane, Bryan Robson –, die starke Männer waren, Krieger, Sieger. Bei Barcelona gab es hingegen diese wunderbaren Kleinen, die gerade mal knapp 1,70 Meter maßen, aber den Mut von Löwen hatten, ständig auf Balleroberung aus waren und sich nie einschüchtern ließen. Für mich waren die Leistungen von Lionel Messi, Xavi und Andrés Iniesta einfach fantastisch.

Die Mannschaft von Barcelona, die uns 2011 in Wembley im Champions-League-Finale schlug, war sogar noch jenem Team überlegen, das uns zwei Jahre zuvor in Rom besiegt hatte. Die Truppe von 2011 befand sich auf dem Höhepunkt ihrer Fähigkeiten und bewies in ihrem Job eine unglaubliche Reife. In beiden Fällen musste ich erst mal mit der Tatsache klarkommen, dass wir zwar ein wirklich gutes Team hatten, aber auf eine Mannschaft getroffen waren, die sich in diesen zwei Finals zumindest viel leichter tat als wir.

Ich wünschte mir, wir hätten das Finale in Rom noch einmal, aber am nächsten Tag spielen können. Genau am nächsten Tag. Im römischen Stadio Olimpico herrschte eine wunderbare Atmosphäre, es war ein herrlicher Abend – und es war meine erste Niederlage in einem europäischen Finale. Zweiter zu werden ist schon ziemlich schmerzlich, vor allem dann, wenn man weiß, dass man viel besser hätte spielen können.

Heldenmut war unerlässlich, wenn man auf diese Mannschaften von Barcelona traf. Barça war das Team seiner Zeit, so wie Real Madrid in den 1950er- und 1960er-Jahren und AC Mailand in den frühen 1990er-Jahren. Die Gruppe von Weltklassespielern, die sich um Messi versammelte, war schon fantastisch. Ich empfand keinen Neid gegenüber diesen großartigen Mannschaften. Bedauern schon, wenn wir gegen sie verloren, aber keinerlei Eifersucht.

In jedem dieser beiden Europacup-Finals hätten wir Spaniens bester Mannschaft sicherlich ein Stück näher kommen können, hätten wir etwas defensiver gespielt, aber ich war mit Manchester United auf einem Niveau angelangt, wo es keinen Zweck hatte, auf diese Weise gewinnen zu wollen. Diese Taktik setzte ich im Halbfinale 2008 ein, um Barcelona zu schlagen: Ich ließ richtig tief verteidigen, setzte mich dieser Qual aus und schickte auch die Fans durch die Hölle. Ich wollte, dass wir anschließend besser gegen Barça aussahen, doch zum Teil wurden wir gerade wegen dieser Schwerpunktverlagerung geschlagen. Wenn wir uns bis zu unserem Strafraum zurückgezogen und eng verteidigt hätten, dann hätten wir möglicherweise bessere Ergebnisse erzielt. Ich mache mir da aber keine Vorwürfe, ich wünschte nur, unser positives Vorgehen hätte zu besseren Resultaten geführt.

Der Sieg gegen unsere Mannschaft in Rom forcierte Barcelonas Entwicklung zum dominantesten Team seiner Zeit. Es trieb sie voran. Ein einzelner Sieg kann durchaus eine solch katalytische Wirkung haben. Es war ihr zweiter Champions-League-Sieg in vier Saisons, und Pep Guardiolas Team war die erste spanische Mannschaft, die in einer Saison Meisterschaft, Copa del Rey und Champions League gewann. Wir waren zwar die amtierenden Europachampions, aber nicht in der Lage, diesen Titel als Erste in der Geschichte des modernen Fußballs zu verteidigen.

Dennoch hätten wir dieses Spiel in der Ewigen Stadt nicht verlieren müssen, denn es gab durchaus eine Möglichkeit, erfolgreich gegen Barcelona zu spielen. Man kann sie stoppen, sogar Messi. Das hatte ich im Jahr zuvor beim Auswärtsspiel bewiesen, indem ich Tévez vorn abzog und Ronaldo als Mittelstürmer brachte.

Wir taten uns natürlich immer noch schwer, weil Barcelona über lange Phasen ein Monopol auf den Ball beanspruchte, und unter solchen Umständen neigen die eigenen Spieler gern dazu, das Interesse zu verlieren. Sie fangen an, das Spiel zu beobachten, wie paralysiert den Lauf des Balls zu verfolgen.

Unsere Idee war es, dass Ronaldo sich Räume suchen und Tévez nachrücken würde, um an den Ball zu kommen, sobald sich die Möglichkeit bot. Aber die beiden schauten einfach nur zu. Ich machte ihnen das in der Halbzeit klar. »Ihr schaut euch das Spiel an«, sagte ich. »Wir starten überhaupt keine Gegenangriffe.« Unsere Spielweise war nicht die von Inter Mailand: Sie verteidigen tief und lauern ständig auf Konter. In der zweiten Hälfte schalteten wir dann auf Angriff um.

Ein entscheidender Negativfaktor in Rom, so möchte ich aus heutiger Sicht sagen, war die Wahl des Hotels. Es war eine Bruchbude. Die Mahlzeiten nahmen wir in einem Raum ohne Tageslicht ein. Das Essen kam spät und war kalt. Ich hatte zwar einen Koch dabei, doch der kam seltsamerweise nicht zum Einsatz. Am Morgen des Spiels fühlten sich zwei oder drei unserer Teammitglieder etwas unwohl, besonders Giggs. Einige von ihnen litten unter dem Wetter und einer oder zwei spielten entsprechend. Die Rolle, die Giggs zugewiesen bekam, war mit einem hohen Laufpensum verbunden, das bei seinem Unwohlsein nicht zu schaffen war. Es war einfach eine zu große Aufgabe für ihn, sich Sergio Busquets, Barcelonas defensivem Mittelfeldspieler, entgegenzustemmen, dann als Stürmer vorzurücken und wieder in die Deckung zurückzukehren.

Es wäre mir nicht in den Sinn gekommen, Ryan Giggs zu kritisieren, in welcher Form er auch immer war, nach allem, was er für den Club geleistet hatte. Es war einfach nur jammerschade, dass er an diesem Abend in Rom unter seinem normalen Energielevel spielte.

Eigentlich kamen wir anfangs wirklich gut ins Spiel, als Ronaldo die Abwehr von Barcelona dreimal bedrohte: zuerst mit einem Freistoß, der sich aufs Tor senkte, dann mit zwei Distanzschüssen, die Victor Valdés, den Keeper von Barça, schwer unter Druck setzten. Aber nach zehn Minuten kassierten wir ein ziemlich übles Tor, weil unser Mittelfeld es versäumt hatte, sich rechtzeitig zurückzuziehen, um Iniesta daran zu hindern, zu Samuel Eto'o zu passen. Eto'o zog ab, und Edwin van der Sar kam mit diesem Schuss nicht so richtig klar, als der Ball ins kurze Eck rutschte.

Barcelona begann mit Messi rechts außen, Eto'o durch die Mitte und Thierry Henry links außen. Kurz vor dem Tor schob sich Eto'o mehr nach rechts und Messi ins Mittelfeld, als hängender Mittelstürmer. Eto'o wechselte auf die rechte Seite, weil sich Evra von Messi früh gelöst hatte. Evra stürmte beharrlich nach vorn, und darum änderten sie ihre Positionen, um ihn zu stoppen. Nach dem Spiel bestätigte Guardiola dies auch. Messi hatte seine Position verändert, damit er sich nicht um Evra kümmern musste.

Durch diese Änderungen schuf Barcelona eine Position für Messi, die er bevorzugte: im Zentrum des Spielfelds. Und von dort aus agierte er fortan, in diesem Loch, und das machte der hinteren Viererkette das Leben schwer, weil sie nicht wusste, ob sie sich ihm entgegenstemmen oder zurückbleiben und auf Sicherheit spielen sollte.

Nach Eto'os Tor und mit Messi im Zentrum hatte Barcelona einen zusätzlichen Mann im Mittelfeld. Iniesta und Xavi schoben sich den Ball gegenseitig zu und gaben ihn den ganzen Abend nicht mehr her. Im Zirkulieren des Balles waren sie unserem Team ganz einfach überlegen. Ich will meine Zeit nicht damit vergeuden, das zu bestreiten.

Dass wir den Ball Guardiolas Team überließen, rächte sich bitter, denn Barças numerische Überlegenheit im Mittelfeld reduzierte unsere Spieler wieder auf die Rolle von Zuschauern. Um etwas gegen ihr Passspiel zu unternehmen, schickte ich nach der Halbzeit Tévez für Anderson aufs Feld und musste zusehen, wie er eine gute Chance verpasste, als er einen Verteidiger umkurvte, aber ihn ein zweites Mal düpieren wollte, indem er den Ball zurückzog und verlor. Barcelonas entscheidendes Tor fiel eine Stunde nach dem ersten: ungewöhnlicherweise ein Kopfball von Messi, nach einer Flanke von Xavi.

Später diskutierte ich über Barcelonas Entwicklung mit Louis van Gaal, ihrem früheren holländischen Trainer. Die Grundlage für ihre Philosophie hatte Johan Cruyff gelegt, ein fantastischer Coach, der ihre Ideen von breitem Spiel und Ballzirkulation konzipiert hatte, indem er immer einen zusätzlichen Mann ins Mittelfeld stellte. Nach Bobby Robson kehrten sie mit van Gaal und Frank Rijkaard zur holländischen Spielweise zurück. Guardiola fügte eine Methode des Pressings gegen den Ball hinzu. Unter Pep gab es diesen Drei-Sekunden-Drill, bei dem das verteidigende Team nicht länger als drei Sekunden am Ball sein durfte.

Nach dem Sieg in Rom sagte Guardiola: »Wir haben das Glück, das Erbe von Johan Cruyff und Charly Rexach antreten zu dürfen. Sie waren die Väter und wir folgen ihnen nach.«

Ich konnte nie so richtig verstehen, dass seine Männer in der Lage waren, so viele Spiele zu absolvieren. Jedes Mal stellten sie die fast gleiche Mannschaft auf. Erfolg kommt oft in Zyklen, bei denen es auch Flauten gibt. Barcelona ging gestärkt aus seinen Tiefs hervor und ging die heiße Verfolgungsjagd auf Real Madrid an. Ich gebe es nur ungern zu, dass wir von einem super Team geschlagen wurden. Eigentlich wollten wir so etwas nie sagen. Das größte Zugeständnis, das wir je machen wollten, lautete: Zwei großartige Teams bestritten dieses Finale, aber wir haben einfach den Sieg verpasst. Unser Ziel war es, jenes Level zu erreichen, bei dem die Leute sagten, dass wir stets auf Augenhöhe mit Europas bester Mannschaft waren.

Um in so einem Zyklus Barcelona schlagen zu können, brauchten wir Innenverteidiger, die nichts zulassen. Rio und Vidić waren in einem Alter, wo sie es vorzogen, den Raum zu verteidigen. Dagegen war nichts zu sagen, denn es war ganz richtig. Aber gegen Barcelona hat es seine Grenzen. Da benötigt man Innenverteidiger, die bereit sind, Messi direkt anzugehen, die sich keine Gedanken darüber machen, was hinter ihnen los ist. Okay, er wird zur Seite ausweichen. Das ist gut, denn auf der Seite ist er weniger gefährlich, als wenn er durch die Mitte geht.

Barça hatte vier Weltklassespieler: Piqué, die beiden Mittelfeldspieler und Messi. Piqué war zweifellos der meistunterschätzte Spieler in ihrer Mannschaft. Er ist ein großartiger Spieler. Wir wussten das, da er in jüngeren Jahren bei uns gespielt hatte. Während einer Konferenz meinte Guardiola zu mir, er sei der beste Einkauf gewesen, den sie je getätigt hätten. Er sorgte für das Tempo, die Genauigkeit, das Selbstvertrauen und die Durchschlagskraft aus seiner tiefen Position heraus. Wir versuchten ihre Aktion immer wieder zu durchkreuzen, indem wir unsere Stürmer auf sie ansetzten, um als Erste am Ball zu sein oder sie zum Abspielen zu zwingen. In den ersten 20 oder 30 Minuten funktionierte das eigentlich recht gut, aber dann erzielte Barça das Tor und manövrierten sich wunderbar heraus.

Sie hatten dieses unglaubliche Talent, sich immer wieder zu entfesseln. Man wirft den Köder in den Fluss, und ein Fisch beißt an. Manchmal allerdings auch nicht. Xavi passte den Ball zu Iniesta in einem Tempo, das einen glauben machte, ihn sich schnappen zu können. Und dann bekam man ihn doch nicht, weil sie längst von dir weg waren. Das Tempo des Passes, die Wucht des Passes und der Winkel zogen einen einfach dorthin, wo man eigentlich nicht hätte sein sollen. Sie beherrschten diese Form der Täuschung genial.

Zwei Jahre später trafen unsere Clubs erneut im Finale aufeinander, dieses Mal in Wembley. Wir hatten uns das Gleiche wie in Rom vorgenommen, begannen gut, wurden dann aber einfach in der Mitte des Spielfelds überrollt und verloren 1:3. Wir starteten mit Edwin van der Sar im Tor, Fábio, Ferdinand, Vidić und Evra in der Abwehr, Giggs, Park, Carrick und Valencia im Mittelfeld und Rooney und Hernández vorn.

Aber wir bekamen Messi nicht in den Griff. Unsere Innenverteidiger bewegten sich nicht vorwärts auf den Ball zu. Sie wollten lieber zurückhängen. Und doch hatten wir uns auf dieses Spiel so gut wie noch nie vorbereitet. Zehn Tage lang stimmten wir uns auf dem Trainingsgelände auf dieses wichtige Match ein. Sie kennen das Problem? Manchmal richten sich Spieler nach den Chancen, nicht nach dem Spiel. Wayne Rooney beispielsweise war enttäuschend. Unsere Taktik sah vor, dass er in die Räume hinter den Außenverteidigern vordrang und Hernández sie auf sich zog, was er auch tat, aber wir versäumten es, in diese Räume hinter den Außenverteidigern vorzustoßen. Aus irgendeinem Grund fror Antonio Valencia an diesem Abend. Er war total nervös. Doch ich möchte nicht überkritisch sein.

Eigentlich griffen wir ihren linken Außenverteidiger nie richtig an – dabei hatte der gerade eine Krankheit hinter sich und noch nicht viele Spiele absolviert. Wir glaubten, es wäre ein großes Plus für uns, wenn entweder er oder Puyol auf dieser Position spielen würde. Valencias Form vor dem Finale war ausgezeichnet. Zwei oder drei Wochen vor Wembley hatte er Ashley Cole alt aussehen lassen und den Innenverteidiger bei Schalke schwindlig gespielt. Gegen Barcelona zieht man sich vielleicht lieber zum eigenen Strafraum zurück, aber besser wäre es gewesen, wir hätten Messi direkt attakiert. Auch Michael Carrick spielte nicht in seiner Bestform.

Die erste Blitzmeldung des Abends besagte, dass ich Dimitar Berbatow nicht aufgestellt hatte. An seiner Stelle saß Michael Owen als Stürmer auf der Bank. Dimitar nahm mir das offensichtlich übel, und ich kam mir etwas schäbig vor. Im Wembley Stadium gibt es einen angenehm abgeschiedenen Trainerraum, und dort legte ich Dimitar die Gründe für meine Entscheidung dar. Sein Engagement hatte ein wenig nachgelassen, und er war nicht immer der ideale Ersatzspieler. Ich sagte zu ihm: »Wenn wir in der letzten Minute ein Tor machen wollen, im Strafraum, dann ist Michael Owen noch ganz frisch.« Es war wahrscheinlich nicht fair, aber ich musste diese Entscheidungen treffen und darauf setzen, dass ich recht hatte.

Ich hatte Berbatow im Sommer 2008 wegen seiner angenehmen Ausgeglichenheit und Beherrschtheit in den Angriffszonen verpflichtet. Ich dachte, das würde für die anderen Spieler im Team einen Ausgleich schaffen, doch damit geriet Tévez in eine Sackgasse, weil ihm diese Eigenschaften fehlten. Er war Ersatzspieler, spielte eher selten und saß dann wieder länger auf der Bank. Fairerweise muss ich jedoch sagen, dass Tévez im Spiel immer etwas brachte. Dennoch führte das eindeutig zu dieser Blockade und war für seine Berater ein Grund, mit anderen Clubs zu verhandeln.

Überraschenderweise mangelte es Berbatow an Selbstbewusstsein. Ihm fehlte völlig die Eitelkeit eines Cantona oder Andy Cole oder das Selbstvertrauen eines Teddy Sheringham. Auch Hérnandez besaß ein hohes Maß an Selbstvertrauen: Er war intelligent und fröhlich. Berbatow fehlte es zwar nicht am Glauben an sein Können, aber der beruhte auf seiner Spielweise. Weil wir als Team erst bei einem gewissen Tempo funktionierten, passte er eigentlich nicht so richtig hinein. Er war kein Spieler der schnellen Reflexe. Ihm ist es am liebsten, wenn das Spiel langsam läuft und er sich in seinem eigenen Tempo in den Strafraum vorarbeitet. Oder er macht etwas außerhalb des Strafraums und verbindet das Spiel. Er hatte beachtliche Vorzüge. Zwar bekamen wir im Sommer 2011 seinetwegen ein paar Anfragen, aber ich war nicht bereit, ihn in dieser Situation gehen zu lassen. Immerhin hatten wir 30 Millionen Pfund für ihn ausgegeben, und ich wollte das nicht einfach abschreiben, nur weil er in der vergangenen Saison ein paar große Spiele verpasst hatte. Wir könnten ihn genauso gut behalten und einsetzen.

Im Training übte er, wie er schneller an den Ball kam. Aber als das Spiel schlecht lief, wollte er nur noch herumtrödeln. Das durfte man in unserem Stadion aber keinesfalls tun. Wir mussten uns rasch neu formieren. Wir brauchten Leute, die reagierten, wenn wir den Ball verloren, damit der Gegner schnell unter Druck geriet. Aber er hatte auch seine großartigen Momente. Schließlich hatte er auch noch einen gewaltigen Appetit. Da konnte er durchaus mit Nicky Butt mithalten. Bei den Mahlzeiten legte er los wie der Teufel und nahm sich manchmal auch noch Essen mit nach Hause.

Berbatow hätte sowieso nicht beim Wembley-Spiel mitwirken können, selbst wenn er auf der Bank gesessen hätte. Ich war gezwungen, Fábio rauszunehmen und Nani aufs Feld zu schicken, sodass mir nur noch zwei Möglichkeiten blieben. Ich wollte Scholes bringen, weil ich einen erfahrenen Spieler benötigte, der unser Passspiel dirigierte, und daher kam Paul für Carrick herein. Wir hatten seit vielen Monaten schon über Scholes' Ausscheiden gesprochen, und ich wollte ihn noch zu einer weiteren Saison überreden, aber seiner Ansicht nach waren 25 Spiele pro Saison für ihn nicht genug. Er gab allerdings auch zu, dass seine Beine in den letzten 25 bis 30 Minuten eher müde wurden. Er hatte zwei Knieoperationen hinter sich und außerdem ein Augenproblem, weshalb er monatelang ausgefallen war, doch er spielte noch immer auf diesem hohen Niveau. Phänomenal.

Das Tor, das er bei seinem Abschiedsspiel in diesem Sommer erzielte, war ein Traumtor. Er ließ Brad Friedel im Tor keine Chance. Es war eine richtige Rakete. Selbst Éric Cantona, der Manager der Gäste, applaudierte. In der Sendung *Talksport* hörte ich später einen Moderator sagen, Paul zähle nicht zu den vier englischen Topspielern, und Gascoigne, Lampard sowie Gerrard seien besser. Absoluter Blödsinn.

Nach unserer zweiten Niederlage gegen Barcelona in einem Champions-League-Finale musste ich mich fragen: ›Was haben wir hier für ein Problem?‹ Fakt Nr. 1 war, dass einige unserer Spieler unter dem Niveau spielten, zu dem sie eigentlich fähig waren. Das konnte auch daran liegen, dass wir es gewohnt waren, meist im Ballbesitz zu sein. Ging dieser Vorteil an den Gegner, könnte das unser Selbstvertrauen und unsere Konzentration unterlaufen haben. Nachvollziehbar war zum Teil auch die Theorie, dass unsere Spieler verunsichert wären, wenn sie in eine Nebenrolle gedrängt würden – das galt selbst für Spieler wie Giggs oder Ji-Sung Park, der im Viertelfinale gegen Chelsea in jeden hineingrätschte und überall auf dem Feld zu finden war. Allerdings erlebten wir ihn nie so gegen Barcelona, das mit folgender Startelf antrat: Valdés, Alves,

Piqué, Abidal, Mascherano; Busquets, Xavi, Iniesta; Messi, Villa und Pedro.

Nach einem von Xavis zahllosen cleveren Pässen gingen sie durch Pedro in Führung, aber nach einem raschen Positionswechsel mit Giggs glich Rooney wieder aus. Doch dann begann sich das Barcelona-Karussell erst so richtig zu drehen, und Messi war die Schaltzentrale. Er und Villa erzielten die Tore, die uns in van der Sars letztem Spiel für den Club erledigten.

In der Halbzeit beging ich einen Fehler. Ich war noch immer darauf fokussiert, das Spiel zu gewinnen, und erklärte Rooney, er müsse weiter in die Lücken hinter den Innenverteidigern laufen. »Wir werden das Spiel gewinnen, wenn du das weiter machst«, beschwor ich ihn. Ich vergass das große Problem bei Spielen gegen Barcelona. Viele ihrer Spiele wurden praktisch in den ersten 15 Minuten der zweiten Halbzeit gewonnen. Das hätte ich meinen Spielern sagen müssen. Vielleicht wäre es besser gewesen, wenn ich Park mit der Aufgabe betraut hätte, Messi in den ersten 15 Minuten zu decken, und Rooney auf Linksaußen postiert hätte. Hätten wir diese Taktik angewandt, hätten wir uns vielleicht über diese 15 Minuten hinwegretten können. Wir hätten immer noch kontern können. Durch diese Umstellungen wäre Busquets zwar frei gestellt und wir wären an unseren Strafraum zurückgedrängt worden, aber wir wären gefährlicher gewesen, wenn Rooney auf Linksaußen angegriffen hätte.

Ich hatte eigentlich vor, Valencia in der zweiten Halbzeit nach zehn Minuten auszuwechseln, aber dann bekam Fábio wieder Krämpfe, und ich musste das Ganze wegen seiner Verletzung umkrempeln. Im Allgemeinen hatte ich in Finals großes Glück. Doch in diesem Finale verließ es mich. Aber angesichts der Bilanz all dieser großen Spiele und des Erfolgs, den ich genossen hatte, durfte ich in Wembley, dem Schauplatz von Uniteds Sieg über Benfica im Jahr 1968, nicht in Selbstmitleid verfallen.

Wir dachten, dass wir vielleicht eine Chance bei Eckstößen hätten, aber die bekamen wir einfach nicht. Als unsere Niederlage feststand, verfiel Barcelona nicht in Selbstgefälligkeit. Kein einziges Mal stellten sie ihre Überlegenheit zur Schau. Gleich nach dem Schlusspfiff wollte Xavi sich Scholes' Trikot sichern. Fußballer sollten ein Vorbild haben. Sie sollten sich sagen: ›So wie er will ich auch einmal sein.‹ Für mich war es Denis Law gewesen. Denis war eineinhalb Jahre älter als ich, und ich schaute ihn mir an und beschloss: ›So wie der will ich werden.‹

In den Tagen nach dieser Niederlage begann ich, mir die Trainingsarbeit in unserer Akademie ernsthaft vorzunehmen. Gary Neville, Paul Scholes und ich tauschten unsere Meinungen aus. Ich überlegte, einen weiteren technischen Coach an die Akademie zu holen. Unser Club war immer imstande, großartige Spieler hervorzubringen, und Barcelonas nächste Generation war nicht besser als die unsere. Überhaupt nicht. Thiago konnte es mit Welbeck und Cleverley aufnehmen, aber man musste keine Angst haben, dass es die Übrigen nicht auch schaffen würden, auf ein ähnliches Niveau zu kommen.

Es ist ganz wichtig vorauszuschauen. Lange vor diesem Champions-League-Finale waren wir hinter Phil Jones her. Ich versuchte ihn schon 2010 einzukaufen, doch Blackburn wollte ihn nicht hergeben. Ashley Young wurde eingekauft, um Giggs zu ersetzen. Das Torwartproblem wurde bereits im Dezember gelöst. Zugegeben, David de Gea hatte bei seiner United-Karriere einen schweren Start, aber er würde sich schon noch entwickeln. Smalling und Evans waren absolut vielversprechend. Wir hatten Fábio und Rafael, und Welbeck und Cleverley waren gerade dabei, groß herauszukommen; Nani war 24, Rooney 25. Wir hatten also einen harten Kern von jungen Talenten.

Im Sommer gaben wir dann fünf Spieler ab, denn als Jones in die Startelf aufgenommen wurde, war es für Wes Brown und John O'Shea nicht mehr so leicht. Doch sie hatten gute Dienste geleistet. Es gehört zu den schrecklichen Aufgaben eines Trainers, Leuten, die alles für dich gegeben haben, zu sagen, dass in deinen zukünftigen Plänen kein Platz mehr für sie sein wird. Nach der verregneten Parade anlässlich des Titelgewinns in der Premier League kehrten wir zur Schule zurück, von der aus wir unseren Umzug gestartet hatten. Ich sprach mit Darron Gibson und fragte ihn, wie er sich seine Zukunft vorstelle. Vielleicht war es ja nicht der richtige Ort für eine solche Unterredung, aber er bekam mit, was mir durch den Kopf ging. Er würde am Abend in Urlaub fahren, also mussten wir dieses Gespräch führen. Ich bemühte mich, Wes Brown telefonisch zu erreichen. Es war schrecklich, so erfahrene und mir gegenüber loyale Spieler gehen zu lassen.

Ich verlor fünf Spieler, die 30 oder älter waren, und ließ Owen Hargreaves ziehen. Wir holten Welbeck, Cleverley, Mame Diouf und Macheda zurück, die wir ausgeliehen hatten, und verpflichteten drei neue Spieler. Der Kader wurde auf einen Altersdurchschnitt von etwa 24 Jahren verjüngt.

Mein Plan war es, dass Scholes und Neville sich im Club umsahen, bei der Jugend, in der Akademie und bei den Reserven, und dass wir drei uns dann zusammensetzen würden, um einzuschätzen, wie stark wir aktuell waren. Ich war dabei, ihnen eine schwere Last aufzubürden, um unsere Zukunft zu gestalten, weil sie besser als kaum jemand anders wussten, was man bringen musste, um einer unserer Spieler zu werden. Das wollte ich schon seit Jahren tun: meine Topspieler in den gesamten Clubbetrieb einbinden.

Scholes war ein Mann mit ausgezeichneten Ansichten. Seine Einschätzungen waren brillant. Immer ganz auf unserer Linie. Da gab es keine Unentschlossenheit. Wenn wir ein Problem mit van Nistelrooy hatten, war sich Paul sofort darüber im Klaren, dass Ruud keine Störung verursachen durfte. Er äußerte sich unverblümt. Als Gary ihn einmal fragte: »Bist du sicher, Scholesy?«, wollte er ihn bloß aufziehen.

Zu diesem Zeitpunkt standen uns auf der Trainerseite Brian McClair, Mick Phelan, Paul McGuinness, Jim Ryan und Tony Whelan zur Verfügung. Es waren lauter United-Spieler oder Absolventen der Akademie. Ich wollte diese Bereiche aber unbedingt verstärken. Clayton Blackmore und Quinton Fortune kümmerten sich ein wenig um die Entwicklungsabteilung.

Nach der Manöverkritik sagte ich mir: ›Wenn wir das nächste Mal in einem Champions-League-Finale gegen Barcelona spielen, werde ich Jones und Smalling oder Smalling und Evans auf Messi ansetzen.‹ Ich würde nicht zulassen, dass er uns wieder so unter Druck setzt.

KAPITEL 20

DIE MEDIEN

Den besten Rat, den ich im Hinblick auf den Umgang mit den Medien je bekommen habe, gab mir ein Freund namens Paul Doherty, der damals bei Granada TV tätig war. Ein richtig netter Kerl. Eines Tages kam er zu mir und sagte: »Ich habe deine Pressekonferenzen verfolgt und will dir dazu mal was sagen. Du bist viel zu offen und du lässt dir deine Probleme unnötig deutlich anmerken. Stell dich mal vor den Spiegel und setz einfach dein Alex-Ferguson-Gesicht auf.«

Ein defensives Verhalten im Umgang mit der Presse ist immer schlecht. Wenn du Schwächen offenlegst, hilft das der Mannschaft kein bisschen und hebt keineswegs die Chancen, das nächste Spiel zu gewinnen. Paul hatte völlig recht. Als er mir diesen Rat gab, ließ ich durchblicken, wie anstrengend der Job sei. Doch ich durfte eine Pressekonferenz nicht zu einer Art Folterkammer für den Club werden lassen. Es war meine Pflicht, das Ansehen des Clubs ebenso zu bewahren wie das, was wir taten. Es war wichtig, in die Offensive zu gehen und Pressetermine so weit wie möglich im Griff zu haben.

Bevor ich also losging, um mich der Welt zu stellen, trainierte ich dafür und bereitete mich mental vor. Meine Erfahrung half mir dabei. Während meiner Freitags-Pressekonferenzen konnte ich relativ leicht die Strategie durchschauen, die ein Journalist verfolgte.

Manchmal verständigten sich jedoch etliche Medienleute auch auf eine gemeinsame Strategie: »Okay, du fängst damit an, während ich es auf eine andere Tour probiere.« Die Journalisten waren für mich wie ein offenes Buch. Nicht zuletzt war es meiner Routine zu verdanken, dass ich meinen inneren Mechanismus immer schneller in Gang setzen konnte. Ich mochte es, wenn mir ein Journalist eine ausführliche Frage stellte, denn das ließ mir Zeit, mir meine Antwort zurechtzulegen. Hart waren kurzen Fragen, wie diese: »Warum wart ihr so schlecht?«

Solche markigen Fragen können dich dazu verführen, die eigene Antwort in die Länge zu ziehen. Dabei versuchst du ein Problem möglicht von allen Seiten zu beleuchten, und am Ende rechtfertigst du den Journalisten gegenüber deine ganze Welt. Es ist eine Kunst, die Defizite deines Teams nicht öffentlich zu machen. Das hat allererste Priorität. Immer! Wenn du jedoch in drei Tagen ein Spiel vor dir hast, dann muss das in deinem Denken an vorderster Stelle stehen, wenn du ausgefragt wirst. Allein das nächste Spiel zu gewinnen ist das, was zählt, nicht etwa das Sammeln intellektueller Punkte in der Pressekonferenz.

Außerdem darfst du dich nicht zum Deppen machen, indem du dumme Antworten gibst. All das ging mir durch den Kopf, wenn ich von Journalisten wieder einmal in die Mangel genommen wurde. Es dauert Jahre, sich die Fähigkeit anzueignen, richtig zu reagieren. Ich weiß noch, wie ich als junger Spieler im Fernsehen wegen einer Sperre rumjammerte, die mir die Scottish Football Association aufgebrummt hatte. Vor laufender Kamera sagte ich: »Tja, das ist die unangefochtene Gerichtsbarkeit, die in Schottland herrscht.«

Sofort kam ein Brief von der SFA in den Club geflattert. Wenn man also meint, sich interessant machen zu müssen, gerät man leicht in die Gefahr etwas zu sagen, was man vermutlich später bedauert. Ich hatte zwar recht an jenem Tag in Schottland, doch am Ende musste ich einen langen Brief schreiben, um mich zu erklären. Der Coach fragte mich: »Wo zum Teufel hast du denn das her – das mit der unangefochtenen Gerichtsbarkeit?«

Ich konnte mir nicht verkneifen zu sagen, woher ich meine Weisheit hatte. »Ich hab das in einem Buch gelesen und dachte einfach, es hört sich gut an.«

Meinen ausgedehntesten und heftigsten Krach hatte ich bekanntlich mit der BBC – er ging über sieben Jahre, bis ich mich im August 2011 entschied, dass es nun genug sein. Aus meiner Sicht gab es jede Menge Ärgernisse, etwa ein Artikel in der Zeitschrift *Match of the Day*, aber entschieden zu weit ging mir eine Dokumentation mit dem Titel *Fergie and Son*, die am 27. Mai 2004 von BBC3 gesendet wurde – eine wüste Attacke gegen meinen Sohn Jason. Sie hatten sich die Transfers von Jaap Stam zu Lazio und Massimo Taibi zu Reggina Calcio im Zusammenhang mit Jasons Beteiligung an der Elite Sports Agency vorgenommen. Bevor die Sendung ausgestrahlt wurde, signalisierte mir der Aufsichtsrat von United, dass er weder bei mir noch bei Jason und auch bei der Agentur ein Fehlverhalten bei diesem Transfer erkennen konnte, entschied aber, dass Jason bei weiteren Transferverhandlungen nicht mehr für den Club aktiv werden dürfe. Die BBC wollte sich nicht entschuldigen, obwohl all diese Unterstellungen falsch waren.

Später kam Peter Salmon von der BBC zu mir, und ich erklärte ihm: »Schauen Sie sich diese Sendung an und sagen Sie mir, ob sich die BBC mit so etwas schmücken kann.« Ich wollte die BBC verklagen, doch mein Anwalt und Jason waren dagegen. Salmon ging davon aus, dass seine alte Freundschaft zu mir aus seiner Zeit bei Granada TV diese fatale Situation aus der Welt schaffen würde und meinte: »Die BBC steht heute doch auf der Seite von Manchester.«

»Na toll«, erwiderte ich. »Dennoch musst du dich entschuldigen.« Keine Antwort. Er wollte mich dazu bewegen, die Sendung *Fergie and Son* in einem Interview mit Clare Balding zu diskutieren. Doch warum sollte ich das tun? Am Ende einigten wir uns dann darauf, dass wir unterschiedliche Ansichten hatten, und ich redete wieder mit den Leuten von der BBC.

Generell gesehen hat *Sky Television* das Medienklima stark verändert. Der Sender setzt auf mehr Konkurrenz und hat dadurch den Medienhype zusätzlich angefeuert. Nehmen wir beispielsweise die Berichterstattung über die Beißattacke von Suárez im Frühjahr 2013. Während einer Pressekonferenz wurde ich danach gefragt. Die Schlagzeile über meine Antwort lautete: »Ferguson empfindet Mitgefühl für Liverpool.« Sie hatten mir eine Frage zu Suárez gestellt, und ich hatte erwidert: »Ich weiß, wie die sich fühlen, weil Cantona auch mal eine neunmonatige Sperre bekam, als er einem Fan einen Kung-Fu-Tritt verpasst hatte.« Damit wollte ich eigentlich sagen: Vergesst die zehn Spiele – versucht es lieber mit neun Monaten. Doch sie brachten eine Schlagzeile, die mir unterstellte, dass Suárez mir leidtue.

Eine andere Schlagzeile lautete: »Ferguson sagt, José Mourinho wird zu Chelsea gehen.« Dabei hatten sie mich im Vorfeld dieser Schlagzeile Folgendes gefragt: »Wer wird im nächsten Jahr Ihr größter Herausforderer sein?« Und ich hatte geantwortet, dass Chelsea in der nächsten Saison wieder da wäre und noch hinzugefügt, wenn das, was in den Zeitungen steht, zutreffe und Mourinho zurückkehren würde. Das würde ihnen Auftrieb geben. Daraus wurde dann: »Ferguson sagt, José Mourinho wird zu Chelsea gehen.«

Ich musste Mourinho das erklären. Also schrieb ich ihm eine SMS. Darauf kam zurück: »Schon okay, ich weiß, ich hab's gelesen.« Diese Schlagzeile lief alle zehn Minuten über die Bildschirme.

Am Ende kehrte Mourinho zwar wieder zu Chelsea zurück, aber darum geht es mir hier eigentlich gar nicht.

Die modernen Medien neigen zu Übertreibungen und sind zugleich wankelmütig, und mit beidem hatte ich meine Schwierigkeiten. Meiner Meinung nach ist es heute schwer, echte Beziehungen zu Presseleuten aufzubauen. Sie stehen unter einem solchen Druck, dass es nicht leicht ist, ihnen noch zu vertrauen. Als ich zu Manchester kam, war ich zwar von Beginn an vor einigen Journalisten auf der Hut, doch stand ich noch nicht so unter öffentlicher Beobachtung wie in den letzten Jahren. Typen wie John Bean und Peter Fitton waren anständige Jungs. Auch Bill Thornton, David Walker, Steve Millar waren sehr integer. Und dann hatte ich ja noch meine alten Freunde aus Schottland.

Wenn wir unterwegs waren, verbrachten wir immer einen Abend mit den Presseleuten. Einmal landeten wir in meinem Zimmer, und Beano war so gut drauf, dass er auf dem Tisch steppte. Ein anderes Mal war ich schon im Bett, als mitten in der Nacht das Telefon klingelte und eine Stimme sagte: »Alex! Kannst du bestätigen, dass du heute Abend in einem Taxi mit Mark Hughes gesehen wurdest?« Es war John Bean. Ich sagte: »Das wäre sehr schwierig, John, weil er heute Abend in einem Europacupspiel für Bayern München gespielt hat.«

John erwiderte: »Ach ja, ich habe mir dieses Spiel gerade angesehen.« Ich knallte den Hörer hin.

Bei der nächsten Freitags-Pressekonferenz tauchte auch John auf. »Ich bitte tausendmal um Entschuldigung, Alex. Aber ich weiß, du wirst meine Entschuldigung akzeptieren.« Und dann setzte er sich hin.

In letzter Zeit hatten wir es mit einer Menge junger Reporter zu tun, die sich lässiger kleideten als die Männer, mit denen ich es in meinen Anfangsjahren zu tun hatte. Mag sein, dass es eine Generationenfrage ist, aber mir gefällt das einfach nicht. Natürlich haben die jungen Reporter einen schwierigen Job, weil ihre Redakteure sie so unter Druck setzen. Doch das gute alte »off the record« kann man heute vergessen. Es existiert nicht mehr. Während der Saison 2012/13 habe ich ein paar Reporter gesperrt, weil sie vertrauliche Bemerkungen öffentlich gemacht haben. Einen anderen habe ich gesperrt, weil er behauptet hatte, Rooney und ich würden im Training nie miteinander sprechen – und dass jeder im Club es sehen könnte. Stimmte natürlich alles nicht.

Ich las zwar nicht alle Zeitungen, doch hin und wieder wies unsere Presseabteilung auf Veröffentlichungen hin, die nicht korrekt waren. Das kann einen ganz schön fertigmachen. Vor Jahren ging ich noch dagegen vor, aber am Ende kostet es nur Geld. Eine Richtigstellung in mageren 40 Worten, versteckt auf Seite 11, war eben nicht zu vergleichen mit einer Story und fetten Schlagzeilen auf der letzten Seite. Was sollte es also bringen?

Wenn ich einen Reporter sperrte, sagte ich meist zu ihm: »Ich kann Ihre Version der Ereignisse nicht akzeptieren.« Auch hier war ich in einer starken Position, da ich schon ewig bei ManU war und zudem Erfolg hatte. Wäre ich irgendein armer Schlucker gewesen, der gegen eine Serie von schlechten Ergebnissen ankämpfen muss, hätte die Sache ganz anders ausgesehen. In vielen Fällen entwickelte ich sogar eine unterschwellige Sympathie, weil ich wusste, dass Mutmaßungen oder Übertreibungen zum Geschäft der modernen Medien gehören. Die Zeitungen müssen sich gegen *Sky Television*, Websites und andere soziale Medien behaupten.

Jeder Coach in der Premier League sollte einen erfahrenen Pressechef an seiner Seite haben, jemanden, der die Medien genau im Blick hat und rasch bei Stories agieren kann. Man kann zwar nicht alle

Veröffentlichungen verhindern, aber man kann den Urheber warnen, wenn die Fakten nicht stimmen, und Korrekturen vorschlagen. Ein guter Pressechef ist eine echte Stütze, denn er kann einen aus Schwierigkeiten herauspauken. Tagtäglich und 24 Stunden läuft *Sky News*. Eine Story, die einmal in der Welt ist, wird dort ständig wiederholt, und der Umgang mit den Medien wird für viele Trainer immer problematischer.

Angenommen, Paul Lambert fühlt sich bei Aston Villa nicht mehr wohl. Sofort wird die Pressekonferenz von einer negativen Stimmung beherrscht sein. Nur jemand, der die Medien kennt, kann einen Coach auf solche Situationen hin konditionieren. Als ich eine schlechte Zeit bei United hatte, erklärte mir Paul Doherty: »Du bist angespannt, und das wird sie anlocken. Bevor du in diese Pressekonferenz gehst, stell dich einfach mal vor den Spiegel, reib dir übers Gesicht, setz dein bestes Lächeln auf. Nimm dich zusammen. Sorge dafür, dass sie dich nicht auffressen können.«

Das war ein exzellenter Ratschlag, denn genau das sollte man tun. Meist muss man mit dem Strom schwimmen und das Beste daraus machen. Eine Standardfrage lautet: »Stehen Sie unter Druck?« Ja, natürlich. Aber man darf ihnen damit keine Schlagzeile liefern. Ich hielt meine Pressekonferenzen vor dem Training ab. Viele Trainer tun dies erst danach, denn man ist gedanklich schon beim Training und konzentriert sich weniger auf die Presse.

Für eine Pressekonferenz um neun Uhr morgens würde mich Phil Townsend, der Chef unserer Kommunikationsabteilung, briefen, welche Fragen auf mich zukommen könnten. Er würde mir beispielsweise erklären, dass ich nach der Beißattacke von Luis Suárez, nach dem Godolphin-Dopingskandal beim Pferderennen oder nach einem möglichen Angebot für einen Spieler wie Lewandowski gefragt werden könnte. Ich begann immer damit, über die

Spieler zu reden, die für das nächste Spiel zur Verfügung stehen werden. Erfahrungsgemäß verlagert sich dann das Interesse hin zu Fragen rund um das Spiel und die Spieler, und die Sonntagszeitungen würden einen Artikel rund um ein bestimmtes Thema aufbauen, etwa um Michael Carricks aktuelle Form.

Bei den meisten Pressekonferenzen habe ich mich recht gut geschlagen. Am schwierigsten war es aber, schlechte Schiedsrichterleistungen zu thematisieren. Ich wurde häufig für Bemerkungen über Schiedsrichter abgestraft, weil ich hier meine eigenen Ansichten hatte und mich nicht daran orientierte, es Fußballfunktionären recht zu machen. Mich interessierten nie die Standards, die sich Schiedsrichter selbst setzten. Als Trainer kann ich Schiedsrichterleistungen erwarten, die dem Spiel entsprechen, das sie leiten. Und oft machten sie ihren Job nicht so gut, wie es hätte sein sollen. Heutzutage wird die Schiedsrichtertätigkeit mitunter sogar als Fulltime-Job angesehen, aber das ist völliger Quatsch.

Die meisten Schiedsrichter fangen mit etwa 16 an, wenn sie noch sehr jung sind. Ich bewundere das Bedürfnis, ein Spiel leiten zu wollen. Der Fußball braucht das. Ich hätte bei uns gern einmal Männer wie den Italiener Roberto Rosetti als Schiedsrichter erlebt. Er ist fast 1,90 Meter groß, eine stattliche Erscheinung und kräftig wie ein Boxer. Er fliegt geradezu übers Feld und hält zudem die Spieler in Schach. Er hat alles im Griff. Ich sah Topschiedsrichter immer gern agieren und freute mich, wenn Autorität richtig ausgeübt wurde.

Es ist fast unmöglich, einen Schiedsrichter der Premier League wegen offensichtlicher Inkompetenz loszuwerden. Sie haben alle Anwälte. Auch die Gewerkschaft ist sehr stark. Und junge Schiedsrichter gibt es nicht genügend, also hält man an denen fest, die nun mal da sind.

Schiedsrichterleistungen waren das einzige Thema im Fußball, bei dem ich mich in Interviews mit meiner Meinung mehr hätte zurückhalten sollen, denn in der darauf folgenden Woche wäre ich dann vielleicht der Nutznießer der einen oder anderen Entscheidung geworden. Würde ich mich nach einer schlechten Schiedsrichterentscheidung übertrieben aufregen, könnte das als parteiisch interpretiert werden.

Ich unterstütze die Referees' Association. In Aberdeen würde ich sie gern ins Training einbeziehen, sodass sie sich fit halten können. Ich plädiere für bestimmte Mindeststandards und ich sehe gern Schiedsrichter, die fit sind. Doch ich glaube nicht, dass das derzeitige Fitnessniveau im englischen Fußball ausreichend ist. Wie weit sie laufen können, ist hier wohl nicht das wichtigste Kriterium. Entscheidend ist, wie gut und wie schnell sie das Spielfeld im Blick haben. Läuft etwa ein Gegenangriff, sind sie dann zur richtigen Zeit an der richtigen Stelle? Fairerweise muss ich einschränkend sagen: Führt man sich beispielsweise ein Spiel wie unser Champions-League-Halbfinale 2009 gegen Arsenal vor Augen, bei dem Rosetti als Schiedsrichter pfiff, dann war er noch 20 Meter weit weg, als wir den Ball im Netz versenkten. Wir benötigten für diesen Treffer gerade einmal neun Sekunden. Also hätte der Schiedsrichter 100 Meter in neun Sekunden sprinten müssen. Das könnte höchstens ein Usain Bolt schaffen.

Generell bin ich der Meinung, dass die FA am liebsten hinter prominenten Spielern her war, weil sie wusste, dass ihr das eine positive Publicity einbrachte. Ich denke da etwa an den Vorfall mit Wayne Rooney gegen West Ham, als er wild in die Kamera fluchte. Da wurde der Schiedsrichter unserer Meinung nach unter Druck gesetzt, und Rooney schließlich für drei Spiele gesperrt. Man rechtfertigte das damit, dass es nicht schön für Kinder sei, einen Spieler zu erleben, der in die Kamera flucht. Das sehe ich durchaus ein, aber wie oft hat man im Laufe der Jahre fluchende Spieler erlebt?

Im Grunde war es unmöglich herauszufinden, wer den Dachverband des englischen Fußballs wirklich leitete. Greg Dyke, der neue Vorsitzende, sollte dringend die Anzahl der an Entscheidungen Beteiligten reduzieren. Ein Ausschuss von 100 Leuten kann kein vernünftiges Management auf die Beine stellen. Diese Ausschüsse werden berufen, um irgendwelche Leute für ihren »Beitrag zum Fußball« mit einem Posten zu versorgen, statt für eine reibungslose Organisation zu sorgen. Es ist ein institutionelles Problem. Reformer gehen da als Riesen rein und kommen als Zwerge wieder raus.

An unserem Verhalten während großer Spiele gab es im Allgemeinen nichts auszusetzen. Eine Zeitung führte den Fall des Schiedsrichters Andy D'Urso an, der von Roy Keane und Jaap Stam angeblich angepöbelt wurde, was wir bestritten. Als ich daraufhin meinte, dass sie das nichts anginge, war die FA offensichtlich verärgert. Ich hatte zudem darauf hingewiesen, dass dies der League Cup und nicht der FA Cup sei. Die Arbeit der für die Regelüberwachung zuständigen FA-Abteilung hat mich nie besonders beeindruckt.

Als ich im Herbst 2009 Alan Wiley wegen seines physischen Zustands kritisierte, ging es mir auch darum, endlich einmal die Fitness von Schiedsrichtern generell auf den Tisch zu bringen. Meiner Meinung nach war Alan Wiley übergewichtig, als ich nach einem 2:2-Unentschieden gegen Sunderland im Old Trafford das Thema ansprach. Die Bemerkung, wegen der ich in Teufels Küche kam, war folgende: »Das Tempo des Spiels verlangte nach einem Schiedsrichter, der fit ist. Er war nicht fit. Im Ausland erlebt man Schiedsrichter, die so fit wie Fleischerhunde sind. Er benötigte 30 Sekunden, um einen Spieler zu verwarnen. Er brauchte eine Pause. Es war einfach lächerlich.«

Später entschuldigte ich mich dafür, Alan Wiley persönlich zu nahe getreten zu sein, und erklärte, dass es mir lediglich darum ging, »ein wichtiges Problem im Fußball deutlich zu machen«. 16 Tage nach dem Sunderland-Spiel wurde mir dann von der FA ungebührliches Verhalten vorgeworfen.

Zweimal war ich auf die Tribüne geschickt worden: 2003 und erneut 2007. Beide Male wegen meiner Äußerungen über den Schiedsrichter Mark Clattenburg. Später wurde ich zu einer Geldstrafe von 30 000 Pfund verdonnert und wegen meiner Bemerkungen über Schiedsrichter Martin Atkinson im Anschluss an unsere 1:2-Niederlage bei Chelsea für fünf Spiele auf die Tribüne verbannt. Nach meinen Bemerkungen über Alan Wiley plädierte der ehemalige Schiedsrichter Jeff Winter für ein »Stadionverbot im Sinne der FIFA« als angemessene Reaktion.

Auch im Rückblick bin ich der Meinung, dass wir schon seit ewigen Zeiten keinen wirklichen Topschiedsrichter mehr in der Premier League hatten. Ich weiß, Graham Poll hatte zwar diesen arroganten Zug an sich, aber er war einer der besten Entscheider. Sein Riesen-Ego beeinträchtigte manchmal seine Leistungen, und wenn er eine seiner üblen Launen hatte, konnte er einem das Leben schwer machen. Doch während meiner Zeit bei Manchester United war er in der Lage, einen Vorfall angemessen zu beurteilen.

Wenn ein Schiedsrichter vor 44 000 Zuschauern im Anfield oder vor 76 000 Zuschauern im Old Trafford arbeitet und ein Tor gegen das Heimteam fällt und wenn die Fans empört protestieren, dann beeinflusst das viele Schiedsrichter. Ein weiteres Kriterium für die Qualität eines Schiedsrichters ist die Fähigkeit, unbeliebte Entscheidungen zu treffen. Auch gegen lautstarke Unmutsbekundungen der Fans. Der alte Spruch, ein Schiedsrichter sei ein »Heimschiedsrichter«, trifft wirklich zu. Damit will ich nicht sagen, dass ein Schiri betrügt, sondern eher, dass er von der Kraft der Emotionen des Fußballpublikums beeinflusst wird.

Anfield war wahrscheinlich der Ort, an dem es einem Spielleiter am schwersten fiel, objektiv zu sein, weil es ein derart beengtes und zugleich explosives Stadion ist. Es gibt so eine Art Einschüchterungspotenzial der Fans gegenüber Schiedsrichtern, und zwar nicht nur in Liverpool, sondern überall im Fußball.

Vor 40 Jahren waren die Fans nicht so rabiat wie heute. Vielleicht wäre es daher sinnvoll und hilfreich zugleich, wenn der Schiedsrichter mit seinem Supervisor an der Pressekonferenz teilnehmen und erklären würden, wie er das Spiel und bestimmte Situationen gesehen habe. So hätte ich es beispielsweise überaus interessant gefunden, vom türkischen Schiedsrichter unseres Champions-League-Spiels gegen Real Madrid im Old Trafford vom März 2013 zu hören, was er zu Nanis haarsträubendem Platzverweis zu sagen gehabt hätte. Ein kurzer Auftritt des Schiedsrichters bei der Pressekonferenz könnte ein deutlicher Schritt nach vorn sein.

Den Fortschritt kann man nicht aufhalten. Nehmen wir als Beispiel die Fußballschuhe: Ich war absolut gegen die modernen Schuhe, doch die Hersteller stecken viel Geld in den Fußball und lassen ihr Tun nicht infrage stellen. Inzwischen wird sehr viel Effekthascherei betrieben, um kleine Jungs dazu zu bringen, pinkfarbene oder orangefarbene Schuhe zu kaufen.

Etliche Clubs binden Ausrüster in den Vertrag ein, wenn sie einen Spieler verpflichten wollen. Dann heißt es: »Wir können dir einen Vertrag mit Nike oder adidas und so weiter besorgen.« Die müssen nämlich ihr Geld wieder hereinholen, und das tun sie beispielsweise mit den Schuhen.

Fans werden mit Schiedsrichtern und ihren Entscheidungen nie zufrieden sein, da sie alle gegenüber ihrem Team parteiisch sind.

Leider sind hauptberufliche Schiedsrichter bislang nicht besonders erfolgreich, außer im Hinblick auf das Thema Menschenführung. Im Grunde ist es ein unhaltbarer Zustand, dass jemand seinem normalen Job nachgeht und dennoch das Trainingsprogramm absolvieren muss, das für Schiedsrichter vorgeschrieben ist. Das System ist einfach fehlerhaft. Nach meiner Auffassung müsste es daher hauptberufliche Schiedsrichter geben, die sich täglich in St George's Park, dem Hauptsitz der englischen Football Association, einfinden. Man könnte vielleicht einwenden: Wie sollen sie jeden Tag von Newcastle nach Burton-upon-Trent fahren? Nun, wenn wir bei United einen Spieler aus London verpflichteten, dann haben wir ihm ein Haus in Manchester besorgt. Robin van Persie beispielsweise. Wenn man schon das beste Schiedsrichtersystem haben will, dann sollte man damit genauso professionell umgehen wie die Clubs der Premier League mit ihren Spielern – bei dem vielen Geld, das heute im Fußball zirkuliert.

Mike Riley, Chef des Professional Game Match Officials Board, hat einmal behauptet, es würde das Geld fehlen, um solche Maßnahmen zu finanzieren. Wenn er recht hat, dann ist es einfach unglaublich. Es kann doch wohl nicht sein, dass dem Fußball das Geld für echte Profischiedsrichter fehlt – bei Einnahmen von fünf Milliarden Pfund aus den Fernsehübertragungsrechten. Das ist doch lächerlich. Man denke nur an die Summen, die für Abfindungen an Clubs zur Verfügung stehen, die zur Meisterschaft zugelassen sind. Falls es einmal Profischiedsrichter geben sollte, dann müsste allerdings auch das System darauf eingestellt sein, und zwar richtig.

In Europa haben Champions-League-Schiedsrichter oft etwas Arrogantes an sich, weil sie wissen, dass sie dich am nächsten Wochenende nicht wiedersehen werden. Ich habe an vier Finalen teilgenommen, und es gab nur eines, in dem der Schiedsrichter Weltkasseformat hatte: Pierluigi Collina, im Finale von 1999 in Barcelona.

Ich habe zwei wichtige europäische Spiele gegen José Mourinho verloren, und zwar nicht wegen der Leistung meiner Spieler, sondern wegen der Schiedsrichterleistung. Das Spiel von 2004 in Porto war einfach unglaublich. Die schlimmste Fehlentscheidung des Schiedsrichters an diesem Abend war nicht etwa das aberkannte Tor von Scholes, das uns mit 2:0 in Führung gebracht hätte. Als Ronaldo in den letzten Minuten ausfiel, war er vom linken Außenverteidiger gelegt worden. Der Schiedsrichter-Assistent signalisierte einen Freistoß, doch der Schiedsrichter entschied auf Weiterspielen. Porto rückte vor und bekam einen Freistoß. Tim Howard wehrte ihn ab, und dann erzielten sie den Siegtreffer in der Nachspielzeit. Wir hatten also genügend Erfahrung mit Fehlentscheidungen gegen unser Team in Europa.

Ich schaute mir ein Spiel zwischen AC Mailand und Inter an, und einer der Bosse von Inter sagte zu mir: »Kennst du den Unterschied zwischen den Engländern und den Italienern? Die Engländer glauben nicht, dass ein Spiel gekauft werden kann. Die Italiener glauben nicht, dass *kein* Spiel gekauft werden kann.«

In England gab es erfreulicherweise im Bereich der Menschenführung eine deutliche Verbesserung. Das war auch gut so. Die Kommunikation zwischen dem Schiedsrichtergespann und den Spielern war konstruktiver geworden. Menschen in Autoritätspositionen müssen Entscheidungen treffen können, doch viele von ihnen waren nicht in der Lage, diese rasch zu treffen. Auch Schiedsrichter sind nicht unfehlbar und können sich irren. Das weiß man. Doch gute Schiedsrichter werden häufiger richtige Entscheidungen treffen. Die, die falsche Entscheidungen treffen, müssen nicht unbedingt schlechte Schiedsrichter sein. Ihnen fehlt einfach die Gabe, die richtigen Entscheidungen in einem sehr engen Zeitfenster zu treffen.

Das galt und gilt auch für Spieler. Was macht den Unterschied im letzten Drittel des Spiels? Deine getroffenen Entscheidungen. Damals achteten wir die ganze Zeit auch bei den Spielern darauf, die richtigen Entscheidungen zu treffen. Wenn ich noch einmal von vorn anfangen könnte, würde ich von jedem Spieler verlangen, Schach zu erlernen, um seine Konzentrationsfähigkeit zu schulen. Wenn man Schach erlernt, kann es anfangs drei oder vier Stunden dauern, bis ein Spiel endet. Aber wenn man es beherrscht und beginnt, Blitzschach zu spielen, ist es das Allerhöchste. Schnelle Entscheidungen unter Druck zu treffen – um nichts anderes geht es im Fußball.

KAPITEL 21

UNITEDS 19. TITEL

Im Vorfeld unseres 19. Titels in der englischen Premium League tauchte immer wieder die Frage auf, ob wir nun endlich Liverpools Rekord überbieten könnten. Ich war der Ansicht, dass wir The Reds mit ihren 18 Meistertiteln irgendwann sowieso überholen würden, also mussten wir in dieser Saison nicht so viel Wind darum machen. Ich wollte, dass wir uns auf die Saison an sich konzentrierten. Aber das sollten wir meiner Meinung nach eigentlich immer tun.

Die Liverpool-Teams unter Dalglish und Souness setzten in den 1980er-Jahren den Maßstab im englischen Fußball, also zu der Zeit, als ich meinen ersten Vorstoß als Teammanager im Süden von Schottland unternahm. Diese Liverpooler Mannschaften waren wirklich beeindruckend. Ich hatte gegen sie schon bei Aberdeen kämpfen müssen und nahm diese Erfahrungen natürlich auch mit nach Manchester. In einem Europacupspiel hatten wir im Pittodrie Stadium 0:1 verloren, dann in der Anfield Road während der ersten 20 Minuten wirklich gut gespielt, aber dennoch lagen wir zur Halbzeit 0:2 hinten. Ich hielt meine übliche Standpauke in der Umkleide, und als die Spieler rausgingen, sagte einer von ihnen, nämlich Drew Jarvie: »Kommt schon, Jungs, zwei schnelle Tore, und wir sind wieder drin.«

Wir lagen im Anfield Stadium mit insgesamt 0:3 Toren zurück, und der sprach von zwei schnellen Treffern, als ob wir uns die bloß abholen mussten. Ich schaute Drew an und sagte: »Gott segne dich, mein Sohn.« Später zogen die Spieler Drew mit diesem Spruch auf und fügten hinzu: »Wir haben halt nicht gegen Forfar gespielt, nicht wahr.«

Wenn diese tolle Liverpooler Mannschaft mit 1:0 vorne lag, war es unmöglich, ihr den Ball abzunehmen. Im Stadion war die Hölle los. Souness ließ das Spiel auseinanderziehen. Hansen, Lawrenson, Thompson – ganz gleich, wer hinten stand, sie hielten mühelos den Ball. Als ich zu United ging, hatten sie noch immer Spieler vom Kaliber eines Ian Rush oder John Aldridge. Der Einkauf von John Barnes und Peter Beardsley gab ihnen dann noch mehr Aufwind.

Damals soll ich gesagt haben: »Ich will sie von ihrem Podest runterholen.« Ich kann mich zwar nicht mehr daran erinnern, aber dieser Satz wird mir zugeschrieben. Auf jeden Fall drückt er treffend aus, wie ich mich fühlte, also habe ich nichts dagegen, dass er in den Zeitungen zitiert wird. Manchester Uniteds größter Rivale war – auch wenn sich das zum Ende meiner Trainerkarriere änderte – Liverpool, und die Spiele waren stets hoch emotionale Ereignisse.

Unser 1993er Erfolg in der Premier League war so eine Art Türöffner, und bis zur Jahrtausendwende hatten wir weitere fünf Meisterschaften eingefahren. Als ich mir 2000 Liverpool ansah, wusste ich, dass es für sie nicht leicht werden würde zurückzukommen. Sie hatten einen langen Weg vor sich. Die Entwicklung ihrer Jugend war sprunghaft. Man hatte nicht das Gefühl, dass Liverpool wieder eine ernsthafte Gefahr für uns sein konnte. Wir allein befanden uns auf dem aufsteigenden Ast. An dem Tag, an dem wir dann endlich mit 18 Titeln ihren Rekord einstellten, wusste ich ganz genau, dass wir sie, so wie es bei uns gerade lief, überholen würden.

Das Wochenende unserer 19. Meisterschaft war für die Stadt Manchester ganz außergewöhnlich. City gewann die erste Trophäe seit dem League Cup von 1976 mit einem 1:0-Sieg über Stoke im FA-Cup-Finale, und wir schafften in Blackburn durch einen in der 73. Minute von Rooney verwandelten Elfmeter ein 1:1-Unentschieden. Als ich 1986 zu United kam, führte Liverpool vor United mit 16:7 Liga-Titeln. Das war die Saison, in der Chelsea 50 Millionen Pfund für Fernando Torres ausgegeben und City 27 Millionen Pfund in Edin Džeko investiert hatte, während Javier Hernández mit sechs Millionen Pfund im Vergleich dazu für uns ein Schnäppchen war.

Wir blieben 24 Spiele lang ungeschlagen, bevor wir am 5. Februar 2011 gegen die Wolves verloren, und am Ende verzeichneten wir nur vier Niederlagen. Ein Wendepunkt im Titelkampf war der 4:2-Sieg in West Ham Anfang April, nachdem wir in der Pause noch mit 0:2 hinten lagen. Ich erklärte dieses Ergebnis damit, dass mehrere unserer Spieler erstmals Erfolge eingefahren hätten und jetzt mehr wollten. Dazu zählten Antonio Valencia, Chris Smalling und Javier Hernández.

Der Titelgewinn war unser wichtigstes Ziel in dieser Saison, wobei der 19. ein Bonus gewesen wäre. Als ich dann aufhörte, waren wir bei 20 angelangt, eine Zahl, die die Fans mit großer Begeisterung feierten. Nichts sprach in meiner letzten Saison dafür, dass Liverpool trotz einiger respektabler Leistungen über eine Mannschaft verfügte, die die Liga hätte gewinnen können.

Im April 2013 verließ ich mit Cathy gerade das Grand National, als zwei Liverpool-Fans auf mich zukamen und sagten: »He, Fergie, in der nächsten Saison werden wir euch platt machen.«

»Da müsst ihr aber neun Spieler einkaufen«, erwiderte ich.

Sie schauten mich verdutzt an. »Wieso neun?«

Der eine sagte: »Mensch, das muss ich den Jungs im Pub erzählen.« Ich denke, er war ein Everton-Fan.

»Ich glaub nicht, dass wir neun brauchen«, rief der andere noch, während sie sich trollten.

Ich schrie ihm fast nach: »Na gut, meinetwegen sieben.« Alle lachten.

In diesem Sommer kristallisierte sich Manchester City als die Mannschaft heraus, die wir würden schlagen müssen. Von London oder der Merseyside ging keine Gefahr mehr aus. Trotzdem war es verdammt eng, denn hinter unserem Lokalrivalen stand ein finanzstarker Clubeigner, der uns das Leben schwer machte und die fußballerische Oberhoheit über Manchester beanspruchte. Doch wir gingen unseren Weg unbeirrt weiter und arbeiteten daran, unsere Mannschaft für weitere Erfolge in der Zukunft fit zu machen.

Einen wichtigen Spieler mussten wir ersetzen. Edwin van der Sar. Die meisten Leute vermuteten zwar, Manuel Neuer würde sich oben auf unserer Favoritenliste befinden (er stand tatsächlich auf unserer Agenda), doch wir waren seit Jahren hinter David de Gea her. Wir waren uns sicher, dass er ein Spitzen-Torhüter werden würde.

Im Sommer 2011 stand Ashley Young noch für ein Jahr bei Aston Villa unter Vertrag. Er war ein solider Typ: Engländer, vielseitig, konnte auf beiden Seiten eingesetzt werden und hinter der Spitze spielen. Und er hatte viele Tore erzielt. Da Ji-Sung Park auch schon auf die 31 zuging und Ryan Giggs bereits 37 war, dachte ich, es wäre Zeit, die Fühler nach Young auszustrecken. Giggs würde nie wieder der dynamische Linksaußen werden, der er einst war.

Wir holten uns Ashley Young für 16 Millionen Pfund. Eine anständige Summe. Vielleicht das eine oder andere Pfund mehr, als wir eigentlich zahlen wollten, zumal sein Vertrag nur noch ein Jahr lang lief. Aber wir zogen den Deal schnell durch.

Ashley bekam in der Saison 2011/12 gegen QPR ein Problem, als Shaun Derry vom Platz gestellt wurde und man unserem Mann vorwarf, es sei eine Schwalbe gewesen. Ich stellte ihn deshalb im nächsten Spiel nicht auf und machte ihm klar, dass das Letzte, was er als Spieler von Manchester United gebrauchen könne, der Ruf sei, allzu leicht zu fallen. Es war kein Elfmeter gegen QPR, und Shaun Derrys Platzverweis wurde nicht widerrufen. Ashley machte das noch zwei weitere Wochen, aber wir stellten das ab. Allzu bereitwillig zu Boden zu gehen war etwas, was ich nicht tolerieren konnte.

Ronaldo hatte damit zu Beginn seiner Karriere die gleichen Probleme, und die anderen Spieler nahmen ihn sich deswegen beim Training auch öfter zur Brust. Bei dem Tempo, in dem Cristiano losstürmte, musste man ihn nur anstupsen, damit er umfiel. Immer wieder sprachen wir mit ihm darüber. »Er hat mich doch gefoult«, erwiderte er dann. »Ja schon, aber du übertreibst es einfach.« Er veränderte seine Spielweise und wurde ein reifer Spieler.

Luka Modrić war das beste Beispiel für einen Spieler im modernen Fußball, der niemals eine Schwalbe machen würde. Er blieb einfach auf den Füßen. Auch Giggs und Scholes würden nie eine Schwalbe machen. Drogba hingegen war hier ein prominenter Sünder. Das schlimmste Beispiel war ein Spiel von Barcelona an der Stamford Bridge im Jahr 2012. Die Presse ging nie hart mit Drogba um, außer bei diesem Champions-League-Spiel. Hätten die Medien ihn fünf Jahre früher härter rangenommen, wäre das für den Fußball besser gewesen.

Die Idee, Phil Jones zu verpflichten, stammte noch aus der Zeit, als Sam Allardyce Trainer bei Blackburn war. Als die Rovers uns im FA Youth Cup schlugen, rief ich Sam am Tag darauf an und fragte ihn: »Wie wär's mit dem jungen Jones?«

Sam lachte. »Nein, der spielt am Samstag in der ersten Mannschaft.« Und dort blieb er auch. Sam war ein großer Fan von Jones.

Blackburn wollte ihn im Transferfenster vom Januar 2011 nicht abgeben, weil sie in einem Relegationskampf steckten. Am Ende der Saison war jeder Club hinter ihm her: Liverpool, Arsenal, Chelsea und wir. Er sprach mit allen vier Clubs, aber wir schafften es dann doch, ihn im Alter von 19 Jahren zu United zu holen.

Zu dem Zeitpunkt, als wir Phil verpflichteten, war ich mir nicht ganz sicher, auf welcher Position er am besten wäre. Später war ich der Meinung, er sollte als Innenverteidiger eingesetzt werden. Er bewies uns, wie vielseitig er war – er konnte fast überall spielen. Im Community Shield von 2011, dem Spiel zwischen den Gewinnern der Premier League und des FA Cup, nahm ich Ferdinand und Vidić zur Halbzeit raus und brachte Jones und Evans, damit sie die gegnerische Mannschaft unter Druck setzten. Auch Evans ist gut darin, in die Mitte des Feldes vorzustoßen. Vidić und Ferdinand waren da eher alte Schule. Sie sind helle Köpfe, verstehen das Spiel gut und lassen sich nicht überrumpeln. Zwei großartige Partner. Dennoch konnte ich auf der Position des Innenverteidigers zunehmend Varianten ausprobieren, und Jones spielte in meinen Überlegungen eine große Rolle.

Evans musste meiner Meinung nach etwas aufgerüttelt werden. Er fand es nicht gut, dass ich Jones und Smalling verpflichtete. Das brachte ihn dazu, an meiner guten Meinung über ihn zu zweifeln. Er bewährte sich aus eigener Kraft und brachte für uns immer bessere Leistungen. Es ist immer erfreulich, wenn ein Spieler auf Neuzugänge reagiert, indem er sich doppelt anstrengt.

Tom Cleverley, eine weitere junge Hoffnung, wurde Opfer eines bösen Tacklings gegen Bolton zu Beginn dieser Saison, was ihm sein erstes Jahr in vielerlei Hinsicht kaputt machte. Nach etwa einem Monat war er wieder auf den Beinen, und wir stellten ihn gleich gegen Everton auf. Als die Verletzung erneut aufbrach, fiel er für etwa drei Monate aus. Er sollte operiert werden, lehnte das jedoch ab, denn dann wäre er für neun Monate ausgefallen. Er wollte weitermachen, und es klappte auch. Aber zu dieser Zeit waren Scholes und Carrick wieder zurück. Ich schaffte es nie, Tom regelmäßig in der Mannschaft unterzubringen.

Tom ist ein sehr cleverer Spieler und intelligent dazu. Er ist beweglich und gut im Abschluss. Er gehörte dem Olympiakader für London an, was ich sehr begrüßte, denn er brauchte eine Herausforderung, damit er wieder mehr an sich glaubte. Inzwischen litt Darren Fletcher unter einer Darmerkrankung. Im Sommer 2012 wäre es möglich gewesen, dass er sich operieren ließ, aber er musste erst wieder gesund sein, um unters Messer zu kommen. Als er einen Rückfall hatte, fiel er bis Dezember aus. In der vergangenen Saison hatte ich ihn bei den Reservemannschaften ein wenig Trainingsarbeit machen lassen. Das gefiel ihm. Scholesy war in die erste Mannschaft zurückgekehrt. Darren hielt bei Reservespielen ein paar Halbzeitansprachen und machte entsprechend Eindruck.

De Gea, der 20 war, als wir ihn für 24 Millionen Euro von Atlético Madrid holten, hatte anfangs eine harte Zeit. Offensichtlich fehlte ihm die Physis eines van der Sar oder eines Schmeichel. Dieser körperliche Aspekt musste entwickelt werden, und wir stellten ein Programm auf, das ihm beim Aufbau von Muskelmasse half. Kompliziert wurde es für ihn, als wir Ferdinand und Vidić in unserem ersten Spiel der Ligasaison 2011/12 verloren. Bei dem 2:1-Sieg bei West Bromwich Albion ließ er einen schwachen Schuss von Shane Long durchschlüpfen. Die Prügel, die er in unserem Strafraum bei West Brom bezog, nannte ich seinen »Empfang in England«.

Vidić fiel für sechs Wochen aus und Rio für drei. Dann spielten Smalling und Jones vor de Gea. Junge Spieler. Er tat sein Bestes, war aber alles andere als sicher. Er hatte Probleme, mit den Spielern vor ihm klarzukommen. Als wir im Januar im FA Cup gegen Liverpool spielten, ließ er das erste Tor nach einem Eckstoß zu. Er hätte da besser agieren müssen – doch nicht nur er, sondern auch Jonny Evans und Chris Smalling, die beiden Innenverteidiger in diesem Spiel.

Ihr Stellungsspiel war schlecht, was de Gea in seinem Fünfmeterraum festnagelte, aber in solch wackligen Momenten muss der Torwart eben den Kopf hinhalten. Im entscheidenden Premier-League-Spiel gegen City im Etihad Stadium im darauffolgenden April blockierte Jones ihn und hinderte ihn daran rauszukommen, um den Eckstoß abzufangen, der zu Kompanys Tor führte. An dieser Front musste es also besser werden. Doch im Laufe der Saison wurde de Gea immer effektiver und selbstbewusster. Einige seiner Paraden waren fantastisch. Unser Instinkt hatte uns nicht getäuscht. Er wurde einer der weltbesten jungen Keeper, und wir waren stolz, ihn bei uns zu haben, wo er sich wie so viele andere vor ihm entwickeln konnte. Bei Real Madrid, im Hinspiel unseres Champions-League-Achtelfinales im Februar 2013, hielt er brillant bei Chancen von Ronaldo, Fábio Coentrão und Sami Khedira.

David sprach kein Englisch und musste Autofahren lernen, so jung war er noch. Es ist nie einfach für einen Torwart, der mit 20 nach England kommt. Wenn man die großen Torhüterverpflichtungen der letzten zwei Jahrzehnte Revue passieren lässt, dann war der junge Gianluigi Buffon von dem Augenblick an herausragend, als er zu Juventus wechselte. Aber nur bei ganz wenigen, die einen Karrieresprung in der Größenordnung wie de Gea machen, als er zu United kam, klappt so was auf Anhieb. Doch wir wollten immer in die Zukunft investieren. Ganz sicher wird er einer der Allerbesten sein, und ich war begeistert, als er in meiner letzten Saison ins PFA-Team of the Year gewählt wurde.

Jones hatte in der Saison 2011/12 das Pech, nacheinander einige größere Verletzungen hinnehmen zu müssen. Young konnte auf eine beachtliche Saison zurückblicken, in der er acht Tore erzielt hatte. Für einen Flügelstürmer ist das nicht schlecht. Er kann auf ein gutes Spielverständnis und ein hohes Stehvermögen setzen. Wenn er noch etwas an Tempo zulegen würde, wäre sein Arsenal komplett, doch seine Schnelligkeit war ausreichend, und er entwickelte das Geschick, den Ball nach innen auf seinen rechten, seinen stärksten Fuß zu schieben und abzuziehen. Er war auch durch die Mitte ausgezeichnet, aber in diesem Spielfeldbereich waren wir mit vielen guten Optionen gesegnet. Mit Ashley war ich sehr zufrieden. Er war ein ruhiger Typ und ein guter Trainer. Die drei – Jones, Young und de Gea – sind einfach nette Jungs.

Kurzzeitig keimte der Gedanke eines Comebacks von Paul Scholes in der englischen Nationalmannschaft auf, wurde aber nie ernsthaft weiterverfolgt. In seinen späteren Jahren wurde Paul gegen Spielende oft müde, weil er nicht mit den Genen eines Ryan Giggs gesegnet war, und mittlerweile hatte er kaum noch Interesse daran, international zu spielen. Dennoch war Scholesy, der im Januar 2012 zurückkehrte, für unser Spiel ein echter Gewinn. Niemand war im Mittelfeld unseres Teams – dort wo der Takt angegeben wird – besser als er. Fairerweise akzeptierte die FA Pauls Widerstand gegen eine Berufung in die Nationalmannschaft. Fabio Capellos Assistent trat zwar vor der WM 2010 an ihn heran, aber ein derartiges Angebot gab es dann vor der EM 2012 in Polen und der Ukraine nicht mehr.

Michael Carrick ist ein weiterer interessanter Fall. Kein Trainer der Nationalmannschaft sah in ihm anscheinend einen angehenden Mittelfeldspieler. Michael wuchs damit auf, dass er auf der englischen Bank saß, und hatte daher kein Interesse, den ganzen Sommer bei der EM 2012 als Beobachter zuzubringen. Schließlich nutzte er die Gelegenheit, sein Problem mit der Achillesferse gründlich auszukurieren.

Michaels Handicap bestand meiner Meinung nach darin, dass ihm das Draufgängertum eines Frank Lampard und Steven Gerrard fehlte. Lampard leistete aus meiner Sicht wunderbare Arbeit für Chelsea, doch ich hielt ihn nicht für einen internationalen Elitefußballer. Ich bin einer der wenigen, für die Gerrard kein Topspieler war. Als Scholes und Keane in unserer Mannschaft waren, trat Gerrard selten gegen uns an. In der englischen Nationalmannschaft stand Michael Carrick im Schatten dieser beiden großen Persönlichkeiten.

Lampard und Gerrard aufzustellen war ein Albtraum für jeden Nationaltrainer, weil sie sich nicht in eine 4-4-2-Aufstellung integrieren ließen. 2006 funktionierte die Nationalmannschaft besser mit Hargreaves im zentralen Mittelfeld. Im WM-Viertelfinale 2006 gegen Portugal, das England verlor, meinte ich übrigens zu Steve McClaren, er und Eriksson hätten die Spieler nach Rooneys Platzverweis auch mit zehn Mann viel motivierter zum Elfmeterschießen antreten lassen sollen. Das Gefühl, es trotz geringerer Chancen schaffen zu können, hätte bei Erikssons Elfmeterschützen einfach verstärkt werden müssen. Solche kleinen Dinge sind wichtig und hätten Englands Spielern sicher Auftrieb gegeben.

Im Kontext der Nationalmannschaft gab es für mich ein paar merkwürdige Vereinbarungen. Nach dem Rücktritt von Fabio Capello forderte die FA mich schriftlich auf, nicht über den Job des englischen Nationaltrainers zu reden. Zu dieser Zeit sprach sich jeder für Harry Redknapp als wahrscheinlichen Nachfolger von Capello aus, und ich tat nichts weiter, als der allgemeinen Auffassung beizupflichten, dass Harry für diese Rolle ideal geeignet sei.

Ich habe keine Ahnung, warum sie auf mich so losgingen. Zweifellos gab es wohl Überlegungen, Harry nicht zum nächsten Trainer der Nationalelf zu machen, obwohl alle davon ausgingen.

Mir war dieser Job zweimal angeboten worden. Adam Crozier, Geschäftsführer der FA von 2000 bis 2002, kam zu mir, bevor Sven-Göran Eriksson 2001 berufen wurde. Das erste Mal erreichte mich die Anfrage, als Martin Edwards Geschäftsführer war. Das war etwa zu der Zeit, als Kevin Keegan 1999 die Zügel übernahm.

Ich konnte es unmöglich auch nur in Erwägung ziehen, Nationaltrainer von England zu werden. Können Sie sich das bei mir vorstellen? Bei einem Schotten? Ich machte häufig Witze darüber, dass ich den Job annehmen und sie abstürzen lassen würde – damit sie in der Welt an 150. Stelle stünden und Schottland an 149.

Dieser Job verlangt ein bestimmtes Talent – nämlich die Gabe, mit der Presse umgehen zu können. Steve McClaren beging den Fehler, sich mit dem einen oder anderen Journalisten anzufreunden. Wenn du aber die anderen 90 Prozent ausklammerst, fallen sie über dich her. Wenn der eine positiv über dich berichtet, werden die anderen dich niedermachen. Nein, es hat mich nie gereizt, mich auf dieses Nagelbrett zu legen.

KAPITEL 22

MAN CITY WIRD MEISTER

Wieder daheim in unseren vier Wänden sagte Cathy zu mir: »Das war der schlimmste Tag meines Lebens. Viel mehr davon kann ich nicht ertragen.« Der Sonntagnachmittag des 13. Mai 2012 war aber auch wirklich deprimierend. Für normale Beobachter war es das spannendste Ende eines Titelkampfs in der Geschichte der Premier League. Für uns war es aber die schmerzliche Erkenntnis, dass wir eine überlegene Führung in den Sand gesetzt hatten. Wir hatten gegen das eherne ManU-Gesetz verstoßen, niemals eine Führungsposition aufzugeben. Manchester City war englischer Meister geworden.

Ich selbst war ziemlich fertig, aber natürlich entging mir der Kummer meiner Frau nicht. »Cathy«, sagte ich, »wir haben doch ein tolles Leben, und wir haben fantastische Zeiten des Erfolgs gehabt.«

»Ich weiß, aber ich werde auf keinen Fall auch nur einen einzigen Schritt vor die Tür setzen. Im Dorf gibt es zu viele City-Fans«, erwiderte sie.

Manchmal vergisst man, dass eine Schlappe der eigenen Familie mehr zusetzen kann als einem selbst. Meine Söhne hatten sich längst an den Zyklus von Triumph und Katastrophe gewöhnt. Die Enkel waren noch zu klein, um es zu verstehen. Natürlich war es diesmal besonders deprimierend, weil Man City auf unsere Kosten feiern durfte. Und es wurde dadurch noch schlimmer, dass wir die Meisterschaft quasi in der Hand hielten und es dann vergeigten. Von all den Schlappen, die ich einstecken musste, war keine mit dem Verlust der Meisterschaft an City zu vergleichen.

Seit 1986 hatte ich vierzehn Man-City-Trainer kommen und gehen sehen, angefangen mit Jimmy Frizzell. Und schließlich hatte mich ein Coach vom anderen Ende der Stadt in diesem Titelkampf nach Strich und Faden geschlagen. Ein Jahr später wurde Roberto Mancini der vierzehnte City-Trainer, der den Job verlor oder aufgab, bevor ich abtrat. Roberto verließ Man City im Mai 2013 nach der Niederlage im FA-Cup-Finale gegen Wigan Athletic. Da waren wir bereits wieder englischer Meister, zum zwanzigsten Mal. Wir hatten die Rollen mit City getauscht. Aber ich würde nicht wieder gegen sie antreten.

Zu Beginn der Saison 2011/12 war ich mir ziemlich sicher, dass die Meisterschaft zwischen uns, City und Chelsea ausgetragen würde. Nach einem wirklich gelungenen Start – einem unserer besten – musste ich die Mannschaft wegen einiger Verletzungen erheblich umbauen.

Unser 8:2-Sieg über Arsenal war deren schwerste Niederlage seit 1896, als sie 0:8 gegen Loughborough Town verloren hatten. Es hätten auch 20 Tore werden können. Ich war tatsächlich so weit, dass ich inständig hoffte, keine weiteren Tore mehr sehen zu müssen. Es war eine Demütigung für Arsène Wenger. Das Klima bei Arsenal war sowieso nicht besonders gut. Doch wir spielten an diesem Tag einfach fantastischen Fußball. Angesichts der verpassten Chancen auf beiden Seiten hätte es am Ende 12:4 oder 12:5 stehen können. Arsenal hatte im Mittelfeld einen ganz jungen Spieler aufgestellt. Ich hatte bisher kaum etwas von ihm gehört, diesem Francis Coquelin, und er spielte später nur noch selten. Er war völlig überfordert. Der Spieler, der mich an diesem Tag aber weit mehr enttäuschte, war Andrei Arschawin, der wegen zweier fürchterlicher Grätschen gegen den Mann vom Platz hätte gestellt werden sollen. Man erinnert sich einfach daran, wenn ein Spieler, der normalerweise von allen anderen fertiggemacht wird, den Spieß umdreht und anfängt, seine Gegner zur Strecke zu bringen. Sein Verhalten schockierte mich. Arschawin leistete wirklich keinen positiven Beitrag zum Spiel. Selbst dem Trainer von Arsenal machte es keinen Spaß, so etwas zu sehen. Schließlich nahm Arsène Wenger Arschawin heraus und schickte einen jüngeren Ersatzspieler aufs Feld. Offensichtlich fehlten ihnen einige Spieler, und ohne Fàbregas und Nasri waren sie nicht mehr sie selbst.

Aus diesem Grund hatte ich Arsenal als Titelanwärter eigentlich abgeschrieben. Für mich war Per Mertesacker, der Innenverteidiger, keine wichtige Verpflichtung. Wir haben im Laufe der Jahre viele Spieler dieses Typs in Deutschland erlebt. Ich hielt ihn zwar nicht für ein Handicap, aber ich glaubte auch nicht, dass er Arsenal wirklich weiterbringen würde. Sie benötigten Spieler, die einen direkten Einfluss auf ihre Leistungen und Ergebnisse nehmen konnten.

Ich bemerkte, dass dies ein Thema bei den Transfergeschäften von Arsenal wurde. Wir beobachteten Marouane Chamakh, den Arsenal-Stürmer, in Bordeaux. Wir hatten gute Scouts in Frankreich, aber sie hatten ihn nie empfohlen. Olivier Giroud war ein weiterer Einkauf von Arsenal. Arsène war anscheinend bereit, französische Spieler von diesem Standard zu verpflichten, doch ich war der Meinung, dass er den französischen Fußball überschätzte.

Nach dem 8:2-Sieg über Arsenal folgte die unsägliche 1:6-Heimniederlage gegen City. 40 Minuten waren wir es, die sie in diesem Spiel unter Druck setzten. Wir nahmen sie total unter Beschuss.

Eigentlich hätten wir mit drei oder vier Toren führen müssen. Doch der Schiedsrichter ließ es durchgehen, dass Micah Richards auf Ashley Young eintrat, und übersah fünf Fouls hintereinander. Zur Halbzeit hatten wir das Spiel eigentlich unter Kontrolle. Dann wurde einer unserer Spieler kurz nach der Pause vom Platz gestellt. Sieht man sich die Aufzeichnung des Spiels an, erkennt man, wie Mario Balotelli Jonny Evans zuerst am Trikot zieht. Dann holte ihn unser Innenverteidiger von den Beinen und wurde rausgeschickt.

Als wir 0:2 hinten lagen, nahm ich einen Wechsel vor und brachte Phil Jones, der unermüdlich stürmte. Wir kamen auf 1:3 heran, und die Zuschauer spielten verrückt. Ein großartiges Comeback deutete sich an. Fletcher hatte ein wunderbares Tor erzielt, also begannen wir anzugreifen – und kassierten dann in den letzten sieben Minuten drei Tore. Der reine Wahnsinn.

Es sah wie eine Demütigung aus und war im Grunde selbstzerstörerisch. Zu keinem Zeitpunkt wirkte City wie die uns überlegene Mannschaft. Beim 3:0 waren sie, muss ich fairerweise sagen, zwar auf der sicheren Seite, aber sie spielten dennoch keinen Fußball, der unser Team zerlegte.

Die letzte Phase des Spiels war eine Schande. Ein Witz. Ich bekniete Rio Ferdinand, sich nicht mehr so sehr auf seine Sprintfähigkeiten zu verlassen, die sichtbar nachgelassen hatten. Als er am schnellsten war, zeigte Rio dem Angreifer, wohin er den Ball schieben sollte, und dann nahm er ihm den Ball ab. Hier versuchte er das auch bei David Silva, konnte aber mit dessen Sprint nicht mithalten. Dieses Spiel war so etwas wie ein Wendepunkt für Rio.

De Gea war völlig fassungslos. Sechs Schüsse flogen an ihm vorbei ins Tor, und bei keinem war er auch nur mit einer Hand rangekommen. Dann verloren wir auch noch Danny Welbeck, der eine echte Verstärkung für uns geworden war.

Nach dem Schlusspfiff gab ich den Spielern unmissverständlich zu verstehen, dass sie sich grandios blamiert hatten. Als Erstes machten wir uns daran, uns der Defensivabteilung zu widmen. Hier gab es ein Loch, das wir unbedingt stopfen mussten. Das verhalf uns später zu einer Phase der Stabilität, in der wir hinten stark waren. Wir kümmerten uns darum, dass die Spieler auf die richtigen Positionen zurückkamen, und dass sie die Defensive ernster nahmen.

Nach dieser 1:6-Niederlage lagen wir neun Punkte hinter Man City. Am Neujahrstag betrug der Abstand dann nur noch drei Punkte. Die Heimniederlage gegen die Blackburn Rovers war wirklich schockierend, zumal sie mit meinem 70. Geburtstag zusammenfiel – wobei das für mich nichts Neues war. An meinem 50. Geburtstag waren wir nämlich von den Queens Park Rangers 4:1 geschlagen worden. Ich hatte Evans, Gibson und Rooney suspendiert, weil sie die Nacht gefeiert hatten und übernächtigt zum Training erschienen waren. Carrick und Giggs waren verletzt. So sah ich mich gezwungen, Rafael und Ji-Sung Park im Mittelfeld aufzustellen. Blackburn spielte gut an diesem Tag. Wir verkürzten auf 2:2, und dann bekamen sie eine Ecke, mit der de Gea nicht richtig klarkam, und Grant Hanley staubte ab.

Anlässlich meines 25-jährigen Jubiläums schaffte es United tatsächlich, eine Tribüne nach mir zu benennen, ohne dass ich etwas davon mitbekam. Als ich ans Spielfeld trat, stellten sich die beiden Teams auf, um meine 25 Jahre als United-Coach zu würdigen, was sehr nett war. Die Sunderland-Spieler Brown, Bardsley und Richardson, lauter ehemalige United-Jungs, grinsten breit und anerkennend. Ich war stolz darauf. Dann sagte man mir, ich solle zum Mittelkreis gehen, wo David Gill stand, einen Gegenstand zu seinen Füßen. Ich nahm an, er würde mir ein Geschenk überreichen.

Anscheinend wussten nur er und die Firma, die das Ganze arrangiert hatte, was hier vor sich ging. Alles war unter absoluter Geheimhaltung organisiert worden.

David hielt eine Rede und drehte mich dann zur Südtribüne um, damit ich den Schriftzug sah. Manchmal gibt es Momente im Leben, in denen man das Gefühl hat: Das habe ich nicht verdient. Dies war so einer. David hatte sich etwas ganz Besonderes ausgedacht, um diese 25 Jahre angemessen zu würdigen. Denn darum ging es. Es haute mich fast um, als David sagte: »Wir wollen ein Denkmal für dich errichten, aber meinst du nicht, wir sollten damit warten, bis du mit dem Job aufhörst?« Seine letzten Worte in diesem Zusammenhang waren: »Wir wollten was tun, aber wir wussten lange nicht, was es sein könnte.« Was schließlich dabei herauskam, überwältigte mich dann aber doch. Ich war für 1410 Spiele Trainer von United. In diesem Augenblick lag mir der Gedanke ans Aufhören fern. Aber nach dem letzten Spiel der Saison 2011/12 sagte ich zu meinen Jungs: »Also sei's drum. Noch eine Saison, und dann war's das für mich«, denn mich hatte das Ganze doch ordentlich geschlaucht. Diese letzte Minute schaffte mich dann völlig.

Dass wir aus der Champions League in der Gruppenphase ausschieden, war meine Schuld. Für mich stand es außer Frage, dass wir den Wettbewerb durchstehen würden. Wir hatten die vorangegangenen Gruppenphasen locker absolviert, und ich war überzeugt, dass es ein Durchmarsch werden würde, obwohl ich das natürlich nicht öffentlich sagte.

Ich gönnte zwei oder drei Spielern Ruhe, als wir auswärts gegen Benfica spielten. Wir schafften ein Unentschieden und spielten recht gut. Dann, gegen Basel, führten wir 2:0 und hatten einen Lauf, doch am Ende reichte es nur zu einem 3:3-Unentschieden. Die Baseler hatten ihr erstes Spiel gewonnen und lagen damit bereits zwei Punkte vor uns. Unsere nächsten beiden Spiele gegen Cluj gewannen wir zwar, aber Benfica und Basel lagen noch immer vorn.

Wir spielten gut, schafften bei unserem Heimspiel gegen Benfica aber wieder nur ein Unentschieden. Wenn wir also in Basel verlieren würden, wären wir draußen. Das Spielfeld in der Schweiz war sehr weich, und dann verloren wir Vidić in der ersten Hälfte wegen einer schweren Verletzung. Mit Frei und Streller hatten die Baseler zwei gute Stürmer, und am Ende gewannen sie mit 2:1. Bei diesem Auswärtsspiel waren unsere Spieler selbstgefällig und einfach nicht aggressiv genug.

Im Carling Cup wurden wir von Crystal Palace eliminiert. Die Mannschaft hatte sich gegen unsere jungen Spieler gut vorbereitet. Der League Cup wird heute immer als Bonusturnier abgetan. Auch im FA Cup schieden wir in der vierten Runde aus, nachdem wir in einer früheren Phase des Wettbewerbs Man City geschlagen hatten. Weil wir uns nun auf die Premier League konzentrierten, kamen wir in der Europa League nicht recht voran.

Anfang März fuhren wir zum Rückspiel zu Athletic Bilbao. Vorausgegangen war eine 2:3-Heimniederlage. Ich wollte die Europa League gewinnen und uns anständig präsentieren. Aber unsere Heimspielbilanz war schwach: ein Sieg aus fünf Spielen.

Und zu diesem Zeitpunkt erwischt es einen dann so richtig. Da wirst du aus der Gruppenphase der Champions League gekegelt, erlebst eine 1:6-Niederlage gegen Man City und fliegst auch noch aus dem Carling Cup raus, zu Hause gegen Crystal Palace. Aber vor dir liegt noch eine große Herausforderung. Doch darin waren wir gut. Wir hatten die Energie und alles was nötig war, um uns voll auf die Premier League zu konzentrieren. Unsere Form war danach fantastisch, vom Ergebnis gegen die Blackburn Rovers mal abgesehen. Zwischen Januar und Anfang März schlugen wir Arsenal und

Tottenham vernichtend, besiegten Liverpool und spielten bei Chelsea unentschieden.

Im Februar 2012 kam die Suárez-Evra-Affäre wieder hoch. Luis Suárez hatte vor Liverpools späterer 1:2-Niederlage im Old Trafford Patrice Evra den Handschlag verweigert. Am Dienstag vor dem Spiel hatte ich die Spieler zusammengetrommelt und ihnen gesagt: »Ich denke, ihr müsst Größe zeigen.« Sie hatten aber keine Lust, sich darauf einzulassen. Ich ließ nicht locker: »Ihr müsst mehr Größe als sie zeigen.« Allmählich änderten sie jedoch ihre Meinung und freundeten sich mit dem Gedanken an, ihren Gegnern die Hand zu geben. Vielleicht mussten sie dabei auch an den Vorfall zwischen John Terry und Anton Ferdinand denken. Am Freitag war es für alle dann okay. Es würde auch einen Handschlag von Evras Seite geben.

Ich habe mir die Aufzeichnung der Spielsituation mehrmals angesehen. Suárez schien, als er an Patrice vorbeikam, schneller zu werden. Vielleicht dachte er, niemand würde das bemerken. Als er aber vorbeiging, war Evra sauer und sagte etwas zu ihm. Das ging alles ganz schnell, sollte aber ein Nachspiel haben.

Als Liverpools Trainer Kenny Dalglish vor dem Match sein TV-Interview gab, erweckte er den Eindruck, als sei Luis Suárez bereit, den Konflikt beizulegen und sich zu entschuldigen. Ein Club von Liverpools Format hätte hier eingreifen müssen, anstatt sich vor ihn zu stellen und das üble Spiel mitzuspielen. Ich nannte Suárez eine »Schande für Liverpool« und meinte, dass sie gut beraten wären, ihn »loszuwerden«. Ich verpasste Patrice allerdings auch eine Rüge, denn er hätte nach Spielende nicht jubelnd vor Suárez herumspringen müssen.

Die ganze Geschichte nahm im Anfield Stadium seinen Anfang, als Patrice gekränkt in einer Ecke saß.

»Was ist passiert?«, fragte ich ihn.

»Er hat mich Neger genannt«, sagte Patrice.

Ich sagte ihm, dass er das sofort dem Schiedsrichter melden müsse. Ich ging mit ihm in die Schiedsrichterkabine und sagte: »Hören Sie, Patrice Evra behauptet, er sei rassistisch beleidigt worden.«

Phil Dowd, der vierte Offizielle, begann sich alles zu notieren. Andre Marriner, der Schiedsrichter, ergänzte, er habe schon vermutet, dass etwas passiert sei, habe aber keine Ahnung gehabt, was das gewesen sein könnte. Patrice meinte, es sei bereits mehrmals vorgekommen. Dann riefen sie Kenny Dalglish hinzu.

Über den Vorfall wurde nicht mehr weiter gesprochen. Doch dann ging die Bombe in den Zeitungen hoch. Später trugen die Spieler von Liverpool diese T-Shirts, auf denen sie sich mit Suárez solidarisierten, was ich für einen Club von Liverpools Format als besonders lächerlich empfand. Meiner Meinung nach gingen wir mit dem Vorfall gut um, da wir wussten, dass wir recht hatten. Die FA forderte uns mehrmals auf, das Thema ruhen zu lassen, aber Liverpool konnte die Angelegenheit nicht einfach unter den Teppich kehren. David Gill hätte es keinem Trainer durchgehen lassen, wenn er sich so verhalten hätte. Auch Bobby Charlton nicht. Es sind eben Leute mit großer Lebenserfahrung. Bei Liverpool war wohl niemand bereit, Kenny zu veranlassen, sich künftig zurückzuhalten.

Luis Suárez kam zur Anhörung und sagte, er habe Patrice Evra »Negrito« genannt. Sprachexperten meinten später dazu, dass man einen Freund »Negrito« nennen dürfe, aber keinen Fremden, noch dazu in einem Streit. Dann sei es eine rassistische Beleidigung.

Im Europa-League-Spiel gegen Ajax fünf Tage nach dem verweigerten Handschlag im Old Trafford stellte ich Evra nicht auf, weil es eine harte Zeit für ihn war, und er eine Pause brauchte. Er ist ein starker kleiner Kerl. Regelmäßig fragte ich ihn, wie er sich fühle, und er erwiderte stets: »Mir geht's gut, ich muss mich wegen nichts schämen, ich glaube, ich habe das Richtige getan. Es ist eine Sauerei, was er zu mir gesagt hat.«

Er betonte auch, dass er das allein für sich tue, aus Prinzip, und nicht versuche, eine politische Aktion für schwarze Spieler daraus zu machen.

Ich glaube, Kenny Dalglish verfiel wieder in seinen alten Komplex. Das Problem bestand meiner Meinung nach darin, dass es in Anfield keinen Peter Robinson gab. Peter Robinson hätte es nie zugelassen, dass man mit der Suárez-Angelegenheit so umgegangen wäre. Doch für die jungen Trainer war Kenny ein Idol, und es gab niemanden, der sagte: »He, pass auf, was du hier gerade machst, das ist nicht in Ordnung, das hier ist schließlich der FC Liverpool.« Umgekehrt darf man niemals Kenny Dalglish's sensiblen und staatsmännischen Umgang mit der Hillsborough-Katastrophe vergessen, der ihm einen so großen Respekt eintrug, sodass ihm sogar spätere politische Differenzen nicht ernsthaft schaden konnten.

Nach der Enthüllung der Statue war der FIFA Presidential Award für 2011 eine weitere große Ehrung für mich. Beim Festakt saß ich neben Pep Guardiola und direkt vor Messi, Xavi und Iniesta. Den drei Musketieren. Ich fühlte mich privilegiert in ihrer Gesellschaft. Als ich allein dasaß, kamen die drei auf mich zu, um mir die Hand zu schütteln. Xavi fragte: »Wie geht's Scholes?« In seiner Dankesrede meinte Messi, sein Ballon d'Or hätte eigentlich an Xavi und Iniesta verliehen werden müssen. »Sie haben mir zu dieser Trophäe verholfen«, erklärte er. Messi ist ein wirklich bescheidener Typ.

Es war ein sehr angenehmer Abend. Sepp Blatter, der FIFA-Präsident, fand außerordentlich freundliche Worte, und es gab Videobotschaften von Gordon Brown, Tony Blair, José Mourinho,

Éric Cantona, Ronaldo und David Beckham. Der Preis wurde mir in Anerkennung meiner 25 Jahre bei Manchester United verliehen. Ich sagte, das sei eine große Ehre am »Abend meines Lebens«. Wer mich am Ende dieser Saison erlebt hatte, würde mir sicherlich beipflichten.

Bei City probierte ich es gar nicht erst mit Psychospielchen, denn ich war der Meinung, wir seien Herr der Lage. Patrick Vieira dagegen behauptete tatsächlich, es wäre ein Zeichen von Schwäche, dass wir Scholes nach seinem Rücktritt im Januar 2012 zurückgeholt hätten. In dieser Saison waren wir großartig drauf, bis wir in Wigan geschlagen wurden, wo wir wirklich nicht gut spielten. Was uns jedoch den Rest gab, war das Heimspiel gegen Everton am 22. April. Es blieben noch sieben Minuten, und dann würden wir 4:2 gewinnen. Dann traf Patrice Evra den Pfosten und Everton konterte und erzielte ein Tor. Statt 5:2 stand es nur noch 4:3. Als das Spiel schließlich mit einem 4:4-Unentschieden endete, hatte ich das Gefühl, die Meisterschaft verloren zu haben. City gewann sicher bei den Wolves und verkürzte unsere Führung auf drei Punkte – vor dem Manchester-Derby bei City. Es war der reinste Horror. Ich wusste, das Auswärtsspiel bei City würde hart werden und glaubte, sie würden das Spiel abwürgen wollen, das Tempo verlangsamen, Fouls in unserer Hälfte begehen und den Ball zu Nasri und Silva passen, damit die damit dribbelten. Bis dahin war City in solch cleveren Taktiken versiert.

Im Etihad Stadium sollten die beiden Außenstürmer Rooney als einzige Sturmspitze unterstützen, und Ji-Sung Park sollte Yaya Touré in seinem Bereich beschäftigen. Keiner war darin so gut wie Park. Physisch spielte er zwar nicht in der gleichen Liga wie Touré, der in herausragender Form war, aber ich musste es einfach probieren und die Gefahr verringern, die von Tourés Vorstößen ausging.

Aber ich machte einen Fehler. Nani war an diesem Abend in einer schrecklichen Verfassung. Wir ersetzten ihn durch Valencia, der erheblich besser war, aber City ging mit 1:0 in Führung und zerstörte dann nur noch das Spiel. Kurz vor der Halbzeit wurde Smalling von einer Ecke durch David Silva überrascht, die zum Kopfballtor durch Vincent Kompany führte. Es war kaum zu fassen.

Dabei waren wir in den ersten 20 Minuten richtig gut, wir hatten mehr Ballbesitz und ein paar Halbchancen. Wir beschlossen, die Korridore eng zu machen. Zabaleta stieß immer wieder bis zur Torauslinie vor, um Eckstöße herauszuholen. Von Clichy kam gar nichts, alles machte Zabaleta. Und dann erwischte uns ausgerechnet ein Eckstoß.

Wenn wir das 0:0 in die Halbzeit gerettet hätten, wären wir in der Lage gewesen, das Spiel zu gewinnen. Wir hatten einen Plan für die zweite Hälfte, eine Spielweise, bei der Welbeck für Park hereinkommen würde. Aber Nigel de Jong erwischte Danny Welbeck voll am Knöchel, und damit fiel Danny für den Rest der Saison aus, bis er wieder für England spielte. Für das Tackling an Welbeck wurde de Jong nur verwarnt.

Während des ganzen Spiels bedrängte Roberto Mancini den vierten Offiziellen, Mike Jones, den ich nicht für einen der stärkeren Schiedsrichter halte. Als de Jong dieses Tackling an Welbeck beging, eilte Mancini sofort heraus, um seinen Spieler zu schützen. Ich sagte zu Mancini, er solle sich wieder hinsetzen. Worum ging es bei unserem kleinen Scharmützel? Roberto versuchte, den vierten Offiziellen zu gängeln. Mir reichte es. Roberto wollte, dass der Schiedsrichter zu ihm rüberkam und mit ihm sprach, damit so die Zuschauer aufgewiegelt wurden. Andre Marriner überließ es dann Mike Jones, die Angelegenheit zu regeln. Im Übrigen war Yaya Touré zweifellos der Spieler, der sich am meisten hervortat. In diesem 1:0-Spiel war er der beste Spieler gegen uns. Er war einfach absolut genial.

Später gab es keine weiteren Animositäten. Roberto und ich setzten uns zu einem Drink zusammen. Doch das Büro, in dem wir miteinander reden wollten, war rappelvoll. Ich sagte zu Mancini: »Das ist doch einfach albern – wie können wir miteinander reden, wenn all diese Leute hier drin sind?«

Das Einzige, was mich an Mancini während seiner Zeit als Trainer von City überraschte, war seine Einstellung gegenüber Carlos Tévez. Er hatte doch Möglichkeiten, gegen die Eskapaden eines Spielers etwas zu unternehmen. Ich war der Meinung, er hätte ihn rauswerfen sollen. Stattdessen flog Tévez nach ihrem Streit bei einem Champions-League-Spiel in Deutschland für drei Monate nach Argentinien, um Golf zu spielen, und als er zurückkam, erklärte er, er wolle kämpfen, um die Meisterschaft für City zu gewinnen.

Dass Mancini ihn zurücknahm, zeugte von Verzweiflung. Oder vielleicht hatte sich Scheich Mansour eingemischt, um die Situation zu bereinigen. Ich erinnere mich noch, wie Mancini sagte: »Er wird nie wieder für mich spielen.« Angenommen, Edin Džeko oder Balotelli wären unzufrieden und für drei Monate verschwunden, wären sie dann anders als Tévez behandelt worden? Mancini hatte sich selbst ein Bein gestellt. Und was sein Ansehen als Trainer anging, hätte er sich selbst keinen schlechteren Dienst erweisen können.

Ich habe gehört, dass einige Spieler und Mitarbeiter ihn nicht mochten, aber er war schließlich nicht dazu da, gemocht zu werden. Die Ergebnisse sprachen für ihn und seine Methoden. Er wählte seine Spieler gut aus und achtete auf einen ausgewogenen Altersdurchschnitt. Ich glaube, er wollte keine Spieler über 30 und keine unter 24 aufstellen. Seine Spieler befanden sich meist in einem Altersspektrum zwischen 24 und 28. Die meisten hatten gerade ihren spielerischen Höhepunkt erreicht, und damit konnten sie theoretisch zwei bis drei Jahre im Kader bleiben.

In taktischer Hinsicht erkannte man seine italienischen Instinkte. Sobald City vorn lag, ließ er hinten oft zu fünft spielen. Er hatte eben diese defensive Mentalität, nichts herzuschenken. Doch das kostet dann auch einige Spiele.

Allerdings war die Tordifferenz immer noch ein entscheidender Faktor. In unseren restlichen beiden Spielen, gegen Swansea und Sunderland, versuchten wir, die Lücke zu schließen. Gegen Swansea verpassten Smalling und Giggs ihre Chancen. Wir hätten zur Halbzeit mit fünf Toren Vorsprung führen können. In der zweiten Hälfte vergaben Rooney und Cleverley todsichere Chancen. Bei einem 5:0-Sieg wären wir nur noch mit fünf Toren im Rückstand gewesen. Beim Spiel gegen Sunderland war deren Torhüter, Simon Mignolet, nicht von dieser Welt. Seine Paraden waren einfach unglaublich. Wir trafen zweimal den Pfosten, und Rooney erwischte die Latte. Eigentlich hätten wir 8:0 siegen können. Das wäre mal ein Ding gewesen, eine Meisterschaft zu gewinnen, allein durch die Tordifferenz.

In diesem Spiel erschien nur Rooneys 34. Saisontreffer nach einer Flanke von Valencia auf der Anzeigetafel. Unsere Fans waren wunderbar. Ständig behielt ich den jungen Mann von Sky im Auge, und er signalisierte mir, dass es bei City immer noch 2:1 für QPR stand. Wie lange dauerte das Spiel noch? Fünf Minuten Nachspielzeit. Aber ich ahnte es schon. City traf zweimal in 125 Sekunden, durch Džeko und Agüero. Džekos Tor fiel nach 91 Minuten und 15 Sekunden, dann ging Agüero mitten durch die QPR-Abwehr, spielte Doppelpässe mit Balotelli und erzielte den Treffer, mit dem sie erstmals nach 44 Jahren den Titel gewannen. Die Uhr stand bei 93 Minuten und 20 Sekunden.

Für genau 30 Sekunden waren wir Meister, und als der Abpfiff kam, nicht mehr. Fairerweise muss ich sagen, dass unsere Spieler wussten, dass sie es vermasselt hatten. Da gab es keine Entschuldigungen.

Ich sagte zu ihnen: »Ihr geht mit erhobenen Köpfen durch diese Tür raus. Es gibt nichts, dessen ihr euch schämen müsst. Zeigt keine Schwäche.« Sie verstanden diese Botschaft. Ihre Interviews waren alle positiv. Und ich tat, was ich tun musste: Ich gratulierte City. Damit hatte ich kein Problem.

Es hat keinen Sinn, sich den Kopf darüber zu zermartern, was im Spiel zwischen City und den Queens Park Rangers alles hätte geschehen können. Während meiner Karriere bei Manchester United kamen wir immer wieder zurück, und so würde es auch wieder sein. Die Frage, die mir in diesem Sommer durch den Kopf ging, war: Ist City in der Lage besser zu werden? Der Gewinn der Meisterschaft hatte sie selbstbewusst gemacht. Es waren schließlich keine kleinen Jungs in ihrem Team, und sie waren eine sehr erfahrene Mannschaft, mit diesem Altersdurchschnitt um die 25. Geld war kein Thema, doch die Größe des Spielerkaders und die Gehälter im Kontext der Vorschriften des Financial Fair Play waren es schon. Und dann dachte ich an unser Problem: Würden wir durch die nächste Saison mit einer besseren Verletzungsbilanz kommen?

Unserem Team fehlte ein junger Paul Scholes. Wir brauchten so einen Spielmacher. Manche Leute schwärmten von Modrič, aber wir zögerten, nach dem Tamtam um Berbatov mit den Spurs zu verhandeln.

Rafael entwickelte sich zu einem wirklich guten Spieler, aber er machte Fehler. Manche Spieler können es einfach nicht lassen, Fehler zu machen, es ist wie eine Erbkrankheit, während andere aus ihnen lernen. Rafael wurde gegen Bayern München vom Platz gestellt.

Doch dann verbesserte sich seine Disziplin deutlich. Er ist ein richtiger Wettkampftyp, schnell und aggressiv, und er glaubt an sich. Er hat eine wirklich positive Einstellung zum Spiel. Nur die linke Abwehrseite war nicht ausreichend besetzt, dort hatte Patrice Evra im Durchschnitt 48 bis 50 Spiele pro Saison absolviert. Diese Lücke mussten wir also dringend füllen.

Während einer Pressekonferenz sagte ich an unsere Fans gerichtet: »Gewöhnt euch lieber schon mal daran, dass wir von dieser neuen Man City-Truppe noch eine Menge zu sehen bekommen werden. Es wird noch viele Spiele zwischen uns geben, und sie werden alle wie dieses sein. Ich würde in der nächsten Saison sehr gern in ihrer Champions-League-Gruppe sein, weil uns das aufbauen könnte.« Für die Saison 2012/13 beschloss ich, keine Spieler zu schonen und die Gruppenphase viel ernster zu nehmen, um Gruppenerster zu werden.

Vor der Finalrunde der Premier League waren Mick Phelan und ich in Deutschland, um uns das deutsche Pokalfinale anzuschauen und Shinji Kagawa, Robert Lewandowski und Mats Hummels zu beobachten. Während dieser Reise sagte ich zu Mick: »City kann uns morgen nur schlagen, wenn sie einen späten Treffer erzielen. Sie haben ein schweres Spiel gegen Queens Park Rangers. Mich würde es nicht überraschen, wenn QPR erfolgreich wäre, doch wenn City spät trifft, werden wir die Meisterschaft verlieren.«

Wir erreichten am Ende 89 Punkte, das höchste Ergebnis, das je ein Zweitplatzierter erreichte. Allgemein war man der Meinung, dass es uns auf den Abwehrpositionen ein wenig an Stabilität gefehlt hätte, besonders aufgrund der Verletzung von Vidić, doch sobald Evans und Ferdinand ein Gespann bildeten, machten wir in der Tabelle einen Sprung nach oben. Unsere Tordifferenz war gut, und 89 Punkte waren ein gutes Polster. Doch nach dem frühen Ausscheiden aus dem League Cup, dem FA Cup und der Champions League mussten wir diese Saison abschreiben.

Ich war deprimiert, aber nicht demoralisiert, denn ich war überzeugt, einen Kern von Spielern zu haben, die sich noch verbessern würden. Rafael, Jones, Smalling, de Gea, Cleverley, Welbeck, Hernández – sie würden auf lange Sicht richtig gut sein. Die Frage war nur, durch wen ich Scholes ersetzen sollte. Ich weiß nicht, wo solche Spieler zu finden sind. Ein fitter Anderson würde die Lücke zum Teil schließen. Wir planten, Kagawa und den jungen Nick Powell von Crewe zu verpflichten. Wir hatten fünf geborene Innenverteidiger sowie Valencia und Nani. Young würde uns viele Möglichkeiten auf den Außenpositionen verschaffen. Wir wussten, wo die wahre Herausforderung lauerte: bei den lärmenden Nachbarn, bei City. Daher könnte es für uns von Nutzen sein, so meinte ich, wenn sie in Europa besser abschneiden und damit stärker abgelenkt wären.

Am Dienstag sollten wir nach Belfast fliegen, zu Harry Greggs Abschiedsspiel. Es war schwer, die Spieler zu motivieren, aber es war dann doch recht anregend, weil Harry Gregg uns große Dienste erwiesen hat und die Fans phantastisch mit dabei waren. Das half uns, die Enttäuschung zu verarbeiten.

Nach diesem schmerzlichen Saisonende gab es noch einen medizinischen Schock. Ich flog nach Berlin, um mir das deutsche Pokalfinale zwischen Borussia Dortmund und Bayern München anzusehen. Dann ging es nach Sunderland, wieder nach Hause, dann nach Belfast zu Harry Greggs Abschiedsspiel und wieder nach Hause und weiter nach Glasgow, wo ich auf einem Empfang der Rangers eine Rede halten sollte. Schließlich hatte ich für Samstag einen Flug nach New York gebucht.

Als ich mich in Glasgow rasierte, bemerkte ich einen Tropfen Blut. Dann noch einen und noch einen. Es hörte gar nicht mehr auf zu bluten, und ich musste ins Krankenhaus, wo man eine Kauterisation vornahm. Der Arzt meinte, ich wäre soweit in Ordnung, um fliegen zu können. Die Blutung hielt aber noch zwei Tage an, also cancelten wir den Trip nach New York. Der Arzt schaute am Freitag, am Samstag und am Sonntag vorbei. Es war schmerzhaft, aber schließlich hörte die Blutung auf.

Früher bekam ich als Spieler häufig Nasenbluten, hauptsächlich durch Schläge. Aber das hier war besonders schlimm. Als Ursache diagnostizierte man die vielen Flüge und den ständigen Luftdruckwechsel. Das war eine kleine Warnung. Wenn man zu viel macht, fordert man Probleme geradezu heraus.

KAPITEL 23

FAMILIE

Sie blieb immer für mich auf. Selbst wenn ich erst um zwei oder drei Uhr morgens heimkam – Cathy war da, um mich zu begrüßen. »Warum gehst du nicht zu Bett?«, sagte ich zu ihr am Telefon, wenn wir von einem Auswärtsspiel nach Hause flogen. »Nein, nein«, erwiderte sie dann immer, »ich warte, bis du da bist.« So hat sie es in den ganzen 47 Jahren gehalten.

Ich konnte beruhigt meinem Job nachgehen, weil ich wusste, dass das Familienleben bei ihr in den allerbesten Händen lag. Cathy ist ein großartiger Mensch. David Gill vollbrachte geradezu eine Meisterleistung, als er sie dazu überreden konnte, eine Statue von mir am Old Trafford zu enthüllen. Ich hätte sie nie und nimmer dazu bewegen können, sich so ins Rampenlicht der Öffentlichkeit zu begeben.

Cathy ist etwas ganz Besonderes, weil sie sich nie verändert hat. Sie ist Mutter, Großmutter und Hausfrau. Das ist ihr Leben. Sie bemüht sich nicht um neue Freundschaften, wehrt sie aber auch nicht ab. Sie mag lieber die Gesellschaft ihrer Familie und einiger weniger guter Freunde. Zum Fußball ist sie fast nie mitgegangen. Als ich sie heiratete, gingen wir mit Freunden aus Glasgow am Wochenende zum Tanzen. In der Gesellschaft von Leuten aus Glasgow fühlte sie sich immer wohl. Nach unserem Umzug nach Manchester wurde dies anders. Sie zeigte nicht die geringste Neigung, bei offiziellen Anlässen dabei zu sein, und ich ging meist allein zu Empfängen oder Dinners.

Eine fest verschlossene Haustür ist der beste Schutz, wenn Tory-Politiker davor stehen, um Wahlwerbung zu machen. Cathy hörte sich an, wie die örtlichen Konservativen über die Gegensprechanlage darum baten, ins Haus gelassen zu werden, und sagte dann nur: »Tut mir leid, Mrs. Ferguson ist nicht zu Hause. Ich bin nur die Putzfrau.« Sie ist in jeglicher Hinsicht ihrer Herkunft treu geblieben.

Als ich mit 32 aufhörte, aktiv Fußball zu spielen, Pubs in Glasgow betrieb und Trainer bei St. Mirren war, begann mein Tag meist in der Love Street, wo ich bis 11 Uhr blieb. Dann ging ich rüber ins Pub und blieb dort bis halb drei Uhr morgens. Manchmal fuhr ich anschließend noch nach Hause, manchmal direkt in die Love Street zum Training. Dann wieder ins Pub und von dort nach Hause.

Daher sahen mich die Kinder nur selten, als sie klein waren. Cathy hat sie großgezogen. Seit sie selbst Männer sind, stehen sie mir zwar näher, aber die größte Liebe und Achtung haben sie stets ihrer Mum entgegengebracht.

Der Umzug nach Aberdeen war für alle ein Segen, denn dort musste ich mich nicht mehr um Pubs kümmern, und wir fünf waren wieder stärker eine Familie. Wenn nicht gerade ein Auswärtsspiel auf dem Programm stand, war ich immer für sie da. Darren war Balljunge, und Mark ging mit seinen Freunden zu den Spielen. Cathy kümmerte sich um Jason, der sich in dieser Phase nicht besonders für Fußball interessierte.

Aber mit 13 oder 14 begann auch er zu spielen, und am Ende vertrat er den Scotland Boys Club gegen Wales. Er war kein schlechter Spieler. Als Spätentwickler interessierte er sich allerdings mehr für Bücher. Er ist ein cleverer Junge. Als wir nach Manchester zogen, blieb er in Aberdeen, um weiterzustudieren. Später kam er dann auch zu uns nach Manchester und spielte ab und an für unser B-Team.

Darren war der geborene Fußballer und hatte einen großartigen linken Fuß. Auch Mark war ein richtig guter Spieler und wurde ein paar Mal bei den Reserven von Aberdeen aufgestellt. Er ging in Sheffield aufs College, später auf die Uni und machte einen Abschluss in Land Economy und wurde schließlich ein hohes Tier bei der Stadt. Alle meine Söhne haben sich gut entwickelt, alle drei sind sehr engagiert, genau wie Cathy, die clever und zielstrebig ist.

Früher sagten die Leute immer, ich wäre genau wie mein Dad. Aber wer mich wirklich gut kannte, war der Meinung, ich sei eher wie meine Mutter, die eine sehr entschiedene Frau war. Auch mein Vater hatte eine bestimmende Art, doch er ließ es viel ruhiger angehen. Meine Mutter war, wie alle guten Mütter, zu Hause der Boss. Sie führte die Familie. Auch Cathy traf alle familiären Entscheidungen in unserem Haus, und das war uns beiden recht.

Als Darren 14 war, rief mich eines Tages Brian Clough an und sagte, er wolle ihn für Nottingham Forest verpflichten. Brian war ein sehr eigenwilliger Mensch. Er ging beispielsweise nie ans Telefon, wenn ich bei ihm anrief. Stets meldete sich Ron Fenton, sein Co-Trainer. Als ich eines Tages in Aberdeen war, fuhr ich in den Süden, um mir das UEFA-Pokal-Spiel Forest gegen Celtic anzusehen. Ich kannte Ron Fenton recht gut. Als ich in dessen Büro kam, sagte Ron zu mir: »Alex, kennen Sie eigentlich schon unseren Boss?« Ich kannte ihn nicht und freute mich darauf, seine Bekanntschaft zu machen. Ron machte uns also bekannt, und Brian fragte mich: »Was halten Sie von dem Spiel?« Meiner Meinung nach hatte Celtic verdient gewonnen. Ich erwiderte deshalb möglichst diplomatisch, dass Forest sie im Celtic Park schlagen würde. »Na schön, junger Mann, ich habe genug gehört«, war seine Antwort. Dann ging er raus. Archie Knox prustete vor Lachen.

Darren blieb jedenfalls bei United. Mein Problem war nur, wie ich ihn in der ersten Mannschaft halten sollte. Cathy hat mir nie verziehen, dass ich ihn auf die Transferliste gesetzt hatte. Er kam bei den ersten 15 Spielen in dem Jahr zum Einsatz, als wir zum ersten Mal die Meisterschaft holten. Aber bei einem Spiel der schottischen U21 zog er sich einen schlimmen Muskelfaserriss im Oberschenkel zu, sodass er drei Monate lang nicht spielen konnte. Damit fiel er bis Februar aus. Bis dahin war Bryan Robson wieder fit, den Darren verletzungsbedingt ersetzt hatte. Auch Neil Webb, Mick Phelan und Paul Ince waren wieder da. Dann war auch noch Roy Keane für 3,75 Millionen Pfund zu haben. Und so war Darren als Spieler für die erste Mannschaft gestorben.

Natürlich fand er das nicht in Ordnung und meinte, er müsse dann wohl den Verein wechseln. Er verstand aber durchaus, in welchen Schwierigkeiten ich steckte. Also ging er zu den Wolves, einem Club im Umbruch, mit erheblichem Potenzial und einer großen Fangemeinde.

Ich habe mir Darren dort viele Male angesehen. Er war dort ohne Zweifel ein Top-Spieler, aber sie wechselten den Trainer immer wieder aus, nachdem Graham Turner gefeuert worden war: Graham Taylor, Mark McGhee, Colin Lee. Als Mark McGhee kam, wurde Darren immer seltener aufgestellt.

Dann wurde er an Sparta Rotterdam ausgeliehen und machte sich auch dort richtig gut. Doch während seines Urlaubs wurde der Trainer ausgewechselt, und der neue Mann wollte ihn nicht haben. Also ging Darren zurück nach England und wurde Stammspieler beim FC Wrexham. Als sich seine Spielerkarriere dem Ende zuneigte, rief Barry Fry von Peterborough United bei mir an, um sich nach

Darren zu erkundigen. Schließlich wurde er dort Trainer und schaffte mit seinem Team den Aufstieg in die Championship League, wo sie weit über ihren Verhältnissen spielten. Als es zu Spannungen mit dem Geschäftsführer kam, ging Darren zu Preston North End, was einem Desaster gleichkam. Nach seiner Rückkehr zu Peterborough konnte er dort erneut seine Trainer-Qualitäten unter Beweis stellen.

Darrens Methode besteht darin, einen dynamischen Fußball mit Männern zu spielen, die den Ball kurz passen und ständig in Bewegung sind. Das ist natürlich schwer, wenn man ganz unten in der League steht, weil Teams dort oft wenig motiviert sind. Es war für mich allerdings ein Dejà-vu zu beobachten, dass Darren die gleichen Kämpfe austragen musste wie ich in meinen frühen Jahren. Auch er hatte sich mit Budgets rumzuschlagen und musste sich mit Geschäftsführern und Spielern auseinandersetzen. Von Zeit zu Zeit erinnerte ich ihn deshalb auch an das Motto unseres Clans: *Süßer nach Schwierigkeiten*.

Ich kann jedem jungen Coach nur den einen Rat geben: Fange möglichst früh an und warte nicht, bis du 40 bist, um deinen Trainerschein zu machen. Das heißt allerdings nicht, dass ich eine Trainerausbildung im Schnellverfahren befürworte. Nein, da bin ich absolut dagegen. Das geht nicht! In Holland und Italien dauert es etwa vier oder fünf Jahre, bis jemand seinen Trainerschein bekommt. Der Grund für diese intensive Schulung ist der, dass die angehenden Trainer eingehend auf die Herausforderungen vorbereitet werden, die in diesem Job auf sie zukommen.

Ich hatte nie Gewissensbisse, dass ich viel unterwegs war und in meiner Arbeit aufging, als die Jungs noch klein waren. Wir standen uns trotzdem sehr nahe, und die drei hatten untereinander ein innigliches Verhältnis. Auch heute halten sie ständigen Kontakt zu mir und Cathy. Alle drei sind natürlich sehr beschäftigt, und selbst ich kann Mark nicht immer erreichen, der in einem Business arbeitet, in dem man ständig am Ball bleiben muss, um dem Tempo, das auf den Finanzmärkten herrscht, gerecht zu werden.

Meine Söhne machen Cathy alle Ehre, und sie war immer für sie da. Natürlich auch für mich – ganz gleich, wann ich zur Tür reinkam.

KAPITEL 24

ROONEY

Es war im August 2004, und wir hatten kurz zuvor gegen den FC Everton gespielt. Da saß der Präsident des FC Everton vor mir und weinte. Bill Kenwright saß tatsächlich in meinem Büro und weinte. Außer Bill und mir waren noch David Moyes und David Gill anwesend. Während wir den Präsidenten von Everton ansahen, sagte er plötzlich unter Tränen: »Ich muss meine Mutter anrufen.«

»Sie wollen uns unseren Jungen wegnehmen, sie wollen uns unseren Jungen wegnehmen«, stammelte er ins Telefon. Dann reichte er mir den Hörer.

»Glaubt ja nicht, dass ihr diesen Jungen für umsonst kriegt. Der Junge ist 50 Millionen Pfund wert«, keifte eine weibliche Stimme in mein Ohr.

Na, wunderbar. Ich lachte. »Das ist doch ein Trick, oder? Ist das ein Spiel?«

Aber es war ganz ernst gemeint. Man musste Bill gegenüber nur auf Everton zu sprechen kommen, und schon kamen ihm die Tränen. Er war ein sehr liebenswerter Kerl, aber hemmungslos sentimental. David Moyes sah mich augenzwinkernd an. Einen Augenblick lang dachte ich, das sei vielleicht alles nur Theater, eine Show. Schließlich war Bill früher einmal Schauspieler. Und dann schoss mir durch den Kopf, dass ich mir eigentlich noch die Ergebnisse von Rooneys Medizinchecks ansehen sollte. Hatte er ein physisches

Problem, das wir vielleicht übersehen hatten? War da irgendwo ein Trick, um den Preis hochzutreiben? Mein Gott, es war schon komisch. Hatte der Junge vielleicht nur ein Bein? Sollte ich etwa mit einem gigantischen Schwindel übers Ohr gehauen werden?

Jedenfalls zogen sich die Verhandlungen über den Transfer von Englands vielversprechendstem jungem Talent ewig in die Länge. Bill kannte den Wert des Jungen genau, doch David Moyes, damals Trainer von Everton, war der aggressivere Verhandlungspartner – was ich an seiner Stelle auch gewesen wäre. David war realistisch. Er wusste, dass Everton dabei war, eine satte Ablösesumme zu kassieren, und der Club nicht gerade in Geld schwamm. Die offizielle Transfersumme für Wayne Rooney lag damals mit zusätzlichen Einnahmen knapp über 25 Millionen Pfund. Everton brauchte diese Geldspritze. Als Bills Tränen getrocknet waren und das Gespräch beendet war, unterschrieb Wayne Rooney – ganze sieben Stunden vor der Deadline am 31. August 2004.

Als Wayne zu uns kam, hatte er seit gut 40 Tagen nicht mehr gespielt und nur ein paar wenige Trainingseinheiten hinter sich. Wir dachten, das Champions-League-Heimspiel gegen Fenerbahçe Istanbul wäre vielleicht sein geeignetes Debüt, 28 Tage nachdem er Spieler von Manchester United geworden war. Dieser eher zaghafte Versuch wurde spektakulär belohnt: mit einem 6:2-Sieg – und einem Hattrick von Rooney.

Nach diesem beeindruckenden Einstand ließ seine Fitness ein wenig nach, und wir mussten etwas tun, um ihn auf das Level der anderen Spieler zu bringen. Verständlicherweise gab es mehrere Wochen lang keine Wiederholung einer solch grandiosen Vorstellung wie die gegen Fenerbahçe.

Doch nichts von alldem konnte meine Begeisterung für ihn dämpfen. Wayne war ein einzigartiges Naturtalent und sollte ausreichend

Zeit bekommen, als Spieler zu reifen. Er war ein ernsthafter, engagierter junger Fußballer mit dem richtigen Spielhunger.

In dieser Phase seiner Entwicklung musste Wayne sehr viel trainieren, was er bereitwillig und ohne zu murren tat. Er war nie der Typ, der mal für ein paar Tage einfach blaumachen konnte. Er brauchte das intensive Training, um den richtigen Biss für sein Spiel zu bekommen. Denn wenn er wegen einer Verletzung für ein paar Wochen ausfiel, ließ seine Fitness ganz rasch nach. Wayne hat einen schweren robusten Körperbau und breite Füße, was möglicherweise seine häufigen Mittelfußverletzungen erklärt.

Ich wusste sofort, dass er genau der Spieler war, für den wir ihn intuitiv von Anfang an gehalten hatten. Mutig und einigermaßen beidfüßig – auch wenn er seinen linken Fuß weniger benutzt als er könnte. Wir haben schon häufig Spieler mit 24 verpflichtet und gemeint, sie würden ihren Höhepunkt mit 26 erreichen. Wayne war viel jünger, als er zu uns kam, und ich war überzeugt, dass er mit Mitte 20 seine Bestform erreichen würde. Angesichts seiner Physis konnte man sich zwar nur schwer vorstellen, dass er noch mit Mitte 30 spielen würde, wie Scholes oder Giggs. Aber als er im Oktober 2010 einen neuen Vertrag bei uns unterschrieb, konnte ich mir allmählich vorstellen, dass er zum Schluss durchaus ein guter Mittelfeldspieler sein würde.

Die Berichte der Jugendtrainer an unserer Akademie über Waynes Fähigkeiten als Spieler bei Everton waren stets voll des Lobes, und ManU hatte versucht, ihn schon mit 14 einzukaufen, als eine Gesetzeslücke das noch zuließ. Aber Wayne wollte bei Everton bleiben. Als er 16 war, versuchten wir es noch einmal. Wieder war er nicht interessiert. Er hatte halt Everton im Blut.

Geoff Watson und Jim Ryan waren unsere beiden Akademietrainer, die Rooneys Entwicklung aufmerksam verfolgt hatten und in

Spielen zwischen Everton und ManU von ihm beeindruckt waren. Mit 16 spielte er im Finale des FA Youth Cup gegen Aston Villa.

Als Walter Smith mein Assistent wurde, sagte er zu mir: »Versuche diesen Rooney zu verpflichten.« Walter hatte keinerlei Zweifel. Für ihn war Wayne der beste junge Spieler, den er je gesehen hatte. Das bestätigte alles, was wir über ihn wussten. Und dann kam Waynes Debüt in der ersten Mannschaft. Er war gerade 16 und schoss sein Wundertor gegen Arsenal.

Noch bei Everton, war er der jüngste Spieler, der je in die englische Nationalmannschaft berufen worden war, wo er sein Debüt in einem Spiel gegen Australien gab. Später stellte ihn Sven-Göran Eriksson für das wichtige EM-Qualifikationsspiel gegen die Türkei auf. Im Alter von 17 Jahren und 317 Tagen erzielte er sein erstes internationales Tor. Er stand also bereits im nationalen Kader, als er zu uns kam.

Meine erste Begegnung mit ihm widersprach allerdings meiner Erwartung. Ich nahm an, er sei eine absolut selbstbewusste Persönlichkeit. Doch ganz im Gegenteil, er war ein schüchterner Junge. Er hatte aber auch etwas Ehrfurchtgebietendes an sich, das vielleicht die große Transfersumme und die ganze Aufmerksamkeit widerspiegelte, die sie ihm eintrug. Schon bald war er alles andere als zurückhaltend. Auf unserem Trainingsgelände machte er allen die Hölle heiß. Allen. Dem Schiedsrichter, den Spielern. Die armen Schiedsrichter – Tony Strudwick, Mick oder René – sagten immer wieder zu mir: »Du hast doch die Autorität – du solltest diese Spiele schiedsrichtern.«

Meine Antwort war stets die gleiche: »Kommt überhaupt nicht infrage, dass ich diese Spiele schiedsrichtere.«

Ich erinnere mich noch an ein Spiel, bei dem Jim recht zaghaft nach einem Foul pfiff. Es fand an einem der Tage statt, als Roy

Keane wieder mal schlecht gelaunt war und auf jeden losging – auf sein Team, auf unser Team, den Schiedsrichter, auf jeden, der ihm in die Quere kam. Jim wies mit seiner Pfeife auf mich und sagte: »Ich hoffe, Roys Team gewinnt.«

»Das ist doch albern«, erwiderte ich und versuchte, mir das Lachen zu verkneifen.

»Na klar, aber denk mal an den Ärger, den ich in der Umkleide kriegen werde«, sagte Jim. Irgendwann überlegten wir sogar, hauptberufliche Schiedsrichter einzustellen.

Ich gebe zu, dass ich Wayne ein paar reingewürgt habe. Und in der Umkleide kochte er vor Wut, wenn ich ihn mir in meiner Spielerkritik vornahm. Seine Augen loderten, als wolle er mich am liebsten zusammenschlagen. Am nächsten Tag entschuldigte er sich. Als sich sein Zorn gelegt hatte, wusste er, dass ich recht hatte – weil ich immer recht hatte, wie ich ihm mit ernster Mine versicherte, nur um ihn aufzuziehen.

Er fragte mich dann immer: »Spiele ich nächste Woche, Boss?«

»Weiß ich noch nicht«, erwiderte ich regelmäßig.

Meiner Meinung nach ist er nicht der Hellste und oft etwas schwer von Begriff. Dafür besaß er einen natürlichen Spielinstinkt und ein intuitives Gespür dafür, wie Fußball funktioniert. Sein bemerkenswertes Talent war ihm angeboren, so auch Mut und Energie – ein wahrer Segen für jeden Fußballer. Die Fähigkeit, den ganzen Tag über zu rennen, sollte man nicht unterbewerten. Bei Trainingsübungen dauerte es immer eine ganze Weile, bis er neue Ideen oder Methoden aufnahm. Sein Instinkt sagte ihm, sich lieber auf das zu verlassen, was er bereits wusste. Er fühlte sich so einfach wohler in seiner Haut.

In diesen frühen Jahren musste ich ihm gegenüber nur selten autoritär auftreten. Im Spiel leistete er sich einige bescheuerte Tacklings, und auf dem Platz war er ein permanenter Unruheherd. Doch außerhalb des Feldes machte er mir keine Angst. Mein Problem bestand darin, dass ich selbst ein Mittelstürmer war und daher mit Stürmern immer härter umging als mit allen anderen Spielern in der Mannschaft. Natürlich waren sie nie so gut wie ich. Tut mir leid, das sagen zu müssen, aber keiner war so gut, wie ich es in meiner Zeit als Spieler war. Trainern werden solche Überheblichkeiten zugestanden, und oft lassen sie diese an den Spielern aus. Doch auch viele Spieler glauben sie wären bessere Trainer als die, die diesen Job machen – zumindest, bis sie es selbst versuchen.

Wenn ich sah, dass Angreifer nicht die Dinge taten, die ich meiner Meinung nach früher selbst getan hätte, dann brachte mich das auf die Palme. Sie waren doch meine Hoffnung. Ich sah mir die Spieler an und dachte: Ihr seid ich. Man erkennt sich nun mal selbst in anderen Menschen wieder.

Ich konnte mich in Roy Keane wiedererkennen, in Bryan Robson, ein wenig in Paul Scholes und Nicky Butt und den beiden Nevilles, Gary und Phil. Mannschaften spiegeln den Charakter ihres Trainers wider. Gib niemals auf: Es ist großartig, so einen Grundsatz, so eine Philosophie zu verfolgen. Ich habe nie aufgegeben, denn ich war der festen Überzeugung, ich könne jede Situation irgendwie retten.

Und bei ManU war immer etwas los. Immer gab es irgendein Drama. Für mich war das inzwischen Routine geworden. Als Wayne Rooneys Privatleben in *News of the World* ausgebreitet wurde und sich im Spätsommer 2010 in seiner Welt so etwas wie eine Krise zusammenbraute, gab es in meinem Büro keine Krisensitzung, in der ich aufgeregt auf und ab lief.

Ich rief ihn auch nicht sofort an, als der Artikel erschienen war. In dieser Hinsicht hatte ich mich voll im Griff. Er hätte es wohl gern gehabt, dass ich ihn angerufen oder ihm einen Arm um die

Schultern gelegt hätte. Für mich war das aber nicht die richtige Art und Weise, mit einer solchen Situation umzugehen.

Als Anspielungen auf sein Privatleben zum ersten Mal in der Presse kursierten, war er erst 17, und man hatte ihm seine Jugend zugutegehalten. Aber diesmal war er sieben Jahre älter. Coleen, seine Frau, war ein sehr vernünftiger Mensch. Mir war sie immer wie eine Art Fels in der Brandung vorgekommen, und ich war sicher, dass sie auch diesmal die Dinge in den Griff bekommen würde.

Während der Weltmeisterschaft 2010 in Südafrika stand ich in Bezug auf Wayne erheblich unter Druck. Ich spürte, dass ihm irgendetwas bei der WM auf die Nerven ging. Ich konnte es ihm förmlich ansehen. Er war in dieser Saison zwar zum PFA-Spieler des Jahres und von der Football Writers' Association zum Fußballer des Jahres ernannt worden, doch in Südafrika war er in einer merkwürdigen Stimmung. »Wie schön, wenn du erlebst, dass dich deine Fans ausbuhen«, sagte er nach Englands torlosem Unentschieden gegen Algerien in Kapstadt in eine Fernsehkamera. England schied in der zweiten Runde aus, und in allen vier Spielen gab es kein einziges Tor von Wayne.

Ich musste also seine Aufmerksamkeit gewinnen, und das gelang am besten dadurch, dass ich nichts zu ihm sagte, ihn nicht tröstete und ihn so zum Denken zwang. Als ich ihn im September im Auswärtsspiel gegen Everton nicht aufstellte, um ihn vor den Buhrufen der Fans zu schützen, war er erleichtert, weil er wusste, dass ich mich ihm gegenüber anständig verhielt. Es ist schließlich mein Job, jede Spielerpersönlichkeit positiv zu beeinflussen, um die bestmögliche Leistung aus ihr herauszuholen.

Wir alle können uns zwar hohe moralische Maßstabe setzen, aber dennoch ist jeder zu Indiskretionen fähig. Gegenüber Rooney wollte ich mich jedoch nie zur moralischen Instanz aufschwingen.

Am 14. August 2010 teilte uns Wayne mit, dass er keinen neuen Vertrag bei United unterzeichnen würde. Das war ein Schock, denn es war immer geplant, nach der Weltmeisterschaft über einen neuen Vertrag zu reden.

Als sich das Ganze dramatisch zuspitzte, rief mich David Gill an, um mir mitzuteilen, dass Waynes Agent Paul Stretford ihn aufgesucht und erklärt habe, Wayne wolle weg. Dabei sei der Satz gefallen, Wayne glaube nicht, dass der Club ehrgeizig genug sei. Dabei hatten wir im Vorjahr den League Cup sowie die League gewonnen und das Finale der Champions League erreicht.

David sagte mir, Wayne wolle mich sehen. Bei diesem Treffen im Oktober war er überaus kleinlaut. Ich wurde aber das Gefühl nicht los, dass man ihn vorher genau instruiert hatte, was er sagen solle. Im Grunde beklagte er sich darüber, dass wir nicht ehrgeizig genug seien.

Ich fragte ihn rundheraus: »Wann haben wir uns denn in den letzten 20 Jahren nicht angestrengt, um die League zu gewinnen? In wie vielen europäischen Finals standen wir in den letzten drei oder vier Jahren?«

Unverblümt erklärte ich ihm, es sei Blödsinn zu sagen, wir seien nicht ehrgeizig genug.

Wayne erwiderte, wir hätten hinter Mesut Özil her sein sollen, bevor er von Werder Bremen zu Real Madrid ging. Ich sagte, dass es ihn nichts angehen würde, hinter wem wir her sein sollten. Sein Job sei es, zu spielen und Leistung zu bringen. Mein Job sei es, die richtigen Teams aufzustellen. Und bislang hätte ich das doch ganz gut hingekriegt.

Am nächsten Tag hatten wir ein Spiel gegen eine türkische Mannschaft. Zwei Stunden bevor wir am 20. Oktober gegen Bursaspor antraten, gab Wayne die folgende Presseerklärung heraus:

»Ich habe mich letzte Woche mit David Gill getroffen, und er gab mir keine der Zusagen, um die ich ihn im Hinblick auf den künftigen Kader ersucht hatte. Daraufhin erklärte ich ihm, ich würde keinen neuen Vertrag unterzeichnen. Mit Interesse habe ich mir angehört, was Sir Alex gestern dazu zu sagen hatte, und einiges davon hat mich doch überrascht.

Es ist absolut richtig, dass mein Agent und ich eine Reihe von Besprechungen mit dem Club wegen eines neuen Vertrags hatten. Während dieser Unterredungen im August bat ich um Zusagen, die das fortgesetzte Bemühen des Clubs betrafen, die Spitzenspieler der Welt an den Club zu binden.

Ich habe bislang stets den größten Respekt für den MUFC empfunden. Versteht sich das nicht von selbst, angesichts seiner fantastischen Geschichte, insbesondere der letzten sechs Jahre, in denen ich das Glück gehabt habe, eine Rolle dabei zu spielen?

Für mich dreht sich alles ums Siegen, das Gewinnen von Pokalen und Trophäen – wie es der Club unter Sir Alex immer gehalten hat. Deswegen glaube ich, dass die Fragen, die ich gestellt habe, berechtigt waren.

Ungeachtet der Schwierigkeiten in jüngster Zeit weiß ich, dass ich Sir Alex Ferguson immer zu großem Dank verpflichtet bin. Er ist ein großartiger Trainer und Mentor, der mir von dem Tag an, an dem er mich von Everton holte, und ich erst 18 war, geholfen und mich unterstützt hat.

Ich wünsche Manchester United, dass er für immer weitermachen könne, denn er ist einmalig und ein Genie.«

Ich verstand nicht, was er mit dieser Erklärung sagen wollte, aber ich vermutete, dass er versuchte, Brücken zu mir und den Fans zu bauen. Jedenfalls hoffte ich, es würde bedeuten, dass er seine Meinung geändert hatte und gern bei uns bleiben wolle.

Die Pressekonferenz nach dem Spiel gegen Bursaspor, bei der alle Medien anwesend waren, gab mir die Gelegenheit zu sagen, was ich sagen wollte, nämlich dass Wayne völlig danebenliege.

Ich erklärte der Presse: »Wie ich schon gesagt habe, sind drei Premier-League-Titel in Folge fantastisch, und zu einem Rekord mit vier Titeln hat uns nur ein Punkt gefehlt. Es ist uns nicht geglückt, und das gefällt uns gar nicht. Deshalb wollen wir etwas dagegen tun. Wir werden schon okay sein – darin habe ich vollstes Vertrauen. Wir haben eine Struktur im Club, die gut ist, wir haben die richtigen Leute, den richtigen Trainer, den richtigen Vorstandsvorsitzenden, er ist ein hervorragender Mann. An Manchester United ist nichts auszusetzen, gar nichts. Daher werden wir so weitermachen.«

Und im Fernsehen sagte ich: »Ich hatte ein Treffen mit dem Jungen, und er wiederholte nur, was sein Agent gesagt hatte. Er wolle gehen. Ich sagte zu ihm: ›Denk nur an eines: Respektiere diesen Club. Ich will keinen Blödsinn von dir hören, respektiere deinen Club.‹ Was wir heute in den Medien erfahren haben, ist sehr enttäuschend, weil wir für Wayne Rooney alles getan haben, was wir konnten, von dem Augenblick an, als er in den Club gekommen ist. Wir waren immer für ihn da. Immer, wenn er ein Problem hatte, standen wir ihm mit Rat und Tat zur Seite. Aber das tun wir für alle Spieler, nicht bloß für Wayne Rooney. So ist das bei United. Dies ist ein Club, dessen ganze Geschichte und Tradition auf der Loyalität und dem Vertrauen zwischen Trainern und Spielern und dem Club basieren. Dies geht bis zur Zeit von Sir Matt Busby zurück. Es ist sein Fundament. Wayne kommt all das genauso zugute wie Ryan Giggs, Paul Scholes und allen anderen Spielern. Genau dafür sind wir da.«

Bei einer Telefonkonferenz mit den Glazers wurde über die künftigen Vorhaben des Clubs diskutiert, und Wayne wurde zu einem der bestbezahlten Spieler des Landes gemacht. Am nächsten Tag suchte er mich auf, um sich zu entschuldigen. Ich sagte zu ihm: »Du solltest dich besser bei den Fans entschuldigen.«

Die Reaktion der Spieler war gemischt. Einige waren verärgert, anderen war es egal. Für Wayne war das eine traurige Geschichte, weil er den Eindruck vermittelte, ein geldgieriger Typ zu sein, der seinen Groll sofort vergaß, wenn sein Gehalt angehoben wurde. So wurde es zumindest in den Medien dargestellt, aber ich glaube nicht, dass es Waynes Absicht gewesen war, das Ganze nur als eine finanzielle Angelegenheit zu behandeln. Die Aufregung legte sich rasch wieder, doch bei den Fans blieb ein Rest Misstrauen bestehen.

Alles war gut, solange Wayne Tore erzielte, aber in schwachen Zeiten regte sich vielleicht wieder der alte Groll. Spieler können durchaus die tiefen Gefühle der Fans für ihren Club unterschätzen. Im Extremfall glauben die Anhänger sogar, der Club würde ihnen gehören. Einige von ihnen stehen 50 Jahre lang hinter ihrem Club. Sie sind ein Leben lang für ihn da. Und wenn sie der Meinung sind, ein Spieler habe sich gegenüber ihrem Club illoyal verhalten, dann ist mit ihnen nicht mehr zu spaßen.

Nur ganz wenige Spieler wollten Manchester United verlassen. Wir hatten eine ganze Generation von Fußballern, die ihre Karriere einzig und allein unserem Club gewidmet hatten – Giggs, Scholes und so weiter –, und unsere Anhänger hatten kein Verständnis dafür, dass ein Spieler sich einen Wechsel überlegte oder unsere Transferpolitik kritisierte. Im Winter 2011 musste ich disziplinarische Maßnahmen ergreifen, nachdem Wayne Rooney, Jonny Evans und Darron Gibson eine Nacht durchgemacht hatten. Sie waren in ein Hotel in Southport gefahren, um unseren 5:0-Sieg gegen Wigan am Zweiten Weihnachtsfeiertag zu feiern. Am nächsten Tag kamen sie übernächtigt zum Training. Ich ging in den Fitnessraum, wo sie gerade trainierten, und erklärte ihnen, wir würden ihnen eine Geldstrafe in Höhe eines Wochengehalts aufbrummen und sie am Samstag gegen Blackburn nicht aufstellen.

Wayne musste vorsichtig sein. Er hat zwar großartige Qualitäten, aber die können durch fehlende Fitness zunichtegemacht werden. Man denke nur daran, wie Ronaldo oder Giggs auf sich achten. Wayne musste in den sauren Apfel beißen. Für England war es nicht gut, ihm vor der EM 2012 eine Woche Urlaub zu geben, weil er möglicherweise seine Bestform verlieren könnte. Wenn er bei United zwei Wochen pausierte, konnte es vier oder fünf Spiele dauern, bis er seine gewohnte Form zurückerlangte. Und das Spiel gegen die Ukraine fand erst über einen Monat nach seinem letzten Spiel für United statt.

Bei mir konnte er nicht mit Nachsicht rechnen. Wenn seine Kondition nachließ, kannte ich keine Gnade. Es war ganz einfach: Er würde nicht spielen. So bin ich immer mit Fitnessproblemen umgegangen, ganz gleich, um welchen Spieler es sich handelte, und ich sah nicht ein, das in den letzten Jahren meiner Karriere zu ändern.

Wayne besaß die Gabe, großartige Momente im Spiel zu liefern. In meinem letzten Jahr, als er ein paar Mal nicht aufgestellt oder ausgewechselt wurde, hatte ich das Gefühl, dass er Mühe hatte, am Gegner vorbeizukommen und seine alte Stoßkraft ein wenig eingebüßt hatte. Aber er war noch immer in der Lage, außergewöhnliche Leistungen zu bringen. Dieser Pass zu van Persie beim Sieg über Aston Villa, der uns den Titel sicherte, war fantastisch, ebenso der Fallrückzieher gegen Man City. Diese Glanzleistungen waren eine Garantie für sein fußballerisches Profil. Aber im Lauf der Zeit hatte ich den Eindruck bekommen, dass es ihn immer mehr anstrengte, 90 Minuten lang durchzuhalten, und in manchen Spielen schien er zu ermüden.

In jenem Spiel gegen Villa wechselte ich ihn aus, weil Villa ein ganz schnelles junges Team war mit großer Laufarbeit, und ihr Ersatzmann ließ Wayne einfach stehen. Am Tag, nachdem wir die Meisterschaft gewonnen hatten, kam er in mein Büro und bat darum, gehen zu dürfen. Er war unzufrieden damit, dass er bei einigen Spielen nicht aufgestellt und in anderen ausgewechselt worden war. Sein Agent Paul Stretford rief David Gill mit dem gleichen Anliegen an.

Jeder Spieler ist anders. Einige sind froh, ihre ganze Karriere über bei dem gleichen Club zu bleiben, andere brauchen neue Herausforderungen wie van Persie, als er von Arsenal zu uns wechselte. Der Drang, zu kämpfen und Erfolg zu haben, würde in Wayne nicht erlöschen. Ich überließ es ihm, über seine Zukunft mit David Moyes zu diskutieren, und hoffte dabei doch, noch viele großartige Spiele mit ihm im Old Trafford erleben zu können.

KAPITEL 25

DIE LETZTE SAISON

Herausragende Talente waren zwar nichts Neues für uns, doch es dauerte eine Weile, bis wir begriffen, wie gut Robin van Persie wirklich ist. Selbst unsere cleversten Spieler erkannten die Qualität seiner Läufe nicht sofort. Sogar Paul Scholes und Michael Carrick, zwei meiner besten Passgeber, hatten anfangs Probleme, mit seinen schnellen Spielzügen mitzuhalten.

Robin war der Hauptakteur meiner letzten Saison als Trainer von Manchester United, in der wir als erstes Team 25 der ersten 30 Spiele in der Premier League gewannen. Am Ende errang der Club seinen 20. League-Titel. Als noch vier Spiele offen waren, hatten wir uns schon den Premier-League-Pokal von Manchester City zurückgeholt. Van Persie war mein letzter großer Transfereinkauf, und seine teilweise spektakulären Tore verhalfen einer ohnehin schon hervorragenden Mannschaft zu noch mehr Qualität à la Cantona.

Falls wir mit einer schlechten Gewohnheit in die Saison 2012/13 gingen, dann war es das übertriebene Passspiel im Mittelfeld – die Spieler ließen den Ball ständig kreisen, um ein Gefühl dafür zu bekommen. Bei van Persie kamen wir rechtzeitig dahinter, dass man nach jenem frühen Pass Ausschau halten muss, der die gegnerische Abwehr aufreißt. Solange wir diese Möglichkeit nicht bewusst suchten, konnten wir Robins wunderbare Beweglichkeit und seinen Killerinstinkt nicht optimal nutzen.

Aber wir begriffen es noch rechtzeitig. Wenn Wayne Rooney in einer offensiven Position im Mittelfeld in Ballbesitz kam, konnte er sicher sein, dass van Persie unterwegs war und in Lücken vorstieß. Robin war genau so, wie ich ihn haben wollte. In der vorangegangenen Saison war er bei Arsenal gerade mal 21 Minuten lang gegen Köln eingesetzt gewesen, sodass es ihm ein wenig an Matchfitness fehlte. Er hatte zwar schon eine gute Kondition, aber wir mussten ihn erst für ein Spiel fit machen. Von Anfang an war ich schwer von ihm beeindruckt.

Schon ganz früh sagte ich zu Robin: »Hab keine Angst davor, den anderen Spielern Anweisungen zu geben. Du warst der Spielführer bei Arsenal, und wenn du nicht bedient wirst, dann sprich mit ihnen.« Er war ruhiger, als ich dachte, hatte aber einen brutalen linken Fuß, gegen dessen Kraft ein Torhüter nur wenig Chancen hatte. Man hat mich gefragt, warum ich ihn als Mittelstürmer Ecken schießen ließ. Er würde sie doch nur von der rechten Seite schlagen, nicht von der linken. In seinem Fall kann man nur erwidern, dass er fantastisch war, wenn er die Ecken von rechts übernahm. Howard Wilkinson erwähnte in dieser Saison mir gegenüber einmal, dass aus einer Studie, an der er federführend mitgearbeitet hatte, hervorging, dass wir weniger Tore aus Standardsituationen erzielen würden. Dennoch hatten wir in der ersten Hälfte der Saison 2011/12 zehn Tore nach Ecken erzielt.

Die anderen Spieler sahen in Robin keineswegs einen Außenseiter. Er war für sie kein Arsenal-Spieler, der in ihr Territorium eindringen wollte. Meine Truppe war schon immer recht gastfreundlich – sie verlangte von einem Neuzugang nur eines, dass er sich für den Club engagierte und die Traditionen unserer Umkleide respektierte. Ich muss oft daran denken, wie Verón zu uns kam und alle Spieler das Training unterbrachen, um ihm die Hand zu schütteln.

In solchen Dingen waren sie immer gut. Vielleicht wird die freundlichste Begrüßung immer jenen Spielern zuteil, die es scheinbar drauf haben, auch ein enges Spiel gewinnen zu können – also der Mannschaft eine echte Bereicherung auf allerhöchstem Level versprechen.

Wie jeder im Fußballbusiness hatte auch ich gelesen, dass van Persies Vertrag demnächst auslief, aber ich war sicher, dass Arsenal ihm ein Angebot machen würde, damit er nicht wegging. Doch gegen Ende der Saison 2011/12 hatte ich zunehmend den Eindruck, dass er nicht im Norden Londons bleiben wolle.

Sein Agent kontaktierte uns. Zu diesem Zeitpunkt hatte er bereits mit Man City gesprochen, aber er ließ durchblicken, dass Robin wirklich sehr daran interessiert sei, mit uns zu reden. Schließlich wurde City informiert, dass er nicht zu ihnen gehen würde, und darum würde die Entscheidung wohl nur noch zwischen uns und Juve fallen. Die Turiner, so vermutete ich, hatten ihm wohl ein riesiges Gehalt angeboten, damit er zu ihnen kam.

Meiner Meinung nach gibt es immer zwei Gründe, warum ein Spieler wechseln will: Der eine Grund ist der Ruhm, der andere das Geld. Ich konnte verstehen, dass er vielleicht zu Juventus Turin – einem guten Verein – für eine astronomische Summe wechseln wollte. Das Paket, das wir ihm anbieten konnten, war jedenfalls gut genug, um ihm zu signalisieren, wie sehr wir ihn schätzten.

Im nächsten Zug sprachen wir mit Arsenal über eine mögliche Transfersumme. David Gill rief Ivan Gazidis, den Vorstandsvorsitzenden von Arsenal, ein paar Mal an. Bei seinem ersten Anruf im April erfuhr er, dass Arsenal glaubte, van Persie dazu bewegen zu können, einen neuen Vertrag zu unterzeichnen. Das zog sich eine Weile so hin, bis David vorschlug, ich solle doch Arsène Wenger direkt anrufen, da er doch wohl das letzte Wort bei einem Transfer habe. Bis dahin war klar geworden, dass Robin van Persie tatsächlich gehen wollte.

Was Arsène von unserem Interesse hielt, war vorauszusehen: Warum sollte Arsenal an Manchester United verkaufen, wenn man von Man City oder Juventus Turin 30 Millionen Pfund bekommen könnte? Ich wies ihn darauf hin, dass der Spieler offenbar nicht scharf darauf sei, zu unseren Rivalen in Manchester zu wechseln. Arsène wiederum meinte, Robins Meinung würde sich ja vielleicht ändern, wenn City ihm ein höheres Angebot machen würde, das er nicht ablehnen könne.

Das konnte man nicht ausschließen.

Die Gespräche darüber waren, so würde ich sagen, durchaus freundschaftlich, und es gab nicht die geringsten Feindseligkeiten. Wir waren zwei erfahrene Trainer, die der Realität ins Auge sahen. Der Knackpunkt war allein der, dass Arsène hoffte, für seinen besten Spieler 30 Millionen Pfund oder mehr zu erlösen. Das ganze Procedere zog sich über mehrere Wochen hin, in denen ich Arsène noch zwei- oder dreimal anrief.

Rechtzeitig gelangten wir alle an den Punkt, an dem Arsenal klar wurde, dass Robin sich nicht neu bei ihnen verpflichten würde und dies auch akzeptierte. Die Alternative war: Juventus oder United. Arsenal versuchte, ihn ins Ausland zu transferieren, aber Robin wollte nur zu uns kommen. Soweit ich weiß, setzte sich van Persie mit Arsène zusammen und erklärte ihm, er würde am liebsten zu United gehen. Das Angebot, das David Gill Gazidis unterbreitete, belief sich auf 20 Millionen Pfund. Ich machte Arsène klar, dass wir niemals auf 25 Millionen gehen würden.

Arsène wollte es einfach nicht glauben, dass Manchester United es tatsächlich ablehnen würde, für so einen Spieler bis auf 25 Millionen Pfund zu gehen.

Also unterstrich ich nochmal: Ich werde nicht auf 25 Millionen Pfund gehen. Daraufhin wollte Arsène natürlich wissen, wie hoch mein bestes Angebot wäre. Antwort: 22 Millionen Pfund. Darauf Arsène: Arsenal wolle 22,5 Millionen Pfund haben und weitere 1,5 Millionen Pfund, falls wir während der Laufzeit des Vertrags die Champions League oder die Premier League gewinnen würden.

Einverstanden!

Ich vermute, dass Arsène erleichtert war, van Persie nicht an Man City zu verkaufen, da sie seinem Team bereits Kolo Touré, Gaël Clichy, Emmanuel Adebayor und Samir Nasri abgenommen hatten. Vielleicht ist er auch kein Fan von Citys Eigentümermodell. Und obwohl wir im Laufe der Jahre viele Kämpfe miteinander ausgefochten hatten, glaube ich, dass er die Art und Weise gut fand, wie Manchester United geführt wurde. Er hat mir das hin und wieder gesagt. Und ich werde nie vergessen, was Arsène zu mir über van Persie sagte: »Du ahnst ja gar nicht, was für einen guten Spieler du bekommst.«

Ich dachte an Cantona, an Ronaldo, an Giggs. Aber Arsène hatte recht. Robins Beweglichkeit und das Timing seiner Läufe waren einfach faszinierend. Zudem war er auch mit einer unglaublichen Physis gesegnet.

Van Persie akzeptierte ein geringeres, aber noch immer fürstliches Gehalt von uns, um zu einem Verein zu kommen, bei dem er seiner Meinung nach den größten Erfolg haben könnte. Bei seiner Vorstellung vor der Presse sagte er, sein inneres Kind habe »nach United geschrien«. Später erzählte er mir, in Holland träume jeder Junge davon, für ManU spielen zu dürfen.

Er wusste auch noch, dass ich eigens zu Feyenoord gefahren war, um ihn zu sehen, als er erst 16 war. Arsenal sei uns zwar zuvorgekommen, als er bei Feyenoord zum Star geworden war, doch er betonte noch einmal, dass es für holländische Jungs ein Traum sei, das United-Wappen zu tragen. Er war beeindruckt, wie jung unser Team war. Wir hatten Giggs und Scholes, aber auch Chicharito und die beiden da Silvas, Evans, Jones und Smalling, Welbeck. Carrick machte mit 31 seine allerbeste Saison für uns. Manchen Spielern wird bewusst, wie wichtig sie für die Mannschaft sind, wenn sie ihr Bestes geben, und damit wachsen sie wiederum über sich hinaus, wie dies bei Carrick der Fall war.

Robin wusste, dass er zu einem Traditionsclub kam. City war in der vergangenen Saison zwar fantastisch, aber man würde sie nicht als Traditionsverein bezeichnen. Immer gab es irgendein Problem – da zündete jemand im Fanblock Bengalos, ein Spieler verkrachte sich mit dem Trainer oder wollte, wie in Tévez' Fall, Golf in Argentinien spielen. City hatte die Premier League größtenteils dank dieser vier Topspieler gewonnen: Yaya Touré, Sergio Agüero, Vincent Kompany und Joe Hart. Und natürlich dank David Silvas Leistungen in der ersten Saisonhälfte, auch wenn er nach Weihnachten etwas nachgelassen hatte.

Stürmer wie Cantona oder Andy Cole haben eine Eigenheit, die ich als typisch bezeichnen würde: Wenn sie einmal kein Tor machen, glauben sie, sie werden nie wieder Tore schießen. Während seiner kurzen Trockenperiode im März dieser Saison spielte auch Robin van Persie nicht besonders gut, und das wirkte sich sofort auf ihn aus. Aber von dem Augenblick an, als er am 14. April gegen Stoke traf, war er wieder heiß.

Im Laufe der Jahre habe ich einige unvergessliche ManU-Tore erlebt. Cantona entzückte die Zuschauer mit zwei oder drei wunderbaren Hebern. Rooneys Fallrückzieher gegen City war kaum zu überbieten. Die Ausführung war unglaublich. Dabei wurde dieser unvergessliche Fallrückzieher nicht etwa aus dem Fünf-Meter-

Raum erzielt, sondern 14 Meter vom Tor entfernt. Der Ball wurde auch abgefälscht, als Wayne in den Strafraum lief. Nanis Querpass wurde von einem City-Spieler abgelenkt, sodass Wayne gezwungen war, mitten in der Luft eine fantastische Drehung zu vollziehen. Für mich war das der beste Treffer überhaupt.

Aber auch van Persies Tor gegen Aston Villa bei unserem 3 : 0-Sieg, der uns am 22. April den Titel sicherte, war etwas Besonderes: ein Volley über Schulterhöhe nach einem langen, von Rooney hereingezirkelten Ball. Ein normaler Spieler würde diesen Trick hundertmal im Training üben und vielleicht einmal treffen. Van Persie schaffte es regelmäßig. Schulter runter, Kopf runter, Augen nach unten und ab durch die Mitte. Dank dieser meisterlichen Technik hatte er schon für Arsenal ein Tor von ähnlicher Qualität im Spiel gegen Everton erzielt. Van Persie war eine goldrichtige Verpflichtung und beendete die Saison mit 26 League-Toren: 12 zu Hause und 14 auswärts. 17-mal traf er mit dem linken, 8-mal mit dem rechten Fuß und einmal mit dem Kopf. Diese Zahlen brachten ihm den *Golden Boot* ein, der dem Torschützenkönig der Premier League verliehen wird, und das gleich zwei Jahre in Folge.

Im Übrigen setzten wir auch weiterhin auf junge Spieler. Nick Powell, der im Juli 2012 zu uns kam, hatten wir seit November 2011 auf dem Schirm. Crewe Alexandra hatte ihn in seine Mannschaft geholt, als er erst 17 und noch ein wenig schlaksig war. Unsere Akademiemitarbeiter hatten seinen Namen notiert, und wir beobachteten ihn regelmäßig. Jim Lawlor hatte ihn sich angesehen und gesagt, er sei interessant, obwohl er sich nicht sicher sei, welches die beste Position für Nick wäre, aber er könnte vielleicht ein kleines bisschen zu lässig sein.

Also schickte ich Martin los, um ihn sich zweimal anzusehen. Nach Martins Ansicht habe Nick definitiv etwas, sei aber noch kein fertiger Spieler. Dann nahm ihn Mick Phelan in zwei Spielen unter die Lupe. Schließlich war ich an der Reihe. Crewe gegen Aldershot. Nach fünf Minuten sagte ich auf der Tribüne zu Mick: »Ein echter Spieler, Mick, das ist ein echter Spieler.« Sein Ballgefühl und sein Überblick überzeugten mich letztlich.

Irgendwann während des Spiels sah ich, wie Nick auf die gegnerische Verteidigung zulief, einen kurzen Blick über die Schulter warf und dann den Ball einfach zum Mittelstürmer lupfte, damit dieser aufs Tor schoss. Dann zeigte er uns einen Kopfball, dann einen Tempowechsel. Als wir gingen, meinte ich zu Mick: »Ich werde mit Dario Gradi telefonieren«, dem Fußballdirektor von Crewe.

»Ich hab Sie gestern beim Spiel gesehen«, sagte Dario, als ich ihn anrief.

»Der junge Powell«, kam ich gleich zur Sache. »Aber übertreiben Sie's nicht. An welche Hausnummer dachten Sie?«

Dario erwiderte: »Sechs Millionen.«

Lachend erklärte ich ihm, dass er das vergessen könne. Aber wir bastelten uns einen potenziellen Deal in dieser Richtung zusammen, mit Zulagen für Berufungen in die erste Mannschaft und in die Nationalmannschaft. Powell selbst wurde erst nach den Play-offs dieser Saison eingeweiht. Eines Tages wird er mit absoluter Sicherheit in der englischen Nationalmannschaft spielen. Er könnte überall spielen: hinter der Spitze, sogar im Mittelfeld. Er ist schnell wie der Teufel, hat zwei gute Füße und schießt von außerhalb des Strafraums. Im Winter 2012 zog er sich eine Viruserkrankung zu, und seine Freundin hatte einen schweren Autounfall. Er ist ein recht abgeklärter Typ, kann gut abschalten – aber er ist ein echter Fußballer.

Shinji Kagawa war in diesem Sommer ein weiterer guter Zugang. Wir hatten uns entschieden, nicht gleich nach seiner ersten Saison in Deutschland an ihn heranzutreten, weil ein Spieler anfangs manchmal einen Zahn zulegt, man aber sicher sein will, dass er das auch durchhalten kann. Er spielte in einer sehr guten Dortmunder Mannschaft, die ich für durchaus imstande hielt, die Champions League 2013 zu gewinnen. Am Ende erreichte sie zwar das Finale, verlor aber gegen Bayern München. Mir fiel sofort auf, wie intelligent Shinji Fußball spielt. Mick und ich flogen im Sommer 2012 zum deutschen Pokalfinale nach Berlin, und ich saß neben dem Dortmunder Bürgermeister und seiner Frau. Er trug Turnschuhe. Angela Merkel saß in der Nähe, neben Joachim Löw. Als ich der Kanzlerin vorgestellt wurde, dachte ich im Stillen: »Mann, ich habe es ganz schön weit gebracht.«

Die Glazers waren in diesem Sommer glücklich, mit Robin van Persie, Robert Lewandowski und Shinji Kagawa zu verhandeln. In unseren allerbesten Zeiten konnten wir oft mit vier Topstürmern gleichzeitig sprechen. Das größte Problem war dabei, allen das Gefühl gleich hoher Wertschätzung zu vermitteln. Das erforderte einiges diplomatisches Geschick. Dortmund lehnte es schließlich ab, Lewandowski zu transferieren, der eine wunderbare Physis und gute Laufwege hat.

Die andere Verpflichtung war Alexander Büttner vom holländischen Club Vitesse Arnhem. Wir hatten Fábio an Queens Park Rangers ausgeliehen, und wir hatten zwei junge Linksverteidiger mit viel Potenzial. Doch in diesem Bereich brauchten wir erfahrene Spieler und Unterstützung für Evra. Büttner war hervorragend. Immer wieder eroberte er sich den Ball, schoss aufs Tor, zog Verteidiger auf sich – für 2,5 Millionen Euro war er ein echtes Schnäppchen. Er war ein aggressiver Spieler, entschlossen, flink und schlug gute Querpässe.

In der ersten Hälfte dieser Saison gab es Zeiten, in denen wir nicht mal eine Sandburg hätten verteidigen können. Wir ließen für meinen Geschmack viel zu häufig nach, bevor wir uns von Januar an endlich wieder zusammenrissen. Kompliziert wurde es bei der Position des Torwarts. De Gea zog sich eine Zahninfektion zu – seine beiden hinteren Backenzähne mussten gezogen werden. Aus diesem Grund ließ er zwei Spiele aus. Anders Lindegaard, sein Ersatz, machte alles richtig. Er gab eine gute Vorstellung bei Galatasaray und gegen West Ham. Ich signalisierte de Gea, dass ich gegenüber Anders fair sein müsse. Aber nach unserem knappen 4 : 3-Sieg gegen Reading am 1. Dezember kehrte de Gea zurück und machte während der ganzen zweiten Hälfte der Saison eine gute Figur, besonders beim 1 : 1-Unentschieden bei Real Madrid im Februar – da war er wirklich genial.

Große Hoffnungen setzte ich noch immer in Javier Hernández. Chicharitos Problem war seine Kondition, denn er spielte drei Saisons in Folge den ganzen Sommer über in der mexikanischen Nationalmannschaft. Trotzdem kooperierten wir gut mit Mexiko. Die Präsidenten des mexikanischen Fußballverbandes und des mexikanischen Olympischen Komitees kamen mit ihren Trainern zu uns, um sich mit mir zu treffen. Ich legte ihnen bei der Gelegenheit die medizinischen Unterlagen vor, denn zur Diskussion stand, ob Hernández sowohl in zwei WM-Qualifikationen als auch bei den Olympischen Spielen antreten konnte.

Chicharito meinte: »Ich lasse lieber die anderen beiden Spiele aus und mache bei den Olympischen Spielen mit, weil ich glaube, dass wir da gewinnen werden.«

Ich dachte, er mache Witze.

Doch er fuhr fort: »Wenn wir im Viertelfinale nicht auf Brasilien treffen, werden wir gewinnen.«

Eine unserer besten Investitionen war die in ein modernes medizinisches Zentrum in Carrington. Es versetzte uns in die Lage, alle

Behandlungen vor Ort machen zu können, von Operationen einmal abgesehen. Es gibt dort einen Fußspezialisten, einen Zahnarzt und natürlich alle erdenklichen medizinischen Geräte. Das Zentrum hat überdies den Vorteil, dass Verletzungen nicht sofort öffentlich bekannt werden. Wenn wir früher einen Spieler ins Krankenhaus schickten, verbreiteten sich blitzschnell alle nur möglichen Gerüchte. Es ging also auch hier voran.

Ein ärgerlicher Zwischenfall, der sich in dieser Saison ereignete, soll nicht unerwähnt bleiben: Es wurde die Behauptung in die Welt gesetzt, dass Schiedsrichter Mark Clattenburg sich gegenüber Spielern von Chelsea bei unserem 3:2-Sieg an der Stamford Bridge am 28. Oktober rassistisch geäußert hätte. Doch erst einmal zum Spiel selbst: Zunächst mussten wir eine Strategie entwickeln, wie wir mit Juan Mata sowie Oscar und Eden Hazard in Di Matteos Chelsea-Team umgehen sollten, denn alle drei waren hammerhart. Die beiden Mittelfeldspieler, Ramires und Mikel, deckten uns mit Schüssen ein. Wir entschieden uns, die rechte Seite zu verstärken, um die Räume anzugreifen, die sie bei ihren Angriffen gegen uns vernachlässigten, und Matas Räume zu verengen.

Es war ein spannendes Spiel – jedenfalls bis zu den unschönen Vorfällen gegen Ende des Matchs. Als Fernando Torres vom Platz gestellt wurde, gab Steve Holland, einer von Di Matteos Assistenten, mir die Schuld daran. Ich sah ihn verblüfft an. Mike Dean, der vierte Offizielle, konnte mit Hollands Anschuldigung nichts anfangen. Torres hätte eigentlich schon in der ersten Hälfte wegen eines Tacklings gegen Cleverley vom Platz fliegen müssen.

Als Hernández das Siegtor erzielte, wurden Feuerzeuge und Münzen nach uns geworfen, und ein halber Sitz traf Carrick am Fuß.

Ich frage mich bis heute, ob die Anschuldigungen gegen Clattenburg nur Vorwand waren, um vom Ärger mit den Fans abzulenken.

Zwanzig Minuten nach dem Spiel ging ich mit meinen Leuten etwas trinken. In dem kleinen Raum befanden sich Bruce Buck, der Vorstandsvorsitzende von Chelsea, Ron Gourlay, der Geschäftsführer, Di Matteo und seine Frau. Die Atmosphäre war angespannt. Irgendwas stimmte hier nicht. Wir standen in der Nähe der Tür und hielten es für besser, die Chelsea-Leute sich selbst zu überlassen.

Das Essen wurde serviert und der Wein entkorkt. Die Chelsea-Leute sagten: »Bedient euch«, und verließen den Raum.

Einer von meinen Assistenten hatte gesehen, wie Mikel mit John Terry und Di Matteo in die Schiedsrichterumkleide geeilt waren. Irgendwer hatte Mikel wohl erzählt, Clattenburg hätte sich rassistisch geäußert, und hängte das sofort an die große Glocke. Es war auch eine merkwürdige Vorgehensweise von Chelsea, sofort die Presse darüber zu informieren, dass ein angeblicher Zwischenfall angezeigt worden sei. Ein Anwalt hätte sich vielleicht zurückgelehnt und gesagt: »Warten wir erst mal bis morgen.«

Der Platzverweis für Branislav Ivanović in diesem Spiel war absolut eindeutig. Torres ging zwar zu leicht zu Boden, aber Evans hatte ihn tatsächlich gehalten. Wenn man beobachtet hat, wo Clattenburg stand, kann man verstehen, warum er Torres wegen einer Schwalbe vom Platz stellte. Er tat einen Schritt und ging dann zu Boden. Oft genügt ja ein Zeh, um einen Spieler, der sich schnell bewegt, von den Beinen zu holen, aber Torres war glatt durchgelaufen. Ich habe keine Ahnung, warum Holland dachte, ich hätte Clattenburg dazu genötigt, Torres vom Platz zu stellen. Ein paar Tage später verkündete Di Matteo, ich hätte zu viel Einfluss auf die Schiedsrichter.

Auseinandersetzungen mit Schiedsrichtern gab es mein ganzes Leben lang. Als Spieler wurde ich achtmal vom Platz gestellt. Als Trainer in Schottland wurde ich drei- oder viermal auf die Tribüne verbannt. In England wurde ich viele Male bestraft. Immer ließ ich mich auf irgendeine Diskussion ein. Aber ich hatte nur das angesprochen, was ich gesehen hatte. Niemals wollte ich einen Schiedsrichter bloßstellen.

Ich kann es mir nicht vorstellen, dass sich ein Topschiedsrichter gegenüber einem Spieler rassistisch verhält. Ich rief Mark Clattenburg deshalb an und sagte: »Es tut mir leid, dass wir die andere Mannschaft sind, die in diese Sache verwickelt ist.« Ich rechnete damit, dass uns jemand vom Verband zu dem Vorfall befragen würde, was zum Glück aber nie geschah. Ich erfuhr nichts darüber, als wir nach Manchester zurückflogen. Die FA brauchte jedenfalls verdammt viel Zeit, um zu der Erkenntnis zu gelangen, dass der Vorwurf gegen Mark unberechtigt war. Darauf hätte man schon nach zwei Tagen kommen können.

Vom Januar 2013 an starteten wir in der League wirklich durch und setzten Man City unter Druck. Da ich wusste, dass ich aufhören würde, stellte sich für mich das Gefühl der Erleichterung erst an dem Abend ein, als wir Aston Villa schlugen und damit den Titel holten. Der Titel war uns also sicher, aber es war eine wunderbare Vorstellung, die Karriere als Trainer von ManU im April auf dem eigenen Platz zu beenden. Ich wollte mich mit einem Paukenschlag verabschieden. Doch bis dahin bereitete ich meine Jungs in gewohnt professioneller Weise auf die Spiele vor. An der Professionalität wurde bei Manchester United bis zum letzten Tag nicht gerüttelt.

Die einzige Enttäuschung war natürlich unsere Niederlage im Achtelfinale der Champions League gegen Real Madrid, in einem Spiel, in dem es einen lächerlichen Platzverweis für Nani durch Cüneyt Çakir, den türkischen Schiedsrichter, wegen einer harmlosen Provokation gab. Im Hinspiel schlugen wir uns auf spanischem Boden fantastisch und überstanden Reals 20-minütigen Ansturm zu Beginn des Matchs unbeschadet. Wir hätten mit sechs Toren Vorsprung gewinnen können. Ich hatte daher keine Angst, erneut gegen José Mourinhos Team zu Hause anzutreten. Unsere Vorbereitung war perfekt. Wir hatten uns einen guten Plan für das Spiel zurechtgelegt, unsere Energie war großartig, und wir zwangen ihren Torhüter zu drei oder vier tollen Paraden. David de Gea musste kaum einen Ball halten.

Nani wurde in der 56. Minute vom Platz gestellt, weil er in einen Ball hineingegrätscht war und Álvaro Arbeloa leicht berührt hatte. Zehn Minuten lang machte uns das zu schaffen. Wir waren geschockt. Für Real kam Modrić herein, um Sergio Ramos' Eigentor auszugleichen, und dann schoss Ronaldo in der 69. Minute das Siegtor. Und dabei hätten wir in den letzten zehn Minuten fünf Treffer erzielen können. Es war eine absolute Katastrophe.

An diesem Abend regte mich das besonders auf, und so erschien ich gar nicht zur anschließenden Pressekonferenz. Wenn wir Real Madrid geschlagen hätten, wäre es durchaus vorstellbar, dass wir den Wettbewerb insgesamt hätten gewinnen können. Beim Rückspiel ließ ich Wayne draußen, weil wir jemanden brauchten, der Alonso in den Griff bekam und ihn ausspielen konnte. Ein Ji-Sung Park von früher wäre für diesen Job ideal gewesen. Damals waren die Pässe des Mailänders Andrea Pirlo gefürchtet, denn sie kamen zu 75 Prozent an. Als wir aber gegen Inter mit Ji-Sung Park in der Manndeckerrolle spielten, reduzierten wir Pirlos Trefferquote auf 25 Prozent. – In unserem jetzigen Kader gab es keinen besseren Spieler als Welbeck, um Alonso in den Griff zu kriegen. Gut, wir verzichteten dabei auf mögliche Tore durch Wayne, aber wir wussten, dass wir Alonso kaltstellen und diesen Vorteil nutzen mussten.

Ronaldo verhielt sich in beiden Spielen wunderbar. Beim Hinspiel in Madrid kam er in unsere Umkleide, um sich zu unseren

Spielern zu setzen. Offensichtlich vermisste er sie. Nach dem Spiel im Old Trafford sah ich mir die Aufzeichnung der Situation vor dem Platzverweis an, und er kam zu mir, um sein Bedauern auszudrücken. Die Spieler von Real wussten, dass dieser Platzverweis absurd war. Mesut Özil gestand einem unserer Spieler, dass sich Josés Team danach wie befreit gefühlt hatte. Cristiano verzichtete darauf, sein Tor zu feiern, und das war auch gut so, denn sonst hätte ich ihn erwürgt. Mit ihm gab es überhaupt keine Probleme. Er ist eben wirklich ein sehr netter Kerl.

Als ich wieder einmal daran dachte, dass Man City den Titel an uns verloren hatte, ging mir durch den Kopf, dass sie einfach nicht genügend Spieler aufbieten konnten, die wirklich verstanden, was Man City eigentlich mit dem ersten Gewinn der Premier League nach 44 Jahren erreicht hatte. Offenbar genügte es einigen von ihnen, Manchester United im Titelkampf geschlagen zu haben, was ihnen ein Gefühl der Genugtuung verschaffte. Doch einen Titel zu verteidigen ist die nächste große Herausforderung, und City hatte nicht die richtige Einstellung, das zu verteidigen, was sie einst im dramatischsten Schlusstag in der Geschichte der Premier League nach Hause gebracht hatten.

Als ich 1993 zum ersten Mal die League gewann, wollte ich nicht, dass meine Mannschaft auch nur eine Spur in ihrer Leistung nachließ. Der Gedanke daran entsetzte mich. Ich war entschlossen weiterzukommen, unsere Position zu stärken. Also erklärte ich dem Team von 1993: »Wenn manche Leute Urlaub haben, wollen sie nicht weiter als bis nach Saltcoats fahren. Das sind rund vierzig Kilometer von Glasgow bis zur Küste. Und manche Leute wollen nicht mal das. Sie sind glücklich, wenn sie zu Hause bleiben können und den Enten im Park zuschauen. Doch manche wollen zum Mond. Es ist eben alles eine Frage des Ehrgeizes.«

MEINE KARRIERE IN ZAHLEN

KARRIERE ALS SPIELER

1958 – 1960 Queen's Park
Spiele: 31
Tore: 15

1960 – 1964 St. Johnstone
Spiele: 47
Tore: 21

1964 – 1967 Dunfermline Athletic
Spiele: 131
Tore: 88

Am 15. März 1967 spielte ich im Hampden Park in der Scottish League gegen die englische Football League – 0:3.

XI. Sommertournee der Scottish FA, 13. Mai bis 15. Juni 1967: 10 Tore in sieben Spielen gegen Israel, Hongkong-Auswahl, Australien (drei Spiele), Auckland XI, Vancouver All Stars.

1967 – 1969 Rangers
Spiele: 66
Tore: 35

Am 6. September 1967 spielte ich in Belfast in der Scottish League gegen die Irish League – 2:0. Ich erzielte ein Tor.

1969–1973 Falkirk
Spiele: 122
Tore: 99

1973–1974 Ayr United
Spiele: 22
Tore: 10

Insgesamt

Spiele: 415
Tore: 218

(Nur in der Scottish League, im Scottish Cup, Scottish League Cup und in europäischen Wettbewerben)

KARRIERE ALS TRAINER

JUNI–OKTOBER 1974 East Stirlingshire

OKTOBER 1974–MAI 1978 St. Mirren
1975/76 Vierter in der Division One; 1976/77 Meister in der Division One; 1977/78 Achter in der Premier Division.

1978 – 1986 Aberdeen

Saison 1978/79

SCOTTISH PREMIER DIVISION

	Sp	S	U	N	T	D	Pkt
Heim	18	9	4	5	38:16	22	22
Auswärts	18	4	10	4	21:20	1	18
Ergebnis	36	19	14	9	59:36	23	40

Abschlusstabellenposition: Vierter
Scottish Cup: Halbfinale
Scottish League Cup: Finale
Europapokal der Pokalsieger: zweite Runde

Saison 1979/80

SCOTTISH PREMIER DIVISION

	Sp	S	U	N	T	D	Pkt
Heim	18	10	4	4	30:18	12	24
Auswärts	18	9	6	3	38:18	20	24
Ergebnis	36	19	10	7	68:36	32	48

Abschlusstabellenposition: Meister
Scottish Cup: Halbfinale
Scottish League Cup: Finale
UEFA Cup: erste Runde

Saison 1980/81

SCOTTISH PREMIER DIVISION

	Sp	S	U	N	T	D	Pkt
Heim	18	11	4	3	39:16	23	26
Auswärts	18	8	7	3	22:10	12	23
Ergebnis	36	19	11	6	61:26	35	49

Abschlusstabellenposition: Vizemeister
Scottish Cup: vierte Runde
Scottish League Cup: vierte Runde
Europapokal: zweite Runde
Drybrough Cup: Sieger

Saison 1981/82

SCOTTISH PREMIER DIVISION

	Sp	S	U	N	T	D	Pkt
Heim	18	12	4	2	36:15	21	28
Auswärts	18	11	3	4	35:14	21	25
Ergebnis	36	23	7	6	71:29	42	53

Abschlusstabellenposition: Vizemeister
Scottish Cup: Sieger
Scottish League Cup: Halbfinale
UEFA Cup: Viertelfinale

Saison 1982/83

SCOTTISH PREMIER DIVISION

	Sp	S	U	N	T	D	Pkt
Heim	18	14	0	4	46:12	34	28
Auswärts	18	11	5	2	30:12	18	27
Ergebnis	36	25	5	6	76:24	52	55

Abschlusstabellenposition: Dritter
Scottish Cup: Sieger
Scottish League Cup: Viertelfinale
Europapokal der Pokalsieger: Sieger

Legende:
Sp = Spiele; **S** = Siege; **U** = Unentschieden; **N** = Niederlagen; **T** = Torverhältnis; **D** = Tordifferenz; **Pkt** = Punkte

Saison 1983/84

SCOTTISH PREMIER DIVISION

	Sp	S	U	N	T	D	Pkt
Heim	18	14	3	1	46:12	34	31
Auswärts	18	11	4	3	32:9	23	26
Ergebnis	36	25	7	4	78:21	57	57

Abschlusstabellenposition: Meister
Scottish Cup: Sieger
Scottish League Cup: Halbfinale
Europapokal der Pokalsieger: Halbfinale
UEFA Super Cup: Sieger

Saison 1984/85

SCOTTISH PREMIER DIVISION

	Sp	S	U	N	T	D	Pkt
Heim	18	13	4	1	49:13	36	30
Auswärts	18	14	1	3	40:13	27	29
Ergebnis	36	27	5	4	89:26	63	59

Abschlusstabellenposition: Meister
Scottish Cup: Halbfinale
Scottish League Cup: zweite Runde
Europapokal: erste Runde

Saison 1985/86

SCOTTISH PREMIER DIVISION

	Sp	S	U	N	T	D	Pkt
Heim	18	11	4	3	38:15	23	26
Auswärts	18	5	8	5	24:16	8	18
Ergebnis	36	16	12	8	62:31	31	44

Abschlusstabellenposition: Vierter
Scottish Cup: Sieger
Scottish League Cup: Sieger
Europapokal: Viertelfinale

Saison 1986/87 (1. August – 1. November 1986)

SCOTTISH PREMIER DIVISION

	Sp	S	U	N	T	D
Heim	7	4	2	1	12:3	9
Auswärts	8	3	3	2	13:11	2
Ergebnis	15	7	5	3	25:14	11

Scottish League Cup: vierte Runde
Europapokal der Pokalsieger: erste Runde

ZUSAMMENFASSUNG

	Sp	S	U	N	Tore	Diff.
League	303	174	76	53	589:243	346
Scottish Cup	42	30	8	4	89:30	59
League Cup	63	42	9	12	148:45	103
Europa	47	23	12	12	78:51	27
Drybrough Cup	4	3	0	1	10:5	5
Gesantergebnis	459	272	105	82	914:374	540

ABERDEENS TEILNAHME AN EUROPAWETTBEWERBEN UNTER ALEX FERGUSON

Saison 1978/79 Pokal der Pokalsieger

1. Runde: Marek Dupniza (Bulgarien) (a) 2:3, (h) 3:0 – 5:3
2. Runde: Fortuna Düsseldorf (a) 0:3, (h) 2:0 – 2:3

Saison 1979/80 UEFA Cup

1. Runde: Eintracht Frankfurt (h) 1:1, (a) 0:1 – 1:2

Saison 1980/81 Europapokal

1. Runde: Austria Memphis (Österreich) (h) 1:1, (a) 0:0 – 1:0
2. Runde: Liverpool (h) 0:1, (a) 0:4 – 0:5

Saison 1981/82 UEFA Cup

1. Runde: Ipswich Town (a) 1:1, (h) 3:1 – 4:2
2. Runde: Argeş Piteşti (Rumänien) (h) 3:0, (a) 2:2 – 5:2
3. Runde: Hamburger SV (h) 3:2, (a) 1:3 – 4:5

Saison 1982/83 Europapokal der Pokalsieger

Vorrunde: Sion (Schweiz) (h) 7:0, (a) 4:1 – 11:1
1. Runde: Dinamo Tirana (Albanien) (h) 1:0, (a) 0:0 – 1:0
2. Runde: Lech Posen (Polen) (h) 2:0, (a) 1:0 – 3:0
Viertelfinale: Bayern München (a) 0:0, (h) 3:2 – 3:2
Halbfinale: Waterschei (Belgien) (h) 5:1, (a) 0:1 – 5:2
Finale in Göteborg (Schweden) Real Madrid (Spanien) 2:1 n. V.

Saison 1983/84 Supercup

Hamburger SV (a) 0:0, (h) 2:0 – 2:0

Europapokal der Pokalsieger

1. Runde: ÍA Akranes (Island) (a) 2:1, (h) 1:1 – 3:2
2. Runde: KSK Beveren (Belgien) (a) 0:0, (h) 4:1 – 4:1
Viertelfinale: Újpest Dózsa (Ungarn) (a) 0:2, (h) 3:0 – 3:2
Halbfinale: Porto (Portugal) (a) 0:1, (h) 0:1 – 0:2

Saison 1984/85 Europapokal

1. Runde: BFC Dynamo (DDR) (h) 2:1, (a) 1:2 – 3:3 (4:5 n.E.)

Saison 1985/86 Europapokal

1. Runde: ÍA Akranes (Island) (a) 3:1, (h) 4:1 – 7:2
2. Runde: Servette FC Genève (a) 0:0, (h) 1:0 – 1:0

Viertelfinale: IFK Göteborg (h) 2:2, (a) 0:0 – 2:2 (nach der Auswärtstorregel verloren)

Saison 1986/87 Europapokal der Pokalsieger

1. Runde: Sion (Schweiz) (h) 2:1, (a) 0:3 – 2:4

ERFOLGE

EUROPAPOKAL DER POKALSIEGER

Sieger 1983

SCOTTISH PREMIER DIVISION

Meister 1980, 1984, 1985

SCOTTISH CUP

Sieger 1982, 1983, 1984, 1986

SCOTTISH LEAGUE CUP

Sieger 1985/86

UEFA SUPERCUP

Sieger 1983

DRYBROUGH CUP

Sieger 1980

OKTOBER 1985–JUNI 1986 Schottland

LÄNDERSPIELE

	Sp	S	U	N	T	D
Heim	3	2	1	0	5:0	5
Auswärts	7	1	3	3	3:5	-2
Summe	10	3	4	3	8:5	3

ERGEBNISSE

Oktober 1985	DDR (Freundschaftsspiel, heim) 0:0
November 1985	Australien (WM-Qualif., heim) 2:0
Dezember 1985	Australien (WM-Qualif., ausw.) 0:0
Januar 1986	Israel (Freundschaftsspiel, ausw.) 1:0
März 1986	Rumänien (Freundschaftsspiel, heim) 3:0
April 1986	England (Rous Cup, ausw.) 1:2
April 1986	Niederlande (Freundschaftsspiel, ausw.) 0:0
Juni 1986	Dänemark (WM, Mexico City) 0:1
Juni 1986	BRD (WM, Querétaro) 1:2
Juni 1986	Uruguay (WM, Mexico City) 0:0

1986–2013 Manchester United

Saison 1986/87

THE TODAY LEAGUE DIVISION ONE

Uniteds Ergebnisse vor Alex Ferguson

	Sp	S	U	N	T	D	Pkt
Heim	7	3	1	3	12:8	4	10
Auswärts	6	0	3	3	4:8	-4	3
Ergebnis	13	3	4	6	16:16	0	13

League Cup: dritte Runde

Uniteds Ergebnisse unter Alex Ferguson

	Sp	S	U	N	T	D	Pkt
Heim	14	10	2	2	26:10	16	32
Auswärts	15	1	8	6	10:19	-9	11
Summe	29	11	10	8	36:29	7	43
Gesamt	42	14	14	14	52:45	7	56

Abschlusstabellenposition: Elfter
FA Cup: vierte Runde

Saison 1987/88

BARCLAYS LEAGUE DIVISION ONE

	Sp	S	U	N	T	D	Pkt
Heim	20	14	5	1	41:17	24	47
Auswärts	20	9	7	4	30:21	9	34
Ergebnis	40	23	12	5	71:38	33	81

Abschlusstabellenposition: Zweiter
FA Cup: fünfte Runde
League Cup: fünfte Runde

Saison 1988/89

BARCLAYS LEAGUE DIVISION ONE

	Sp	S	U	N	T	D	Pkt
Heim	19	10	5	4	27:13	14	35
Auswärts	19	3	7	9	18:22	-4	16
Ergebnis	38	13	12	13	45:35	10	51

Abschlusstabellenposition: Elfter
FA Cup: sechste Runde
League Cup: dritte Runde

Saison 1989/90

BARCLAYS LEAGUE DIVISION ONE

	Sp	S	U	N	T	D	Pkt
Heim	19	8	6	5	26:14	12	30
Auswärts	19	5	3	11	20:33	-13	18
Ergebnis	38	13	9	16	46:47	-1	48

Abschlusstabellenposition: Dreizehnter
FA Cup: Sieger
League Cup: dritte Runde

Saison 1990/91

BARCLAYS LEAGUE DIVISION ONE

	Sp	S	U	N	T	D	Pkt
Heim	19	11	4	4	34:17	17	37
Auswärts	19	5	8	6	24:28	-4	23
Ergebnis	38	16	12	10	58:45	13	59*

*** Ein Punkt abgezogen**
Abschlusstabellenposition: Sechster
FA Cup: fünfte Runde
League Cup: Finale
Europapokal der Pokalsieger: Sieger
FA Charity Shield: geteilter Sieger

Saison 1991/92

BARCLAYS LEAGUE DIVISION ONE

	Sp	S	U	N	T	D	Pkt
Heim	21	12	7	2	34:13	21	43
Auswärts	21	9	8	4	29:20	9	35
Ergebnis	42	21	15	6	63:33	30	78

Abschlusstabellenposition: Vizemeister
FA Cup: vierte Runde
League Cup: Sieger
Europapokal der Pokalsieger: zweite Runde
UEFA Supercup: Sieger

Saison 1992/93

FA PREMIER LEAGUE

	Sp	S	U	N	T	D	Pkt
Heim	21	14	5	2	39:14	25	47
Auswärts	21	10	7	4	28:17	11	37
Ergebnis	42	24	12	6	67:31	36	84

Abschlusstabellenposition: Meister
FA Cup: fünfte Runde
League Cup: dritte Runde
UEFA Cup: erste Runde

1992–1993 FA PREMIER LEAGUE – ABSCHLUSSTABELLE

		Heim				Auswärts				
	Sp	**S**	**U**	**N**	**T**	**S**	**U**	**N**	**T**	**Pkt**
1. **Manchester United**	42	14	5	2	39:14	10	7	4	28:17	84
2. Aston Villa	42	13	5	3	36:16	8	6	7	21:24	74
3. Norwich City	42	13	6	2	31:19	8	3	10	30:46	72
4. Blackburn Rovers	42	13	4	4	38:18	7	7	7	30:28	71
5. Queens Park Rangers	42	11	5	5	41:32	6	7	8	22:23	63
6. Liverpool	42	13	4	4	41:18	3	7	11	21:37	59
7. Sheffield Wednesday	42	9	8	4	34:36	6	6	9	21:25	59
8. Tottenham Hotspur	42	11	5	5	40:25	5	6	10	20:41	59
9. Manchester City	42	7	8	6	30:25	8	4	9	26:26	57
10. Arsenal	42	8	6	7	25:20	7	5	9	15:18	56
11. Chelsea	42	9	7	5	29:22	5	7	9	22:32	56
12. Wimbledon	42	9	4	8	32:23	5	8	8	24:32	54
13. Everton	42	7	6	8	26:27	8	2	11	27:28	53
14. Sheffield United	42	10	6	5	33:19	4	4	13	21:34	52
15. Coventry City	42	7	4	10	29:28	6	9	6	23:29	52
16. Ipswich Town	42	8	9	4	29:22	4	7	10	21:33	52
17. Leeds United	42	12	8	1	40:17	0	7	14	17:45	51
18. Southampton	42	10	6	5	30:21	3	5	13	24:40	50
19. Oldham Athletic	42	10	6	5	43:30	3	4	14	20:44	49
20. Crystal Palace	42	6	9	6	27:25	5	7	9	21:36	49
21. Middlesbrough	42	8	5	8	33:27	3	6	12	21:48	44
22. Nottingham Forest	42	6	4	11	17:25	4	6	11	24:37	40

Saison 1993/94

FA CARLING PREMIERSHIP

	Sp	S	U	N	T	D	Pkt
Heim	21	14	6	1	39:13	26	48
Auswärts	21	13	5	3	41:25	16	44
Ergebnis	42	27	11	4	80:38	42	92

Abschlusstabellenposition: Meister

FA Cup: Sieger

League Cup: Finalist

Europapokal: zweite Runde

FA Charity Shield: Sieger

1993–1994 FA CARLING PREMIERSHIP – ABSCHLUSSTABELLE

		Heim				Auswärts				
	Sp	**S**	**U**	**N**	**T**	**S**	**U**	**N**	**T**	**Pkt**
1. **Manchester United**	42	14	6	1	39:13	13	5	3	41:25	92
2. Blackburn Rovers	42	14	5	2	31:11	11	4	6	32:25	84
3. Newcastle United	42	14	4	3	51:14	9	4	8	31:27	77
4. Arsenal	42	10	8	3	25:15	8	9	4	28:13	71
5. Leeds United	42	13	6	2	37:18	5	10	6	28:21	70
6. Wimbledon	42	12	5	4	35:21	6	6	9	21:32	65
7. Sheffield Wednesday	42	10	7	4	48:24	6	9	6	28:30	64
8. Liverpool	42	12	4	5	33:23	5	5	11	26:32	60
9. Queens Park Rangers	42	8	7	6	32:29	8	5	8	30:32	60
10. Aston Villa	42	8	5	8	23:18	7	7	7	23:32	57
11. Coventry City	42	9	7	5	23:17	5	7	9	20:28	56
12. Norwich City	42	4	9	8	26:29	8	8	5	39:32	53
13. West Ham United	42	6	7	8	26:31	7	6	8	21:27	52
14. Chelsea	42	11	5	5	31:20	2	7	12	18:33	51
15. Tottenham Hotspur	42	4	8	9	29:33	7	4	10	25:26	45
16. Manchester City	42	6	10	5	24:22	3	8	10	14:27	45
17. Everton	42	8	4	9	26:30	4	4	13	16:33	44
18. Southampton	42	9	2	10	30:31	3	5	13	19:35	43
19. Ipswich Town	42	5	8	8	21:32	4	8	9	14:26	43
20. Sheffield United	42	6	10	5	24:23	2	8	11	18:37	42
21. Oldham Athletic	42	5	8	8	24:33	4	5	12	18:35	40
22. Swindon Town	42	4	7	10	25:45	1	8	12	22:55	30

Saison 1994/95

FA CARLING PREMIERSHIP

	Sp	S	U	N	T	D	Pkt
Heim	21	16	4	1	42:4	38	52
Auswärts	21	10	6	5	35:24	11	36
Ergebnis	42	26	10	6	77:28	49	88

Abschlusstabellenposition: Vizemeister
FA Cup: Finalist
League Cup: dritte Runde
UEFA Champions Leage: erste Gruppenphase
FA Charity Shield: Sieger

Saison 1995/96

FA CARLING PREMIERSHIP

	Sp	S	U	N	T	D	Pkt
Heim	19	15	4	0	36:9	27	49
Auswärts	19	10	3	6	37:26	11	33
Ergebnis	38	25	7	6	73:35	38	82

Abschlusstabellenposition: Meister
FA Cup: Sieger
League Cup: zweite Runde
UEFA Cup: erste Runde

1995–1996 FA CARLING PREMIERSHIP – ABSCHLUSSTABELLE

		Heim				Auswärts				
	Sp	S	U	N	T	S	U	N	T	Pkt
1. Manchester United	38	15	4	0	36:9	10	3	6	37:26	82
2. Newcastle United	38	17	1	1	38:9	7	5	7	28:28	78
3. Liverpool	38	14	4	1	46:13	6	7	6	24:21	71
4. Aston Villa	38	11	5	3	32:15	7	4	8	20:20	63
5. Arsenal	38	10	7	2	30:16	7	5	7	19:16	63
6. Everton	38	10	5	4	35:19	7	5	7	29:25	61
7. Blackburn Rovers	38	14	2	3	44:19	4	5	10	17:28	61
8. Tottenham Hotspur	38	9	5	5	26:19	7	8	4	24:19	61
9. Nottingham Forest	38	11	6	2	29:17	4	7	8	21:37	58
10. West Ham United	38	9	5	5	25:21	5	4	10	18:31	51
11. Chelsea	38	7	7	5	30:22	5	7	7	16:22	50
12. Middlesbrough	38	8	3	8	27:27	3	7	9	8:23	43
13. Leeds United	38	8	3	8	21:21	4	4	11	19:36	43
14. Wimbledon	38	5	6	8	27:33	5	5	9	28:37	41
15. Sheffield Wednesday	38	7	5	7	30:31	3	5	11	18:30	40
16. Coventry City	38	6	7	6	21:23	2	7	10	21:37	38
17. Southampton	38	7	7	5	21:18	2	4	13	13:34	38
18. Manchester City	38	7	7	5	21:19	2	4	13	12:39	38
19. Queens Park Rangers	38	6	5	8	25:26	3	1	15	13:31	33
20. Bolton Wanderers	38	5	4	10	16:31	3	1	15	23:40	29

Saison 1996/97

FA CARLING PREMIERSHIP

	Sp	S	U	N	T	D	Pkt
Heim	19	12	5	2	38:17	21	41
Auswärts	19	9	7	3	38:27	11	34
Ergebnis	38	21	12	5	76:44	32	75

Abschlusstabellenposition: Meister
FA Cup: vierte Runde
League Cup: vierte Runde
UEFA Champions League: Halbfinale
FA Charity Shield: Sieger

1996–1997 FA CARLING PREMIERSHIP – ABSCHLUSSTABELLE

		Heim				Auswärts				
	Sp	S	U	N	T	S	U	N	T	Pkt
1. **Manchester United**	38	12	5	2	38:17	9	7	3	38:27	75
2. Newcastle United	38	13	3	3	54:20	6	8	5	19:20	68
3. Arsenal	38	10	5	4	36:18	9	6	4	26:14	68
4. Liverpool	38	10	6	3	38:19	9	5	5	24:18	68
5. Aston Villa	38	11	5	3	27:13	6	5	8	20:21	61
6. Chelsea	38	9	8	2	33:22	7	3	9	25:33	59
7. Sheffield Wednesday	38	8	10	1	25:16	6	5	8	25:35	57
8. Wimbledon	38	9	6	4	28:21	6	5	8	21:25	56
9. Leicester City	38	7	5	7	22:26	5	6	8	24:28	47
10. Tottenham Hotspur	38	8	4	7	19:17	5	3	11	25:34	46
11. Leeds United	38	7	7	5	15:13	4	6	9	13:25	46
12. Derby County	38	8	6	5	25:22	3	7	9	20:36	46
13. Blackburn Rovers	38	8	4	7	28:23	1	11	7	14:20	42
14. West Ham United	38	7	6	6	27:25	3	6	10	12:23	42
15. Everton	38	7	4	8	24:22	3	8	8	20:35	42
16. Southampton	38	6	7	6	32:24	4	4	11	18:32	41
17. Coventry City	38	4	8	7	19:23	5	6	8	19:31	41
18. Sunderland	38	7	6	6	20:18	3	4	12	15:35	40
19. Middlesbrough*	38	8	5	6	34:25	2	7	10	17:35	39
20. Nottingham Forest	38	3	9	7	15:27	3	7	9	16:32	34

* 3 Punkte Abzug

Saison 1997/98

FA CARLING PREMIERSHIP

	Sp	S	U	N	T	D	Pkt
Heim	19	13	4	2	42:9	33	43
Auswärts	19	10	4	5	31:17	14	34
Ergebnis	38	23	8	7	73:26	37	77

Abschlusstabellenposition: Vizemeister
League Cup: dritte Runde
FA Charity Shield: Sieger
FA Cup: fünfte Runde
UEFA Champions League: Viertelfinale

Saison 1998/99

FA CARLING PREMIERSHIP

	Sp	S	U	N	T	D	Pkt
Heim	19	14	4	1	45:18	27	46
Auswärts	19	8	9	2	35:19	16	33
Ergebnis	38	22	13	3	80:37	43	79

Abschlusstabellenposition: Meister
FA Cup: Sieger
League Cup: fünfte Runde
UEFA Champions League: Sieger

1998–1999 FA CARLING PREMIERSHIP – ABSCHLUSSTABELLE

		Heim				Auswärts				
	Sp	**S**	**U**	**N**	**T**	**S**	**U**	**N**	**T**	**Pkt**
1. **Manchester United**	38	14	4	1	45:18	8	9	2	35:19	79
2. Arsenal	38	14	5	0	34:5	8	7	4	25:12	78
3. Chelsea	38	12	6	1	29:13	8	9	2	28:17	75
4. Leeds United	38	12	5	2	32:9	6	8	5	30:25	67
5. West Ham United	38	11	3	5	32:26	5	6	8	14:27	57
6. Aston Villa	38	10	3	6	33:28	5	7	7	18:18	55
7. Liverpool	38	10	5	4	44:24	5	4	10	24:25	54
8. Derby County	38	8	7	4	22:19	5	6	8	18:26	52
9. Middlesbrough	38	7	9	3	25:18	5	6	8	23:36	51
10. Leicester City	38	7	6	6	25:25	5	7	7	15:21	49
11. Tottenham Hotspur	38	7	7	5	28:26	4	7	8	19:24	47
12. Sheffield Wednesday	38	7	5	7	20:15	6	2	11	21:27	46
13. Newcastle United	38	7	6	6	26:25	4	7	8	22:29	46
14. Everton	38	6	8	5	22:12	5	2	12	20:35	43
15. Coventry City	38	8	6	5	26:21	3	3	13	13:30	42
16. Wimbledon	38	7	7	5	22:21	3	5	11	18:42	42
17. Southampton	38	9	4	6	29:26	2	4	13	8:38	41
18. Charlton Athletic	38	4	7	8	20:20	4	5	10	21:36	36
19. Blackburn Rovers	38	6	5	8	21:24	1	9	9	17:28	35
20. Nottingham Forest	38	3	7	9	18:31	4	2	13	17:38	30

Saison 1999/2000

FA CARLING PREMIERSHIP

	Sp	S	U	N	T	D	Pkt
Heim	19	15	4	0	59:16	43	49
Auswärts	19	13	3	3	38:29	9	42
Ergebnis	38	28	7	3	97:45	52	91

Abschlusstabellenposition: Meister
FA Cup: nicht teilgenommen
League Cup: dritte Runde
UEFA Champions League: Viertelfinale
Intercontinental Cup: Sieger
FIFA-Klub-WM: Dritter in Erstrundengruppe

1999–2000 FA CARLING PREMIERSHIP – ABSCHLUSSTABELLE

		Heim				Auswärts				
	Sp	S	U	N	T	S	U	N	T	Pkt
1. **Manchester United**	38	15	4	0	59:16	13	3	3	38:29	91
2. Arsenal	38	14	3	2	42:17	8	4	7	31:26	73
3. Leeds United	38	12	2	5	29:18	9	4	6	29:25	69
4. Liverpool	38	11	4	4	28:13	8	6	5	23:17	67
5. Chelsea	38	12	5	2	35:12	6	6	7	18:22	65
6. Aston Villa	38	8	8	3	23:12	7	5	7	23:23	58
7. Sunderland	38	10	6	3	28:17	6	4	9	29:39	58
8. Leicester City	38	10	3	6	31:24	6	4	9	24:31	55
9. West Ham United	38	11	5	3	32:23	4	5	10	20:30	55
10. Tottenham Hotspur	38	10	3	6	40:26	5	5	9	17:23	53
11. Newcastle United	38	10	5	4	42:20	4	5	10	21:34	52
12. Middlesbrough	38	8	5	6	23:26	6	5	8	23:26	52
13. Everton	38	7	9	3	36:21	5	5	9	23:28	50
14. Coventry City	38	12	1	6	38:22	0	7	12	9:32	44
15. Southampton	38	8	4	7	26:22	4	4	11	19:40	44
16. Derby County	38	6	3	10	22:25	3	8	8	22:32	38
17. Bradford City	38	6	8	5	26:29	3	1	15	12:39	36
18. Wimbledon	38	6	7	6	30:28	1	5	13	16:46	33
19. Sheffield Wednesday	38	6	3	10	21:23	2	4	13	17:17	31
20. Watford	38	5	4	10	24:31	1	2	16	11:46	24

Saison 2000/01

FA CARLING PREMIERSHIP

	Sp	S	U	N	T	D	Pkt
Heim	19	15	2	2	49:12	37	47
Auswärts	19	9	6	4	30:19	11	33
Ergebnis	38	24	8	6	79:31	38	80

Abschlusstabellenposition: Meister
FA Cup: vierte Runde
League Cup: vierte Runde
UEFA Champions League: Viertelfinale

2000–2001 FA CARLING PREMIERSHIP – ABSCHLUSSTABELLE

		Heim				Auswärts				
	Sp	**S**	**U**	**N**	**T**	**S**	**U**	**N**	**T**	**Pkt**
1. Manchester United	38	15	2	2	49:12	9	6	4	30:19	80
2. Arsenal	38	15	3	1	45:13	5	7	7	18:25	70
3. Liverpool	38	13	4	2	40:14	7	5	7	31:25	69
4. Leeds United	38	11	3	5	36:21	9	5	5	28:22	68
5. Ipswich Town	38	11	5	3	31:15	9	1	9	26:27	66
6. Chelsea	38	13	3	3	44:20	4	7	8	24:25	61
7. Sunderland	38	9	7	3	24:16	6	5	8	22:25	57
8. Aston Villa	38	8	8	3	27:20	5	7	7	19:23	54
9. Charlton Athletic	38	11	5	3	31:19	3	5	11	19:38	52
10. Southampton	38	11	2	6	27:22	3	8	8	13:26	52
11. Newcastle United	38	10	4	5	26:17	4	5	10	18:33	51
12. Tottenham Hotspur	38	11	6	2	31:16	2	4	13	16:38	49
13. Leicester City	38	10	4	5	28:23	4	2	13	11:28	48
14. Middlesbrough	38	4	7	8	18:23	5	8	6	26:21	42
15. West Ham United	38	6	6	7	24:20	4	6	9	21:30	42
16. Everton	38	6	8	5	29:27	5	1	13	16:32	42
17. Derby County	38	8	7	4	23:24	2	5	12	14:35	42
18. Manchester City	38	4	3	12	20:31	4	7	8	21:34	34
19. Coventry City	38	4	7	8	14:23	4	3	12	22:40	34
20. Bradford City	38	4	7	8	20:29	1	4	14	10:41	26

Saison 2001/02

BARCLAYCARD PREMIERSHIP

	Sp	S	U	N	T	D	Pkt
Heim	19	11	2	6	40:17	23	35
Auswärts	19	13	3	3	47:28	19	42
Ergebnis	38	24	5	9	87:45	42	77

Abschlusstabellenposition: Dritter
FA Cup: vierte Runde
League Cup: dritte Runde
UEFA Champions League: Halbfinale

Saison 2002/03

BARCLAYCARD PREMIERSHIP

	Sp	S	U	N	T	D	Pkt
Heim	19	16	2	1	42:12	30	50
Auswärts	19	9	6	4	32:22	10	33
Ergebnis	38	25	8	5	74:34	40	83

Abschlusstabellenposition: Meister
FA Cup: fünfte Runde
League Cup: Finalist
UEFA Champions League: Viertelfinale

2002–2003 BARCLAYCARD PREMIERSHIP – ABSCHLUSSTABELLE

		Heim				Auswärts				
	Sp	S	U	N	T	S	U	N	T	Pkt
1. **Manchester United**	38	16	2	1	42:12	9	6	4	32:22	83
2. Arsenal	38	15	2	2	47:20	8	7	4	38:22	78
3. Newcastle United	38	15	2	2	36:17	6	4	9	27:31	69
4. Chelsea	38	12	5	2	41:15	7	5	7	27:23	67
5. Liverpool	38	9	8	2	30:16	9	2	8	31:25	64
6. Blackburn Rovers	38	9	7	3	24:15	7	5	7	28:28	60
7. Everton	38	11	5	3	28:19	6	3	10	20:30	59
8. Southampton	38	9	8	2	25:16	4	5	10	18:30	52
9. Manchester City	38	9	2	8	28:26	6	4	9	19:28	51
10. Tottenham Hotspur	38	9	4	6	30:29	5	4	10	21:33	50
11. Middlesbrough	38	10	7	2	36:21	3	3	13	12:23	49
12. Charlton Athletic	38	8	3	8	26:30	6	4	9	19:26	49
13. Birmingham City	38	8	5	6	25:23	5	4	10	16:26	48
14. Fulham	38	11	3	5	26:18	2	6	11	15:32	48
15. Leeds United	38	7	3	9	25:26	7	2	10	33:31	47
16. Aston Villa	38	11	2	6	25:14	1	7	11	17:33	45
17. Bolton Wanderers	38	7	8	4	27:24	3	6	10	14:27	44
18. West Ham United	38	5	7	7	21:24	5	5	9	21:35	42
19. West Bromwich Albion	38	3	5	11	17:34	3	3	13	12:31	26
20. Sunderland	38	3	2	14	11:31	1	5	13	10:34	19

Saison 2003/04

BARCLAYCARD PREMIERSHIP

	Sp	S	U	N	T	D	Pkt
Heim	19	12	4	3	37:15	22	40
Auswärts	19	11	2	6	27:20	7	35
Ergebnis	38	23	6	9	64:35	29	75

Abschlusstabellenposition: Dritter
FA Cup: Sieger
League Cup: vierte Runde
UEFA Champions League: 1. K.-o.-Runde
FA Community Shield: Sieger

Saison 2004/05

BARCLAYS PREMIERSHIP

	Sp	S	U	N	T	D	Pkt
Heim	19	12	6	1	31:12	19	42
Auswärts	19	10	5	4	27:14	13	35
Ergebnis	38	22	11	5	58:26	32	77

Abschlusstabellenposition: Dritter
FA Cup: Finalist
League Cup: Halbfinale
UEFA Champions League: 1. K.-o.-Runde

Saison 2005/06

BARCLAYS PREMIERSHIP

	Sp	S	U	N	T	D	Pkt
Heim	19	13	5	1	37:8	29	44
Auswärts	19	12	3	4	35:26	9	39
Ergebnis	38	25	8	5	72:34	38	83

Abschlusstabellenposition: Vizemeister
FA Cup: fünfte Runde
League Cup: Sieger
UEFA Champions League: 1. Gruppenphase

Saison 2006/07

BARCLAYS PREMIERSHIP

	Sp	S	U	N	T	D	Pkt
Heim	19	15	2	2	46:12	34	47
Auswärts	19	13	3	3	37:15	22	42
Ergebnis	38	28	5	5	83:27	56	89

Abschlusstabellenposition: Meister
FA Cup: Finalist
League Cup: vierte Runde
UEFA Champions League: Halbfinale

2006–2007 BARCLAYS PREMIERSHIP – ABSCHLUSSTABELLE

		Heim				Auswärts				
	Sp	**S**	**U**	**N**	**T**	**S**	**U**	**N**	**T**	**Pkt**
1. Manchester United	38	15	2	2	46:12	13	3	3	37:15	89
2. Chelsea	38	12	7	0	37:11	12	4	3	27:13	83
3. Liverpool	38	14	4	1	39:7	6	4	9	18:20	68
4. Arsenal	38	12	6	1	43:16	7	5	7	20:19	68
5. Tottenham Hotspur	38	12	3	4	34:22	5	6	8	23:32	60
6. Everton	38	11	4	4	33:17	4	9	6	19:19	58
7. Bolton Wanderers	38	9	5	5	26:20	7	3	9	21:32	56
8. Reading	38	11	2	6	29:20	5	5	9	23:27	55
9. Portsmouth	38	11	5	3	28:15	3	7	9	17:27	54
10. Blackburn Rovers	38	9	3	7	31:25	6	4	9	21:29	52
11. Aston Villa	38	7	8	4	20:14	4	9	6	23:27	50
12. Middlesbrough	38	10	3	6	31:24	2	7	10	13:25	46
13. Newcastle United	38	7	7	5	23:20	4	3	12	15:27	43
14. Manchester City	38	5	6	8	10:16	6	3	10	19:28	42
15. West Ham United	38	8	2	9	24:26	4	3	12	11:33	41
16. Fulham	38	7	7	5	18:18	1	8	10	20:42	39
17. Wigan Athletic	38	5	4	10	18:30	5	4	10	19:29	38
18. Sheffield United	38	7	6	6	24:21	3	2	14	8:34	38
19. Charlton Athletic	38	7	5	7	19:20	1	5	13	15:40	34
20. Watford	38	3	9	7	19:25	2	4	13	10:34	28

Saison 2007/08

BARCLAYS PREMIER LEAGUE

	Sp	S	U	N	T	D	Pkt
Heim	19	17	1	1	47:7	40	52
Auswärts	19	10	5	4	33:15	18	35
Ergebnis	38	27	6	5	80:22	58	87

Abschlusstabellenposition: Meister
FA Cup: sechste Runde
League Cup: dritte Runde
UEFA Champions League: Sieger
FA Community Shield: Sieger

2007–2008 BARCLAYS PREMIER LEAGUE – ABSCHLUSSTABELLE

		Heim				Auswärts				
	Sp	**S**	**U**	**N**	**T**	**S**	**U**	**N**	**T**	**Pkt**
1. **Manchester United**	38	17	1	1	47:7	10	5	4	33:15	87
2. Chelsea	38	12	7	0	36:13	13	3	3	29:13	85
3. Arsenal	38	14	5	0	37:11	10	6	3	37:20	83
4. Liverpool	38	12	6	1	43:13	9	7	3	24:15	76
5. Everton	38	11	4	4	34:17	8	4	7	21:16	65
6. Aston Villa	38	10	3	6	34:22	6	9	4	37:29	60
7. Blackburn Rovers	38	8	7	4	26:19	7	6	6	24:29	58
8. Portsmouth	38	7	8	4	24:14	9	1	9	24:26	57
9. Manchester City	38	11	4	4	28:20	4	6	9	17:33	55
10. West Ham United	38	7	7	5	24:24	6	3	10	18:26	49
11. Tottenham Hotspur	38	8	5	6	46:34	3	8	8	20:27	46
12. Newcastle United	38	8	5	6	25:26	3	5	11	20:39	43
13. Middlesbrough	38	7	5	7	27:23	3	7	9	16:30	42
14. Wigan Athletic	38	8	5	6	21:17	2	5	12	13:34	40
15. Sunderland	38	9	3	7	23:21	2	3	14	13:38	39
16. Bolton Wanderers	38	7	5	7	23:18	2	5	12	13:36	37
17. Fulham	38	5	5	9	22:31	3	7	9	16:29	36
18. Reading	38	8	2	9	19:25	2	4	13	22:41	36
19. Birmingham City	38	6	8	5	30:23	2	3	14	16:39	35
20. Derby County	38	1	5	13	12:43	0	3	16	8:46	11

Saison 2008/09

BARCLAYS PREMIER LEAGUE

	Sp	S	U	N	T	D	Pkt
Heim	19	16	2	1	43:13	30	50
Auswärts	19	12	4	3	25:11	14	40
Ergebnis	38	28	6	4	68:24	44	90

Abschlusstabellenposition: Meister
FA Cup: Halbfinale
League Cup: Sieger
UEFA Champions League: Finalist
FIFA Club World Cup: Sieger
FA Community Shield: Sieger

2008–2009 BARCLAYS PREMIER LEAGUE – ABSCHLUSSTABELLE

		Heim				Auswärts				
	Sp	**S**	**U**	**N**	**T**	**S**	**U**	**N**	**T**	**Pkt**
1. **Manchester United**	38	16	2	1	43:13	12	4	3	25:11	90
2. Liverpool	38	12	7	0	41:13	13	4	2	36:14	86
3. Chelsea	38	11	6	2	33:12	14	2	3	35:12	83
4. Arsenal	38	11	5	3	31:16	9	7	3	37:21	72
5. Everton	38	8	6	5	31:20	9	6	4	24:17	63
6. Aston Villa	38	7	9	3	27:21	10	2	7	27:27	62
7. Fulham	38	11	3	5	28:16	3	8	8	11:18	53
8. Tottenham Hotspur	38	10	5	4	21:10	4	4	11	24:35	51
9. West Ham United	38	9	2	8	23:22	5	7	7	19:23	51
10. Manchester City	38	13	0	6	40:18	2	5	12	18:32	50
11. Wigan Athletic	38	8	5	6	17:18	4	4	11	17:27	45
12. Stoke City	38	10	5	4	22:15	2	4	13	16:40	45
13. Bolton Wanderers	38	7	5	7	21:21	4	3	12	20:32	41
14. Portsmouth	38	8	3	8	26:29	2	8	9	12:28	41
15. Blackburn Rovers	38	6	7	6	22:23	4	4	11	18:37	41
16. Sunderland	38	6	3	10	21:25	3	6	10	13:29	36
17. Hull City	38	3	5	11	18:36	5	6	8	21:28	35
18. Newcastle United	38	5	7	7	24:29	2	6	11	16:30	34
19. Middlesbrough	38	5	9	5	17:20	2	2	15	11:37	32
20. West Bromwich Albion	38	7	3	9	26:33	1	5	13	10:34	32

Saison 2009/10

BARCLAYS PREMIER LEAGUE

	Sp	S	U	N	T	D	Pkt
Heim	19	16	1	2	52:12	40	49
Auswärts	19	11	3	5	34:16	18	36
Ergebnis	38	27	4	7	86:28	58	85

Abschlusstabellenposition: Vizemeister
FA Cup: dritte Runde
League Cup: Sieger
UEFA Champions League: Viertelfinale

Saison 2010/11

BARCLAYS PREMIER LEAGUE

	Sp	S	U	N	T	D	Pkt
Heim	19	18	1	0	49:12	37	55
Auswärts	19	5	10	4	29:25	4	25
Ergebnis	38	23	11	4	78:37	41	80

Abschlusstabellenposition: Meister
FA Cup: Halbfinale
League Cup: fünfte Runde
UEFA Champions League: Finalist
FA Community Shield: Sieger

2010–2011 BARCLAYS PREMIER LEAGUE – ABSCHLUSSTABELLE

		Heim				Auswärts				
	Sp	S	U	N	T	S	U	N	T	Pkt
1. Manchester United	38	18	1	0	49:12	5	10	4	29:25	80
2. Chelsea	38	14	3	2	39:13	7	5	7	30:20	71
3. Manchester City	38	13	4	2	34:12	8	4	7	26:21	71
4. Arsenal	38	11	4	4	33:15	8	7	4	39:28	68
5. Tottenham Hotspur	38	9	9	1	30:19	7	5	7	25:27	62
6. Liverpool	38	12	4	3	37:14	5	3	11	22:30	58
7. Everton	38	9	7	3	31:23	4	8	7	20:22	54
8. Fulham	38	8	7	4	30:23	3	9	7	19:20	49
9. Aston Villa	38	8	7	4	26:19	4	5	10	22:40	48
10. Sunderland	38	7	5	7	25:27	5	6	8	20:29	47
11. West Bromwich Albion	38	8	6	5	30:30	4	5	10	26:41	47
12. Newcastle United	38	6	8	5	41:27	5	5	9	15:30	46
13. Stoke City	38	10	4	5	31:18	3	3	13	15:30	46
14. Bolton Wanderers	38	10	5	4	34:24	2	5	12	18:32	46
15. Blackburn Rovers	38	7	7	5	22:16	4	3	12	24:43	43
16. Wigan Athletic	38	5	8	6	22:34	4	7	8	18:27	42
17. Wolverhampton Wand.	38	8	4	7	30:30	3	3	13	16:36	40
18. Birmingham City	38	6	8	5	19:22	2	7	10	18:36	39
19. Blackpool	38	5	5	9	30:37	5	4	10	25:41	39
20. West Ham United	38	5	5	9	24:31	2	7	10	19:39	33

Saison 2011/12

BARCLAYS PREMIER LEAGUE

	Sp	S	U	N	T	D	Pkt
Heim	19	15	2	2	52:19	33	47
Auswärts	19	13	3	3	37:14	23	42
Ergebnis	38	28	5	5	89:33	56	89

Abschlusstabellenposition: Vizemeister FA Cup: vierte Runde
League Cup: fünfte Runde UEFA Champions League: erste Gruppenphase
UEFA Europa League: 2. K.-o.-Runde FA Community Shield: Sieger

Saison 2012/13

BARCLAYS PREMIER LEAGUE

	Sp	S	U	N	T	D	Pkt
Heim	19	16	0	3	45:19	26	48
Auswärts	19	12	5	2	41:24	17	41
Ergebnis	38	28	5	5	86:43	43	89

Abschlusstabellenposition: Meister

FA Cup: sechste Runde

League Cup: vierte Runde

UEFA Champions League: 1. K.-o.-Runde

2012–2013 BARCLAYS PREMIER LEAGUE – ABSCHLUSSTABELLE

		Heim				Auswärts				
	Sp	**S**	**U**	**N**	**T**	**S**	**U**	**N**	**T**	**Pkt**
1. Manchester United	38	16	0	3	45:19	12	5	2	41:24	89
2. Manchester City	38	14	3	2	41:15	9	6	4	25:19	78
3. Chelsea	38	12	5	2	41:16	10	4	5	34:23	75
4. Arsenal	38	11	5	3	47:23	10	5	4	25:14	73
5. Tottenham Hotspur	38	11	5	3	29:18	10	4	5	37:28	72
6. Everton	38	12	6	1	33:17	4	9	6	22:23	63
7. Liverpool	38	9	6	4	33:16	7	7	5	38:27	61
8. West Bromwich Albion	38	9	4	6	32:25	5	3	11	21:32	49
9. Swansea City	38	6	8	5	28:26	5	5	9	19:25	46
10. West Ham United	38	9	6	4	34:22	3	4	12	11:31	46
11. Norwich City	38	8	7	4	25:20	2	7	10	16:38	44
12. Fulham	38	7	3	9	28:30	4	7	8	22:30	43
13. Stoke City	38	7	7	5	21:22	2	8	9	13:23	42
14. Southampton	38	6	7	6	26:24	3	7	9	23:36	41
15. Aston Villa	38	5	5	9	23:28	5	6	8	24:41	41
16. Newcastle United	38	9	1	9	24:31	2	7	10	21:37	41
17. Sunderland	38	5	8	6	20:19	4	4	11	21:35	39
18. Wigan Athletic	38	4	6	9	26:39	5	3	11	21:34	36
19. Reading	38	4	8	7	23:33	2	2	15	20:40	28
20. Queens Park Rangers	38	2	8	9	13:28	2	5	12	17:32	25

ZUSAMMENFASSUNG

Heim	Sp	S	U	N	T	D	Pkt
League	517	370	95	52	1098:354	744	1205
FA Cup	53	38	9	6	105:35	70	
Europa	109	70	27	12	238:95	143	
League Cup	44	36	3	5	95:40	55	
Supercup	1	1	0	0	1:0	1	
Summe	724	515	134	75	1537:524	1013	

Auswärts	Sp	S	U	N	T	D	Pkt
League	518	255	143	120	848:576	272	908
FA Cup	67	42	13	12	125:58	64	
Europa	114	49	33	32	142:108	34	
League Cup	53	26	7	20	83:67	55	
FIFA KWM	5	3	1	1	10:7	3	
WP	1	1	0	0	1:0	1	
Supercup	2	0	0	2	1:3	-2	
C. Shield	16	4	7	5	22:22	0	
Summe	776	380	204	192	1232:841	391	
Gesamt	1500	895	338	267	2769:1365	1404	2113

FIFA KWM = FIFA-Klub-WM
WP = Weltpokal
Super Cup = UEFA Supercup
Spiele an neutralen Austragungsorten werden als Auswärtsspiele gezählt.

MANCHESTER UNITED IN WELTTURNIEREN UNTER ALEX FERGUSON ALS TRAINER

Saison 1999/2000 Weltpokal

(Tokio): SE Palmeiras (Brasilien) 1:0

FIFA-Klub-WM

Gruppenphase (Rio de Janeiro): Club Necaxa (Mexiko) 1:1, CR Vasco da Gama (Brasilien) 1:3, South Melbourne (Australien) 2:0 – Gruppendritter

Saison 2008/09 FIFA-Klub-WM

Halbfinale (Yokohama): Gamba Osaka (Japan) 5:3
Finale (Yokohama): LDU Quito (Ecuador) 1:0

MANCHESTER UNITED IN EUROPÄISCHEN WETTBEWERBEN UNTER ALEX FERGUSON ALS TRAINER

Saison 1990/91 Europapokal der Pokalsieger

1. Runde: Pécsi Munkás (Ungarn) (h) 2:0, (a) 1:0 – 3:0
2. Runde: Wrexham (England) (h) 3:0, (a) 2:0 – 5:0

Viertelfinale: Montpellier (Frankreich) (h) 1:1, (a) 2:0 – 3:1
Halbfinale: Legia Warschau (Polen) (a) 3:1, (h) 1:1 – 4:2
Finale (Rotterdam): Barcelona 2:1

Saison 1991/92 UEFA Supercup

Roter Stern Belgrad (h) 1:0

Pokal der Pokalsieger

1. Runde: Athinaikos (Griechenland) (a) 0:0, (h) 2:0 (n.V.) – 2:0
2. Runde: Atlético Madrid (a) 0:3, (h) 1:1 – 1:4

Saison 1992/93 UEFA Cup

1. Runde: Torpedo Moskau (h) 0:0, (a) 0:0 – 0:0
(verloren 3:4 nach Elfmeterschießen)

Saison 1993/94 UEFA Champions League

1. Runde: Kispest Honvéd (Ungarn) (a) 3:2, (h) 2:1 – 5:3
2. Runde: Galatasaray Istanbul (h) 3:3, (a) 0:0 – 3:3 (verloren nach Auswärtstorregel)

Saison 1994/95 UEFA Champions League

Gruppenphase: IFK Göteborg (h) 4:2, Galatasaray Istanbul (a) 0:0, Barcelona (h) 2:2, Barcelona (a) 0:4, IFK Göteborg (a) 1:3, Galatasaray (h) 4:0 – Gruppendritter

Saison 1995/96 UEFA Cup

2. Runde: Rotor Wolgograd (Russland) (a) 0:0, (h) 2:2 (verloren nach Auswärtstorregel)

Saison 1996/97 UEFA Champions League

Gruppenphase: Juventus Turin (a) 0:1, Rapid Wien (h) 2:0, Fenerbahçe (Türkei) (a) 2:0, Fenerbahçe (h) 0:1, Juventus Turin (h) 0:1, Rapid Wien (a) 2:0 – Gruppenzweiter
Viertelfinale: Porto (Portugal) (h) 4:0, (a) 0:0 – 4:0
Halbfinale: Borussia Dortmund (a) 0:1, (h) 0:1 – 0:2

Saison 1997/98 UEFA Champions League

Gruppenphase: Košice (Slowakei) (a) 3:0, Juventus Turin (h) 3:2, Feyenoord (Niederlande) (h) 2:1, Feyenoord (a) 3:1, Košice (h) 3:0, Juventus Turin (a) 0:1 – Gruppenzweiter
Viertelfinale: Monaco (Frankreich) (a) 0:0, (h) 1:1 (verloren nach Auswärtstorregel)

Saison 1998/99 UEFA Champions League

2. Qualifikationsrunde: ŁKS Łódź (Polen) (h) 2:0, (a) 0:0 – 2:0
Gruppenphase: Barcelona (h) 3:3, Bayern München (a) 2:2, Brøndby IF (Dänemark) (a) 6:2, Brøndby (h) 5:0, Barcelona (a) 3:3, Bayern München (h) 1:1 – Gruppenzweiter
Viertelfinale: Inter Mailand (h) 2:0, (a) 1:1 – 3:1
Halbfinale: Juventus Turin (h) 1:1, (a) 3:2 – 4:3
Finale (Barcelona): Bayern München 2:1

Saison 1999/2000 UEFA Supercup

(Monaco) Lazio Rom (Italien) 0:1

UEFA Champions League

1. Gruppenphase Croatia Zagreb (Kroatien) (h) 0:0, Sturm Graz (a) 3:0, Marseille (h) 2:1, Marseille (a) 0:1, Croatia Zagreb (a) 2:1, Sturm Graz (h) 2:1 – Gruppenerster
2. Gruppenphase: Fiorentina (Italien) (a) 0:2, Valencia (Spanien) (h) 3:0, Bordeaux (h) 2:0, Bordeaux (a) 2:1, Fiorentina (h) 3:1, Valencia (a) 0:0 – Gruppenerster

Viertelfinale: Real Madrid (a) 0:0, (h) 2:3 – 2:3

Saison 2000/01 UEFA Champions League

1. Gruppenphase: Anderlecht (Belgien) (h) 5:1, Dynamo Kiew (Ukraine) (a) 0:0, PSV Eindhoven (Niederlande) (a) 1 3, PSV Eindhoven (h) 3:1, Anderlecht (a) 1:2, Dynamo Kiew (h) 1:0 – Gruppenzweiter
2. Gruppenphase: Panathinaikos (Griechenland) (h) 3:1, Sturm Graz (a) 2:0, Valencia (a) 0:0, Valencia (h) 1:1, Panathinaikos (a) 1:1, Sturm Graz (h) 3:0 – Gruppenzweiter

Viertelfinale: Bayern München (h) 0:1, (a) 1:2 – 1:3

Saison 2001/02 UEFA Champions League

1. Gruppenphase: Lille (Frankreich) (h) 1:0, Deportivo La Coruña (Spanien) (a) 1:2, Olympiacos (Griechenland) (a) 2:0, Deportivo La Coruña (h) 2:3, Olympiacos (h) 3:0, Lille (a) 1:1 – Gruppenzweiter
2. Gruppenphase: Bayern München (a) 1:1, Boavista (Portugal) (h) 3:0, Nantes (Frankreich) (a) 1:1, Nantes (h) 5:1, Bayern München (h) 0:0, Boavista (a) 3:0 – Gruppensieger

Viertelfinale: Deportivo La Coruñia (a) 2:0, (h) 3:2 – 5:2
Halbfinale: Bayer Leverkusen (h) 2:2, (a) 1:1 – 3:3 (verloren nach Auswärtstorregel)

Saison 2002/03 UEFA Champions League

Qualifikationsrunde: Zalaergerszegi TE (Ungarn) (a) 0:1, (h) 5:0 – 5:1
1. Gruppenphase: Maccabi Haifa (Israel) (h) 5:2, Bayer Leverkusen (a) 2:1, Olympiacos (Griechenland) (h) 4:0, Olympiacos (a) 3 2, Maccabi Haifa (a) 0:3, Bayer Leverkusen (h) 2:0 – Gruppensieger
2. Gruppenphase: Basel (a) 3:1, Deportivo La Coruña (h) 2:0,

Juventus Turin (h) 2:1, Juventus Turin (a) 3:0, Basel (h) 1:1, Deportivo La Coruña (a) 0:2 – Gruppensieger
Viertelfinale: Real Madrid (a) 1:3, (h) 4:3 – 5:6

Saison 2003/04 UEFA Champions League

Gruppenphase: Panathinaikos (h) 3:0, VfB Stuttgart (a) 1:2, Glasgow Rangers (a) 1:0, Glasgow Rangers (h) 3:0, Panathinaikos (a) 1:0, VfB Stuttgart (h) 2:0 – Gruppensieger
Viertelfinale: Porto (a) 1:2, (h) 1:1 – 2:3

Saison 2004/05 UEFA Champions League

Qualifikationsrunde: Dinamo Bukarest (Rumänien) (a) 2:1, (h) 3:0 – 5:1
Gruppenphase: Lyon (a) 2:2, Fenerbahçe (h) 6:2, Sparta Prag (a) 0:0, Sparta Prag (h) 4:1, Lyon (h) 2:1, Fenerbahçe (a) 0:3 – Gruppenzweiter
1. K.-o.-Runde: AC Mailand (h) 0:1, (a) 0:1 – 0:2

Saison 2005/06 UEFA Champions League

Qualifikationsrunde: Debrecen (Ungarn) (h) 3:0, (a) 3:0 – 6:0
Gruppenphase: Villarreal (Spanien) (a) 0:0, Benfica Lissabon (h) 2:1, Lille (h) 0:0; Lille (a) 0:1, Villarreal (h) 0:0, Benfica Lissabon (a) 1:1 – Gruppenvierter

Saison 2006/07 UEFA Champions League

Gruppenphase: Celtic Glasgow (h) 3:2, Benfica Lissabon (a) 1 0, FC Kopenhagen (h) 3:0, FC Kopenhagen (a) 0:1, Celtic Glasgow (a) 0:1, Benfica Lissabon (h) 3:1 – Gruppensieger
1. K.-o.-Runde: Lille (a) 1:0, (h) 1:0 – 2:0
Viertelfinale: AS Rom (a) 1:2, (h) 7:1 – 8:3
Halbfinale: AC Mailand (h) 3:2, (a) 0:3 – 3:5

Saison 2007/08 UEFA Champions League

Gruppenphase: Sporting Lissabon (a) 1:0, AS Rom (h) 1:0, Dynamo Kiew (a) 4:2, Dynamo Kiew (h) 4:0, Sporting Lissabon (h) 2:1, AS Rom (a) 1:1 – Gruppensieger
1. K.-o.-Runde: Lyon (a) 1:1, (h) 1:0 – 2:1
Viertelfinale: AS Rom (a) 2:0, (h) 1:0 – 3:0
Halbfinale: Barcelona (a) 0:0, (h) 1:0 – 1:0
Finale (Moskau): Chelsea 1:1 (gewonnen 6:5 n. E.)

Saison 2008/09 UEFA Champions League

Gruppenphase: Villarreal (h) 0:0, Aalborg BK (a) 3:0, Celtic Glasgow (h) 3:0, Celtic Glasgow (a) 1:1, Villarreal (a) 0:0, Aalborg BK (h) 2:2 – Gruppensieger
1. K.-o.-Runde: Inter Mailand (a) 0:0, (h) 2:0 – 2:0
Viertelfinale: Porto (h) 2:2, (a) 1:0 – 3:2
Halbfinale: Arsenal (h) 1:0, (a) 3:1 – 4:1
Finale (Rom): Barcelona 0:2

Saison 2009/10 UEFA Champions League

Gruppenphase: Beşiktaş Istanbul (a) 1:0, VfL Wolfsburg (h) 2:1, ZSKA Moskau (a) 1:0, ZSKA Moskau (h) 3:3, Beşiktaş (h) 0:1, VfL Wolfsburg (a) 3:1 – Gruppensieger
1. K.-o.-Runde: AC Mailand (a) 3:2, (h) 4:0 – 7:2
Viertelfinale: Bayern München (a) 1:2, (h) 3:2 – 4:4 (verloren nach Auswärtstorregel)

Saison 2010/11 UEFA Champions League

Gruppenphase: Glasgow Rangers (h) 0:0, Valencia (a) 1:0, Bursaspor (h) 1:0, Bursaspor (a) 3:0, Glasgow Rangers (a) 1:0, Valencia (h) 1:1 – Gruppensieger
1. K.-o.-Runde: Marseille (a) 0:0, (h) 2:1 – 2:1
Viertelfinale: Chelsea (a) 1:0, (h) 2:1 – 3:1
Halbfinale: Schalke 04 (a) 2:0, (h) 4:1 – 6:1
Finale (London): Barcelona 1:3

Saison 2011/12 UEFA Champions League

Gruppenphase: Benfica Lissabon (a) 1:1, Basel (h) 3:3, Oţelul Galaţi (Rumänien) (a) 2:0, Oţelul Galaţi (h) 2:0, Benfica Lissabon (h) 2:2, Basel (a) 1:2 – Gruppendritter

UEFA Europa League

Runde der letzten 32: Ajax Amsterdam (a) 2:0, (h) 1:2 – 3:2
Runde der letzten 16: Athletic Bilbao (h) 2:3, (a) 1:2 – 3:5

Saison 2012/13 UEFA Champions League

Gruppenphase: Galatasaray (h) 1:0, CFR Cluj (Rumänien) (a) 2:1, FC Braga(h) 3:2, FC Braga (a) 3:1, Galatasaray (a) 0:1, CFR Cluj (h) 0:1 – Gruppensieger
Runde der letzten 16: Real Madrid (a) 1:1, (h) 1:2 – 2:3

ERFOLGE

EUROPAPOKAL DER LANDESMEISTER/UEFA CHAMPIONS LEAGUE

Sieger: 1999, 2008
Finalist: 2009, 2011

EUROPAPOKAL DER POKALSIEGER

Sieger: 1991

FA PREMIER LEAGUE

Meister: 1993, 1994, 1996, 1997, 1999, 2000, 2001, 2003, 2007, 2008, 2009, 2011, 2013
Vizemeister: 1995, 1998, 2006, 2010, 2012

FA CUP

Sieger: 1990, 1994, 1996, 1999, 2004
Finalist: 1995, 2005, 2007

FOOTBALL LEAGUE CUP

Sieger: 1992, 2006, 2009, 2010
Finalist: 1991, 1994, 2003

WELTPOKAL

Sieger: 1999

FIFA-KLUB-WM

Sieger 2008

EUROPEAN SUPER CUP

Sieger 1991

FA CHARITY/COMMUNITY SHIELD

Sieger: 1993, 1994, 1996, 1997, 2003, 2007, 2008, 2010, 2011
Gemeinsamer Sieger (mit Liverpool): 1990.

SPIELER BEI MANCHESTER UNITED UNTER ALEX FERGUSON

Diese Liste enthält die Namen aller Spieler, die bei Manchester United unter Alex Ferguson als Trainer bis zum Ende der Saison 2012/13 gespielt haben.

Albiston, Arthur
Amos, Ben
Anderson
Anderson, Viv
Appleton, Michael
Bailey, Gary
Bardsley, Phil
Barnes, Michael
Barnes, Peter
Barthez, Fabien
Beardsmore, Russell
Bébé
Beckham, David
Bellion, David
Berbatov, Dimitar
Berg, Henning
Blackmore, Clayton
Blanc, Laurent
Blomqvist, Jesper
Bosnich, Mark
Brady, Robbie
Brazil, Derek
Brown, Wes
Bruce, Steve
Butt, Nicky
Büttner, Alexander
Campbell, Fraizer
Cantona, Eric
Carrick, Michael
Carroll, Roy
Casper, Chris
Chadwick, Luke
Chester, James
Clegg, Michael
Cleverley, Tom
Cole, Andy
Cole, Larnell
Cooke, Terry
Cruyff, Jordi
Culkin, Nick
Curtis, John
Davenport, Peter
Davies, Simon
Davis, Jimmy
Diouf, Mame Biram
Djemba-Djemba, Eric
Djordjic, Bojan
Donaghy, Mal
Dong, Fangzhuo
Dublin, Dion
Duxbury, Mike
Eagles, Chris
Ebanks-Blake, Sylvan
Eckersley, Adam
Eckersley, Richard
Evans, Jonny
Evra, Patrice
Ferdinand, Rio
Ferguson, Darren
Fletcher, Darren
Forlán, Diego
Fortune, Quinton
Foster, Ben
Fryers, Zeki
Garton, Billy
Gea, David de
Gibson, Colin
Gibson, Darron

Gibson, Terry
Giggs, Ryan
Gill, Tony
Gillespie, Keith
Goram, Andy
Gouw, Raimond van der
Graham, Deiniol
Gray, David
Greening, Jonathan
Hargreaves, Owen
Healy, David
Heinze, Gabriel
Hernández, Javier
Higginbotham, Danny
Hogg, Graeme
Howard, Tim
Hughes, Mark
Ince, Paul
Irwin, Denis
Johnsen, Ronny
Johnson, Eddie
Jones, David
Jones, Phil
Jones, Ritchie
Kagawa, Shinji
Kanchelskis, Andrei
Keane, Michael
Keane, Roy
Keane, Will
King, Joshua
Kléberson
Kuszczak, Tomasz
Laet, Ritchie de
Larsson, Henrik
Lee, Kieran
Leighton, Jim
Lindegaard, Anders
Lynch, Mark
McClair, Brian
McGibbon, Patrick
McGrath, Paul
Macheda, Federico
McKee, Colin
Maiorana, Giuliano
Manucho
Marsh, Phil
Martin, Lee A.
Martin, Lee R.
May, David
Miller, Liam
Milne, Ralph
Moran, Kevin
Morrison, Ravel
Moses, Remi
Mulryne, Philip
Nani
Nardiello, Daniel
Neville, Gary
Neville, Phil
Nevland, Erik
Nistelrooy, Ruud van
Notman, Alex
Obertan, Gabriel
O'Brien, Liam
O'Kane, John
Olsen, Jesper
O'Shea, John
Owen, Michael
Pallister, Gary
Park, Ji-Sung
Parker, Paul
Persie, Robin van
Phelan, Mick
Pilkington, Kevin
Piqué, Gérard
Poborský, Karel
Pogba, Paul
Possebon, Rodrigo

Powell, Nick
Prunier, William
Pugh, Danny
Rachubka, Paul
Ricardo
Richardson, Kieran
Robins, Mark
Robson, Bryan
Roche, Lee
Ronaldo, Cristiano
Rooney, Wayne
Rossi, Giuseppe
Saha, Louis
Sar, Edwin van der
Schmeichel, Peter
Scholes, Paul
Sealey, Les
Sharpe, Lee
Shawcross, Ryan
Sheringham, Teddy
Silva, Fábio da
Silva, Rafael da
Silvestre, Mikaël
Simpson, Danny
Sivebaek, John
Smalling, Chris
Smith, Alan
Solskjaer, Ole Gunnar
Spector, Jonathan
Stam, Jaap
Stapleton, Frank
Stewart, Michael
Strachan, Gordon
Taibi, Massimo
Tévez, Carlos
Thornley, Ben
Tierney, Paul
Timm, Mads
Tomlinson, Graeme
Tosic, Zoran
Tunnicliffe, Ryan
Turner, Chris
Twiss, Michael
Valencia, Antonio
Vermijl, Marnick
Verón, Juan Sebastián
Vidić, Nemanja
Wallace, Danny
Wallwork, Ronnie
Walsh, Gary
Webb, Neil
Webber, Danny
Welbeck, Danny
Wellens, Richie
Whiteside, Norman
Whitworth, Neil
Wilkinson, Ian
Wilson, David
Wilson, Mark
Wood, Nicky
Wootton, Scott
Wratten, Paul
Yorke, Dwight
Young, Ashley

REGISTER

A

B

C

D

E

F

G

H

I

J

N

O

P

Q

R

S

T

U, V

W

X, Y, Z

DANKSAGUNG

Es sind viele Menschen, denen ich für ihre Hilfe beim Entstehen dieses Buches danken möchte.

Zunächst möchte ich Roddy Bloomfield, meinem Lektor, und seiner Assistentin, Kate Miles, meinen Dank aussprechen. Roddys große Erfahrung und seine Unterstützung waren wahrlich ein Geschenk des Himmels. Dank seiner Erfahrung und Kates Gewissenhaftigkeit bilden die beiden ein fantastisches Team.

Die Zusammenarbeit mit Paul Hayward war außerordentlich angenehm, weil er ein echter Profi ist. Er hat mich immer wieder motiviert, und meiner Meinung nach hat er meine Gedanken wunderbar zusammengefasst und sie auf eine Weise präsentiert, mit der ich mehr als zufrieden bin.

Der Fotograf Sean Pollock hat im Laufe von vier Jahren eine Reihe von Bildern aufgenommen und seinen Job hervorragend gemacht. Mit seiner entspannten Art und seiner Diskretion bekam er das, was er wollte, ohne irgendwie aufdringlich zu sein.

Les Dalgarno, mein Anwalt, leistete bei der Zusammenstellung des Inhalts gründliche Orientierungshilfe. Er ist ein äußerst zuverlässiger und loyaler Berater und ein wunderbarer Freund.

Viele Menschen haben bis zur Fertigstellung dieses Buches zahllose Stunden investiert, und ich weiß ihre Mühen sehr zu schätzen. Es war eine Freude, ein so talentiertes Team an meiner Seite zu haben.

BILDNACHWEISE

Autor und Verlag möchten sich bei folgenden Personen und Institutionen für die freundliche Erlaubnis bedanken, ihre Fotos zu nutzen:

Action Images, Roy Beardsworth / Offside, Simon Bellis /Reuters / Action Images, Jason Cairnduff / Livepic / Action Images, Chris Coleman / Manchester United / Getty Images, Dave Hodges / Sporting Pictures / Action Images, Ian Hodgson / Reuters / Action Images, Eddie Keogh / Reuters / Action Images, Mark Leech / Offside, Alex Livesey / Getty Images, Clive Mason / Getty Images, Mirrorpix, Gerry Penny / AFP / Getty Images, John Peters / Manchester United / Getty Images, Matthew Peters / Manchester United / Getty Images, Kai Pfaffenbach / Reuters /Action Images, Popperfoto / Getty Images, Nick Potts / Press Association, John Powell / Liverpool FC / Getty Images, Tom Purslow / Manchester United / Getty Images, Ben Radford / Getty Images, Carl Recine / Livepic / Action Images, Reuters / Action Images, Rex Features, Martin Rickett / Press Association, Matt Roberts / Offside, Neal Simpson /Empics Sport / Press Association, SMG / Press Association, SNS Group, Simon Stacpoole / Offside, Darren Staples / Reuters /Action Images, Bob Thomas / Getty Images, Glyn Thomas / Offside, John Walton / Empics Sport / Press.

Alle anderen Aufnahmen mit freundlicher Genehmigung von Sean Pollock.

Edel Sports
Ein Verlag der Edel Verlagsgruppe GmbH

Neumühlen 17, 22763 Hamburg
www.edelsports.com

This translation published by arrangement with Hodder & Stoughton, an imprint of Hachette UK Ltd., 338 Euston Road, London, NW1 3BH, England

Übersetzung: Theresia Übelhör, Ulrike Bischoff, Dr. Michael Schmidt
Projektkoordination: Dr. Marten Brandt
Lektorat: Dr. Willfried Baatz
Fachlektorat: Carsten Fuß
Layout und Satz: alpha & bet VERLAGSSERVICE, München
Umschlaggestaltung: Groothuis. Gesellschaft der Ideen und Passionen mbH | www.groothuis.de
Umschlagfotos: Sean Pollock
Druck und Bindung: GGP Media GmbH, Pößneck

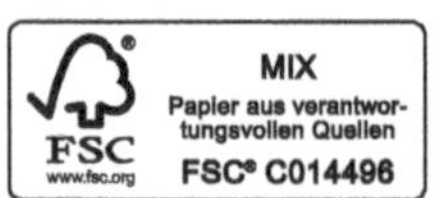

Printed in Germany

ISBN 978-3-98588-042-3